FE, POLÍTICA Y ECONOMÍA EN ECLESIASTÉS

ECLESIASTÉS A LA LUZ DE LA BIBLIA HEBREA, SIRA Y QUMRÁN

To Keith,
for daring to share
this project with two
Spaniards he never had met before.
You are a good friend, and a better
brother.

Pedro

ASOCIACIÓN BÍBLICA ESPAÑOLA
38
INSTITUCIÓN SAN JERÓNIMO

PEDRO ZAMORA

FE, POLÍTICA Y ECONOMÍA EN ECLESIASTÉS

Eclesiastés a la luz de la Biblia hebrea, Sira y Qumrán

EDITORIAL VERBO DIVINO
Avda. de Pamplona, 41
31200 Estella (Navarra) - España
2002

Editorial Verbo Divino
Avenida de Pamplona, 41
31200 Estella (Navarra), España
Teléfono: 948 55 65 11
Fax: 948 55 45 06
Internet: http://www.verbodivino.es
E-mail: evd@verbodivino.es

Printed in Spain

Imprime: GraphyCems, Villatuerta (Navarra)
ISBN: 84-8169-501-7
Depósito legal: NA. 1.150-2002

Si pogués acordar raó i follia
(J. V. Foix)

No sent, ne veig, ne oich, ne conech res
Ans m'és semblant qu'en aquest món no sia;
Volent fer juy ab la rahó demès,
Que com més pens mon seny se desvia
(Pere Torroella)

AGRADECIMIENTOS

En el terreno académico le debo al prof. José Ramón Busto Saiz (Universidad Pontificia Comillas), mi supervisor, la confianza que desde el primer momento puso en mis posibilidades; a mi amigo y maestro Gerald T. Sheppard (Emmanuel College - Univ. of Toronto) su perspicacia y su estímulo; a Gregory L. Bloomquist (St. Paul University - Ottawa) el haberme impulsado a dar pasos que de otro modo no hubiera dado; a John Stott y William y Gina Lamb (Langham Trust) su aliento personal y su apoyo material; a Glenn y Marion Taylor (Wycliffe College - Univ. of Toronto) su apoyo callado pero presente; a Enric Capó (Iglesia Evangélica Española) el haberme liberado de mis responsabilidades confiando en la utilidad de esta investigación; y a Rogelio Prieto (Seminario Evangélico Unido de Teología) el cargar con mis responsabilidades en mi ausencia. Agradezco a Juan Miguel Díaz Rodelas (Asociación Bíblica Española) la laboriosa corrección del manuscrito; los errores que puedan quedar, son de mi entera responsabilidad. Por último, encomiar la labor que la editorial Verbo Divino lleva a cabo dando apoyo a este tipo de investigaciones mediante su publicación.

Una mención especial merecen mi esposa e hijos: *Puri, Caterina, Estela y Jairo*. Han pagado un precio muy alto por seguir mi periplo vocacional, apoyándome incondicionalmente. Mis hijos no son conscientes de las muchas renuncias que han tenido que realizar. Por el contrario, mi esposa y compañera, *Puri,* ha sido mi aliento en todas las renuncias acordadas juntos, y por ello la amo más si cabe. Mi madre, Ana, falleció en medio del proceso de redacción de la tesis. La entereza de su fe y la de mi padre, que siempre impartieron a los suyos, es un ejemplo para mí.

ÍNDICE

SIGLAS Y ABREVIATURAS

BDB	*The New Brown-Driver-Briggs-Gesenius Hebrew-English Lexicon.* Hendrickson: Peabody, 1979.
BH	Biblia Hebraica. La edición utilizada en esta investigación ha sido la *Biblia Hebraica Stuttgartensia.* K. Elliger et W. Rudolph (eds.), Deutsche Bibelgesellschaft: Stuttgart, 1984
BH/A	*Ídem*, pero con especial referencia a los textos arameos de la BH.
BZAW	Beiheft zur Zeitschrift für die alttestamentliche Wissenschaft, Walter de Gruyter: Berlin-Nueva York.
CI	*Sagrada Biblia* (F. Cantera Burgos - M. Iglesias González, dirs.). BAC: Madrid, 1975.
DBHE	*Diccionario Bíblico Hebreo-Español.* Institución San Jerónimo: Valencia, 1990. Luís Alonso Schökel (dir.)
DHE	*Diccionario Hebreo-Español.* Judit Targarona Borrás, Riopiedras: Barcelona, 1995
DJD	*Discoveries in the Judean Desert*, Clarendon: Oxford, 1955-
DLERA	*Diccionario de la Lengua Española.* (Edición 21ª). Real Academia Española-Espasa Calpe: Madrid, 1992.
DSS	*Dead Sea Scrolls: a new translation.* (editada por Michael Wise et al.), Harper: San Francsico, 1999
DSSSE	*The Dead Sea Scrolls. Study Edition*, vols. I-II. Brill: Leiden-Boston-Colonia, 1998 (Florentino García Martínez y Eibert J.C. Tigchelaar, eds.).
DTMAT	*Diccionario Teológico Manual del Antiguo Testamento* I-II, (Theologisches Handwörterbuch zum Alten Testament; Trad: J.A. Múgica), Ed. Cristiandad: Madrid, 1978 (Ernst Jenni - Claus Westermann, eds..
DTQ	*Die Texte aus Qumran. Hebräisch und Deutsch.* (Eduard Lohse, ed.). Kösel-Verlag: Munich, 1964.
EncBib	*Enciclopedia de la Biblia.* A. Díez-Macho (dir.), Ediciones Garriga, S.A: Barcelona, 1963
GK	*Gesenius' Hebrew Grammar. Edited and Enlarged by E. Kautzsch.* English Edition by A.E. Cowley. Clarendon Press: Oxford, 1910(2)
HCBD(RE)	*HarperCollins Bible Dictionary. Revised Edition.* HarperCollins: San Francisco, 1996(2).
HD	Historia Deuteronomista.

IEB	*Introducción al Estudio de la Biblia*, vols. 1-10, J.M. Sánchez Caro (dir.), Verbo Divino: Estella, 1990-
ISBD(FR)	*International Standard Bible Encyclopedia. Fully Revised.* W.B. Eerdmans: Grand Rapids, 1988
Jastrow	Marcus Jastrow, *Dictionary of the Targumim, the Talmud Babli and Yerushalmi, and the Midrashic Literature*, vols. I-II, Pardes Publishing House, Inc: Nueva York, 1950
JBL	*Journal of Biblical Literature*
JQR	*Jewish Quaterly Review*
JSOT	*Journal for the Study of the Old Testament*
JThS	*Journal of Theological Studies.*
KQ	*Konkordanz zu den Qumrantexten* (Karl Georg Kuhn, ed.). Vandenhoeck & Ruprecht: Gotinga, 1960
KHS	*Konkordanz zum hebräischen Sirach.* (D.Barthélemy - O.Rickenbacher, eds.). Vandenhoeck & Ruprecht: Gotinga, 1973.
LAB	*Liber Antiguitatum Biblicarum.*
LBB	*La Bible Bilingue. Texte hébraïque et traduction française.* I-III, (Gran Rabino Zadoc Kahn, ed.), Librairie Colbo: Paris, 1983(3).
LSE	*La Sagrada Escritura. Texto y comentario por profesores de la compañía de Jesús,* vols. I-X, (Juan Leal, dir.), BAC: Madrid, 1965-73.
LTdQ	*Les Textes de Qumran. Traduits et Annotés.* (J.Carmignac et P.Guilbert, eds.). Letouzey et Ané: Paris, 1961.
LXX	Versión griega denominada "Los Setenta" o Septuaginta, edición de Alfred Rahlfs, Stuttgart, 1935(9)
MJ	Maestro de Justicia, el sobrenombre del supuesto fundador de Qumrán.
NBE	*Nueva Biblia Española*, versión dirigida por L. Alonso Schökel y Juan Mateos; Cristiandad: Madrid, 1975
NICOT	New International Commentary of the Old Testament.
RV60	*La Santa Biblia.* (Casiodoro de Reina - Cipriano de Valera, eds. Revisión de 1960). Sociedades Bíblicas Unidas: Asunción-Bogotá-*et al.*, 1960.
TdQ	*Textos de Qumrán.* (F. García Martínez, ed.). Trotta: Madrid, 1993(3)
TDOT	*Theological Dictionary of the Olt Testament* I-X [Theologisches Wörterbuch zum Alten Testament; Trad: John T. Willis], William

	B. Eerdmans Publishing Company: Gran Rapids, 1975- (C.J.Botterweck-H.Ringgren, eds.)
TM	Texto Masorético.
TOB	*Traduction Œcuménique de la Bible.* Les Éditions du Cerf-Les Bergers et les Mages: Paris, 1978.
ZAW	*Zeitschrift für die Alttestamentlische Wissenschaft*

MANUSCRITOS DE SIRA

A B C D E

Bm	*lección marginal del manuscrito B*
Mas	*el rollo de Masada*
Masm	*lección marginal del rollo de Masada*

QUMRÁN

Los textos de Qumrán se nombran según la cueva en la que han sido encontrados (entre 1-11) y según su contenido. Dado que son innumerables, aquí tan sólo proporcionamos la lista de los comunmente citados.

CD	*La regla de Damasco* (o *Documento de Damasco*)	1Q28b	*Colección de bendiciones*
1QpHab	*Péser de Habacuc*	1Q29	*Lenguas de fuego*
1QH	*Hodayot (himnos)*	4QFl	*Florilegio*
1QM	*Regla de la guerra*	4QMMT	*Carta haláquica*
1QS	*Regla de la comunidad (o Manual de disciplina)*	4Q410-26	*Instrucción sapiencial*
1Q27	*Libro de los misterios*	11Q5-9 [Ps]	*Rollo de los salmos*
1Q28a [Sa]	*Regla de la congregación*	11QTemple	*Rollo del templo*

I
INTRODUCCIÓN

§1. Un libro secular (¿secularista?) en el canon de las Sagradas Escrituras

1.1. ¿Cómo entender el mensaje de Eclesiastés –un libro de contenido sorprendentemente secular– en el marco de las escrituras religiosas del judaísmo y del cristianismo? Podríamos agravar más esta pregunta, cuestionándonos acerca del aparente negativismo del libro, pues ¿quién no conoce su famoso *vanidad de vanidades, todo es vanidad* o el *nada nuevo hay bajo el sol*? Cierto, si comparamos la recurrencia de los fenómenos geofísicos descritos en el *himno* de 1,4-11 con, por ejemplo, la esperanza profética de un *nuevo corazón* (Jeremías 31), o con la proclamación apocalíptica sobre un *cielo nuevo y una tierra nueva* (Apocalipsis 21), este libro parece teñido por un escepticismo y un secularismo que poco o nada tiene que ver con la esperanza religiosa. Este agudo contraste –por no hablar de antagonismo– entre distintos mensajes bíblicos, nos lleva a la pregunta sobre la comprensión del libro de Eclesiastés y sobre la del canon bíblico en su conjunto[1]. En efecto, la existencia de Eclesiastés en el seno de las Sagradas Escrituras suscita la cuestión de su comprensión a la luz de su gran diversidad o incluso disparidad. Por esta razón, mi propósito es tratar de entender Eclesiastés a la luz del canon, y estudiar cuál sea la contribución de aquél en este. Viceversa, también la presencia de Eclesiastés en el canon esclarece muchas de sus características que pasan desapercibidas pero que son importantes. Por ejemplo, si los compiladores del canon[2] han aceptado

---

[1]J. Miles, *Dios. Una biografía,* p. 385, expresa de modo lacerante las dificultades de concordia entre Eclesiastés y el canon hebreo al definir al primero de "sobrante del canon, el libro que no debería haber entrado en él por derecho".

[2]A partir de ahora les denominaremos *editores* dado que su labor fue

una obra que entra en colisión con aspectos fundamentales de la fe descrita en otras secciones del mismo, quizás pueda inferirse de ahí que su comprensión de la autoridad de los textos canónicos radique no en la lógica sino en la fuerza particular de cada una de las obras que componen el canon. Es más, como ocurre en las ciencias físicas con los campos magnéticos creados por dos polos opuestos, parece que los editores estaban convencidos de que el mensaje último de las escrituras, esto es su mensaje autoritativo, derivaba del *campo semántico* creado por los distintos textos. Es decir, se crea a partir de la diversidad de libros acogidos en el canon un campo amplio de distintos significados, cuyo significado último ("la última palabra") proviene del conjunto y no de cada una de las unidades que lo componen. Evidentemente, parece que los editores confiaban en que esa *última palabra* era hallada gracias a la labor exegética. En otras palabras, cuando comienza la compilación y edición del canon como Sagradas Escrituras, sus editores ya cuentan con la existencia de maestros dedicados a esa labor exegética y a la enseñanza del pueblo, que es el destinatario último de las Sagradas Escrituras.

1.2. De lo afirmado anteriormente se desprende que nuestro propósito no es otro que tratar de entender el "mensaje último" de Eclesiastés a la luz de lo que su autor quiso transmitir a su audiencia natural y a la luz de la labor de los editores canónicos que vieron en esta obra un texto capaz de contribuir a la formación del canon de las Sagradas Escrituras hebreas, y que lo prepararon a tal efecto. Esto significa, entre otras muchas cosas, que los editores percibieron en Eclesiastés muchas resonancias con otros textos que por entonces estaban ya prácticamente consagrados como Escrituras Sagradas. Muchas de las resonancias con otros textos bíblicos serían creadas deliberadamente por el autor, pero otras serían tan sólo percibidas por los editores. Lo importante, sin embargo, es que los editores vieron en

---

más allá de la mera compilación (o recepción) de textos: los editaron convenientemente para unos destinatarios que habían perdido sus principales instituciones religiosas (templo y monarquía), y que por ello necesitaban de otra fuente de inspiración para su vida religiosa que fuera accesible en su situación de diáspora.

Eclesiastés nuevas posibilidades que posiblemente su autor nunca pensó[3].

1.3. Que haya que entender Eclesiastés a la luz del autor y sus editores se hace evidente desde el propio texto. En ninguna otra obra bíblica como en ésta se delata tan deliberadamente la presencia de unos editores que aparecen en el prólogo (1,1.2) y el epílogo (12,8-14) hablando de su autor: *qohélet*[4]. Por supuesto, podría tratarse de una ficción literaria utilizada por el autor de la obra, pero incluso de ser así resultaría significativo el que un autor hubiera querido establecer ante los lectores dos niveles distintos de lectura, a saber, el del autor y el de los editores. No podemos por tanto zafarnos de esta doble estructuración del libro. Pero este prieto entramado no sólo constituye una gran unidad, sino que además realza los planteamientos propios del autor y los editores, así como sus divergencias y puntos de encuentro. Efectivamente, estudiaremos en los capítulos correspondientes el mensaje propio del autor, que vemos mucho más orientado a la denuncia de una política economicista absurda por no conducir a ninguna parte. Por su parte, también analizaremos el mensaje editorial más centrado en la lectura teológica del absurdo denunciado por el autor. Y por supuesto, abordaremos el método empleado por los editores para *releer* Qohélet bajo esa nueva óptica más explícitamente teológica, y cuyo resultado final es la magnífica obra conocida por Eclesiastés, que tan atractiva es para el paladar del lector moderno.

---

[3]A estas alturas supongo que es ya obvio para el lector que partimos de la base de una composición tardía muy posterior al período salomónico, lo cual no vamos a tratar de demostrar, aunque sí esperamos que el propio lector se percate de las razones a medida que avanza en la lectura.

[4]A partir de aquí emplearemos el nombre hebreo *qohélet* para referirnos al autor del libro pre-editado canónicamente, reservando el griego Eclesiastés para la obra ya editada en su estado actual. En algunas ocasiones también nos referiremos por Qohélet a la obra pre-editada.

§2. Breve reseña histórica

2.1. Las interpretaciones judías y cristianas tradicionales cambiaron mucho a partir de la Ilustración (finales del siglo XVIII) y la consiguiente aparición de la interpretación crítica. En la sección anterior vimos que los editores de Qohélet pretendían realzar la lectura teológica de una obra que recibieron con una orientación hacia la denuncia secular de un economicismo absurdo por sus nefastas consecuencias para el individuo y la sociedad en lo concerniente a una verdadera felicidad. En la tradición exegética judía y cristiana estas dos orientaciones de la obra –la lectura teológica de la crítica política y económica– eran percibidas como una sola cosa, siendo la una consecuencia de la otra. Para la tradición judía, Eclesiastés era el mejor panegírico de la Torá (la ley revelada) hecho por la sabiduría (salomónica), ya que fuera de la Torá no hay razón ni ventura, sino que todo es puro *hebel* ("vanidad" suele traducirse siguiendo a Jerónimo) que se disipa. Para la tradición cristiana patrística y medieval, esta obra postulaba a favor del *contemptus mundi*, esto es, el rechazo a la plena involucración en los asuntos humanos y la huida a una vida espiritual alejada del "mundo" (*fuga mundi*). Lutero, sin embargo, en su rechazo de los valores ascéticos y místicos sostenidos por la teología medieval, prestó más atención a los aspectos éticos y económicos del libro, hasta el punto de comentar en el prefacio de su comentario a Eclesiastés que sería mejor denominarlo "la *Política* o la *Economía* de Salomón"[5].

2.2. Con el surgimiento de la exégesis crítica, que asimiló los métodos y resultados de la historiografía y la crítica literaria que se desarrollaron enormemente a lo largo del siglo XIX, aparece también una nueva visión de la obra: los elementos seculares y los teológico-espirituales no sólo son atribuidos a distintos autores, sino que se percibe un profundo antagonismo entre ellos, como si sus respectivos mensajes se situaran en sendas antípodas[6]. De ahí que, en general, se llegara a

---

[5]Cf. J. Pelikan, *Luther's Works* XV, p. 5.

[6]Para ser justos, cabe recordar que también la primera exégesis judía

pensar que la visión teológico-espiritual –más patente en el epílogo (12,8-14) que en cualquier otro lugar de la obra– no fuera más que una imposición editorial sobre el carácter mucho más secularista de la obra recibida, con el único propósito en mente de enmendar la plana al autor y poder integrar su obra en el canon en proceso de formación. Es evidente que la exégesis crítica de los primeros tiempos era proclive a ver rupturas internas en los distintos libros bíblicos, pero ahora que aquellas procelosas aguas ya se han calmado, comienza a ser más considerada la competente labor de los editores canónicos, quienes tenían más interés en establecer *campos semánticos*, como decíamos más arriba, que en pulir contradicciones o antagonismos. De ahí que la exégesis moderna no sólo investigue las distintas fuentes que componen los textos en su estado actual, o el largo proceso de formación de algunos de ellos, sino también, y sobre todo, las razones que motivaron su unidad actual. Nuestro estudio parte desde este interés, cuya plasmación metodológica es denominada generalmente por "Canon Criticism" ("crítica canónica" o "crítica desde el canon" en castellano). El lector percibirá sus bases metodológicas a lo largo de la lectura de esta obra, pero para un conocimiento más completo me remito a los autores más representativos de este movimiento exegético[7], especialmente a G.T. Sheppard[8], mi querido profesor y amigo que me introdujo por primera vez a este enfoque exegético. En cualquier caso, quisiera dejar constancia del propósito de mi propia investigación, a saber: recuperar para la exégesis crítica –entre la que se encuentra la mía– la lectura teológico-espiritual tradicional de la exégesis judeo-cristiana, en la que ocupa un lugar propio

---

del período tannaíta captó dificultades en Eclesiastés, entre las que destacan las contradicciones internas o externas, y de estas últimas su brutal secularismo que parece colisionar con la fe hebrea (cf. *M. Eduyot* 5,3; *M. Yadayim* 3,5; *Megilah* 7a; *Tosefta Yadayim* 2,14)..

[7]Cf. B.S. Childs, *Old Testament Theology in a Canonical Context*; R.E. Clements, *Prophecy and Tradition*; M. Fishbane, *Biblical Interpretation in Ancient Israel*; D.F. Morgan, *Between Text & Community: the "Writings" in Canonical Interpretation*; R. Rendtorff, *Das Alte Testament. Eine Einführung*; J.A. Sanders, *Identité de la Bible: Torah et Canon*.

[8]G.T. Sheppard, *Wisdom as a Hermeneutical Construct*.

la lectura político-económica de Lutero. Este propósito se traduce en un recorrido por cuestiones tan importantes como la metodología y teología de los editores y su impacto sobre Qohélet, del que surgirá Eclesiastés, todo ello con vistas a una comprensión integral del libro y sus distintos estratos literarios.

3. *Traditum* y *traditio*

3.1. La conclusión anterior nos lleva a considerar al autor como uno de los primeros intérpretes de las tradiciones sobre Salomón, y a los editores como los primeros intérpretes de Qohélet. Es decir, afirmamos tácitamente que Eclesiastés es el resultado de un proceso de interpretación de tradiciones proto-canónicas[9]. Precisamente, al fijarse más en el proceso de formación del texto canónico hasta alcanzar su formato actual, la exégesis moderna ha redescubierto el proceso de interpretación presente ya en el propio canon, y en particular en el canon hebreo. A este respecto, es particularmente incisiva la obra de M. Fishbane[10], que aísla y estudia un gran número de textos veterotestamentarios en los que se detecta manifiestamente un proceso de recepción de un texto antiguo (*traditum*) y su reinterpretación por el autor o incluso por el editor (*traditio*). Este proceso de relación entre *traditum* y *traditio* nos será de gran utilidad en la interpretación de Eclesiastés, pues nuestro punto de partida es que juega un papel primordial en esta obra. Así, descubriremos que ya el autor, como era de esperar, se hizo eco de muchos textos o historias bíblicas, sobre todo referidas a Salomón. En su composición, *qohélet* relee muchos de esos textos e historias bajo una óptica de denuncia; en concreto, presenta a un Salomón defraudado con su sabiduría humanista[11]. A partir de aquí, los editores reciben este texto y

---

[9]Por *tradición proto-canónica* nos referimos a las tradiciones textuales más o menos ya establecidas manejadas por los escribas y que preceden a su versión definitiva integrada en el canon actual.

[10]M. Fishbane, *Biblical Interpretation in Ancient Israel.*

[11]Entre otros, han prestado atención a los aspectos políticos y

de nuevo lo releen tomando buen cuidado de realzar sus contactos con una denuncia de fondo mucho más teológico y acorde a los debates teológicos de su propio tiempo. Precisamente, para conocer mejor su tiempo, sus preocupaciones, sus puntos de partida metodológicos, y un largo etcétera, se hace imprescindible la asistencia que nos viene de unos textos tardíos y extracanónicos: la documentación de Qumrán y el texto hebreo de Sira (cuya versión griega sí ha entrado en el canon católico). En efecto, el trabajo editorial hay que fecharlo entre finales del siglo III y mediados del II a. C., período en el que nace Sira y la teología característica de Qumrán y de otros grupos visionarios ya ha tomado altos vuelos, si bien su materialización escrita no llegará hasta transcurrir el ecuador del siglo II a. C. También habrá que prestar atención a la literatura canónica más tardía, como los libros del Cronista (1-2 Crónicas a los que convencionalmente añadiremos Esdras y Nehemías), Daniel y Ester, pues entre este *corpus* canónico y el anterior extracanónico se conforma el marco natural del pensamiento editorial.

3.2. En definitiva, nuestra investigación hará extenso uso de lo que hoy se conoce por *intertextualidad*, esto es, el estudio de las resonancias –ya sean deliberadas o no– entre distintos mundos textuales. Y digo "mundos textuales" porque no se trata sólo de conocer los ecos entre la literalidad de los textos, sino entre sus respectivas constelaciones culturales. En efecto, el proceso de interpretación intrabíblica anteriormente descrito conllevaba la cuidadosa labor de identificar y reinterpretar muchos de los *ecos* existentes en las tradiciones textuales ya existentes, y de ahí que para entender Eclesiastés nos sea tan necesario captar algo

---

económicos del libro E.S. Christianson, *A Time to Tell*, pp. 128-172; F. Crüsemann, "The Unchangeable World: the 'Crisis Wisdom' in Koheleth" y "Hiob und Koheleth: ein Beitrag zum Verständis des Hiobbuches"; D. Garrett, "Qoheleth on the Use and Abuse of Political Power"; A. Gerson, *Der Chacham Kohelet als Philosoph und Politiker*; R. Harrison Jr, *Qoheleth in Social-Historical Perspective*; F. Spina, "Qoheleth and the Reformation of Wisdom"; M.R. Sneed, *The Social Location of Qoheleth's Tought: Anomie and Alienation in Ptolomaic Jerusalem*. También van surgiendo estudios que destacan aspectos económicos o políticos más puntuales, como el de J.L. Kugel, "Koheleth and Money".

de su imbricación en el canon, como ya fue dicho más arriba. Si el lector quisiera ampliar su conocimiento acerca de la *intertextualidad*, le recomiendo que revise los títulos que abordan el tema en su aplicación exegética[12]. Cabe añadir a todo esto que si bien *intertextualidad* parece un vocablo muy moderno, lo cierto es que no se trata de una invención moderna, pues esta forma de interpretación se solapa con el antiguo método judío del *midrás*[13].

§4. En resumen ....

Creo que buena parte de los problemas de interpretación que existen y han existido con Eclesiastés surgen de creer que tiene pocas conexiones (o ninguna) con el resto del canon veterotestamentario. A su vez, esta creencia generalizada entre los especialistas surge de proyectar sobre éste unas ideas que muy posiblemente no le fueran propias. Por ejemplo, si se cree que quienes lo editaron eran unos escribas de mente teológica algo estrecha y apologética, entonces es fácil que sorprenda la presencia de este libro en el canon. Por el contrario, si descubrimos que tales editores no sólo eran creyentes convencidos sino que además figuraban entre las clases más intelectuales o sabias de su tiempo, quizás no nos sorprenda tanto que en el canon figure una obra de gran sofisticación científica y teológica. Así pues, espero que esta interacción Eclesiastés-Canon que va a guiar nuestra investigación ayude al lector a ver esta obra con nuevos ojos, y le haga entender su fascinante mundo de sabios escribas que no hicieron más que poner su fe y conocimiento

---

[12]Cf. los libros de D. Boyarin, *Intertextuality and the Reading of Midrash*; G.W. Buchanan, *Introduction to Intertextuality*; D.N. Fewel, *Reading Between Texts. Intertextuality and the Hebrew Bible*; D. Marguerat - A. Curtis, *Intertextualités. La Bible en échos*; también los artículos de J. Neusner, "Intertextuality in Judaism: The System and teh Canon, The Word and Words"; y B.D. Sommer, "Exegesis, Allusion and Intertextuality in the Hebrew Bible: A Response to Lyle Eslinger"; y finalmente los ensayos de J. Barton, y M. Fishbane en J.C. de Moor, *Intertextuality in Ugarit and Israel*.

[13]Cf. D. Boyarin, *op. cit.* y B. Gosse, *Structuration des grandes ensembles bibliques et intertextualité à l'époque perse*.

al servicio de un pueblo que vivía momentos de desorientación ante la fuerza y atractivo de las culturas dominantes como la helenista. Y también espero que se entienda que el canon no es una "vara de medir" que sólo acepta aquellas obras que "están en línea" con ella; por el contrario, es un marco magníficamente armado para dar realce tanto al conjunto como a cada uno de sus componentes.

II
EL PROEMIO EDITORIAL
(1,1-11)

§5. Ecl 1,1: un encabezamiento editorial cargado de intencionalidad política y teológica

5.1. No cabe lugar a dudas del carácter editorial del proemio, sobre todo de los versos 1-2 donde claramente se habla del *predicador* en tercera persona: "así decía el predicador" (v. 2 -*RV*). Pero ¿de quién se trata? Ya desde el mismísimo proemio los editores envuelven en un enigma al personaje. De hecho, el nombre hebreo *qohélet* –que la RV tradujo por *predicador* siguiendo la estela de Jerónimo y Lutero– no ha podido ser descifrado nunca por la exégesis[14]. Por ello, creo que es mucho mejor hacer virtud de la necesidad y postular que se trata de un apodo o sobrenombre simbólico creado por su autor (¿o por sus editores?) conforme a la raíz *qhl* que presenta una gama de significados vinculados a "asamblea" o "pueblo reunido". Su intención parece que es poner en contraste dos profesiones[15] de un mismo personaje: por un lado la de un rey "hijo de David", y por el otro la de "un asambleísta" mucho más popular que bien puede entenderse como un sabio del pueblo (cf. 12,9). Esta paradoja enigmática cautiva al lector y le mantiene interesado en el gradual desvelamiento que se producirá según avanza en la lectura de la obra[16], pero también tiene una función teológica importante:

---

[14]Para una buena exposición de las principales interpretaciones del nombre *qohélet*, véase J. Vílchez, *Eclesiastés o Qohélet,* pp. 425-431.

[15]La forma hebrea *qohélet* corresponde a un participio femenino que se emplea habitualmente para las profesiones.

[16]Una de las tesis fundamentales de la obra de E.S. Christianson, *A Time to Tell. Narrative Strategies in Ecclesiastes,* es que Eclesiastés es una obra basada en una presentación o desvelamiento progresivo de su protagonista *qohélet*, y por eso califica esta obra de "character-plot oriented" (p. 32).

plantear la cuestión de la autoridad político-religiosa en el judaísmo posexílico. ¿Deriva ésta del derecho monárquico o tiene un fundamento más popular? Quizás parezca una pregunta precipitada; sin embargo, el lector cualificado judío avezado en otras lecturas proto-canónicas estaba preparado para entender lo que había en juego en la contraposición de "*qohélet*" con el "hijo de David, rey en Jerusalén". Por ejemplo, del *corpus* bíblico que denominamos el Cronista[17], llama la atención su frecuente combinación de las raíces *mlk* (gobierno monárquico) y *qhl* (asamblea), y su forma distintiva de hacerlo respecto al resto de la BH, pues da la impresión de que intenta trazar una imagen de los "buenos reyes" (v.g. David, Salomón, Joás en tiempos del sacerdote Yehoyada, Asa, Josafat, Uzías y Ezequías), estrechamente vinculada a la asamblea de Israel y a sus representantes, particularmente los sacerdotes[18]. Es como si revisara la historia de la monarquía davídica contenida en el *corpus* denominado *Historia Deuteronomista* (HD)[19] desde una perspectiva religioso-democratizadora característica del judaísmo tardío[20]. Esta perspectiva alcanzará su *culmen* en un período no muy

---

[17]Cf. *supra* §3.1.

[18]Cf. 1Cron 28,1; 29,1.20; 2Cron 5,3; 6,3; 23,3; 24,6; 29,23; 30,2.4.24. Este entrelazamiento de ambas raíces estaba ya presente en el Deuteronomista, precisamente en relación a Salomón y el Templo (1Rey 8,1.2.14), pero sólo en ese episodio (aunque véase también Deut 33,4, que afirma que la Ley fue dada como posesión a la קְהִלַּת יַעֲקֹב [asamblea de Jacob]). El Cronista, por tanto, lo generaliza, y además lo hace deseable, como indica el comentario de 2Cron 30,26: "Hubo, pues, gran júbilo en Jerusalén, porque desde los días de Salomón, hijo de David, rey de Israel, no había habido en Jerusalén cosa semejante.".

[19]Tras la propuesta fundamental sobre la HD de M. Noth, *Überlieferungsgeschichte Studien: Die Sammelnden und bearbeitenden Geschichtswerke im Alten Testament*, han surgido muchos estudios matizándola o corrigiéndola. Sin embargo, a mi entender lo esencial de su trabajo sigue siendo válido.

[20]Prefiero hablar de "religioso-democrático" que de "teocrático" o "hierocrático" porque estos últimos nos hacen olvidar que una vez desaparecida la monarquía judía, la dirección política recaía sobre ciertos estamentos que, de alguna manera, requerían de un apoyo popular más directo que en el caso monárquico, además de que eran de constitución policéfala. Téngase en cuenta también que con la proliferación de asociaciones religiosas, el monopolio en la

posterior al de la edición canónica de Eclesiastés, como lo atestigua un texto de Qumrán, CD 7,16.17, que es un *pēšer* (exégesis) de Amós 5,26.27 muy significativo por su identificación del rey con la asamblea del pueblo: "(15) ... Los libros de la ley son la Sukkat (16) del Rey .... El Rey (17) es la asamblea ...". De ahí que a la pregunta anterior debamos responder que efectivamente Ecl 1,1 anuncia una revisión de la sabiduría cortesana –*oficialmente* representada por Salomón– desde una visión mucho más asamblearia o popular. Ya veremos más adelante lo que esto significa en el plano más concreto.

5.2. Asentado el deliberado desdoblamiento profesional de 1,1, así como su función, merece la pena contrastar esta conclusión con otros encabezamientos (o superinscripciones, en terminología algo más técnica) diseminados por la Biblia y significativos para nuestro propósito. Comenzamos por la forma que tiene el Salterio de emplear los títulos de los salmos. Así, los salmos titulados "de / para David" (לְדָוִד) han sido distribuidos en el salterio siguiendo criterios basados en una tipología que acerca de David tienen los editores canónicos y que a su vez tiene que ver con su intención de conectar ciertos salmos con las narraciones davídicas del canon[21]. Por ejemplo, en los títulos del Salterio, David jamás es llamado rey[22], a pesar de ser considerado por el judaísmo y por la propia Biblia Hebrea (BH) el rey por excelencia. Esta omisión de su *profesión* obedece a la intención de presentarle de modo más accesible

---

dirección político-religiosa quedará definitivamente resquebrajado dentro del judaísmo.

[21]Dos autores que argumentan muy convincentemente a favor de una tipología de David en los títulos sálmicos son G.H. Wilson, *The Editing of the Hebrew Psalter*, y R.J. Tournay, *Voir et entendre Dieu avec les Psaumes, ou la liturgie prophétique du second temple à Jérusalem*. Por el contrario, N. Whybray, *Reading the Psalms as a Book*, rechaza la posibilidad de una estrategia deliberada por parte de los editores del Salterio.

[22]El único texto que parecería contravenir esta afirmación es Sal 18,51, pero aquí no se trata de un título o superinscripción, y tampoco podríamos decir con total seguridad que se tratara de una postinscripción editorial, pues parece tratarse de una conclusión hímnica original de esta pieza (cf. H.J.Kraus, *Los Salmos* I, p. 411).

al creyente "de a pie" que lee los salmos buscando un modelo de oración y alabanza, de donde se deduce que la mención u omisión editorial de la profesión del *autor* en el título o encabezamiento conlleva una manifiesta pretensión tipologizadora[23]. De igual modo, a Salomón –el rey reputado por su construcción del templo de Jerusalén– los editores del Salterio le hacen declarar que hay una piedad que está incluso por encima de la construcción del templo (Sal 127), y lo asocian a un salmo que ancla la riqueza y poder a la superioridad de la justicia consistente en la preferencia por los menesterosos (Sal 72). Por su parte, el libro de Eclesiastés guarda una particularidad respecto al resto del canon hebreo: por un lado parecería apuntar a la literatura pseudoepigráfica en la medida que Salomón es el autor sugerido[24], pero por el otro nunca se le nombra, apareciendo exclusivamente bajo un sobrenombre que apunta a una característica profesional o vocacional. Esto le acerca mucho más a la literatura de Qumrán, en la que su supuesto fundador nunca es mencionado por su nombre propio, sino que recibe varios sobrenombres vinculados a su labor en el seno de la comunidad[25]. De hecho, según reconstruyamos algunas de las superinscripciones de esta literatura, es posible que uno de estos sobrenombres, *maśkîl* (maestro, docto), sea utilizado en diversas superinscripciones como nombre del autor (*nomen auctoris*)[26].

---

[23]Si por tipología entendemos la caracterización teológica de un personaje –v.g. David caracterizado como hombre de oración–, por tipologización hay que entender la deliberada asociación de un personaje bíblico a una tipología.

[24]Recuérdese que este *corpus* se caracteriza por su atribución autográfica a las grandes figuras de la antigüedad: figuras de los tiempos primordiales (v.g. Henoc), patriarcales (v.g. Abrahán, Isaac, Jacob) o monárquicos (Salomón).

[25]Fundamentalmente, son los siguientes nombres: *maśkîl* ("instructor" o más literalmente "sabio"), *môreh* (maestro), *yôreh* (doctor), *dôrēš hatôrāh* (intérprete de la Ley), y *mĕbaqēr* (inspector).

[26]*TdQ* reconstruye 1QS 1,1 como sigue: "(1) Para [el Instructor...] ••• [Libro de la Reg]la de la Comunidad: para buscar (2) a Dios", mientras que *LTdQ* lee de este modo: "Du [Maître de Sagesse .... pour tous les hom]mes ses frères". Muy distinta es la reconstrucción de *DTaQ*: "...[...Buch der Ord]nung der Gemeinschaft: Gott zu suchen". Creo que se puede afirmar que

Otro ejemplo bíblico similar podría ser el libro de Daniel, si aceptamos que el nombre de su protagonista no es ni una referencia al mítico personaje de Ezequiel 14,14.20 y 28,3, conocido también por la leyenda ugarítica de *Aqhatu*[27], ni tampoco un mero intento de asociación al sacerdote referido en Esd 8,2 y Neh 10,7 como uno de los retornados del exilio, sino que se trataba simplemente de un sobrenombre que refleja el juicio divino caído sobre los exiliados (*dānî'ēl* = "Mi juez es Dios")[28], probablemente en consonancia con la confesión de pecado de Daniel en el cap. 9, especialmente los vv. 7.12.14[29]. Por último, de los comentarios epilogales de Eclesiastés (cf. 12,8-14), se concluye que la actividad propia del *qohélet* como sabio del pueblo es distinta a la del *mélek* (rey), cuyas actividades principales, constituidas fundamentalmente por la política, la economía y la ciencia, son amplia y puntualmente descritas sobre todo en 1,12-2,11. De este modo, la propia estructura de Eclesiastés confirma que en 1,1 la tipología de Salomón como *rey sabio*, va a sufrir una metamorfosis hasta convertirla en la tipología de Salomón,

---

la primera letra es claramente un lamed que puede interpretarse como *lamed auctoris*, de modo que las dos primeras reconstrucciones parecen más razonables. Parecidos problemas y posiciones tenemos en 1QM 1,1, por lo que no voy a tratarlo aquí. Sin embargo, sí creo que *LTdQ* encuentra fundamento para sus reconstrucciones, si no para toda la reconstrucción sí para el *lamed auctoris*, en 1QS 3,13; 1Q28b [1QSb] o Col. de Bendiciones 1,1; 3,22; así como en la primera persona del *Maestro de Justicia* de 1QH 12,11 (cf. pp. 21.91). A esta lista yo añadiría 1QH f 8,10 y 1QSb 5,20. Por otro lado, creo que siempre puede afirmarse con relativa certeza que el *lamed auctoris* puede interpretarse de modo ambivalente, ya que el maestro fundador escribe para sus seguidores, especialmente aquellos que ocupan responsabilidades de enseñanza siguiendo su propia actividad. En otras palabras, lo que el autor escribió como Instructor fundador, sirve ahora para todos los instructores de la comunidad.

[27]Cf. G. del Olmo Lete, *Mitos y leyendas de Canaán según la tradición de Ugarit*, pp. 365-401.

[28]Ésta es la postura defendida por Jean Burnier-Genton, *Le rêve subversif d'un sage. Daniel 7*, pp. 91-98.

[29]En la p. 94, Burnier-Genton, *op. cit.*, aporta una observación que me parece muy convincente: el autor del libro no ha recurrido a ninguno de los nombres entre los grandes de Israel como hace la literatura pseudoepigráfica, y, por el contrario, muestra tener mucho interés en situar al personaje en el período exílico, como uno de los pioneros de la fe del exilio.

el *sabio del pueblo*.

5.3. No quisiera cerrar esta sección sin mencionar la relación de Ecl 1,1 con Prov 1,1, ya que la mención del "hijo de David, rey en Jerusalén" (בֶּן־דָּוִד מֶלֶךְ בִּירוּשָׁלָם) en el primero remite deliberadamente al segundo, que también habla del "hijo de David, rey de Jerusalén" (בֶּן־דָּוִד מֶלֶךְ יִשְׂרָאֵל). Sin embargo, la relación mutua es tanto de vinculación como de diferenciación. Respecto a la primera, no cabe duda de que ambas superinscripciones se refieren a Salomón, siendo esto obvio en el caso de Proverbios, pero incuestionable también en el de Eclesiastés. Que *qohélet* apunte a la figura de Salomón no puede dudarse tras la acuñación tipológica que el Cronista le ha dado a la expresión "hijo de David"[30]; además, según las narraciones, sólo un hijo de David fue rey. De hecho, para el Cronista el único hijo elegido por Dios fue Salomón (1Cron 29,1). En cuanto a la diferenciación, el desmarque de Eclesiastés respecto a Proverbios es también abiertamente intencional, como lo demuestra la resistencia editorial a la mención explícita de Salomón. De este modo, las diferencias formales e identitarias entre "Proverbios de Salomón, hijo de David, rey de Israel" (מִשְׁלֵי שְׁלֹמֹה בֶן־דָּוִד מֶלֶךְ יִשְׂרָאֵל) de Prov 1,1 y "Palabras / Discurso de *qohélet*, hijo de David, rey en Jerusalén" (דִּבְרֵי קֹהֶלֶת בֶּן־דָּוִד מֶלֶךְ בִּירוּשָׁלָם) de Ecl 1,1, marcan unas distancias editoriales que se van a dejar ver en las respectivas obras al nivel de la *persona* tras la obra (*qohélet versus* Salomón) y del género literario (proverbios *versus* discurso, o sea, *mišlê* versus *dibrê*), augurando así un contenido altamente diferenciado. Creo, por tanto, que se confirma el que la **elaboración editorial, mediante el recurso de una identidad**

---

[30]Así es, en efecto, en 1Cron 29,22; 2Cron 1,1; 13,6; 30,26; 35,3. En la BH sólo otras dos citas hablan de "hijo de David", a saber: 2Sam 3,1 (Absalón) y 2Cron 11,18 (Yerimot). Nótese que, a diferencia del Deuteronomista, el Cronista apostilla el nombre de Salomón en estos textos con *bendāwid*, y que la mayoría de estos textos están enmarcados por aquellos otros que combinaban las raíces *mlk* y *qhl* (cf. §5.1). Se entiende pues que el Cronista utiliza dicha apostilla de modo tipológico, aunque no alcance todavía el nivel mesianista de Qumrán o la comunidad cristiana, según se pone de manifiesto, respectivamente, en 4QFl 1,11 (menciona al "retoño de David" -צמח דויד- identificándolo con el "intérprete de la Ley" que ha de venir) y el NT.

ambivalente, pretende ampliar la tipología de la figura salomónica establecida por el libro de Proverbios. Más aún, se puede afirmar que la superinscripción coloca en un marco novedoso, o cuando menos abierto, a todo un ramillete de tradiciones político-teológicas vinculadas a la tipología del "hijo de David". En concreto, la novedad apunta al período tardío en el que surgió en Judá una organización mucho más asamblearia, sobre todo dominada por la presencia de grupos político-religiosos, y por lo tanto por los líderes de éstos, que eran generalmente conocidos como *maestros* o *sabios*. Por decirlo de otra manera, creo que **la superinscripción del libro ha sido diseñada para presentar ante el lector u oyente judío la cuestión de las nuevas formas de dirección político-religiosa en Judá que, sin duda, buscaban su legitimación en las antiguas tradiciones teológicas, entre las que destacaba la del "hijo de David".**

§6. Ecl 1,2: un resumen editorial radicalmente político y religioso

6.1. Sorprende el contundente contraste entre una locución tan firme y asentada en la tradición judía, como es "hijo de David, rey en Jerusalén", y el significado disolvente del lema "vanidad de vanidades, todo es vanidad". Éste podría traducirse más asépticamente por "soplo de soplos, todo es un soplo", pero ni aun así se consigue soslayar la dureza del contraste, pues el *hébel* (soplo) acaba englobando al "hijo de David". Cabe dilucidar, pues, si para un lector judío cualificado este lema representaría un choque con la tradición asociada al "hijo de David" o, por el contrario, podría leerlo dentro de las tipologías ya establecidas. Esto último ha sido negado de plano por una buena parte de la crítica moderna, que, muy marcada por el dramatismo existencialista, más bien ha creído ver en este lema una especie de *tedium vitæ*. ¿Fue por tanto desacertada toda aquella tradición exegética judía y cristiana que vio una base piadosa y espiritual en este lema? Hay que recurrir al estudio intertextual para tratar de dar respuesta a esta cuestión.

La intertextualidad de "hijo de David" y hébel con la BH.

6.2. En el contexto de la figura tipológica de David, el *hébel* recibe un tratamiento manifiestamente religioso. En efecto, en el Salterio, algunos de los salmos que recibieron el título "de / para David" se cuentan entre los que elevan al Señor unas oraciones cuya rotundidad nada tiene que envidiar a la del lema de Ecl 1,2[31]. Transcribo aquí los versos más interesantes:

39,5-7.12

(5) הוֹדִיעֵנִי יְהוָה קִצִּי וּמִדַּת יָמַי מַה־הִיא אֵדְעָה מֶה־חָדֵל אָנִי (6) הִנֵּה טְפָחוֹת נָתַתָּה
יָמַי וְחֶלְדִּי כְאַיִן נֶגְדֶּךָ אַךְ כָּל־הֶבֶל כָּל־אָדָם נִצָּב (7) אַךְ־בְּצֶלֶם יִתְהַלֶּךְ־אִישׁ אַךְ־הֶבֶל
יֶהֱמָיוּן [32] צִבֹּר וְלֹא־יֵדַע מִי־אֹסְפָם... (12) ... אַךְ הֶבֶל כָּל־אָדָם

(5) Hazme saber, Señor, mi final, y cuál es la medida de mis días, y conozca yo cuán frágil soy. (6) He aquí que unos palmos diste a mis días, y mi vida (lit. mi duración) como si nada fuera ante ti. Tan sólo un soplo cualquiera es todo hombre firme, (7) tan sólo en sombra pasa el hombre, tan sólo un soplo las riquezas que amontona pero que no sabe quién las recogerá .... (12) Tan sólo un soplo cualquiera es todo hombre.

62,10.11

(10) אַךְ הֶבֶל בְּנֵי־אָדָם כָּזָב בְּנֵי אִישׁ בְּמֹאזְנַיִם לַעֲלוֹת הֵמָּה מֵהֶבֶל יָחַד׃ (11) אַל־
תִּבְטְחוּ בְעֹשֶׁק וּבְגָזֵל אַל־תֶּהְבָּלוּ חַיִל כִּי־יָנוּב אַל־תָּשִׁיתוּ לֵב׃

(10) Tan sólo un soplo son los hombres, mentira los hijos del hombre. Sobre balanzas, todos juntos, ascienden más que el vapor/soplo. (11) No confiéis en la opresión, y no os envanezcáis en la rapiña. Cuando aumente la riqueza/el poder, no pongáis en ella/en él vuestro corazón.

144,3.4

(3) הוָה מָה־אָדָם וַתֵּדָעֵהוּ בֶּן־אֱנוֹשׁ וַתְּחַשְּׁבֵהוּ׃ (4) אדָם לַהֶבֶל דָּמָה יָמָיו כְּצֵל עוֹבֵר׃

---

[31]Me refiero sobre todo a Sal 31,7; 39,6.7.12; 62,10; 78,33; 94,11; 144,4. De ellos, el primero (de David) se refiere a los "vanos ídolos", y el tercero (de Asaf) al castigo de Israel. El cuarto (sin título) se refiere a la vanidad de los designios humanos, pero son precisamente los salmos davídicos 39, 62 y 144 los que más abundan y enfatizan el *hebel* de la vida humana.

[32]En mi traducción sigo la corrección de este verbo carente de antecedentes por el sustantivo derivado de la misma raíz *hāmôn* (riqueza), como hacen algunos autores (cf. P.C. Craigie, *Psalms 1-50,* p. 307).

(3) Señor, ¿qué es el hombre para que tú le conozcas, el hijo del hombre para que en él pienses? (4) El hombre a un soplo se asemeja, sus días como sombra pasan.

6.3. Estos versos parecerían profundamente nihilistas si no fuera porque parejamente a su rotunda valoración negativa de la vida expresan una profunda fe en el Señor. Es más, descuella también su censura de las riquezas (v.g. 39,7b y 62,11) que amarra el *hébel* davídico a un profundo sentido ascético[33]. Aquí podemos traer a colación los salmos de Salomón anteriormente citados, y sobre todo el 127, que relativiza el valor de la construcción del Templo mediante el emparejamiento "nada / mentira - afán / trabajo" (*šawĕ́ - `āmāl*), que a su vez es sinónimo de la tríada "soplo - afán / trabajo - agotarse" (*hebel - `āmāl - yāgēᵃ`*) que aparece en el proemio de Eclesiastés (1, 2.3.8). Esto significa que los editores de Eclesiastés, y por ende sus lectores, cuentan con un antecedente de tipologización ascética de David y Salomón en la edición del Salterio y en el Cronista[34], lo que les ayudaría a captar ese mismo aspecto ascético de Ecl 1,2 sin el menor escándalo[35].

---

[33]Dentro del espíritu de estos versos también tenemos la oración que el Cronista puso en boca de David en 1Cro 29,10ss, lo que parecería apuntar a una misma escuela tras el Cronista y los títulos del Salterio. Por otro lado, su uso del motivo sobre la *sombra* (*ṣēl/ṣelem*) coincide con Ecl 6,12; 7,12; 8,13.

[34]Para una importante defensa de la asociación piadosa que se hace entre David y Salomón en el Cronista, véase Roddy L. Brown, "Solomon, the Chosen Temple builder: the Significance of 1Chronicles 22:28 and 29 for the Theology of Chronicles" y "Solomonic Apologetic in Chronicles". También Brian E. Kelly, *Retribution and Echatology in Chronicles*, p. 93, aboga por la aplicación de unas mismas reglas composicionales para David y Salomón por parte del Cronista. El importante estudio de Sara Japhet, *The Ideology of the Book of Chronicles and its Place in Biblical Thought*, también afirma que la elección no se limita a David sino que el Cronista la extiende a Salomón, marcando una distinción entre estos dos reyes y sus sucesores (cf. en especial las pp. 445-53).

[35]Además de este breve estudio sobre el Salterio y el Cronista, otro punto interesante sobre los antecedentes hermenéuticos hubiera sido el uso de *hebel* en el libro de Proverbios (13,11; 21,6; 31,30). Dado, sin embargo, que no se incardina en un marco de tipología o de teologización importante, tan sólo señalaré la contextualización sistemática de prácticamente todas las instancias en el tema de las riquezas. Quizás más importante sea la tradición profética

La intertextualidad de ben dāwid *y* hébel *con Sira y Qumrán.*

6.4. Una mirada a Sira y Qumrán confirmará que la lectura ascética del *hébel* se encuentra altamente desarrollada en esos dos *corpora* próximos a los editores de Eclesiastés, posiblemente contemporáneo el primero e inmediatamente posterior el segundo. De Sira sólo contamos con dos instancias, 41,11 (M); 49,2 (B), siendo la primera la más interesante, pues lee como sigue: "Vanidad es el hombre en su cuerpo, pero el nombre del piadoso no será cortado / borrado" (הבל אדם בגויתו אך שם חסד לא יכרת). Se desprende de aquí que el sirácida distingue entre la esencia de fugacidad y vulnerabilidad (*hébel*) de la naturaleza humana y el justo, que, aún participando de dicha naturaleza, recibe la gracia de la perpetuación de su nombre. Similar planteamiento se halla en Qumrán, aunque dentro de su marco teológico propio. Así, en 1QS 5,18.19 leemos: "Que ningún hombre santo se apoye en ninguna obra de vanidad (כול מעשׂה הבל), pues son vanidad todos aquellos que no conocen su alianza (כי הבל כול אשר לוא ידעו בריתו)". Sobre este presupuesto, es obvio que la totalidad de la realidad humana, pero muy especialmente las naciones paganas del mundo y los judíos infieles, junto a toda obra realizada fuera del cumplimiento de la Alianza, son considerados *hébel*[36]. Más allá del hecho de que Sira y Qumrán coincidan en su fundamento *toraico* (esto es, "de la Torá") sobre el que se juzga todo lo que es *hébel*, lo importante aquí es el denominador común de todos los textos, que no es otro que su ascetismo religioso (*contemptus mundi*).

Significado de la deliberada presencia editorial.

6.5. Con estos precedentes en mente, se puede decir que de Ecl 1,2 el lector podía extraer una comprensión escéptica de la vida, pero sobre todo una comprensión ascético-religiosa a partir de la cual habrá que revisar el libro. Ahora bien, también hay que tener en cuenta el

---

sobre el *hebel* muy centrada en un carácter apologético y de diatriba iconoclasta (cf. Is 30,7; 49,4; 57,13; 2,5; 8,19; 10,3; 10,8.15; 14,22; 16,19; 51,18; Lam 4,17; Jon 2,9; Zac 10,2).

[36]Cf. además 1QM 4,12; 6,6; 9,9; 11,9; 14,12; 1QH 7,32; f 48,3.

deliberado interés editorial por no explicitar esta lectura mediante el empleo de lenguaje más manifiestamente ascético-religioso. Del mismo modo que Ecl 1,1 mantiene una ambigüedad calculada, también aquí se nota esa misma intención. Esto llama la atención, porque buena parte de la exégesis moderna ha dado a entender que la única razón de la intervención editorial sobre Qohélet era la de enmendar su secularismo escéptico. Sin embargo, en medio del lema más *disolvente* de todo Eclesiastés como es el "vanidad de vanidades ... todo es vanidad", nos encontramos con una presencia editorial deliberada con la locución parentética "decía qohélet" (אָמַר קֹהֶלֶת). Es decir, los editores no sólo no han eliminado este lema o lo han reorientado en dirección más toraica, sino que respetan su crudeza y además se hacen visibles al lector a través de él. Dado que la primera persona –el "yo" autógrafo– no aparece hasta 1,12, puede pensarse que esta sección correspondiente a la tercera persona de 1,1-11 –explícita en 1,1-2 y tácita en 1,3-11– es obra de los editores, que además quieren que así sea percibido por el lector. Surge pues la pregunta: ¿se percibe en esta sección un intento de enmendar la radical secularidad del resto de Eclesiastés? La respuesta es rotunda: ¡No!. De hecho, parece que los editores resumen en 1,1-11 la enseñanza de *qohélet*, y la sintetizan en 1,2[37], no siendo posible percibir en su síntesis un intento de ocultar la radicalidad del mensaje de *qohélet*. Es más, en tanto que síntesis se podría decir que es incluso mucho más incisiva o lacerante que el resto de la obra, con lo que **en ningún momento da la impresión de que el editor de 1,1-2 (o 1,1-11) haya buscado edulcorar mensajes, sino todo lo contrario: ha realzado y anticipado, por medio de la máxima simplificación, el mensaje radical de la obra qoheletiana, de manera que su propósito editorial no pasa por la eliminación del carácter propio de la obra recibida, sino por su propio realce en otro marco distinto.**

[37]G.T. Sheppard, "The Epilogue to Qoheleth as Tehological Commentary", reconoce el carácter sumario de 1,2 al postular que este verso constituye una de las "tematizaciones" o "lematizaciones" (*thematizings*) extraídas del contenido global del libro, enlazadas entre sí, afirmando además que "cada tematización es una sobresimplificación y una contextualización selectiva de todas las fuerzas operantes en la obra y provenientes de literatura previa" (p. 183).

6.6. Por tanto, no debe existir una distinción acerca del valor de la voz editorial o la del autor, como se ha llegado a afirmar al defender que "decía *qohélet*" constituye "la voz normativa del libro que se halla en el prólogo y el epílogo "[38]. Esta afirmación plantea una cuestión que merece mayor cuidado, ya que resulta bastante delicado establecer unas voces con autoridad superior a otras, o peor aún, distinguir entre voces que tienen o no tienen autoridad normativa[39]. De hecho, los propios editores del texto muestran un gran tacto al respecto, y quizás más sutileza que quienes tratamos de interpretarles. Así, entiendo que el texto evita presentar distintas voces, ya que sólo uno es el autor al que se le atribuye todo cuanto se afirma, el *qohélet*, y tan sólo aparece el editor en un segundo plano, que por importante que sea no puede sustituir al *qohélet*, ni lo intenta, pues, a fin de cuentas, se presenta abiertamente como tal editor, no como autor. Es más, las implicaciones que el editor extrae de la obra recogiéndolas en el epílogo (me refiero sobre todo a los vv. 13.14), pretenden estar basadas en "todo lo escuchado" (הַכֹּל נִשְׁמָע), y no en su contra o a distancia de éste. Por ello, creo factible concluir que el editor busca tensar, ya de entrada, las distintas lecturas posibles del texto, de modo que el lector u oyente quede atrapado en dicha tensión, ya sea que se interprete el texto desde una perspectiva secular (poder político y económico), filosófica (escepticismo), o sobre todo ascético-religiosa (piedad judía). Una vez expuesta la postura extrema, para dicho lector u oyente la cuestión implícita que se abre paso en este texto será: ¿hasta dónde puede llevar un dinasta davídida su afirmación? O sea, ¿en qué sentido puede afirmar lo que afirma? Si el lema que en forma de *inclusio* enmarca el diario de *qohélet* aparece justo al comienzo, es precisamente porque el editor quiere extremar las afirmaciones para, posteriormente, dejar que el propio *qohélet* proceda con una explicación de su significación en las

---

[38]T. Longman III, *The Book of Ecclesiastes*, p. 205.

[39]M.V.Fox, *Qoheleth and His Contradictions*, pp.311-21, trata el tema de las voces en esta obra, y descubre tres voces principales. Como se verá por mis opiniones, no puedo estar de acuerdo con la existencia de voces, si por ello se entiende una total autonomía entre sí y una clasificación según el valor de cada voz.

áreas específicas que irá desgranando. Precisamente, la propia cuestión de 1,3 busca ya un enfoque mucho más preciso a tan rotunda afirmación, al emplear un lenguaje económico, según hemos de ver inmediatamente.

§7. Ecl 1,3: un asunto de economía más que una cuestión retórica

7.1. Los editores crearon una especie de quiebro literario entre el enigmático 1,1 y el disolvente 1,2, y ahora arrastran al lector a otro quiebro, ya que de la genérica afirmación de 1,2 pasan a una pregunta radicalmente económica en 1,3, como si quisieran afinar más el significado del *hébel*. Aparece aquí un término clave, *yitrôn*, cuyo significado de excedente, plusvalía o beneficio es incuestionable[40]. También sabemos que el sustantivo *`āmāl* (trabajo / afán) va adquiriendo en el hebreo posclásico (posbíblico) unos matices económicos, tales como "trabajo-esfuerzo-empeño-ganancia-posesión", sin que quepa duda de que es precisamente éste el campo semántico con el que juega Qohélet a lo largo de la obra[41], aunque sin dejar de conjugarlo a la par con el significado bíblico tradicional de fatiga o aflicción[42]. De hecho, *yitrôn* es un hápax en la BH y parece ser uno de esos términos utilizados por Qohélet en un sentido muy propio (v.g. *taḥat hašāmeš* - bajo el sol, *miqre´* - destino, *`ôlām* - eternidad / mundo, etc.), por lo que apenas tienen resonancias bíblicas o bien reciben un giro muy propio en esta obra. Por esto mismo, sirven muy bien para introducir temas clave en la interpretación del libro[43]. Así pues, este v. 3 parece situar en el punto de mira al *homo faber* o, mejor aún, al *homo œconomicus*, y no tanto al *homo sapiens*. Más concretamente, creo que se apunta aquí a los ricos

---

[40]Cf. *TDOT* IV, p. 489.

[41]Cf. *DTMAT*, cols. 424s; H.L. Ginsberg, *Studies in Koheleth,* pp. 1-2.

[42]El sustantivo *`āmāl* aparece en Qohélet en los textos siguientes: 1,3; 2,10.11.18.19.20.22.24; 3, 9.13; 4,4.6.8.9; 5,14.17.18; 6,7; 8,15; 9,9; 10,15.

[43]Cf. M. Hengel, *Judaism and Hellenism. Studies in their Encounter in Palestine during the Early Hellenistic Period*, p. 119.

o poderosos que pueden obtener lo que, en principio, parecerán ser suculentos beneficios económicos, pero al precio de un alto grado de esfuerzo o fatiga[44]. Al menos, creo que la susodicha ambivalencia semántica de *`āmāl* recoge de manera perfecta esta paradoja. Además, cabe señalar que la pregunta "¿cuál es el provecho / beneficio?" (מַה־יִּתְרוֹן) es algo más que meramente retórica, puesto que reaparece en 3,9 y 5,15 (cf. 6,8.11 donde aparece la forma *yōtēr* en lugar de *yitrôn*), de los cuáles el primero es especialmente importante en tanto que enmarca, mediante *inclusio*, todo el contenido de 1,3-3,9 dentro de esta perspectiva económica. De hecho, algunos autores creen que el libro se estructura sobre las respuestas a esta pregunta[45], mientras que otros la consideran una "cuestión determinante (governing question)" que, en distintas formas, recorre la primera mitad del libro[46]. Así pues, lo interesante para nosotros no es que pueda ser estructurante, que ciertamente lo es, sino que sea una cuestión que va a ser efectivamente respondida a lo largo de la obra, imprimiéndole un marcado carácter o enfoque económico y político.

7.2. Vale la pena reparar en que esta perspectiva económica está ubicada "bajo el sol" (*taḥat hašāmeš*), apostilla ésta que es recurrente a lo largo de la obra (aparece 27 veces), y que parece encuadrar la cuestión

---

[44]Precisamente, resulta muy interesante comprobar que las dos únicas ocurrencias del sustantivo *`āmāl* en Sira aparezcan en conexión con los ricos o con personas atareadas (y seguramente ricas). Así, 13,26 lee: "Señal de un corazón feliz (לב טוב) es el rostro risueño (ארנים פנים) y el *hombre* ocupado expresa pensamientos / cálculos fatigosos" (מחשבות עמל); y 34,3 [B]: "Los trabajos / Las fatigas del rico *son* para acumular riqueza, y si descansa es para acumular/recibir placer" -עמל עשיר לקבל הון ואם ינוח לקבל תענוג. Nótese que Bm lee עמל en lugar de עמלי y también עמל por תענוג, de modo que resultaría en la siguiente traducción: "El trabajo / La fatiga del rico [es] para acumular/recibir riqueza, y si descansa es para acumular/recibir *un* beneficio".

[45]Así lo afirma G.S. Ogden, "Qoheleth's Us of the 'Nothing is Better' Form". Por otro lado, las respuestas correspondientes se encuentran en 2,24; 3,12.22; 5,17; 8,15.

[46]Es el caso de D.C. Fredericks, *Coping with Transcience: Ecclesiastes on Brevity in Life,* p. 49.

de 1,3 en una perspectiva científica (y por tanto secular), y sobre todo en una división entre un mundo "bajo el sol" y otro "sobre el sol" que remitiría a una cosmovisión trascendente (separación radical entre Dios y su creación y la historia) muy distinta al antiguo inmanentismo (Dios se comunica plenamente en medio de su creación y de la historia). La relevancia de esto reside en que el orden de la vida se percibe en dos planos, de los que el inferior estaría sujeto a unas leyes naturales, es decir, predeterminantes, y por tanto con un efecto sobre todo el género humano[47]. Éste es el mensaje principal transmitido por el conjunto del proemio a la obra; M. Hengel lo expresa muy bien al afirmar que *taḥat hašāmeš* "indica el valor universal y normativo de sus observaciones"[48]. Eclesiastés se apropia de una expresión ya acuñada con anterioridad a él[49], pero al utilizarla 27 veces se apropia de lleno de ella, lo que indica un interés que va más allá de lo retórico. El himno geofísico de 1,4-11, especialmente los vv. 4-7, nos proporcionan una pista sobre dicho interés: la descripción de esta fenomenología, como es de esperar, no pretende informar sino exponer la normatividad a la que el mundo natural, el mundo "bajo el sol", está sujeto. Una muestra de hasta qué punto el sol se convirtió en símbolo de la regularidad y perfección en el cumplimiento de las leyes naturales, la tenemos en 1Q27 1,6: "La justicia se manifestará lo mismo que el sol como principio ordenador del mundo (תתכון תבל)". Es decir, toda ley natural se hace girar en torno a los tiempos o estaciones determinadas, a su vez, por el sol, razón por la que es éste el que se convierte en dicho principio ordenador del mundo natural; en el caso de Qumrán, también en principio ordenador de su liturgia y de

[47] *'ādām* (hombre) es una referencia al género humano y no al individuo, y *taḥat hašāmeš* (bajo el sol) también afecta a todo el plano inferior, esto es, toda la vida humana de cualquier lugar y tiempo.

[48] Cf. M. Hengel, *Judaism and Hellenism*, p. 117.

[49] Se discute desde antiguo sobre su origen griego o semítico (cf. Podechard, *L'Ecclésiaste*, p. 235). En general hoy día los comentaristas creen que existen suficientes precedentes para poder confirmar un origen semítico de la expresión (cf. J.L. Crenshaw, *Ecclesiastes*, pp. 59s y O. Loretz, *Qohelet und der Alte Orient: Untersuchungen zu Stil und theologischer Thematik des Buches Qohelet*, p. 7).

toda su vivencia religiosa (cf. 1QS 10,1ss). Así pues, la apostilla "bajo el sol" parece estar en sintonía con el propósito del himno, y el conjunto no pretende más que imponer sobre el lector u oyente una sensación de determinismo ineludible al que toda la realidad humana está sujeta. Por otro lado, no se puede negar que la continua reiteración de la apostilla pretende dejar algún espacio fuera de dicha predeterminación, o sea, puede sugerir un lugar "sobre el sol" distinto a lo que ocurre bajo éste. Pero está claro que no sería más que una posibilidad que no tiene ningún interés en tratar sino en dejarla en una omnipresente trastienda[50].

§8. 1,4-11: el conocimiento de las leyes naturales (la ciencia) como fuente indispensable de conocimiento

8.1. Lo anterior viene confirmado por nuestro análisis del himno geofísico, del que adelanto cuatro hilos conductores a fin de no perdernos en la maraña de datos y argumentos exegéticos que hemos de emplear:

1) La totalidad del himno presenta una perspectiva completamente secular, es decir, carente de afirmaciones explícitas de carácter teológico y épico-mítico; esto entra en un llamativo contraste con el espíritu de los típicos himnos bíblicos sobre la creación, como los Salmos 19 y 104, aunque sí pudiera tener concomitancias con el

---

[50]Incluso si se demostrara que "bajo el sol" es una inserción editorial "piadosa" con el propósito de colar de rondón una posibilidad de recompensa en el mundo transcendente, esto no haría sino confirmar la mentalidad científico-secular con la que operan autor y editores. En efecto, el concepto de los dos planos, sin mención explícita de Dios, tiene un fundamento filosófico-científico, a lo que hay que añadir que, debido a sus conexiones con el mundo helenista los desarrollos filosóficos y científicos del mundo helenista no era ni mucho menos ajenos al incipiente grupo piadoso denominado hasidismo (Cf. M. Hengel, *op. cit.*, pp. 175-254).

Para una lectura "piadosa" de los dos planos, esto es, como vía hacia la "otra vida", el TgQoh puede ser un buen ejemplo. Éste la desarrolla de forma manifiesta: en "este mundo" (בעלמא הדין) sólo vale la pena ocuparse en la Ley para recibir la recompensa en "el mundo por venir" (לעלמא דעתי) (cf. A. Sperber, p. 150). Lo mismo podría decirse de la interpretación de Ibn Ezra (cf. p. 14).

discurso secular de Dios que hallamos en Job 38-41.

2) En consecuencia, su carácter es puramente descriptivo del fenómeno natural. Quizás se pretende que esto se corresponda con el sabio Salomón experto en las artes naturales (cf. 1Rey 5,33), cuyas disertaciones sobre esos temas no se "conservan" en ningún otro lugar.

3) La descripción pretendidamente científica del fenómeno natural conlleva un cierto determinismo inherente a las propias leyes naturales: todo acaba pasando por un mismo punto (idea de circularidad), de modo que los cambios no conducen a un excedente (es decir, a un auténtico cambio o novedad). Las leyes naturales, por tanto, parecen servir de ilustración de las leyes que rigen también la realidad humana; o mejor aún, quizás se trate en realidad de exactamente las mismas leyes.

4) El punto anterior parece establecer una paradoja entre los cambios y los puntos fijos: el ostensible movimiento de la naturaleza en contraste con una subyacente (e imperceptible) realidad inalterable, produce un efecto de espejismo. Este efecto de la naturaleza tiene su versión antropológica: una historia humana sujeta a una ley de inquietud permanente, que sin embargo no alcanza nada.

Así pues, el himno presenta un tenor pretendidamente científico (o incluso cientificista) que constituye un caso excepcional en la BH, incluso en la literatura sapiencial, a excepción, quizás, del ya mencionado discurso de Job 38-41 que, curiosamente, es puesto en boca de Dios.

Una comparación con el proemio de Proverbios

8.2. El contraste de ambos proemios pondrá de relieve las características propias del de Eclesiastés. El libro de Proverbios tiene su propia historia de composición, y no entraremos en ella. Lo que sí nos interesa son las diferencias entre Prov 1-9 y 22,17-24,22 señaladas por los eruditos[51], destacando para nuestro estudio el que los editores del

[51]R.N. Whybray, *The Book of Proverbs*, presenta una historia de la investigación que sobre este libro se ha llevado a cabo en el período de la

libro dejaron *ex professo* marcas de su actividad al repetir parte de la superinscripción de 1,1, concretamente "Proverbios de Salomón" (מִשְׁלֵי שְׁלֹמֹה) en 10,1, como si se tratara de dos colecciones distintas. En otras palabras, deliberadamente dejaron pistas respecto al carácter propio de 1,2-9,18. De esta sección, parece claro que 1,2-7 es un verdadero proemio editorial por el que los editores establecen el marco o los objetivos de la obra, asociando el carácter sapiencial de los vv. 2-6 con el "temor del Señor" (v. 7)[52]. Predeterminan de esta guisa una lectura exclusivamente ético-religiosa del contenido del libro de Proverbios, la cual concuerda, además, con su contenido, al menos respecto a esos primeros nueve capítulos, ya que los otros tienen un contenido más pragmático e incluso secular[53]. Esto contrasta de lleno con el proemio de Eclesiastés, cuyos editores parecen respetar (¿o quizás lo elaboraron ellos?) el carácter secular y cientificista de todo el proemio, y casi diría que tienen interés en realzarlo, como si de este modo se quisiera insinuar al lector un carácter completamente distinto al de Proverbios, o bien como si su punto de partida o su metodología fuera distinta (o sea, una metodología más basada en las ciencias naturales y político-económicas), y todo ello a pesar de que los propios editores conducirán al lector, según lo manifiestan abiertamente en el epílogo, al temor del Señor y la Ley. Conviene, pues, no dejar pasar desapercibido este dato diferenciador de la edición de ambos libros, ya que muestra dos metodologías editoriales distintas que parecen arribar a unas conclusiones teológicas o doctrinales similares. ¿Apunta esto a premisas teológicas distintas? Aún sin poder dar respuesta a esta cuestión, lo importante es notar la imposibilidad de compartimentar de modo rígido la teología y la exégesis

---

exégesis crítica. Para el estudio de los caps. 1-9; 22,17-24,22 en contraste a 10,1-22,16; 24,23-29,27, cf. las pp. 34-85.

[52]Es difícil especular con total seguridad sobre el posible carácter secundario del v. 7 respecto a los vv. 2-6. Pero no cabe duda de que los editores tuvieron interés en introducir el tema del temor del Señor desde el principio.

[53]G.H.Wilson, " 'The Words of the Wise': the Intent and Significance of Qohelet 12:9-14", trata de demostrar en base a las asociaciones ya presentes en el Deuteronomio, que existe un propósito editorial en conectar *sabiduría, temor del Señor* y *Ley* en el libro de Proverbios.

registrada en el texto bíblico[54].

8.3. Para entender hasta qué punto es notorio el papel que juega el carácter político-económico y cientificista en toda la elaboración editorial de 1,3-11, hay que tener en cuenta que prácticamente carecemos de precedentes similares en toda la BH y en la literatura hebrea religiosa de los ss. III-I a. C. Por ejemplo, los Salmos 19 y 104 mezclan himno creacional con alabanza, mientras que el himno secular de Job 38-41 acabará por inducir a Job a la conversión y confesión explícita[55]. Otro tanto podemos decir de Sira, cuyos himnos creacionales de 42,15-25 y 43, a pesar de su tenor mucho más descriptivo y científico que los bíblicos, también conducen de modo explícito a la alabanza del Señor[56]. Otro tanto podría decirse de Qumrán, donde los motivos creacionales son descritos muy científicamente (esto es, basándose en la descripción de lo que parecen leyes naturales), pero a la vez se entrelazan con motivos litúrgicos de alabanza (cf. 1QH 12,1-36 y 1QS 10-11,22, especialmente los primeros versos de la columna 10)[57].

---

[54] Por "exégesis registrada en el texto bíblico" entiendo aquí la exégesis que los editores realizan sobre el texto que reciben.

[55] Recientemente, el artículo de Y. Gitay, "The Failure of Argumentation in the Book of Job: Humanistic Language versus Religious Language", ha puesto de relieve que el discurso de Dios es humanista (secular) en concordancia con el de Job y en discordancia con el discurso religioso de los amigos. Según Gitay, no hay comunicación posible con Dios hasta que Él mismo utiliza el lenguaje humanista. En esto podríamos percibir una gran similitud con el tono tan secular de Eclesiastés, incluyendo la conversión final de Job –explícita y claramente confesional– y la admonición a la obediencia de la Torá del epílogo de Eclesiastés. Dejo el dato para ulteriores investigaciones.

[56] En Sira tenemos otros himnos importantes, aunque no sobre la creación sino sobre los oficios (38,24-34), el escriba sabio (cap. 39), la condición humana (cap. 40), y la muerte (cap. 41). El tenor en todos ellos es muy secular también, pero siempre, salvo en el de los oficios, se presenta alguna conexión explícita con el Señor.

[57] Con todo, en §9.11-13 analizaremos algunos textos sapienciales de Qumrán que tienen semejanzas muy interesantes con Eclesiastés.

Una comparación con la edición de Job 28.

8.4. Nos interesa mucho Job 28 porque se puede argüir que tiene un carácter secular cientificista muy próximo a Ecl1,3-11. Más aún, su tono secular es marcadamente económico, ya que establece la inaccesibilidad o inasibilidad de la sabiduría a los humanos por la vía tecnológica y comercial[58], lo que sirve para abrir la puerta a una vía de acceso exclusivamente religiosa (cf. vv. 23-28, especialmente este último en el que se asocia *sabiduría* y *temor del Señor*). Estos últimos versos dan pie a una discusión sobre si se trata de una unidad o más bien del resultado de una intervención redaccional (¿quizás de la misma mano editorial?)[59], pero no hay duda de que el texto presenta marcas editoriales indiscutibles: 29,1 confirma que ha habido algún tipo de inserción secundaria en el texto precedente, ya sea del último verso, o de los vv. 23-28, o de todo el capítulo 28. A partir de aquí se puede concluir que sigue existiendo un fuerte contraste entre Job 28 y Ecl 1,3-11, pues en esta última obra el temor del Señor, o alguna otra forma concomitante ("teme al Señor", "para que le teman", etc.), aparece progresivamente sólo a partir de 3,14, y esto de forma muy discreta, es decir, con un lenguaje muy comedido y no tan explícitamente toraico[60]. En otras palabras, **da la impresión de que los editores han evitado escrupulosa y conscientemente introducir semejante asociación en el principio de la obra qoheletiana, para dejar que aflore de modo casi exclusivo el lenguaje de las ciencias naturales y las político-económicas.**

El texto clave de 1,8.

8.5. Este verso es revelador de esta última conclusión. Existe un

---

[58]L. Alonso Schökel-J.L. Sicre Díaz, *Job. Comentario teológico y literario,* p. 402.

[59]N.H.Habel, *The Book of Job,* pp. 391-395, presenta una idea muy completa de la discusión a este respecto.

[60]El resto de ocurrencias son 5,6; 7,18; 8,12.13; 12,13, que como puede observarse se concentran en la segunda parte de la obra. En cuanto a 3,14, una lectura detenida demuestra que enfoca el tema no dentro del marco toraico sino de la ley natural (o creacional).

debate sobre su autoría, pero me remito a los comentarios para ello [61], pues, a quien quiera que se le atribuya, el resultado es el mismo: hay signos de un escrupuloso cuidado por evitar las resonancias explícitamente toraicas, y esto a pesar de emplear vocablos y locuciones típicos de textos bíblicos. Veamos por ejemplo una raíz clave como *yāgā`* (agotarse) que aparece en 10,15 (verbo) y en 12,12 (sustantivo *yĕgî`āh*). Esta raíz se mueve dentro de la propia BH en un campo semántico muy similar al de *`āmāl* (fatiga-trabajo-producto-bienes)[62], que ya apareció en 1,3 y con el que aparece asociado en el mencionado texto de 10,15. Más aún, en diversos textos bíblicos (sólo proféticos) se utiliza esta raíz para expresar, mediante su asociación con *rîq* (vacío) o con *hebel*, el trabajo o esfuerzo infructuoso[63]. Estos tediosos datos inducen a pensar que 1,8 profundiza en la paradoja que ya se anunciaba con la cuestión retórica de 1,3, y de algún modo constituye una primera conclusión de la argumentación científica de 1,4-7, y por tanto también una primera respuesta a 1,3. ¿Y cuál es su conclusión? Se afirma un punto de retorno permanente o fijo para todas las cosas y todos los asuntos, a saber: el agotamiento al

[61]El más reciente ejemplo a favor de una continuidad o fluidez sin tensiones entre 1,4-7 y 1,8, que es ilustrativo a su vez de una tendencia actual, lo podemos encontrar en Tremper Longman III, *The Book of Ecclesiastes*, p. 71. Por el contrario, las posturas a favor de una mano secundaria ya fueron defendidas desde principios de la época crítica, como recoge E. Podechard, *L'Eclésiastes,* pp.165-167 (cf. pp. 242s). A. Barucq, *Ecclésiaste - Qohéleth. Traduction et commentaire*, p.62, defiende que se trata de una nota marginal.

[62]Cf. *TDOT,* pp. 390-393.

[63]Con *hebel* aparece en Job 9,24 e Is 49,4. En este último texto, además, se asocia con *rîq* (vacío), *tōhû* (nada, caos) y el verbo *kālāh* (cesar, consumir), y con *pĕ`ûlāh* (recompensa); en 65,23 se asocia con *rîq*. La paradoja sobre el trabajo baldío también está presente en Hab 2,13 y Jer 51,58. Parece que esta paradoja es típica de la literatura profética. Añadamos a ello que destaca el intenso uso de este verbo en el Deutero y TritoIsaías (cf. 40,28.30 .31; 43,22 .23.24; 47,12.15; 49,4; 57,10; 62,8; 65,23), ya que no aparece ni una sola vez en el profeta de Jerusalén. Qumrán también recoge esta paradoja sobre el trabajo baldío en su comentario a Hab 2,13, pero ligando el verbo *yāgā`* (agotarse) al sustantivo *šawĕ´* o *šôw* (cf. 1QpH 10,11), que es prácticamente sinónimo de *rîq* (vacío). También aparece asociado a *hebel* (cf. 1QH f 48,3). Como último dato interesante, cabe señalar la asociación de este verbo con *dĕbārîm* en otro profeta, a saber: Mal 2,17.

que desemboca toda actividad, ya sea el trabajo físico, la actividad económico-comercial o el esfuerzo intelectual. A pesar de que todo tiene un mismo punto fatal de desembocadura, el hombre no alcanza a comprenderlo y se mantiene en movimiento (trabajo o esfuerzo) continuo. En otras palabras, la misma circularidad que regula a la propia naturaleza, regula también toda actividad humana. Mi traducción del v. 8 es el mejor sumario de mi interpretación:

> Todos los discursos/estudios están agotados; el hombre no conoce (lit. no puede/debe[64] disertar), el ojo no se satisfará por más que vea, y el oído no se colmará por más que oiga[65].

8.6. Tanto las explicaciones anteriores como esta traducción requieren unas notas aclaratorias. Así, la locución "todos los discursos" (כָּל־הַדְּבָרִים) expresa una ambivalencia intencional: discurso y cosa. El aspecto discursivo –el discurso científico, legal, religioso, etc.–, queda atestiguado por la ya mencionada asociación que se hace en el epílogo entre el sustantivo *yĕgî`āh* (fatiga) y *lahag* (estudio)[66], así como por ser éste su significado propio a lo largo de Eclesiastés. Por su parte, el aspecto ontológico está sobreentendido por todo su contexto precedente, al que está firmemente anclado por el paralelismo entre "todas los discursos están agotados" (כל־הַדְּבָרִים יְגֵעִים) y "todos los ríos van al mar" (כָּל־הַנְּחָלִים הֹלְכִים אֶל־הַיָּם) del v. 7a. En cuanto a "no puede el hombre diser-

[64]לא־יוּכַל puede señalar tanto impotencia como prohibición (cf. a este último respecto Ex 19,23; Deut 17,5; 21,16; 22,3.19.29; Jos 24,19).

[65]Otra posible traducción sería: "Las palabras / cosas abundan / abruman; el individuo no puede hablar, el ojo no se sacia por ver, y el oído no se colma por oír". También cabe la siguiente: "Todas las palabras/cosas que fatigan no podrá el hombre expresar, no se saciará el ojo por más que vea, ni se llenará el oído por más que oiga". Sin embargo, el sentido de fondo se mantiene.

[66]En la literatura midrásica y rabínica todos los derivados de *yāgā`* se asocian muy íntimamente con el esfuerzo que conlleva el estudio de la Ley (cf. Jastrow I, pp. 562s). Por otro lado, cabe decir que, intertextualemente hablando, es innumerable la cantidad de ocurrencias de "todas las cosas / palabras" (כָּל־הַדְּבָרִים) o "toda cosa / palabra" (כָּל־דְּבָרִים), de las que la abrumadora mayoría se refiere al campo semántico verbal en sus diversos matices, siendo importante el referido a las leyes del Señor.

tar / hablar" (לֹא־יוּכַל אִישׁ לְדַבֵּר) puede precisarse la intención de poner límites al propio Salomón, gracias a su resonancia con 1Rey 10,3, donde se afirma que Salomón contestó a todas las cuestiones de la reina de Saba, y "nada oculto hubo que el rey no le contestase" (לֹא־הָיָה דָּבָר נֶעְלָם מִן־הַמֶּלֶךְ אֲשֶׁר לֹא הִגִּיד לָהּ), lo que realza la contradicción con "no puede el hombre disertar / contestar" (לֹא־יוּכַל אִישׁ לְדַבֵּר) de Ecl 1,8aβ.

8.7. También en los himnos de Qumrán se expresa impotencia para hablar tras la arrobada descripción de la naturaleza. Por ejemplo, en 1QH 1,23, tras describir la precisión de esta naturaleza creada por Dios, el autor se pregunta "¿qué puedo yo decir"? (מה אדבר). En la BH sólo Is 38,15 es paralelo a este texto de Qumrán, aunque el profeta responde de este modo a la palabra de Dios, mientras que en Qumrán se reacciona ante el conocimiento de la perfección de la naturaleza, es decir, de su sistematicidad y precisión. Pero no sólo es una cuestión de admiración ante la perfección de la naturaleza, sino ante la precisión predeterminada por el propio Creador, quien lo tiene todo registrado con su "punzón de registro/recuerdo" (חרת זכרון) (l. 14), siendo éste el registro que ha sido revelado al hombre creyente, de modo que en realidad la admiración se convierte en impotencia para decir o narrar algo que no haya sido ya dicho o narrado, es decir, que no haya sido revelado[67]. Dicho de otro modo, llama la atención la profunda coincidencia entre este himno geofísico de Eclesiastés y el texto de Qumrán respecto a las escasas o nulas posibilidades de un conocimiento verdadero (negativismo epistemológico)[68], si bien el segundo se desmarca algo por su explicitación de la fe en la revelación. Este negativismo lo remata 1,8b, pues sus

---

[67]Cf. *infra* §9.9 para un análisis más detallado de 1QH 1,21-24.

[68]Quisiera aclarar que el negativismo o pesimismo epistemológico se hace más agudo en las épocas de mayor expansión técnica y científica, de modo que los lectores de Eclesiastés y Qumrán no debemos dejarnos confundir por las palabras de ambos interpretándolos como anticientíficos o antiacademicistas. Teniendo esto en cuenta, no hay contradicción entre la capacidad de describir científicamente una realidad, y el humilde reconocimiento simultáneo de la incapacidad epistemológica humana, tal como hacen Eclesiastés y Qumrán, pues lo que ocurre es que el propio desarrollo científico ahonda la conciencia del desconocimiento.

verbos involucran siempre una actividad racional –de comprensión, o de falta de ella si la combinación aparece en alguna forma negativa[69]– por lo que en nuestro caso se puede decir que el 1,8b está en plena sintonía con 8aβ. Es decir, "no saciarse el ojo" y "no colmarse el oído" es lo mismo que no alcanzar nunca un punto final, un punto de comprensión última de la realidad. Por tanto, se puede afirmar con certeza que **la posible presencia redaccional no sólo no altera la perspectiva cientificista del texto pre-editado, sino que incluso la utilizaría en provecho de sus propios énfasis, manteniendo su propio lenguaje en línea con aquél.**

El desarrollo histórico según 1,9-11.

8.8. El v. 8 supone un punto de inflexión en la argumentación del himno, pues abre paso a una sección de enfoque más histórico que va a introducir cuestiones clave a lo largo del libro[70]: se recalca hasta la saciedad la inexistencia de una verdadera contribución por parte de cada período histórico, o cada generación humana, al desarrollo o devenir histórico[71]. Sin duda, esta falta de verdadero desarrollo histórico es ya

---

[69]Cf. Deut 29,3; 2Rey 9,16; Job 13,1; 29,11; 42,5; Prov 20,12; Is 6,10; 32,3; 33,15; 37,17; Jer 5,21; Ez 12,2; 40,4; 44,5; Dan 9,18. Como hemos de ver más adelante, la mayoría de estos textos se aplican a la recepción o rechazo de la palabra de Dios, concretamente la comunicada por los profetas (cf. §9.2).

[70]Adviértase la reiteración siguiente de formas similares: מַה־שֶּׁהָיָה (¿qué es lo que fue?") se repite en 3,15; 6,10; 7,24, mientras que מה שֶׁיִּהְיֶה (¿qué es lo que será?) lo hace en 3,22; 8,7; 10,14 (cf. 6,12 y 11,2 con מַה־יִּהְיֶה [lo que será] y 2,22 con מֶה־הֹוֶה [lo que es]). De igual modo, שֶׁיִּהְיֶה (lo que será) ocurre en 2,18 y אֲשֶׁר יִהְיֶה (*id.*) lo hace en 8,7; 10,14. Por lo que respecta a *mh-šn`śh* (lo que ha sido hecho) sólo aparece en 1,9, pero שֶׁנַּעֲשָׂה (*id.*) o אֲשֶׁר נַעֲשָׂה (*id.*) aparece en 1.13.14; 2,17; 4,1.3; 8,9.11.14.16.17; 9,3.6. Finalmente, la combinación אֲשֶׁר־הָיָה la encontramos en 1,10 (+ מִלְּפָנֵנוּ); 4,16 (+ לִפְנֵיהֶם); 8,7; 10,14 (cf. también 7,19 y 8,2, aunque en estos textos no tiene sentido temporal).

[71]Nótese que el verbo *hāyāh* ("ser/estar"), en sus distintos tiempos iguala pasado y futuro (recuérdese que en el neohebreo de Eclesiastés las formas verbales comienzan a adquirir valores temporales estables -cf. M. Pérez Fernández, *La lengua de los sabios. Morfosintaxis*, p. 169-72), mientras que el Nifal de *`āśāh* (hacer) equivale a suceder o cumplirse/realizarse (cf. Is 46,10; Ez 12,25.28; Dan 9,12; 11,36).

una respuesta clara a la pregunta de 1,3: si no hay desarrollo, no hay verdadero beneficio, al menos en la medida que éste se define como *excedente* o *contribución neta* una vez deducidas todas las inversiones y gastos para su obtención, incluidos el esfuerzo y la fatiga humanos. En otras palabras, no tiene sentido una lectura desarrollista ni de la naturaleza física (su explotación) ni de la historia humana (progreso civilizador). Por lo tanto, al igual que el análisis sobre la naturaleza conducía al negativismo epistemológico, la ciencia historiográfica conduce al pesimismo histórico. A su vez, esto nos conducirá a afirmar que la perspectiva cientificista y secular sirve de base a la crítica político-económica. Esta crítica se deja ver en el emparejamiento de "los primeros/las primeras cosas" (*r´išōnîm*) y "los últimos/las últimas cosas" (*´aḥărōnîm*), que en el v. 11 corona la sección historiográfica. El único paralelismo bíblico de este emparejamiento se halla en los sumarios regios del Cronista[72], que siguen el siguiente esquema:

דִּבְרֵי X הַמֶּלֶךְ הָרִאשֹׁנִים וְהָאֲחרֹנִים הִנָּם כְּתוּבִים עַל־דִּבְרֵי Y

Los hechos del rey X, los primeros y los últimos, he aquí están escritos en el libro de Y ....

Nos interesa notar que este emparejamiento supone la existencia de registros detallados y completos de los actos políticos y económicos de los reyes, a los que el lector es remitido para la obtención de información completa respecto a cada rey particular. Una primera conclusión, por tanto, es que el emparejamiento conlleva la idea de conocimiento completo sobre un asunto. Por otro lado, su asociación en Ecl 1,11 con "memoria" (*zikkārôn*), tiñe a ésta de una acepción más precisa: "registro"[73]. Así pues, lo que este texto viene a decir es que, por

---

[72]Cf. 1Cron 29,29; 2Cron 9,29; 12,15; 16,11; 20,34; 25,26; 26,22; 28,26; 35,27.

[73]Cf. Est 6,1; Mal 3,16; Ex 17,14; Esd 4,15; 6,2, que tienen en común un contexto escribanil de registro histórico. Las dos últimas citas leen *dikrôn*, el cognato arameo de *zikkārôn*. Es muy ilustrativo el empleo de este término en Esd 6,2s, que lee como sigue: "Y encontróse ... un rollo, en el cual estaba escrita la siguiente memoria: En el año primero del rey Ciro ..." (*CI*). Quizás con muy buen tino, la *RV-60* traduce de este modo: "Y fue hallado ... un libro en el cual

más que se empeñe el ser humano –sobre todo la administración cortesana preocupada por eternizarse en el poder–, no se puede mantener el registro completo (que equivale a conocimiento completo) de la historia; esto es lo mismo que afirmar que le es imposible al ser humano comprender el sentido del devenir histórico, y a la corte, por tanto, controlar dicho devenir[74]. No resultará, pues, sorprendente el uso del género de inscripción[75] en 1,12-2,11. Este género pretendía perpetuar la memoria o la fama de determinados reyes y determinadas hazañas o éxitos políticos, y la aparición de la rotunda negación "no hay registro / memoria" (*'ên zikkārôn*) es la antesala de dicho género. Además, nótese que la pregunta de 1,3 no es contestada explícitamente en el proemio, pero la aliteración *yitrôn* (v. 3) - *zikkārôn* (v. 11) confirmaría que 1,11 es la más rotunda respuesta. Se niega aquí no ya el beneficio material buscado por cada generación, sino la trascendencia histórica que compensara esa ausencia de beneficio generacional. Téngase en cuenta que en el pasado oriental la labor historiográfica no siempre se diferenciaba nítidamente de la labor de propaganda política que solía estar vinculada al arte monumentalista[76]. Por ello, quizás 1,9-11 sea el reflejo

---

estaba escrito así: -Memoria- En el año primero del rey Ciro ...". Es decir, *dikrôn* o su cognato hebreo *zikkārôn* bien pudieron ser términos técnicos utilizados por los escribas para abrir cada registro histórico particular. Por otro lado, el *DHE* traduce סֵפֶר זִכָּרוֹן por "crónicas" o "anales".

[74]Digamos, tangencialmente de momento, que el texto refleja una doble preocupación importante en el mundo helenista: la recuperación del pasado y su consiguiente desarrollo de la investigación arqueológica, y la clasificación de autores antiguos bajo un canon que sirviera de referencia al futuro, un canon de "autores clásicos". Y todo este esfuerzo, indudablemente, como una empresa cuyo objetivo sería comprender al hombre mismo, o al sentido de su vida/historia, en lo cual, sin duda, subyace el deseo de controlar el devenir humano (cf. J. Trebolle, *La Biblia judía y la Biblia cristiana*, pp. 151-55).

[75]Cf. C.S. Seow, "Qoheleth's Autobiography", donde su autor compara los dos primeros capítulos del Eclesiastés con los géneros de inscripción orientales, y sus conclusiones no dejan lugar a dudas: su autor se ha basado en ellos para elaborarlos, aunque sus intenciones son bien irónicas.

[76]M. Liverani, *El antiguo oriente. Historia, sociedad y economía*, pp. 461-67; 646-51, expone magistralmente la conexión política que existía en el imperio medioasirio y neoasirio entre la escenografía monumentalista (en la que

irónico de una constatación historiográfica: la pérdida de un gran número de inscripciones antiguas que –ironías del destino– pretendían permanecer para la perpetuidad y que, además, estimularon el interés historiográfico helenista por su recuperación; éste tuvo también una gran influencia sobre el desarrollo historiográfico judío[77].

§9. Las leyes naturales: la ciencia como legítima fuente de revelación (1,4-11)

Hecho este repaso de la lectura más secular del texto, podemos ahora tratar de adentrarnos en el nivel más teológico y, por ello mismo, prestar mayor atención a las resonancias bíblicas y no bíblicas, así como a los paralelismos, si los hubiere.

Salomón, patrón de las ciencias naturales (1,4-8).

9.1. De los cuatro aspectos de 1,4-8 ya analizados[78], quisiera resaltar que el segundo y el tercero (cientificismo y determinismo) parecen también estar presentes en la *literatura confesional* (por utilizar la terminología moderna) como la de Qumrán, mientras que el primero y el cuarto (secularismo e inasequibilidad de un conocimiento último) sí parecen más bien *puntos de desmarque* respecto a dicha literatura. En efecto, encontramos en 1QH 12,4-9; 1QM 10,11-16 y 1QS 10,1-9 secciones hímnicas en las que se describe con admiración la precisión (ciencia) que regula la naturaleza, sobre todo sus *ritmos* marcados por las circunvalaciones astrofísicas, y cómo estos ritmos son determinantes (en el sentido más literal del término). Ahora bien, el contexto inmediato de estos mismos textos apunta siempre a una admiración por la obra divina y por la revelación que conlleva, es decir, por dar a conocer a los

---

destacan las inscripciones) y la indoctrinación, sobre todo, de las clases cultas. Esta vinculación marcó toda la propaganda política de los imperios subsiguientes.

[77]Cf. M. Hengel, *Judaism and Hellenism,* pp. 99-102.

[78]Cf. *supra* §8.1.

escogidos el sentido de la existencia, aspectos éstos de los que el proemio de Eclesiastés claramente se desmarca. Otro tanto podemos decir del himno sobre la naturaleza que encontramos en Sira 42,15-43,32, en el que el pretendido tono cientificista sirve para incitar a la alabanza del creador. Este punto de desmarque hace sospechar que los editores tenían la clara intención de servirse de un texto completamente secularizado en su forma y contenido, para que las primeras palabras del *qohélet* fueran lo que son: un conjunto de observaciones científicas prologando el grueso de la obra. Que esto sea así se desprende precisamente de las afirmaciones de 1,12: el *qohélet* fue un rey entregado sólo a la ciencia y al estudio de la obra humana. En otras palabras, aunque tanto 1,1 como 1,12 pretenden vincular al *qohélet* con la figura de Salomón, no se trata aquí del Salomón "moldeado" por el Deuteronomista y el Cronista (el rey constructor del Templo y receptor privilegiado de la sabiduría divina), ni tampoco se trata del sabio de Proverbios, sino de un rey exclusivamente caracterizado como mecenas de las ciencias humanas y de las grandes realizaciones humanas[79]. En este sentido, se puede afirmar que el tenor de 1,4-11 encaja perfectamente con 1,12ss, o al menos se puede deducir que existe una misma lógica ilativa tras ambas secciones.

La intertextualidad de 1,8: los límites de toda fuente de revelación y conocimiento

9.2. Sobre los vv. 8-11 se puede afirmar otro tanto en lo fundamental, aunque esconden un nivel de lectura intertextual mucho más sutil y complejo. Así, aunque no hay nunca cita directa, sí nos encontramos con resonancias bastante obvias, al menos para un lector coetáneo más o menos cualificado. Comenzaremos el estudio por el v. 8 para acabar con los vv. 9-11, pues sus diferencias merecen un tratamiento separado.

En el análisis del enfoque secular del v. 8 concluíamos que éste

[79]Esto confirmaría la ya mencionada intención *desveladora* del autor respecto a la *persona* de la obra, es decir, su propósito de descubrir la cara oculta de Salomón. Otra cosa distinta será investigar si esta cara corresponde al Salomón censurado por el Deuteronomista en 1Rey 11.

pretendía negar la capacidad humana de entender las realidades en su sentido último[80]. Obviamente, ello significa que todo tipo de ciencias o conocimientos están sujetos a dicho límite. Por otro lado, si tenemos en consideración todas las resonancias bíblicas de כָּל־הַדְּבָרִים (todas las palabras/cosas), descubrimos una mayoría de resonancias legislativas (Deuteronomio) y proféticas (Jeremías)[81], pero que en su conjunto muestran que el tema de fondo es el de la comunicación, entendida en todos los casos como la comunicación divina dirigida al hombre[82]. A esto se suma que la presencia en 8b de una combinación constituida por los sustantivos "ojo-oído" (*`ayin-´ōzen*) y los verbos "ver-escuchar" (*rā´āh-šāma`*), tiene manifiestas resonancias proféticas (medios de recepción o rechazo del oráculo profético)[83], lo cual hace pensar en la comunicación profética de Dios a Israel[84]. Más concretamente, la combinación que se

---

[80]Cf. *supra* §8.5.

[81]Doy a continuación la lista de ocurrencias de כָּל־הַדְּבָרִים a fin de que pueda verse gráficamente cómo destaca el empleo de la misma por parte de Deuteronomio, pero sobre todo por parte de Jeremías: Gen 20,8; 24,66; 29,13; Ex 4,30; 19,7; 20,1; 24,3.8; Lev 8,36; Num 16,31; Deut 1,18; 4,30; 9,10; 12,28; 28,14; 30,1; 32,45.46; Jos 23,14; Jue 9,3; 1Sam 3,18; 19,7; 25,9.12; 2Sam 7,17; 13,21; 14,19; 1Rey 18,36; 1Cron 17,15; Ecl 1,8; 7,21; Jer 7,27; 11,6; 16,10; 25,30; 26,2; 26,12.15; 27,12; 30,2; 34,6; 36,2.13.16.17.18.20. 24.28; 38,27; 43,1; 51,60.61. De hecho, si aceptamos que Jeremías está bajo la órbita de influencia del Deuteronomista mediante la fuente C de sermones distribuidos a lo largo de este libro profético (como propuso S. Mowinckel, *Zur Komposition des Buches Jeremia*, especialmente en las pp. 36s, donde afirma que la interpretación de estos sermones es la clave de lectura del libro), es fácil concluir que se trata de un término deuteronomista por excelencia. Añadamos a esto que un análisis de las ocurrencias de la forma indeterminada כָּל־דְּבָרִים viene a dar unos resultados prácticamente idénticos.

[82]Creo que vale la pena tener en cuenta que si el autor hubiera pretendido una significación exclusivamente genérica, contaba para ello con *hakōl* (lit. "el todo") que recorre todo el libro, sobre todo por su presencia en los lemas *hakōl hăbēl* ("todo es *hebel*") y *hakōl rĕ`ût rûªḥ* ("todo es persecución del viento").

[83]Cf. Deut 29,3; Is 6,10; 32,3; Jer 5,21; Ez 12,2; y sobre todo 40,4; 44,5 (cf. *supra* §8.7, n. 69).

[84]Se hace necesario precisar aquí que esta comunicación puede abarcar tanto el *corpus* profético como todo el canon, pues en el judaísmo tardío se

hace en 1,8b con estos sustantivos y verbos, más "satisfacer" (*śābāʿ*) y "llenar" (*mālēʾ*), da a entender que no hay siquiera revelación divina capaz de proporcionar conocimiento pleno al ser humano. O bien (dicho desde el lado antropológico), incluso si existiera la revelación plena, el hombre no tiene capacidad de comprenderla[85]. Si consideramos, además, el significado del adjetivo plural "fatigados/agotados" (*yĕgēʿîm*), se alcanza la siguiente interpretación: todas las palabras están agotadas, es decir, también la comunicación profética (y no sólo la ciencia o las diversas ciencias humanas), está agotada; ya se ha cumplido su ciclo, por lo que todo lo demás es repetición, de modo que ya no hay nada que ningún "hombre/individuo" (*ʾîš*) pueda decir que no haya sido dicho previamente[86]. En pocas palabras, ya no hay más revelación. Creo que esta interpretación tiene bastante sentido cuando se la sitúa en el marco histórico del segundo templo, en el que cobró forma una conciencia universal de cese de la profecía y de la revelación divina dentro del judaísmo[87]. Esto, sin embargo, no debe inducir al error de pensar que,

---

entendía que todos los siervos de Dios (Moisés, Samuel, David, etc.) fueron profetas. Una vez más, la tipología de David en el Salterio sirve como ejemplo adecuado: este rey es presentado como portador de oráculos divinos registrados en sus oraciones para la lectura de los creyentes. Según R.J. Tournay, *Voir et entendre Dieu avec les psaumes,* pp. 26-28, a partir de 2Sam 23,2-3 se le atribuye un carácter profético sobre cuya base el editor del Salterio le adscribirá muchos de los salmos teofánicos y oraculares, esto es, salmos que requieren *vista* y *oído*.

[85]Se podría seguir otra línea de investigación que analizara si el fracaso y el pecado de no escuchar ni entender el oráculo y la visión profética imputado a Israel-Judá, constituye un antecedente consciente de 1,8. Sin embargo, aquí sólo quiero esbozar tal posibilidad.

[86]El uso de *ʾîš* en lugar de *ʾādām* puede sorprendernos, a menos que pensemos en términos puntuales de individuos que son, o se consideran, portadores de mensajes específicos (divinos en este caso).

[87]Aunque el fenómeno de cese de la profecía se presta a distintas interpretaciones, parece seguro que hay un "antes y un después" de la profecía clásica (cf. F.E. Greenspahn, "Why Prophecy Ceased"; Th.W. Overholdt, "The End of Prophecy: No players without a Programme"). J.M. Abrego de Lacy, en *IEB* 4, pp. 282s, vincula este fenómeno a la desaparición de la monarquía, pues, siguiendo a W. Brüggemann, *La imaginación profética*, percibe una simbiosis entre ambas instituciones. Para esta investigación, quizás el dato más

efectivamente, se produjo un acuerdo universal sobre el cese absoluto de la revelación divina. En realidad, sería más correcto afirmar que se produjo un cambio de paradigma teológico que afectó profundamente al concepto de revelación: ésta no aparecerá más de forma directa, sino que tendrá una base *escriturística*[88]. Este cambio de paradigma comportará una desbordante floración de literatura religiosa de todas las tendencias dentro del judaísmo, muchas de las cuales, como acabamos de afirmar, se arrogan carácter inspirado, ya sea de su exégesis o de sus visiones *ex novo* según los movimientos religiosos. Es en este contexto en el que habría que entender al libro de Eclesiastés, cuyo autor, o cuando menos su editor, parece tomar una postura opuesta a las pretensiones de inspiración de ciertos grupos religiosos del judaísmo posexílico. Desde la perspectiva totalizadora tanto del autor como de los editores, se niega que el hombre tenga capacidad para alcanzar a entender todo el desarrollo de la naturaleza y la revelación divina plena. Tal negación constituye la *versión secular* de la convicción generalizada sobre el cese de la profecía. En conclusión, **el proemio, ya de entrada, niega todo**

---

importante es la propia "conciencia bíblica" de esta cesación (cf. R.J. Tournay, *op. cit.* p.29), que sirve en realidad de legitimación a la canonización. Este autor, además, sitúa este fenómeno del cese de la profecía en el contexto de un proceso común a todo el antiguo oriente (p. 30).

[88]Por *escriturística* entiendo una realidad más amplia que el mero cierre de un canon escriturístico, ya que éste no es más que una parte del proceso escritural. La otra parte consustancial al cierre es el gran desarrollo de las ciencias exegéticas, que podrá ir desde un extremo que considerará inspirada la exégesis (v.g. Qumrán -cf. F. García Martínez y J. Trebolle Barrera, *Los hombres de Qumrán*, pp. 86.107.), hasta el opuesto que la disociará profundamente de la sacralidad de la escritura (v.g. saduceísmo), pasando por el punto medio del hasidismo moderado que culminará en el rabinismo oficial y que desarrollará una tradición exegética menos sagrada (inspirada) que la escritura, pero con carácter igualmente vinculante (cf. Leiman, *The Canonization of Hebrew Scripture. The Talmudic and Midrashic Evidence,* p. 127). En este marco, es obvio que la Escritura ocupa el lugar de la Revelación, y por ello cobra significados mucho más profundos que la mera intención original de cada fragmento que la compone. Por otro lado, no se puede negar que parte de la denominada *literatura apocalíptica*, a pesar de que busca el fundamento escriturístico (v.g. el propio Daniel interpretando el libro de Jeremías -cf. Dan 9,2ss), se mueve en la frontera entre la aceptación de una base escriturística y de una revelación divina directa.

fundamento a cualquier vía de acceso al conocimiento último, y ni siquiera la posible intromisión redaccional o editorial altera este planteamiento radical.

La intertextualidad de 1,9-11 con la BH.

9.3. Con las observaciones anteriores sobre 1,4-7, pero especialmente sobre el estudio intertextual de 1,8, hemos entrado de lleno en el terreno teológico, y dentro de éste, nótese que 1,9-11 manifiesta unas preocupaciones –o, tal vez mejor, concomitancias– de tono escatológico, según veremos al estudiar los paralelos y resonancias bíblicas de esta sección, y al analizar sus conexiones con textos de Qumrán.

Para comenzar, digamos que "recuerdo/registro" (*zikkārôn*) y "nuevo" (*ḥādāš*) son dos términos clave en la sección cuyo uso aquí tiene una clara resonancia con el modo en que aparecen en los estadios tardíos de la literatura profética. Algo similar se podría afirmar sobre el emparejamiento "últimos/últimas cosas" (*'aḥărōnîm*) y "primeros / primeras cosas" (*ri'šōnîm*) o incluso sobre cada término por separado. Por otro lado, aparecen en esta sección del proemio unas expresiones de importancia capital por su recurrencia a lo largo del libro, como son "¿qué es lo que será?" (מַה שֶּׁיִּהְיֶה) y "lo que será" (אֲשֶׁר יִהְיֶה)[89], cuyas resonancias más evidentes se dan sólo en el libro de Daniel. Así, en 2,28.29 (2x).45 aparece la expresión aramea "aquello que acontecerá" (מָה דִּי לֶהֱוֵא), que equivale a la qoheletiana "¿qué es lo que será?", y en 8,19[90] encontramos el único paralelo de "lo que será". Esto significa que, mientras el libro de Daniel se esfuerza en describir un tipo de sabio capaz de declarar el futuro, el proemio de Eclesiastés parece negar que tal posibilidad siquiera exista[91]. Este contraste apunta, si no a un diálogo o

---

[89] Cf. *supra* §8.8, n. 70.

[90] Es importante reseñar que encontramos paralelismos en las dos partes de la obra, ya que es sabido que la primera (que denominaremos de ahora en adelante Daniel A) es fechada por los autores en el período medo-persa, mientras que la segunda (Daniel B) lo es hacia la primera mitad del s. II a.C. (cf. las distintas hipótesis presentadas por J.J. Collins, *Daniel*, pp. 29-33).

[91] La frecuencia de uso en Eclesiastés de las diversas combinaciones de relativo con el verbo *hāyāh* (ser/estar) o *`āśāh* (hacer), que ya ha sido presentada

disputa entre ambos, sí a un mismo marco histórico y a un mismo trasfondo de preocupaciones teológicas en el que cada libro se sitúa en polos diversos, si no abiertamente opuestos.

Respecto a las resonancias proféticas, aparecen más claramente en la incipiente literatura visionaria, donde la estructura polar "primero-último" comienza a jugar un papel importante, como es el caso del Deuteroisaías (cf. 41,4; 44,6; 46,10; 48,12). Una instancia bastante ilustrativa es la de Is 46,9.10, donde se exhorta a Judá a "rememorar las cosas de antaño" (זִכְרוּ רִאשֹׁנוֹת מֵעוֹלָם), es decir, a considerar eventos pasados que fueron anunciados y tuvieron su cumplimiento, tal como ocurrió con Asiria (14,24-27) o Tiro (19,12-17), y que demuestran el absoluto control de Dios sobre el proceso histórico[92]. Sin embargo, a nosotros nos interesa otra cuestión, a saber: la presencia de una incipiente exégesis escriturística. En efecto, "las cosas de antaño" son las profecías contra Asiria escritas por el profeta de Jerusalén y recopiladas y editadas para su lectura por parte de las generaciones futuras[93], de modo que *recordar* conlleva necesariamente su reinterpretación. Se desprende de esto que el concepto de Escritura se desarrolla paralelamente a la descontextualización histórica de los textos antiguos, que son ahora considerados *registros* no sólo de un dato histórico sino de una realidad mucho más amplia o profunda, o sea, de una palabra divina que es más que un oráculo de alcance histórico concreto; es un oráculo universal y atemporal.

9.4. Esta preocupación sobre la posibilidad de conocer el futuro

---

en §8.8, n. 70, denota un interés casi obsesivo de la obra por el tema "presente y futuro", o sea, por el sentido del tiempo y de las realizaciones humanas en él.

[92]En todo caso, es interesante notar la utilización por parte de estos textos de ciertos términos próximos a los de Ecl 1,9-11, como por ejemplo *rē´šît, ´aħărît,* y el Nifal *na`ăśāh*.

[93]Sigo aquí la tesis expuesta por G.T. Sheppard, "The Anti-assyrian Redaction and the Canonical Context of Isaiah 1-39", sobre el influjo de la actividad editorial en el significado de Is 1-39. Este autor descubre un estrato editorial en los oráculos antiguos llevado a cabo conscientemente con vistas a su reinterpretación por las generaciones futuras (cf. particularmente las pp. 193s.209s).

requiere de una matización: aunque el *futuro* es el tema explícito utilizado por la literatura y el motivo principal del debate teológico entre los movimientos religiosos del segundo templo, la verdadera preocupación reside en la capacidad de interpretación de toda la realidad humana, y por ende, de toda su historia. Se trata de una preocupación por el sentido de la historia humana. Al hilo de este planteamiento, cabe señalar que la escatología que se va desarrollando a partir del posexilio no coincide con la subyacente en la literatura profética clásica, pues en ésta el futuro es percibido como una realidad próxima, y en consecuencia sus oráculos predictivos se limitan a una o dos generaciones vista. Además, tienen repercusiones sobre la realidad político-social-religiosa de Israel y Judá, aunque también se da cierta involucración instrumental de las potencias extranjeras del momento. Se podría decir que la profecía clásica tenía un único objetivo: el castigo de Israel y Judá, al cual también se liga el de las naciones[94]. Muy distinto es todo ello en la novedad posexílica, como la que ya anuncia abiertamente el libro de Daniel. En él, la predicción describe un futuro a muy largo plazo que se ve ahora como ya predeterminado, y en el que ni siquiera se involucra tan directamente a Israel o Judá, sino que son los grandes imperios los protagonistas, siendo el objetivo último de todo el anuncio o predicción el de mostrar la soberanía divina sobre la historia humana universal. En síntesis, se puede decir que ésta es una escatología con pretensiones de totalidad y con la convicción de la posibilidad de acceder al conocimiento último. Hay que matizar que no todos los movimientos religiosos del segundo templo seguirán este desarrollo, pero lo cierto es que su impacto se dejó sentir en toda la religiosidad judía, ya que de alguna manera fue el medio por el que la "modernidad" helenista entró en el judaismo hebreo

[94]Es determinante en este sentido el que prácticamente todo oráculo profético sea de castigo, y aunque los hay contra las naciones como tales, la mayoría son contra Israel y Judá (cf. C. Westermann, *Basic Forms of Prophetic Speech*, cuyo análisis de las formas proféticas se limita al *Urteilsspruch* por considerarlo la forma profética natural -pp. 129-62. Por ello, este mismo autor considera que prácticamente todo *Heilsspruch* es posexílico -cf. *Prophetic Oracles of Salvation in the Old Testament*, especialmente las conclusiones de las pp. 268ss). Es decir, no hay una reflexión autónoma sobre el hombre o sobre la historia humana.

tradicional[95]. Debido a esta influencia, se impondrá sobre los medios hasídicos moderados (v.g. Ben Sira) un tema de fondo, a saber: la cosmología o explicación de la realidad total. Ésta servirá de respuesta fundamental a las contradicciones surgidas de las injusticias que cuestionan la existencia de un sentido en la historia humana, y parecen refutar la perfección divina como explicación última de la misma.

9.5. Conviene aclarar de inmediato que ninguna de las secciones del proemio de Eclesiastés pretende refutar la profecía clásica, sino las pretensiones mucho más globales y absolutas de algunos de los nuevos movimientos, que juegan con muchos elementos que les hacen aparecer como proféticos[96], aunque no lo sean. El empleo en 1,9-11 de dos verbos muy genéricos y abiertos en significación, como son "ser/estar" (*hāyāh*) y "hacer" (*`āśāh*), podría inducirnos a pensar en una refutación *in toto* de la profecía. Así, es fácil creer que "lo que fue es lo que será, y lo que sucedió es lo mismo que sucederá" (v. 9a) es hacer *tabula rasa* entre pasado y futuro, de modo que incluso la profecía tradicional hubiera resultado absurda. Sin embargo, es llamativo que estas expresiones típicamente qoheletianas no hallen paralelo en la profecía clásica. Mejor dicho, no lo es porque los profetas no utilizaron expresiones tan genéricas y totalizantes debido a que su horizonte era mucho más

---

[95]No hay más que recordar que muchos de los elementos llamados *apocalípticos*, como las visiones de seres o espíritus celestiales en perfecta jerarquización, las divisiones de los cielos, etc., que hoy día son considerados popularmente mitológicos, entonces constituían una forma de ciencia, o al menos una pretensión de conocimiento científico que tenía sus conexiones con el desarrollo cultural helenista (cf. M. Hengel, *Judaism and Hellenism*, pp. 181-194). Este autor muestra en estas páginas hasta qué punto determinados aspectos fundamentales de la historiografía helénica, como su sentido de universalidad, o de la geografía astral de la época, inciden en la literatura apocalíptica judía.

[96]La cuestión sobre los orígenes de los denominados movimientos apocalípticos es muy debatida, sobre todo desde que von Rad, *Sabiduría en Israel*, pp. 329-52, tomó partido por la hipótesis del origen sapiencial. Este tema desborda el interés de esta investigación, pero sí diré que en mi opinión existe una clara simbiosis entre sabiduría y profecía no ya en los movimientos apocalípticos, sino incluso en el hasidismo moderado. Creo que esta investigación pondrá de manifiesto algunos de esos elementos simbióticos.

concreto, mientras que Daniel abre el horizonte hacia el final de la historia, por lo que no es extraño que se utilice un vocabulario más abierto[97]. De hecho, un estudio del término clave *ḥādāš* (nuevo) de 1,10 confirma que Eclesiastés responde a un marco histórico en el que existe un movimiento visionario con una teología bastante bien configurada y diferenciada, y cuyos inicios están ya presentes en textos proféticos más tardíos interesados en las "nuevas cosas", como son el Deutero-Isaías y Trito-Isaías, Jeremías y Ezequiel[98]. Así, la propia expresión de Ecl 1,10a podría encerrar connotaciones visionarias, si se traduce por "Si hay visión/palabra que diga: 'mira esto, es nuevo'". En efecto, encontramos paralelos de "tener palabra/visión" (יֵשׁ דָּבָר) en Jer 27,18 y 37,17, y en 2Rey 3,12 ("la palabra de Yavé está con él" - יֵשׁ אוֹתוֹ דְּבַר־יְהוָה), que pertenece a los ciclos proféticos de la HD. Cierto es que en todos los casos se trata explícitamente de "la palabra de Yavé" (דְּבַר־יְהוָה); sin embargo en Jer 5,13, que cita a quienes les niegan a los profetas la palabra o visiones divinas, sólo se dice "la palabra/visión no está en ellos" (הַדִּבֵּר אֵין בָּהֶם), en vista de lo cual los LXX se ven compelidos a aclarar que se trata de "la palabra del Señor" (λόγος κυρίου). Otro tanto podría decirse del imperativo del verbo *rā'āh* (ver), que es tan propio de las visiones, como por ejemplo Hab 1,5: "Ved entre las naciones y contemplad ..." (רְאוּ בַגּוֹיִם וְהַבִּיטוּ... -cf. Is 41,5). En suma, el lenguaje sapiencial de Eclesiastés juega sutilmente con el vocabulario ya asentado de otras

---

[97]De hecho, dos de estos paralelos citados por Daniel están asociados a בְּאַחֲרִית יוֹמַיָּא (2,28) y a בְּאַחֲרִית הַזָּעַם (8,19), que si bien pueden tener una lectura relativamente precisa ("al final de [estos] días/en el futuro cercano" y "al final de la cólera" respectivamente), lo cierto es que en el formato actual del libro adquieren otra lectura más abierta a un final último de la historia. Así, 2,28 puede perfectamente traducirse "en los últimos días", y respecto a 8,19 hay que tener en cuenta la ambigua apostilla כִּי לְמוֹעֵד קֵץ (lit. "pues es para el plazo del fin") que abre la posibilidad de enmarcar el final de la cólera en el final de los tiempos ya señalado. Es decir, en su formato editado actual, estos textos aparecen al lector en el horizonte del final de los tiempos.

[98]Cf. Is 42,9 (חֲדָשׁוֹת - cosas nuevas).10 (שִׁיר חָדָשׁ - canción/poema nuevo); 43,19 (חֲדָשָׁה - novedad); 48,6 (חֲדָשׁוֹת); 62,2 (שֵׁם חָדָשׁ - nuevo nombre); 65,17 y 66,22 (שָׁמַיִם חֲדָשִׁים וָאָרֶץ חֲדָשָׁה - cielos nuevos y tierra nueva); Jer 31,22 (חֲדָשָׁה).31 (בְּרִית חֲדָשָׁה - nueva alianza); Ez 11,19 (רוּחַ חֲדָשָׁה - nuevo espíritu); 18,31 y 36,26 (לֵב חָדָשׁ וְרוּחַ חֲדָשָׁה - corazón nuevo y espíritu nuevo).

tradiciones literarias.

La intertextualidad de 1,9-11 con Qumrán.

9.6. La expresión יֵשׁ דָּבָר también es conocida en Qumrán (v.g. 1QS 6,12.13: "la palabra está con él" - יש אתו דבר; y 1Q28(a) [1QSa] 2,9: "si uno tiene palabra" - ואם יש דבר), donde se utiliza en el contexto de las reuniones comunitarias para pedir la palabra. No sabemos hasta qué punto la intervención pretendida es para aportar una palabra *profética* o puramente *secular*. Las normas de estas reuniones, como lo demuestra el contexto de ambas citas, son bastante estrictas y revelan que se realizaban en la más pura solemnidad. De hecho, en el v. 11 se prohíbe toda intervención libre, excepto para el "inspector" (*mĕbaqēr*), y de ahí la necesidad de pedir la autorización poniéndose en pie y pronunciar en alto "yo tengo palabra" (יש אתי דבר -obsérvese su paralelismo a 2Rey 3,12). En cualquier caso, este contexto solemne y de rigidez normativa pone de manifiesto que quien solicita permiso se siente impulsado por una palabra iluminada[99]. De hecho, no se puede pensar en Qumrán como una comunidad que establecía una diferencia de fondo entre lo secular y lo religioso, y que incluso los temas más pedestres y cotidianos requerirían de un cierto "toque del espíritu". Por otro lado, la expresión "tener palabra" (יֵשׁ דָּבָר) está ligada al término *ḥādāš* (nuevo), sobre el cual encontramos pistas en Qumrán que definitivamente demuestran que Eclesiastés tiene a grupos mesianistas o visionarios de teología bien configurada. 1QH 13,13-20 (*TdQ*) ilustra esta aseveración:

> (13) Éstos son los que tú has esta[blecido antes de los siglos] (14) para juzgar por ellos todas tus obras antes de crearlas (בטתם בראתם), junto con el ejército de tus espíritus y la congregación de [los dioses,] con el firmamento santo y todos sus ejércitos, (15) con la tierra y todos sus productos en los mares y en los abismos, según todos sus planes para todos los períodos eternos (ככול מחשבותך לכול קצי עולם) (16) y la visita final (ופקודת עד). Pues tú los has establecido antes de los siglos (מקדם עולם), y la obra del [hombre en ellos la has glo]rificado (17) para que

[99]A este respecto, es importante recordar la doctrina sobre los dos espíritus tan ampliamente desarrollada en Qumrán (1QS 3,18-4,26), pues sabemos que sobre ella se basaba el discernimiento obligado de toda acción y toda palabra de todo individuo miembro de la comunidad.

> cuenten tu gloria en todo tu dominio; pues tú les has mostrado lo que no habían visto, [suprimiendo] lo que era antiguo (ש/שׂר קדם[ ]) y creando cosas nuevas (לבראות חדשות), (18) destruyendo las realidades antiguas (להפר קימי קדם) y alzando lo que será por siempre (ול[הק]ים נהיות עולם). Pues tú los has establecido y tú serás por siempre jamás (עד לעו--למי). (19) En los misterios de tu inteligencia (וברזי שׂכלכה) has distribuido (פלגלתה) todas estas cosas para hacer conocer tu gloria. Pero ¿qué es el espíritu de carne para comprender todas estas cosas, (20) y para comprender tu secreto maravilloso y grande? ....

9.7. Este texto revela que Qumrán afirma la periodización predeterminada de la historia (l. 15) y la irrupción de una novedad (l. 17) dentro de aquélla. En esta combinación paradójica queda claro que, contra toda apariencia, no apoya un esquema cerrado sobre sí mismo, como el que encontramos en el proemio de Eclesiastés, sino abierto a la intervención. Aunque la novedad se sitúa en un extremo de los ciclos históricos de la humanidad (l. 16), su revelación se abre a los escogidos (l. 17), esto es, irrumpe en la circularidad histórica (de algún modo opera ya en ella). De esta forma, la circularidad queda relativizada, pues la operación histórica de la novedad anticipa la destrucción de lo viejo (l. 18). Nótese que sobre una base científica se quiere demostrar que la novedad estaba ya programada, o sea, predeterminada en la propia naturaleza por mandato divino. No es extraño, por tanto, que en Qumrán encontremos una vinculación muy estrecha entre los ciclos astrofísicos y el misterio (l. 19) de la nueva creación, ya que el Señor la ha establecido desde "antes de los siglos" (si *TdQ* suple bien esta vacante de la l. 13) y desde antes de la creación misma (l. 14), y están de algún modo presentes en la creación misma (l. 19). Es este trasfondo *científico* el que coincide con Eclesiastés.

Este breve análisis del texto de Qumrán nos induce a concluir que Eclesiastés no hubiera necesitado basar su razonamiento en una exposición científica de la circularidad cerrada, si su intención hubiera sido tan sólo refutar las pretensiones de movimientos ligados a los libros proféticos anteriormente citados, o los postulados de una sabiduría supuestamente tradicional. Al hacerlo se deduce que tiene en mente a movimientos visionarios del período posexílico que comparten su mismo paradigma epistemológico, y que se situará frente a ellos al oponerse a una periodización de la historia como base de conocimiento y de revelación.

9.8. La aparición del término "recuerdo/registro" (*zikkārôn*) en el v. 11 es relevante para nuestra conclusión anterior, según vamos a ver de inmediato. A lo ya dicho anteriormente sobre su aliteración con "provecho/beneficio" (*yitrôn*), y sobre la ironía de su contraste con el género de inscripción de 1,12ss, se suma ahora su significación marcada por las negaciones "no hay nada nuevo" (אֵין כָּל־חָדָשׁ) y "no puede el hombre hablar/disertar" (לֹא־יוּכַל אִישׁ לְדַבֵּר), y por el emparejamiento "primeros/primeras cosas-últimos/últimas cosas" (*ri'šōnîm-'aḥărōnîm*). Respecto a las negaciones, se desecha la posibilidad humana de acceso a algo que se sitúe fuera de la circularidad ya descrita por el himno: los ciclos giran sobre sí mismos, y no parece existir acceso para el hombre a algo más. Respecto al emparejamiento, precisa el contenido de lo inaccesible, que no es otra cosa que la idea de la *plenitud* o de *lo último*. Este sentido de plenitud puede ahora confirmarse por los dos únicos paralelos de este emparejamiento que podemos encontrar fuera de la BH: CD 20,8.9 y Sira 41,3 [B]. En cuanto a la inaccesibilidad, es interesante que 1Q27 1 1,3.4 acuse a los enemigos de la comunidad afirmando que

> "(3) ... no conocen el misterio futuro (לוא ידעו רזי נהיה), ni comprenden las cosas antiguas (ובקדמוניות לא התבננו). (4) Y no saben qué les va a suceder (ולוא ידעו מה אשר יבוא עליהמה); y no salvarán sus almas del misterio futuro (ונפשמה לוא מלטו מרז נהיה). *Vacat.* ....

En otras palabras, Qumrán viene a defender que el ser humano está sujeto a un *status perditionis* universal, del que la comunidad qumránica puede ser exceptuada por la acción de la gracia divina. Por el contrario, Eclesiastés no admite excepciones: la propia ciencia natural demuestra que no existe capacidad alguna en el hombre que le permita entender el misterio último, ni siquiera en el caso de ser revelado. En definitiva, todas estas resonancias confirman que aquí no se menciona el acceso a un conocimiento particular, a un registro del pasado o del futuro, sino el acceso a un registro de lo absoluto y último. Más aún, la afirmación del proemio es que si existe tal cosa como la predetermina- ción histórica, se trata de la inaccesibilidad humana al sentido último de dicha historia.

9.9. A vueltas con *zikkārôn*, es significativo a este respecto su uso en Qumrán: es Dios el único que lleva un registro verdadero de todo cuanto ocurre en el universo entero, incluyendo, claro está, la tierra. Aunque la primera mención de la existencia en el cielo de un "libro de registro" o "libro de las crónicas" (סֵפֶר זִכָּרוֹן) aparece un par de ocasiones ya en la literatura bíblica (Mal 3,16 -cf. Sal 139,16, donde sólo se menciona el libro), este concepto fue tomado del exterior, y desarrollado sobre todo por los movimientos visionarios judíos, de los que Malaquías no es más que uno de sus gérmenes[100]. Así, el "libro de registro" reaparece en CD 20,19, aunque su significado está muy ligado a la cita de Malaquías, por lo que es más interesante para nosotros su uso en 1QH 1,24 (*TdQ*), texto que cito en su contexto inmediato:

> (21) Estas cosas las sé por tu conocimiento, pues abriste mis oídos a misterios maravillosos aunque soy criatura de arcilla ... (22) ... espíritu de error (רוח התועה), extraviado (ונעוה), sin (23) conocimiento (בלא בינה), aterrorizado por tus justos juicios. ¿Qué podré decir, que no sea sabido (מה אדבר בלא נודע)?[101] ¿Qué podré anunciar, que no haya sido contado (ואשמיעה בלא סופר)? Todo (24) ha sido grabado en tu presencia con el punzón del recuerdo (בחרת זכרון) por todos los períodos perpetuos (לכול קצי נצח) en las épocas del número de los años eternos (ותקופות מספר שני עולם) en todos sus tiempos prefijados (בכול מועדיהם).

Este texto señala que todo cuanto ha ocurrido y ha de ocurrir está ya registrado con el "punzón del recuerdo/registro", lo cual es tanto como afirmar que no ocurre nada de modo autónomo o que aparezca *ex novo*; absolutamente todo está ya previsto y sujeto a esa previsión (o predeterminación) divina, que también equivale a afirmar que todo está sujeto a las leyes establecidas por Dios. Esto no constituye una

---

[100]Cf. W. Bousset-H. Gressmann, *Die Religion des Judentums im späthellenistischen Zeitalter,* p. 258.

[101]*HdQ* traduce "sens être instruit", siguiendo el sentido de 1QH 12,32-34. Este significado está implícito, sin duda, pero en este texto se enfatiza la predeterminación de todo que también engloba al ser humano, por lo que su decir no sería más que repetición de algo ya pronunciado con anterioridad.

contradicción con el texto de 1QH 13,13-20 que comentábamos más arriba, ya que la *novedad* es, en realidad, algo que ya estaba determinado desde antes de la creación, de modo que sólo es una novedad en relación a la historia humana, pero no respecto al registro divino[102]. Podemos así entender las palabras del poeta que expresan ignorancia (l. 22b): todo cuanto el hombre pueda decir no es más que instrucción e información recibida. Por ello, cuando el proemio qoheletiano rechaza la existencia de un registro de las "primeras cosas" y de las "últimas", está negando claramente las pretensiones regias seculares de perpetuarse en la memoria de los pueblos y de ser el eje en torno al cual avance la historia (pasado y futuro). Pero también se niegan las pretensiones teológicas de los sectores visionarios que defienden la posibilidad humana de acceder al registro divino del principio y final de la historia humana; eso sí, acceso éste mediado por la propia comunidad receptora en exclusiva de dicho acceso. Es más, se refuta toda pretensión de exégesis inspirada. En efecto, el conocimiento contenido en el "libro del registro" es el mismo al que el "yo" de 1QH tiene acceso[103], como se demuestra por el contexto inmediato de 1QH 1,24 (v.g. el contenido revelacional obvio de la l.. 21) y por los textos subsiguientes[104]. El estudio realizado por A. Piñero sobre el concepto de inspiración en 1QH demuestra que este *corpus*, si bien roza la creencia en una revelación autónoma recibida exclusivamente por el Maestro de Justicia, lo cierto es que sigue anclada

[102]En una línea de pensamiento similar, encontramos en 1QM13,8 la mención de un *zēker* de la gracia (?) divina inscrito en "tus gloriosos decretos/testimonios" (תעדות כבודכה), que por ser "gloriosos" son eternos, abarcando tanto las leyes de la naturaleza como los decretos dados a Israel en la Alianza.

[103]Yo diría que la mayoría de estudiosos de Qumrán se inclinan por identificar a la *persona* de estos himnos con el Maestro de Justicia (cf. M. Delcor, *Les hymnes de Qumran. [Hodayot]*, p. 23; *LTdQ*, p. 11; D. Harrington, *Wisdom Texts from Qumran*, p. 80; H. Ringgren, *The Faith of Qumran. Theology of the Dead Sea Scrolls*, p. 189; etc.), aunque para esta investigación es una cuestión secundaria.

[104]Así, en 2,13 se autoproclama "diseminador sabio de los secretos maravillosos (מלצי דעת ברזי פלא)" mientras que en 8,4ss utiliza la imagen del vergel (metáfora del estudio de la Ley) refiriéndola a sí mismo y su comunidad. Otros textos en esta línea podrían ser 11,4ss, sobre todo en los vv. 4.16.17 y también 13,1-19 (texto éste muy importante).

– o lo pretende– en la Torá y en su interpretación. Es más, el modo de inspiración se concibe como una iluminación del proceso exegético, con lo que ello conlleva de actividad racional[105]. También fuera de las *Hodayot* nos encontramos con algo similar, aunque aquí sólo cito 1QpHab 2,6-10, porque solapa revelación *ex novo* con interpretación de las Escrituras en la persona del sacerdote prometido, y 1QS 1,1ss, especialmente las ll. 3.8-10, por poner de manifiesto que la Ley contiene ya el conocimiento de los tiempos predeterminados, de dónde la necesidad del proceso exegético inspirado[106].

9.10. Por todo lo dicho hasta aquí, no creo que este proemio qoheletiano pretenda refutar la existencia de un *zikkārôn* en los cielos. Para él, la cuestión se sitúa en el plano estrictamente humano (histórico): "no habrá memoria/registro de ellos entre los que vendrán después" (לֹא־יִהְיֶה לָהֶם זִכָּרוֹן עִם שֶׁיִּהְיוּ לָאַחֲרֹנָה). Nótese el matiz "entre los hombres", negándose así un aspecto de inmanencia como el defendido por Qumrán. Esta comunidad radical mantiene la inmanencia de la divinidad no en su forma antigua, digamos prefilosófica, sino en un nuevo formato de apariencia más sofisticada y científica: cielos y tierra están sometidos a leyes y períodos prefijados por Dios, y es por el conocimiento de éstos como él se manifiesta. Eclesiastés, sin embargo, niega esta inmanencia

---

[105] A. Piñero, "Sobre las concepciones de la inspiración en los *Hodayot* de Qumrán y en el Pseudo-Filón (LAB)". Cf. especialmente las pp. 281-84, y sus conclusiones en las pp. 296s. En la p. 284 afirma: "El MJ concibe el modo de su revelación, su 'inspiración' en suma, como un acto de *iluminación* intelectual, aunque, en general, no se trate de la iluminación y del conocimiento de nuevas e ignotas verdades; estos pasajes se refieren más bien a nuevas 'luces' concedidas por Dios al MJ para comprender los textos previos de los libros bíblicos y los planes providenciales de Aquel".

[106] Para un buen estudio de este solapamiento qumránico entre la creencia en una revelación, que se pretende como la continuación de la revelación profética, y la actividad exegética inspirada, me remito a M. Fishbane, "Use, Authority and Interpretation of Mikra at Qumran", pp. 339-378. En la p. 375, afirma a modo de conclusión: "Mikra is the literary expression of divine Truth: at once the unique resource of past revelations, and the mediating source of all subsequent ones ..... The Qumran covenanteers ... alone understand it rightly".

al insinuar una circularidad cerrada en el plano físico e histórico universal ("bajo el Sol", "entre los que vendrán después"), a pesar de coincidir con Qumrán en el reconocimiento de un determinismo latente en la naturaleza y la historia humana. Se podría decir que, mientras Eclesiastés es muy escrupuloso en acotar su *campo de operaciones*, o sea el mencionado plano histórico-físico que prácticamente presupone otro plano inaccesible, Qumrán es no menos cuidadoso en barrer las fronteras entre los dos planos. Ni qué decir tiene que, en el fondo, **aquí se está planteando una misma cuestión epistemológica de fondo con dos respuestas opuestas: si Qumrán defiende una accesibilidad absoluta a la totalidad de la realidad mediante el conocimiento adecuado, que incluye como fundamento la exégesis bíblica inspirada, el proemio de Eclesiastés niega toda posibilidad de conocimiento absoluto, incluida la revelación divina, de modo que, en todo caso, tan sólo dejará espacio para un acceso muy limitado a dicho conocimiento, lo cual también repercute en un concepto de la revelación que sólo podrá tener unos contornos muy delimitados. Al menos, parece que así lo entiende también el editor al aceptar estos planteamientos qoheletianos como base para su defensa de un concepto de revelación prácticamente reducido a mandamientos ya conocidos, por lo que asume de buen grado la taxatividad qoheletiana expresada en el aserto "no hay nada nuevo bajo el sol"**[107]. Y todo esto se fundamenta, según he tratado de demostrar, sobre un método científico derivado de la física y la historiografía cuyas leyes ponen de manifiesto de forma inapelable los límites humanos, si bien ello es expresado en forma profundamente religiosa por Qumrán, y de modo absolutamente secular

[107]Es sobre todo en el epílogo donde el editor deja ver este planteamiento de modo más abierto, aunque seguimos notando en él un cierto comedimiento ante un lenguaje toraico mucho más explícito, ya que emplea el plural *miṣwōt* (mandatos) en forma genérica, esto es, sin vincularlos expresamente con la Torá. También en el epílogo se insinúa, aunque tampoco con total apertura, un juicio divino de absolutamente cada acto humano, por lo que se infiere un más allá para ese juicio definitivo. De este modo, el editor entiende que las negaciones qoheletianas de los absolutos político-económicos, filosóficos y visionarios dan apoyo a dos realidades superpuestas –juicio último y revelación final– que sólo pueden hacerse historia a través de la obediencia a la Ley. Volveremos sobre este tema en el último capítulo de este libro.

tanto por Qohélet como por sus editores.

Excursus sobre la Literatura Sapiencial de Qumrán

9.11. Al concluir este capítulo, sería lamentable dejar de presentar unas importantes aportaciones para la comprensión global del proemio de Eclesiastés, que se pueden extraer de un trabajo reciente llevado a cabo por D.J. Harrington intitulado *Wisdom Texts from Qumran*. Esta obra presenta la posibilidad de la existencia de un grupo especial de textos sapienciales del *corpus* qumránico que, sea que hayan sido compuestos por los miembros de la comunidad o tan sólo incorporados para su utilización, parecen mantener un carácter marcadamente secular a la par que son utilizados como parte de su exposición teológica. De hecho, parecen ser los textos de formato más secular de todo el *corpus* qumránico. Aunque este autor recorre buena parte de los textos qumránicos considerados sapienciales, mi interés se centra sobre todo en las pp. 40-65 por su estudio de 4Q415-418, recientemente publicados en *DSSSE* (pp. 844-79) bajo la denominación genérica 4QInstruction, edición a la que me remito para la consulta del texto. Recordemos, antes de proseguir, que Harrington, junto a J. Strugnell, es el editor de esta colección en *DJD* XXXIV, por lo que su opinión sobre esta obra es una de las más cualificadas.

Afirma Harrington que esta colección está constituida por dos tipos de materiales más o menos intercalados entre sí pero sin fusión ni uniformización visible: uno de contenido secular y otro religioso, de donde deduce que o bien es prequmránico, o va dirigido a los "externos" o "simpatizantes" de la secta (p. 41). Considera importante el fragmento 1 de 4Q416 porque el amplio margen derecho indicaría el principio del texto, y lo que de éste se puede descifrar apunta a un comienzo de contenido cósmico y escatológico enmarcando una obra de marcado carácter sapiencial. Harrington asevera:

> Al parecer, el propósito de las instrucciones sapienciales que siguen a la sección principal es doble: guiar a la persona sujeta a instrucción en su camino de inserción en el orden cósmico (tal como éste es descrito en el Génesis y sobre la base del calendario solar), y prepararla para el juicio divino en el que los justos serán vindicados y los malvados serán destruidos para siempre. Si el fragmento 1 de 4Q416 fue el comienzo de la gran instrucción sapiencial, entonces debió proporcionar la perspectiva teológica sobre la que interpretar el consejo del sabio sobre distintas cuestiones. Y tal perspectiva fue cósmica y escatológica. (p. 41)

Este marco cosmológico-escatológico es seguido por 4Q416 f2,1-4,13, que constituye el material más extenso de todo lo preservado de 4QInstruction.

Va dirigido a un pupilo al que se le enseña cómo debe vivir en el *mundo*, pues toda la admonición atañe a cuestiones de finanzas, relaciones sociales y familiares. Debido al estado del texto, se ignora si este temario sería el único o el más importante. Intercalado en ese contenido, 3,11-14 fundamenta la motivación del pupilo en la acción de Dios en su favor, aunque ésta es genérica en su concreción cosmológica. Por ello el autor comenta:

> el momento o la ocasión exacta de esta transformación es oscuro. ¿Se trata de la conversión de la iniquidad a un camino de justicia? ¿Se trata del ingreso en el movimiento en su forma pre-sectaria o sectaria? ¿Se trata del momento de la decisión de embarcarse en el curso de estudio y formación, del cual sería parte esta instricción sapiencial? ¿O se trata de la vida diaria del movimiento, que refleja y prepara a la vez la situación ideal cuando el reino de justicia de Dios sea establecido? (p. 47)

A partir de esta inserción teológica se vuelve a lo *secular*. Así, en 3,15-4,13 se habla acerca de las relaciones familiares (padres y esposos), aunque se utiliza explícitamente la cita bíblica y su interpretación. Además, Harrington observa que a lo largo del fragmento 2 se habla en abundancia de "el misterio por venir" (*rāz nihyeh*) (p. 48) y lo asocia a un compendio cosmológico y escatológico de lo que puede encontrarse en 1QS 3,13-4,26 o 1QSa 1,6-8 o bien en 1Q27 y 4Q299-301.

9.12. Dentro de lo provisional de estas observaciones, es posible reseñar importantes similitudes con Eclesiastés. En efecto, el proemio cosmológico-escatológico de una obra netamente sapiencial como la de 4Q416 guarda relación con el *himno geofísico* del proemio qoheletiano, sobre todo su evidente interés común por fundamentar sus escritos y sus posturas teológicas sobre un orden natural (científico). Es verdad que incluso en esta coincidencia hay una forma distinta de abordar dicho orden natural, ya que si Qumrán es más cosmológico, Eclesiastés es más comedido y reduce su perspectiva al horizonte terrenal ("bajo el sol"), como si fuera consciente de los límites científicos respecto al conocimiento cosmológico. A partir de aquí, se observa una disyunción extrema en la forma de emplear este fundamento *científico*, ya que Eclesiastés muestra una toma de partido radical contra una visión escatológica o visionaria que demuestra por medio de un uso exclusivamente secular del *himno geofísico*, esto es, utiliza el himno para fundamentar la imposibilidad de un *conocimiento superior*. Por el contrario, para Qumrán el orden natural apunta a ese conocimiento superior.

Otro aspecto interesante de la comparación entre estos dos proemios, es el concerniente a la clasificación u ordenación aparentemente desorganizada de los materiales que componen ambas obras. Es decir, resulta llamativo el que no se considere necesaria la uniformización de los materiales de formato distinto y de contenido aparentemente dispar. Así, parece que tanto en Eclesiastés como en 4QInstruction la simple alternancia de los materiales seculares con los teológicos constituye un mensaje unificado. Un ejemplo bien pudiera ser uno de los textos de 4Q416 más explícitamente teológicos como es el fragmento 2 3,11-14, que representa para esta obra, o al menos para su contexto inmediato absolutamente secular en perspectiva, lo mismo que Ecl 3,9-21 para el conjunto de Eclesiastés, sobre todo los vv. 10-15. Que esta característica esté presente en obras como Proverbios es absolutamente innegable, pero lo que resulta propio de Qumrán y Eclesiastés es su horizonte común: el conocimiento último. Así lo expresa el frag. 2 3,14: "Investiga el misterio de la existencia/del futuro, y considera todos los senderos de la verdad, y observa detenidamente todas las raíces de injusticia" (רז נהיה דרוש והתבונן בכל דרכי אמת וכל שורשי עולה). Es esta perspectiva la que subyace a ambas obras, y es ahí donde resulta interesante su forma similar de abordar tanto lo secular y más profundamente humano como lo más sublimemente teológico.

Un tercer elemento de comparación reseñable, si bien de menor trascendencia para nosotros que los dos anteriores, es que ni en 4Q416 ni en Eclesiastés parece existir un elevado interés por definir el destinatario de sus obras. Dicho de otro modo, vaya dirigido o no a los pupilos de los maestros-autores de las obras respectivas, éstas finalmente pueden ser utilizadas como admoniciones universales. Es verdad que esto no es particularmente llamativo en el caso de Eclesiastés, que, como Proverbios, es un libro concebido para el *pueblo* (cf. 12,9-11), pero sí resulta sorprendente en el caso de Qumrán, ya que estamos hablando de una obra que se mueve en la órbita de una secta radical, y por ello mismo con unos destinatarios muy concretos. Resulta pues muy significativo que incluso Qumrán compusiera, o empleara una obra ya compuesta de características tan universales como esta instrucción.

9.13. Si estos tres aspectos apuntan a la existencia de un mismo universo ideológico entre Eclesiastés y Qumrán, en el que, sin embargo, ambos se sitúan en sendas antípodas, yo destacaría, anticipando cuestiones que serán abordadas más adelante, la magnífica labor realizada por el editor de Qohélet en medio de este universo ideológico. En efecto, en este universo la *Schöpfungsweisheit* juega un papel primordial pues se constituye en fundamento de la Torá/Justicia – como se ve ya en la propia BH (v.g. Proverbios) o en Sira–

o de la Torá/Justicia y la Escatología simultáneamente, como es el caso de Qumrán, concretamente en el propio 4Q416, que a partir del v. 10 del frag. 1 entrelaza la justicia con la cosmología y escatología. Sin embargo, nuestro editor, conocedorr de estos planteamientos y en buena medida opuesto a ellos, arremeterá contra semejante fundamento procediendo a una respuesta directa, esto es, retomando sus mismos planteamientos para arrimarlos a su molino. Así, la propia estructura de la obra desgaja editorialmente en dos partes separadas el orden natural (proemio en forma de *himno geofísico*) y la Torá/Juicio (epílogo). No se trata de una mera separación formal (literaria), sino esencial: son dos entes absoluta y radicalmente distintos que ocupan lugares y funciones distintas, quizás sin interferencias entre ambos, pero sin negar su posible complementariedad. En otras palabras, se trata de dos realidades autónomas en su respectiva fundamentación y, por ello mismo, acarrean sus propias limitaciones naturales que no deben ser traspasadas por las pretensiones humanas. Esto significa que las limitaciones respectivas sí pueden convertirse en fundamento de necesidad mutua, y por ello es muy lógico afirmar que el límite de la ciencia conduce a la necesidad de la obediencia a la Torá, como hace el epílogo. Esta estructuración editorial de la obra tiene un punto de coherencia fundamental con su contenido, ya que a lo largo de ella se afirma sobre una base política, sociológica y económica, lo que se dice en el proemio sobre un fundamento geofísico, a saber: no hay ciencia alguna, incluida la teológica, que pueda ofrecer un conocimiento último. La creación no fundamenta más que la limitación humana en todas las áreas, y por lo tanto es fundamento del misterio de la vida, no de su desvelamiento. Uno diría que la obra de Qohélet pudo ser escogida por los editores para atestiguar, a modo de ilustración práctica, la insuficiencia de la *Schöpfungsweisheit* como fundamento de la acción humana en cualquiera de sus aspectos (política, economía, justicia y religión). Pero para ellos, además, era importante la significación que esta insuficiencia de la *Schöpfungsweisheit* tenía para el proceso de ontologización de la Torá, del que es coetáneo. En efecto, Sira es una prueba de hasta qué punto este proceso estaba imbricado con la sabiduría/ciencia de su tiempo, y por ello nuestro editor, que parece disentir, afirma en el epílogo (y de modo muy sutil también en algunos lugares dispersos como 3,14b y 8,4-6) que el juicio y la Torá no tienen más apoyo que Dios mismo y su misterio.

Sirva esta anticipación de cuestiones que irán surgiendo más adelante como de mojón en el camino de esta investigación.

§10. Sumario y conclusiones

10.1. Si son correctas las conclusiones sobre una doble lectura secular y religiosa del proemio, y que la religiosa no ha sido impuesta por el lector o intérprete, aunque los editores sí la han realzado, cabe preguntarse entonces por la razón de dicha intención. Pero no hay que ir muy lejos para encontrarla, pues es la misma tensión establecida por el texto entre el polo político-económico de fundamento filosófico y científico, y el polo ascético-religioso, la que pone de manifiesto que seguramente los editores tenían ante sí dos retos distintos pero cosustanciales a la cultura imperialista helénica: por un lado el desarrollismo y economicismo del mundo griego, con la consiguiente vitalidad cultural y científica, y por el otro la respuesta reaccionaria de ciertos sectores judíos que, precisamente por ser reaccionaria, estaba más ligada a la cultura helénica de lo que creía. Es precisamente en el seno de esta tensión donde el personaje de Salomón, retocado y recontextualizado en forma de maestro, es útil para contrarrestar tanto los valores del economicismo y del cientificismo, como las pretensiones dogmáticas de los grupos visionarios. En este sentido, me atrevería a conjeturar que los editores se encontraron con un texto preocupado sobre todo por dar respuesta al helenismo desde su propio campo teórico, pero que supieron insertar en él las marcas necesarias para hacer más explícita la lectura teológica que ellos deseaban.

A modo de conclusión final, quisiera hacer notar que esta tensión afrontada por los editores debe leerse también en clave política; quizás mejor haya que decir que es su lectura principal. Las luchas culturales del judaísmo posexílico no fueron tan sólo resultado de un debate teórico sobre la verdadera definición del judaísmo, sino que este debate fue llevado, como es natural, a la arena política, pues estaba en juego la dirección política y religiosa de todo el judaísmo. Por este motivo, estoy en profundo desacuerdo con aquellos comentaristas que ven en el supuesto *pesimismo* del libro una dejación de toda responsabilidad humana[108]. Todo lo contrario, ya el proemio, con su cientificismo

---

[108]Cf. J. Vílchez, *Eclesiastés o Qohélet*, pp. 33-40. Este autor recorre

aparentemente inapelable y con el radicalismo demoledor del lema editorial, anuncia unos planteamientos políticos y económicos mucho más democráticos que toda pretensión absolutista de cualquier bando, ya fuera monárquico, partidista religioso, o prohelenista: las leyes naturales revelan que nadie puede reclamar nada en términos absolutos[109]. Espero poder demostrar en los capítulos siguientes sobre la confesión regia de 1,12-2,26 y los asertos doctrinales del cap. 3, que los editores pretenden incidir sobre las disputas partidistas surgidas en el judaísmo posexílico para obtener su liderazgo político-religioso.

10.2. A estas conclusiones más generales, podemos añadir otras más puntuales que recopilan lo que considero más señalado de todo el capítulo.

(1) La superinscripción del libro se enmarca en el contexto de una tradición editorial consistente en la *atribución de la autoría* de los textos a personajes bíblicos principales que son sometidos a un proceso de *tipologización.* Ésta abarca tanto características tradicionales (resonancias con textos narrativos) como otras nuevas que se le añaden. En este caso, al carácter regio se le añade otro más asambleario o popular (maestro/predicador), que encaja en el contexto social de desarrollo de partidos religiosos afanados en ganarse al pueblo.

(2) La *tipologización de personajes bíblicos* no es ajena a la cuestión del poder político. En nuestro caso, las dificultades y tensiones

---

los calificativos más negativos atribuidos a esta obra (pesimista, escéptico, agnóstico) por los más importantes estudiosos de la misma. Quienes defienden esta interpretación, consideran un conformista al autor de Qohélet. Por otro lado, también quienes le colocan en el estrato socio-económico elevado, o incluso aristocrático, suelen ver en él posturas conservadoras opuestas a toda crítica socio-política (cf. R. Kroeber, *Der Prediger*, p. 6).

[109]Naturalmente, al utilizar el adjetivo *democrático* no pretendo un significado moderno del término, sino indicar una mayor apertura en relación a los poderes anteriores de carácter más monolítico conocidos por el autor y los editores.

vividas en el seno del judaísmo posexílico entre bandos distintos, reflejan una lucha por la dirección política y religiosa de éste. La superinscripción del libro parece responder a este contexto.

(3) El lema de 1,2 es un sumario de las posturas expuestas por *qohélet*, y hay que distinguirlo de las implicaciones extraídas por los editores (abiertamente expuestas en el epílogo). Pero a su vez, este lema ha sido elaborado por el editor a fin de enfatizar la radicalidad de los planteamientos qoheletianos. Esta radicalidad tiene una doble lectura: la filosófico-estoica de censura al poder político y económico, y también religioso-ascética de similar intención.

(4) El conjunto del proemio, particularmente vv. 3-11, tiene un marcado carácter político-economicista y cientificista y, consecuentemente, secularista. Sin embargo, los editores parecen no sólo conocer sino también preservar intencionalmente este carácter del texto. Por ello, se puede afirmar que su labor redaccional primordial fue la de resaltar ciertos aspectos del mensaje qoheletiano, y extraer algunas conclusiones no expuestas abiertamente por Qohélet, pero no la de "enmendarle la plana" corrigiéndole.

(5) Las características anteriores se expresan fundamentalmente mediante la periodización circular cerrada tanto geofísica como histórica, la cual, de alguna manera, parece negar un concepto de periodización circular abierta ligado a los grupos visionarios, al menos según se desprende de nuestro análisis del *corpus* qumránico.

(6) Mediante este concepto de circularidad cerrada se pretende imponer límites a la capacidad epistemológica del ser humano, y ello tanto en el campo secular (ciencia y técnica) como en el religioso (revelación). De ello se desprende que el *qohélet*, pero sobre todo sus editores, pretendían confrontar tanto el modelo desarrollista helenista como el modelo absolutista de los visionarios judíos.

(7) A modo de conclusión más general, se puede afirmar que del proemio se deduce que en el libro habla una voz principal, que es recogida por los editores que se asoman al texto de manera sutil y con la intención de resumir el pensamiento de *qohélet* y complementarlo con algunas implicaciones positivas extraídas por ellos, según se comprueba, provisionalmente, por las breves comparaciones realizadas con el epílogo. Es decir, los editores hacen su trabajo de tales, y respetan en lo sustancial la libertad del autor. Aunque parezca ésta una forma de hablar moderna, cuando se compara con otras actuaciones editoriales como la presente en Proverbios, por ejemplo, se entiende fácilmente tal afirmación.

III
LAS EMPRESAS DEL REY
(Ecl 1,12-2,11)

§11. Eclesiastés: una Hagadá de Salomón, o "la ficción salomónica como instrumento de crítica político-teológica"

Introducción

11.1. Con 1,12 entramos de lleno en la sección más *autobiográfica* de Eclesiastés, lo que representa un "aterrizaje" brusco desde la elevada reflexión de 1,2-11. Sin embargo, el tratamiento del género literario o del tipo de literatura de la obra nos asistirá en la comprensión de la trama y de las aparentes brusquedades. No se trata de abordar esta cuestión a fondo, ya que las posturas entre los autores son muy diversas; por el contrario, ya de entrada nos detendremos en la presentación de nuestra postura. El lector observará que es muy ecléctica, por lo que no descarta ninguna otra posibilidad, sino que más bien incluye muchas de las propuestas que los especialistas han defendido. De hecho, la postura aquí defendida se sitúa entre las que han sido calificadas de *abiertas* o *inclusivas*[110]. Sin embargo, creo que nuestra elección tiene la ventaja de señalar a un tipo de literatura o género que tiene a la vez un carácter muy propio y es muy amplio y flexible en su capacidad de incorporación de otros géneros distintos. En efecto, en el estudio del género de Eclesiastés es importantísimo reconocer con R. Murphy que dicho género se nos escapa[111], y con J. Vílchez (en respuesta al anterior) que ésa es,

---

[110]Por ejemplo, la *reflexión* descrita de modo distinto por F. Ellermeier,- *Qohelet* I/1, pp. 89-92, y por R. Braun, *Kohelet*, pp. 153-59, o la *diatriba* defendida por S. de Ausejo, "El género literario de Eclesiastés" (cf. especialmente su conclusión de la p. 405).

[111]R. Murphy, *Wisdom Literature* pp. 129.31.

precisamente, la gracia y grandeza del libro[112].

¿Cuál es, pues, nuestra elección? Tiene un nombre bien preciso: Hagadá. La literatura hagádica, aparte de recibir muchas influencias externas, es característica del judaísmo que nace con Esdras y Nehemías, y se caracteriza precisamente por admitir los más variopintos géneros y formas literarias, por no decir que admite cualquier tipo de género, pero siempre aglutinados en una gran unidad literaria. También la caracteriza el profuso empleo de la tipología de los personajes o protagonistas de la narración y de la intertextualidad con otras tradiciones textuales o literarias. Con estos datos en mente, podemos ya adentrarnos en un análisis más pormenorizado.

Género y finalidad de Eclesiastés

11.2. Al proemio marcadamente científico le sucede una sección de formato autobiográfico llena de resonancias bíblicas (especialmente del *corpus* salomónico) a las que el protagonista (a la vez *mélek* y *qohélet*) remite más o menos explícitamente. Surgirá progresivamente una figura tipológica del protagonista, lo que agudizará también el interés del lector u oyente por la posible intertextualidad del texto en cuestión. En otras palabras, Eclesiastés puede definirse como una de las primeras Hagadot concebidas como obra literaria con entidad propia; al menos, así parece mostrarlo la elaboración editorial de esta obra[113]. Para comenzar, definiremos la Hagadá siguiendo las líneas trazadas por Sandra R. Shimoff[114], cuyas observaciones sobre la utilización de la figura de Salomón para combatir el helenismo son aplicables a Eclesiastés. Es muy ilustrativa su definición de la Halaká y la Hagadá:

---

[112] J. Vílchez, *Eclesiastés o Qohélet*, p. 67.

[113]Resulta interesante señalar que algunos autores creen que también Daniel formaría parte de una de esas primeras obras hagádicas (cf. J. Burnier-Genton, *Le rêve subversif d'un sage,* pp. 35.93), lo cual no es de extrañar dado su marcado interés por el discurso político-religioso, más señalado sin duda en Daniel A.

[114]Sandra R. Shimoff, "The Hellenization of Solomon in Rabbinic Texts" y "Hellenization among the Rabbis: Some Evidence from Early Aggadot concerning David and Solomon".

> La Halaká era el corazón del judaísmo rabínico, mientras que la Hagadá era su alma ... El material haláquico tiene que ver con asuntos de la ley judía, rituales, jurisprudencia y práctica; el material hagádico, por el contrario, abarca un amplio abanico de temas, entre los que se cuentan historia, homilética, leyenda, medicina, lecciones morales, espiritualidad y también comentario social y político[115].

Muy significativa es la siguiente apreciación: "muchas de las narraciones hagádicas eran más que meras 'leyendas de Solomón'; eran, por el contrario, lecciones homiléticas y comentario político"[116]. Estos comentarios homiléticos y políticos, con frecuencia, conllevaban una crítica del helenismo o de algunos de sus principales personajes, pero ésta era revestida bajo la crítica a David o Salomón[117]. Es muy interesante ver cómo Salomón podía ser ensalzado hasta lo sumo, afirmando que el espíritu santo de Dios estaba con él y su sabiduría, pero no para exaltarle como rey sino como rabino en su rol educativo, pues la verdadera pretensión rabínica era enseñar que la monarquía debía estar sujeta a la Halaká, y no viceversa[118]. Como afirma al final de esta página: "De nuevo, el sutil mensaje social y político es claro: Roma (y su patriarca) puede que tenga poder temporal, pero las decisiones haláquicas residen en el dominio rabínico". Pero no sólo los aspectos políticos son tratados, sino también la *hybris* académica, ya que se describe a Salomón como ejemplo de las nefastas consecuencias de dicha *hybris*, y como ilustración de la necesidad de consultar con los rabinos antes de actuar[119]. Creo su conclusión sobre este material vale la pena:

---

[115]S.R. Shimoff, "The Hellenization of Solomon in Rabbinic Texts", p. 457.

[116]*Ibídem*, pp. 457s.

[117]*Ibídem*, p. 458.

[118]*Ibídem*, p. 459.

[119]*Ibídem*, p. 460. En las páginas siguientes son tratados los siguientes temas típicamente salomónicos: "Salomón Juez" (461s), "las riquezas de S." (462-64), "El Reino de S." (464), "Las mujeres de S." (465-67), y "El Templo de S." (467-69).

> En la era de helenización, la tradición judía describía a Salomón no sólo como un anciano monarca o como el rey de Israel en su siglo de oro. Todo lo contrario, se trataba de un individuo cuyos éxitos y fracasos en el terreno religioso, moral y político eran similares a los experimentados en la era helenista. En realidad, aquellas narraciones hagádicas nos enseñan más acerca de la respuesta rabínica a la helenización, que acerca de la vida de Salomón. En última instancia, ésa es la esencia tanto de la actividad hagádica como de la investigación exegética moderna[120].

11.3. En mi opinión, esta conclusión encaja perfectamente en Eclesiastés, aunque adelanto ya que intentaré hacer ver que muchas de sus críticas no van dirigidas sólo contra el helenismo pagano, sino contra el helenismo judío, que toma forma en novedosos movimientos religiosos y doctrinas teológicas. Por otro lado, se hace necesario explicitar algo que, aunque implícito en estas observaciones de Shimoff, ésta no recalca suficientemente, a saber: la Hagadá es, como afirma Goppelt, una libre adaptación de la Sagrada Escritura, que, a diferencia de la exégesis haláquica mucho más ceñida al texto (al menos a la letra del texto), y sin dejar cabida para la tipología, juega más con resonancias que con la literalidad[121]. Con todo, este mismo autor recuerda que la "libre interpretación" hagádica está, cuando menos, fundada sobre un sentido de intertextualidad, por amplio y libre que sea[122]. Se puede decir, en consecuencia, que Eclesiastés ha sido editado como una *Hagadá*, y que como tal emplea una gran diversidad de géneros literarios combinados con gran libertad, ya que su propia definición la hace ser ampliamente

---

[120]*Ibídem*, p. 469.

[121]L. Goppelt, *Typos,* p. 26. Por otro lado, creo que vale la pena señalar aquí que el libro de Daniel, del que ya decíamos que podría ser otra de las primeras obras hagádicas, también contiene algunas secciones donde las Escrituras sólo aparecen en el trasfondo de las resonancias, pero nunca son citadas directamente. Éste es el caso del texto arameo, como afirma J. Burnier-Genton, *Le rêve subversif d'un sage,* p. 124, que contrasta con el hebreo tanto de Daniel A como de Daniel B: en el primer caso nos cruzamos con paralelos de 2Reyes y 2Crónicas (Dan 1,1-2), y en el segundo un texto particular de Jeremías es citado como tal (Dan 9,2).

[122]*Ibídem*, pp. 28-31, donde trae a colación algunos ejemplos ilustrativos.

inclusiva. Así, la primera persona recorre, a partir de 1,12, el conjunto del texto dominando sobre la segunda persona (que aparece por primera vez en 4,17) hasta el capítulo 10; a partir de este capítulo dominará la segunda persona. Por este motivo, se puede hablar perfectamente de *diario* para el conjunto del libro, aunque quizás más exactamente debiéramos hablar de un cuaderno de reflexiones personales, cuya finalidad es eminentemente didáctica, muy propia, precisamente, de la Hagadá. Dicha finalidad se desprende del progresivo *in crescendo* de la segunda persona a la que van dirigidas muchas de las observaciones personales, y que corre paralelo al género admonitorio propio de la instrucción. Confirman el tono admonitorio de la primera persona o del estilo *íntimo* de Eclesiastés algunos textos de Jesús ben Sira, o del propio Maestro de Justicia que "abre su corazón" en las *Hodayot* qumránicas. Ambos maestros recurren a la primera persona tanto para proclamar al Señor como para confesar sus propios pecados, mostrándose de esta manera su intimidad con fines pedagógicos. Por ello, puede decirse que se presentan ante sus lectores u oyentes de forma mucho más íntima y personal que los impenetrables maestros de colecciones como Proverbios[123].

11.4. Es precisamente esta inclusividad del género hagádico, capaz de fundir en una sola pieza los géneros más variopintos, la que hace difícil todo empeño por catalogar Eclesiastés bajo un género literario marcado por un contexto vital propio. Eso sí, quizás un contexto vital académico como el escribanil sí explicaría esta sofisticación del libro. En efecto, la Hagadá utiliza un grado tal de sofisticación en la intertextuali-

---

[123]Todo 1QH está compuesto sobre la base de la primera persona, por lo que se cree que todo el himno podría ser obra autógrafa del propio Maestro de Justicia (cf. *supra* §9.9, n. 103). Lo interesante es que fusiona la enseñanza "sapiencial" con los distintos géneros de los salmos individuales (confesión, acción de gracias, proclamación, etc.), y que semejante obra intimista es recomendada como instrucción para toda la congregación de Qumrán (cf. 18,1ss). En este mismo sentido, resulta reseñable que exista en Qumrán copia de Sira 51,13-19 (11Q5 [Ps(a)] 21 [ll. 1-10 = Sal 137,9-138,8; ll. 11-18 = Sir 51,13-19]), texto en el que su autor desvela algo de su vida personal. O lo que es igual, es interesante que se haya insertado este salmo tan intimista en esta obra esencialmente sapiencial.

dad y tipologización, que difícilmente puede asociarse a un contexto vital distinto al escribanil. Pero en nuestra argumentación, lo importante es tener en cuenta que el carácter personalista de la obra lo tiñe todo, salvo las marcas editoriales, con vistas a presentar un mensaje de censura político-económica (para el lector "universal") o de confesión de pecado (para el lector judío creyente), y todo ello como ilustración didáctica para simples lectores u oyentes y para posibles discípulos.

Finalmente, no quisiera abandonar este apartado sobre los aspectos más literarios sin adelantar una precisión: al autor y a los editores de Qohélet les resultaban familiares algunas tradiciones bíblicas que describen a reyes penitentes o que son acusados de engreimiento; éstas les servirían de precedente intertextual, ya que la intertextualidad también establece conexiones a nivel de género, y no sólo de literalidad. Dichas tradiciones han quedado recogidas en Daniel 3,31-4,34 (Hagadá de Nabucodonosor), como el caso más próximo cronológica y literariamente, 2Cron 33,10-20 (Manasés) y Jonás 3 (el rey de Nínive), entre los penitentes, a los que cabría añadir las invectivas proféticas contra ciertos reyes acusados de ensoberbecimiento como el rey de Asiria (Is 10,8ss), el rey de Tiro (Ez 28,1-19), el de Egipto (Is 29,1-12, sobre todo vv.3.9). Nosotros nos limitaremos al caso de Nabucodonosor, al abordar el tema de la dignidad humana *versus* la animal en Ecl 3,18ss[124].

Significado de la ausencia de marcas editoriales explícitas en 1,12-12,7

11.5. Presentado el carácter hagádico de Eclesiastés, parece oportuno decir algo respecto a los editores, aunque sea para destacar el hecho de que brillen por su ausencia. En efecto, antes del epílogo sólo reaparecen abiertamente una vez en 7,27, pero hasta entonces se respeta escrupulosamente la primera persona del *qohélet*, dejándole así hablar "a corazón abierto". Pese a parecer un dato pueril, lo cierto es que es importante porque pone de relieve la identificación de los editores con el conjunto de la obra qoheletiana, a la que dejan fluir con total libertad. Es cierto que se puede especular sobre intromisiones o elaboraciones redaccionales posiblemente atribuíbles a los editores (¿2,26 o 3,1-8?),

---

[124]Cf. *infra* §24.11-13.

pero, al igual que ocurría en el proemio, existen unas bases para la sintonía entre las intromisiones y el texto pre-editado, de modo que aquéllas no se plantean como un *correctivo* del texto, sino como su conclusión lógica. Esto se colige, por ejemplo, de datos como el respeto editorial al carácter autobiográfico y a los juicios con los que el propio *qohélet* censura implacablemente su obra regia, sin permitirse siquiera emitir una mínima autoexculpación. Los editores, por el contrario, sí "salvarán" en el epílogo la labor del *qohélet* en tanto que tal, es decir, en tanto que verdadero maestro. De este modo confirman las censuras del *qohélet* al *mélek*, pero estableciendo a la par un modelo de maestro mucho más comprometido personalmente con su propia enseñanza que los modelos basados en la transmisión de enseñanzas recibidas. La abierta aprobación editorial del *qohélet* supone un apoyo al modelo de maestro que imparte enseñanzas personales, esto es, elaboradas por él mismo y por ello de apariencia novedosa incluso si puede rastrearse la tradición recibida. A pesar de esto, no se trata de algo muy lejano del antecedente bíblico que, con toda seguridad, estuvo a la vista de los editores: el Deuteronomio[125]. Así, del mismo modo que sería completamente erróneo pensar que Moisés recibe sus *credenciales canónicas* del panegírico editorial (Deut 34,10-12)[126] –se trata en realidad de lo contrario: son los editores del Deuteronomio quienes sustentan su profesión y autoridad escribanil sobre las credenciales de Moisés–, también los editores de Qohélet reciben las suyas del sabio *qohélet*. Cuando menos, éste es el formato en el que el texto ha sido moldeado, y en el que pide ser entendido.

Precisamente, esta ausencia de una ostensible presencia editorial

---

[125]Mucho de lo aquí afirmado podría ser perfectamente contrastado con las marcas editoriales del Deuteronomio que aparecen al principio (1,1-5; 4,41-5,1) y al final (27,1.11; 29,1.2; 31,1.24s.30; 32,44s.48; 33,1; 34,1-12), y que, por lo demás, dejan discurrir una exposición personal que, en una primera fase histórica transcurre en primera persona (1,6-4,40), dando paso a una segunda fase de discursos parenéticos también del propio protagonista (caps. 5ss). Sin embargo, dejo para mejor ocasión un estudio comparativo pormenorizado que merecería todo un capítulo, si no más.

[126]En §28.14-15 ofrezco un breve tratamiento a la comparación entre este epílogo del Deuteronomio (34,9-12) y el de Eclesiastés.

junto con su actividad editorial abierta del proemio, indica que los editores han percibido en la obra elementos importantes con posibilidades de asociación al "protocanon", y de ahí su plena aceptación; lo cual no excluye, sino todo lo contrario, que procedieran a alteraciones más sutiles que acentuaran esas posibilidades de intertextualidad. Las observaciones anteriormente expuestas sobre los títulos del Salterio, demuestran que breves referencias coincidentes con otros textos, o incluso la mención de un solo nombre geográfico, sirven para atribuir todo un salmo a un autor concreto y obligar a una lectura intertextual de su totalidad. De ahí que uno de nuestros empeños principales sea el de dilucidar cómo interpretaron los editores el texto pre-editado a la luz del "protocanon", y conjeturar sobre posibles intromisiones redaccionales tendentes a enfatizar la intertextualidad sólo cuando resulte imprescindible. A modo de ilustración, nótese que el texto pre-editado pudo perfectamente ser un tratado sobre el carácter engañoso del poder, la riqueza y la sabiduría, siendo el lector u oyente con formación cosmopolita la audiencia pretendida. Sin embargo, los editores han sabido insertar esta lectura en el marco del protocanon sin borrar la intención original, de modo que ahora el texto es sensible a dos interpretaciones distintas, pero no necesariamente contradictorias (aunque la contradicción es un elemento importante, si no constitutivo, de la elaboración teológica). De ser esto cierto, la multiplicidad de lecturas provocadas por Eclesiastés hablan en favor del gran trabajo editorial realizado por sus editores.

§12. El ideal salomónico, ¿un modelo a seguir? (1,12-2,26)

12.1. Hechas las precisiones anteriores tocantes al conjunto de la obra, pasamos a ocuparnos de 1,12, pues en él encontraremos algunas pistas para la lectura del resto de esta sección. En 1,12, más claramente que en 1,1, se insiste en que el *qohélet* y el *mélek* son una misma persona, de modo que debemos hablar de una misma identidad con dos vocaciones o profesiones diferenciadas. Pero a diferencia de 1,1, el perfecto de *hāyāh* parece situar en el pasado una de esas dos profesiones, la regia en concreto, por lo que habría que entender "yo, *qohélet*, fui rey sobre Israel en Jerusalén" o bien como un contraste entre profesiones, o bien como un contraste en el tiempo; algo así como si dijera "yo soy ahora el *qohélet,* pero fui rey sobre Israel en Jerusalén"[127]. Se puede, pues, conjeturar que este verso establece una especie de referente temporal doble, a saber: el pasado como *mélek*, que es analizado desde el presente como *qohélet*. No todos los comentaristas estarían de acuerdo con esta "cronologización" en un antes y un después[128]; sin embargo, no queda más alternativa que aceptar algún tipo de distanciamiento asumido por el propio *qohélet* respecto a su actuación como *mélek*, como si estableciera una distancia mental que le permita revisar su actuación en tanto que poderoso política y económicamente. Algo de esto se percibe al considerar que el *qohélet* en 1,12-2,11 repasa sistemáticamente en pretérito lo que podríamos llamar la *vida y obra* del *mélek*.

12.2. Concretando lo anterior, se puede afirmar que el *qohélet* pasa revista crítica a cuatro aspectos distintos de la vida y obra del *mélek*, aunque el denominador común a la casi totalidad de ellos es el gran esfuerzo desplegado por su protagonista el *mélek*. Se trata de los siguientes:

1) Todo el esfuerzo y toda la iniciativa que el *mélek* emprendió en el campo de la ciencia y la tecnología (1,13-18), con un énfasis especial en su internacionalidad, esto es, en su rango de "primer mundo".

2) La búsqueda de un espacio lúdico y propagandístico que recompen-

---

[127]Que el Qal de *hāyāh* no debe traducirse por un presente está claro, a mi entender, por el hecho de que una oración nominal, del tipo אני קֹהֶלֶת מֶלֶךְ עַל־יִשְׂרָאֵל בִּירוּשָׁלָם, hubiera sido, en ese caso, lo habitual. Además, conviene recordar que en el hebreo bíblico tardío despuntan ya las nuevas tendencias de fijación de los tiempos verbales, de modo que el presente se vincula cada vez más al participio, y el Qatal y el Yiqtol al pasado y al futuro respectivamente (cf. M. Pérez Fernández, *La lengua de los sabios* I, pp. 170s.194).

[128]Recientemente, Isaksson, *Studies in the Language of Qoheleth*, pp. 50.51, defiende el valor presente de *hyty.* Para una extensa exposición del debate, cf. Loretz, *Qohelet*, pp. 57-65.

sara al *mélek*, o cuando menos le produjera una mínima gratificación, por todos sus esfuerzos en sus diversas empresas y proyectos (2,1-3).

3) Una gran movilización o inversión de todo tipo de recursos en la creación y adquisición de bienes inmuebles y de producción, es decir, un gran esfuerzo en el área económica y comercial (2,4-10).

4) Finalmente, una valoración definitiva sobre todas esas empresas (2,11-26), aunque algunas conclusiones temáticas ya venían siendo intercaladas en los distintos bloques (cf. 1,14b.17b-18; 2,1b.10bβ.11).

Se puede decir, por tanto, que en esta sección el *qohélet* pasa revista a lo que son sus logros personales en tanto que *mélek*. Que el tema del logro personal es importante en esta sección se demuestra por la reiteración de la afirmación un tanto ufana que encontramos en 1,16: "He aquí me he engrandecido y he acumulado más ciencia que ninguno de mis predecesores en Jerusalén" (הִנֵּה הִגְדַּלְתִּי וְהוֹסַפְתִּי חָכְמָה עַל כָּל־אֲשֶׁר־הָיָה לְפָנַי עַל־יְרוּשָׁלָם). En 2,7 y 2,9 se repite una expresión con significación similar pero adaptada al contexto económico de ese bloque, y por tanto destacando la acumulación de todo tipo de bienes y posesiones. Por otro lado, la valoración negativa que se hace de todas sus empresas o logros en el cuarto bloque, es otra prueba más de que el *logro* constituye la cuestión principal de esta sección (y quizás una de las cuestiones fundamentales del resto del libro), de suerte que aquí enfocaremos el tema del *logro* no sólo en su uso actual como sinónimo de éxito, sino también en su sentido originario de *lucrum* (beneficio, ganancia), coincidiendo plenamente con el significado propio del término *yitrôn* (provecho, beneficio) que recorre el libro, muy particularmente sus dos primeros capítulos (cf. 1,3; 2,11.13 [2x])[129]. En otras palabras, prestaremos mucha atención a los logros materiales del *mélek*, pues parece ser la perspectiva predominante en la obra, sobre todo en sus dos primeros capítulos, donde el género de inscripción sirve para enumerarlos

[129] Además de *yitrôn* también *yôtēr* puede tener este mismo sentido de lucro o beneficio, aunque en la sección de 1,12-2,26 sólo aparece en 2,15, y no es del todo claro que en este verso sea utilizado con este matiz.

y ponerlos en tela de juicio[130]. En efecto, hemos de ver que *qohélet* pasa revista a estos bloques bajo la perspectiva de la confesión de un poderoso que describe los tres pasos característicos de un proceso de *hybris* según su tipificación bíblica, a saber: su éxito como *mélek*, su consiguiente ensoberbecimiento (*hybris* típicamente regia, e ilustrativa de todo poder), y en último lugar su humillación final. En ningún momento pretendo afirmar que se pone en boca de *qohélet* una confesión al más puro *estilo religioso*, es decir, confesando ante Dios el pecado de forma explícita, pero sí que se trata de lo que podríamos llamar una *confesión-denuncia sapiencial*, y como tal de una relectura sapiencial de la denuncia o confesión de pecado que encontramos en muchos textos bíblicos, entre los que Daniel 3,31-4,34 sería el más próximo a nuestro caso[131].

El éxito deseado y alcanzado

12.3. Ya desde el bloque científico-tecnológico (1,13-18) el *qohélet* expone con meridiana claridad que el *mélek* se entregó de lleno a una tarea, y lo hace destacando que se trató de una iniciativa personal no requerida necesariamente por su posición. Esto se deja ver en el uso reiterado de la expresión constituida por *nātan* (dar) + (*'et-*) + *lēb/lēbāb* (corazón)[132], que expresa un grado de entrega total a algo, ya sea bueno o malo, y un grado de entrega motivada exclusivamente por la iniciativa o voluntad personal (*libî* - mi corazón). El aspecto de entrega se repite en nuestro bloque por dos veces (1,13.17), mientras que los elementos de la autonomía e iniciativa individual se descubren en la tediosa reiteración de formas verbales en primera persona[133], todo lo cual pone de relieve ante el lector u oyente que el "yo" o el "*libî*" (mi corazón) es el punto de partida único de toda la actividad emprendida por el *mélek*.

---

[130]El uso del género de inscripción en Eclesiastés tiene como propósitio ironizar sobre las pretensiónes regias en general (cf. C.S. Seow, "Qohelet's Autobiography", pp. 285-7).

[131]Cf. *supra* §11.4.

[132] Cf. 1Cron 19,22; 2Cron 11,16; Ez 28,2.6; Ecl 1,13.17; 7,21; 8,9.16 y Dan 10,12.

[133] Cf. 1,13 (נָתַתִּי); 1,14 (רָאִיתִי); 1,16 (דִּבַּרְתִּי, הִגְדַּלְתִּי וְהוֹסַפְתִּי); 1,17 (וָאֶתְּנָה).

Además, en lo que atañe a la actividad misma, que con frecuencia se percibe como una búsqueda genérica de la sabiduría y el conocimiento[134], creo que cabe entenderla de otro forma. Veamos 1,13.14:

(13) וְנָתַתִּי אֶת־לִבִּי לִדְרוֹשׁ וְלָתוּר בַּחָכְמָה עַל כָּל־אֲשֶׁר נַעֲשָׂה תַּחַת הַשָּׁמָיִם ...
(14) רָאִיתִי אֶת־כָּל־הַמַּעֲשִׂים שֶׁנַּעֲשׂוּ תַּחַת הַשָּׁמֶשׁ ....

(13) Me entregué a buscar y aplicar (o bien: 'a dejarme arrastrar por') la ciencia en todo cuanto se ejecuta bajo los cielos ... (14) y observé todas las realizaciones que se ejecutan bajo el sol.

Según lo expreso en mi traducción, el *mélek* alcanzó –y se dejó llevar por– la ciencia y la tecnología entendidas ambas como las grandes realizaciones de las grandes civilizaciones, según señala 1,13b y sobre todo 1,14a. En efecto, "obra" (*ma`ăśeh*) presenta un amplio abanico de campos semánticos, pero uno de los más importantes en la BH es el económico-laboral[135]. Que éste sea el campo sobreentendido en nuestro texto se confirma por el proverbio de 1,15, que parece tratarse de un adagio propio del mundo laboral-comercial: "lo que está torcido no puede ser enderezado, y la pérdida (*ḥesrôn*) no puede ser contada"[136]. Más aún, "he visto" (*rā'îtî*) es la confirmación de haber alcanzado lo que se propuso. Esta comprensión se opone a una mayoría de comentaristas,

---

[134]Por ejemplo, M. Hengel, *Judaism and Hellenism*, p. 118, afirma que la punzante cuestión de 1,3 sobre el "beneficio" (*yitrôn*) es en realidad una pregunta sobre el sentido de la vida, y el acicate principal para la búsqueda de conocimiento según se expresa en 1,13.

[135]En efecto, encontramos las acepciones siguientes: "oficio" (v.g. Gen 46,33), "hacienda/negocio" (v.g. 1Sam 25,2), "política de estado" (que incluye la actividad económica -cf. Is 19,14.15), "producto" (v.g. Ez 27,16. 17), y un extenso etcétera.

[136]El término *ḥesrôn* utilizado en este verso debe ser leído teniendo en cuenta la importancia que tiene en el libro el término *yitrôn* (beneficio, provecho) o su sinónimo *yôtēr* (cf. *supra* §7.1 y 12.2). En cuanto al Pual *mĕ`uwwāt*, se quiere significar el producto defectuoso y que por ello ya no puede ser corregido. Concerniente al uso laboral-comercial de este proverbio, véase Ch.F. Whitley, *Kohelet. His Language and Thought*, p.14. Si bien este aforismo se repite en 7,13, su contexto son las obras de Dios y no las humanas como en nuestro caso, por lo que no veo necesario referirnos, de momento, a esa cita.

que generalizan mucho más[137], por lo que nos detenemos en el vocabulario empleado. Así, el emparejamiento de los verbos "explorar" (*tûr*) y "buscar/escudriñar" (*dāraš*) no se da en la BH salvo aquí y, quizás, en Job 39,8, donde el sentido de la rebusca del alimento por parte de los animales es el obvio[138]. Sí aparece, sin embargo, en Qumrán, *corpus* en el que nunca ocurre en ese sentido físico, como es el caso de 1QH 4,15 donde el emparejamiento es prácticamente usado como un énfasis en la acción de búsqueda de Dios (cf. ll.. 14.16). Pero quizás nos sea todavía más útil el uso en este *corpus* del verbo *tûr*, ya que, tanto sintáctica como semánticamente, parece mucho más próximo al de Eclesiastés. En CD 2,16 este verbo rige con *bĕ* (en), igual que en Ecl 1,13 (cf. 2,3) y es una seria advertencia a los fieles a "no seguir/no dejarse llevar por los pensamientos de la inclinación culpable (ולא לתור במחשבות יצר אשמה)". No se trata, pues, de un mero "indagar en los pensamientos ..."[139]. En CD 3,11 rige con *'aħar* (tras), pero el uso de esta partícula parece intercambiable con *bĕ*, de modo que no difiere mucho del sentido anteriormente establecido como tipo determinado de comportamiento. Igual fórmula (*tûr* + *'aħar)* encontramos en Num 15,39, que, junto con Eclesiastés, es el único caso en la BH donde *tûr* es empleado para la actividad mental o emocional. En el resto de instancias, el Qal de este verbo siempre rige con *'ēt* (cf. Num 10,33; 13,2), y su significación es prácticamente física, o sea, la exploración de la tierra.[140]. En otras palabras, nos encontramos

[137]Un caso ilustrativo es el de M. Fox, *Qohelet and his Contradictions*, p. 175, quien, ante la disyuntiva de interpretar *ma`ăśeh* como "acción realizada por el género humano" o bien como "todo cuanto ocurre en la vida", se decanta por esta segunda.

[138]Los comentaristas modernos y las versiones –ya desde las más antiguas– debaten si la raíz *ytwr* es el sustantivo o el imperfecto (cf. Édouard Dhorme, *A Commentary on the Book of Job*, p. 600).

[139]Por ejemplo, así traduce *DSSSE* I la expresión ולא לתור במחשבות: "not allow yourselves to be atracted by the thoughts" (p. 553), que mantiene su traducción castellana de *TdQ*: "no os dejéis arrastrar por los pensamientos" (p. 80).

[140]Esto incluye el texto de Ez 20,6 que *CI* traduce por "elegir" y *RV-60* por "proveer", mientras que la *BJ* mantiene, con razón, el significado "explorar". El texto de Prov 12,16 es demasiado dudoso como para servirnos de pista,

ante un texto que admite una doble lectura: por un lado, el más literal y aséptico de simple seguimiento de un camino, el de la ciencia. Mejor dicho, de la puesta en práctica de una política científica al estilo de los grandes imperios, y que es una demostración del éxito alcanzado por la estrategia político-económica del *mélek*. Pero Qumrán pone de relieve que hay también una lectura que echará una sombra crítica sobre dicho éxito, esto es, la de "dejarse arrastrar" por esa ciencia (cientificismo). Que esta lectura fuera deliberada de Qohélet o sólo de los editores no nos importa mucho, ya que, en cualquier caso, es una lectura que pudo hacerse perfectamente desde el contexto del editor, sin violentar el texto.

12.4. También en el bloque lúdico (2,1-3) hay cierta expresión de éxito, si bien aquí el *mélek* es más comedido y menos ufano: este bloque es muy breve en la descripción de sus actividades y de sus logros, y entra de inmediato en la negativa conclusión del v.2. Dicho esto, sin embargo, sí parece posible hablar de unas pretensiones que ponen de relieve su elevado status socio-económico, y cómo desde él busca el éxito por medios propios. En concreto, el vocabulario empleado en esta sección conduce a pensar que el ocio es el tema principal de la misma, como si el *mélek* buscara alcanzar una plena satisfacción mediante actividades lúdicas proporcionadas por y para sí mismo. Tal lectura es absolutamente correcta, pero tampoco debe desdeñarse la posibilidad de un trasfondo cúltico que, además, podría haber sido pretendido por el autor, ni que fuera a nivel de resonancia. Recordemos que ocio y culto no constituían en la antigüedad dos entidades completamente separadas. Además, la significación religiosa cabe bien en la terminología empleada, como por ejemplo "alegría" (*śimḥāh*) que, prefijado con *bĕ* (en) como es el caso en 2,1, puede perfectamente traducirse "con fiesta" (o "con celebración"), según se desprende de sus usos en la BH y Qumrán[141]. Esto nos conduce

máxime si se acepta el Hifil de la puntuación masorética.

[141]Las ocurrencias bíblicas son Gen 31,27; Deut 28,47; 1Sam 18,6; 2Sam 6,12; 1Cron 15,25; 29,17.22; 2Cron 20,27; 23,18; 30,21; Esd 3,12; 6,22; Sal 21,7; 68,4; 100,2; Ecl 2,1; 9,7; Is 55,12; Sof 3,17, mientras que en Qumrán lo encontramos en 1QM 17,7; 1QH f 54,1; 58,6. No aparece en el Sirácida prefijada de esta forma. La cita de Ecl 9,7 y su contexto inmediato (especial-

a un doble contexto que podemos denominar *cúltico-lúdico*. También la frase "ver el bien" (*rā'āh bĕṭôb*) de este mismo verso, aunque indica progreso o bienestar material (o incluso paz social), suele estar vinculada en la BH a la bendición divina y el culto[142]. Otros apoyos a las resonancias cúlticas vienen de la posible lectura de *'ănasĕkāh* como derivado de *nāsak* (libar, fundir imágenes) y también del paralelismo del v.2 entre *śĕḥôq* (risa) y *mĕhôlāl* (locura, necedad) que recuerda, con cierta intencionalidad irónica, según creo, a *mahălāl* (alabanza)[143].

Al aspecto lúdico-cúltico de 2,1-3 podemos añadirle otra observación: el *mélek* es el único que pone las metas y los medios para obtener satisfacción, y además es quien pretende tener control sobre los efectos de ciertos excesos. Esto se colige de expresiones como "me dije a mí mismo" (אָמַרְתִּי אֲנִי בְּלִבִּי -v.1), "te probaré" (אֲנַסְּכָה), "me dejé llevar" o más literalmente "seguí mi corazón" (תַּרְתִּי בְלִבִּי -v. 3), "aunque conduciéndome con prudencia y así controlar la sandez" (ולִבִּי נֹהֵג בַּחָכְמָה וְלֶאֱחֹז בְּסִכְלוּת). Ya estudiamos la expresión "me dejé llevar" (תַּרְתִּי בְלִבִּי)[144], mientras que

mente el v. 8) es una muestra de que el propio Qohélet toma esta expresión en su sentido celebrativo o festivo.

[142]En Jer 44,17 hallamos la misma expresión, sólo que en su forma negativa (רָעָה לֹא רָאִינוּ = "y no vimos el mal"), para denunciar al pueblo que atribuye esta ausencia de mal al culto a la "Reina del Cielo". En Sal 27,13; 106,5; 128,5 y Jer 29,32 se atribuye el bienestar al Dios de Israel y su culto, siendo particularmente importante la cita del Sal 106 porque claramente se vincula esta expresión con la "alegría" (*śimḥāh*), como lo vemos también en nuestro bloque, y todo ello en un contexto de culto. Por lo que respecta a Sira y Qumrán, no he encontrado paralelos.

[143]La forma masorética *'ănasĕkāh* puede derivar de varias raíces, aunque dos son las principales que manejan los comentaristas: *nāsāh* (tentar, probar, intentar) y *nāsak* I (derramar, libar). A estas cabría añadir *nāsak* II ("tejer" y de ahí "formar/establecer" -cf. Sal 2,6 y Prov 8,23), *nāsas* (impulsar -cf. Is 59,19 donde rige con *bĕ*, aunque algunos autores lo leen como polel de *nûs*), o bien *nāśā'* (alzar) que en el Sal 4,7, por ejemplo, aparece como una forma de *nāsāh*. También *nāsak* I tiene un significado distinto al de verter o libar que, aunque derivado de éste, no se suele tener en cuenta, a saber: "fundir imágenes". En definitiva, la riqueza semántica de la forma *'ănasĕkāh* da para mucho.

[144]Cf. *supra* §12.3.

para justificar mi traducción de la último resulta clave la expresión antónima de 2Rey 9,20 que lee “porque conduce en locura” (כִּי יִנְהָג בְּשִׁגָּעוֹן), esto es, “viene a lo loco/impetuosamente”. Por lo que concierne a la segunda parte de la frase (וְלֶאֱחֹז בְּסִכְלוּת) creo que los LXX dan una buena pista sobre el matiz correcto del verbo “sujetar” (*ʾāḥaz*) en este contexto, ya que su traducción por κρατέω indicaría dominio o control. En definitiva, esta forma de hablar corresponde a un personaje de status elevado que puede permitirse financiar una vida de fastos lúdico-cúlticos propia de los potentados orientales que gustaban de la ostentación de su opulencia mediante ese tipo de festejos[145].

12.5. Por último, abordamos dentro de este apartado sobre el éxito del *mélek* su política económica y comercial (2,4-10). A las características de los bloques anteriores, se añade aquí un importante complemento indirecto reiterado hasta la saciedad, a saber: “para mí” (*lî*)[146]. Todo cuanto emprendió en la construcción y el comercio, entre otras de sus actividades principales, fue de su propiedad y para su propio enriquecimiento. Resulta por ello interesante recorrer la lista de empresas llevadas a cabo por el *mélek*, a fin de advertir que no se trataba tan sólo de la adquisición de bienes suntuarios, sino de bienes de producción para una mejora de la capacidad productiva y, en consecuencia, de una optimización de sus recursos orientada al aumento de sus beneficios y ahorro. El *mélek* construyó casas y plantó viñedos (2, 4), lo que indica que las casas serían las instalaciones necesarias para la explotación de los viñedos, incluyendo las viviendas para los obreros dependientes. Se hizo también con “jardines y parques” (גַּנּוֹת וּפַרְדֵּסִים) y plantaba en ellos árboles de todos los frutos (2,. 5), confirmándose así el sentido de explotación agrícola más que el de mero jardín[147]. Por esta razón, necesitó construir

---

[145]Permítaseme decir que el estilo oriental nada tendría que envidiar a ciertas ostentaciones occidentales actuales, muchas de las cuales consisten también en el patrocinio, para fines propagandísticos u otros fines particulares, de actividades lúdicas, cúlticas e incluso benéficas o filantrópicas.

[146]Cf. 2,4[2x].5.6.7[2x].8[2x]).

[147]Ibn Ezra diferenciaba entre jardines y parques, y afirmaba que los

depósitos de agua para regar sus arboledas (עֵצִים צוֹמֵחַ -2, 6), que no necesariamente hay que entender como los árboles frutales mencionados en el verso anterior, sino madereros (cedros, pinos, etc.)[148]. En 2, 7 se describe el aumento del personal dependiente que está a cargo de sus negocios, así como el crecimiento de sus propiedades ganaderas, destacando que en conjunto sus bienes fueron mayores que los de sus predecesores en Jerusalén (2, 7b). Como resultado de este amplio desarrollo comercial, acumuló un capital importante propio de los hombres de estado: "plata, oro y un tesoro (propio) de reyes y estados" (כֶּסֶף וְזָהָב וּסְגֻלַּת מְלָכִים וְהַמְּדִינוֹת -2,8a) y de ahí los placeres o deleites que acompañan a dicho poder económico (2, 8b)[149]. 2,9 confirma que en términos económicos el *mélek* se hizo más grande que todos sus predecesores[150]. El juicio de valor de 2,11 corrobora, además, la tónica de esta sección: todas "mis posesiones" (מַעֲשַׂי) han salido del "trabajo que realizaron mis manos" (שֶׁעָשׂוּ יָדַי) y del "trabajo con el que me esforzé" (וּבֶעָמָל שֶׁעָמַלְתִּי לַעֲשׂוֹת). Esta aseveración, dicho sea de paso, sigue siendo común hoy día entre muchos hombres y mujeres que han alcanzado el éxito en los negocios.

El engreimiento inherente

12.6. Al final de §12.3 adelantábamos que el texto encierra una doble lectura: al estrato que presenta ufano el éxito del mélek subyace

segundos eran monocultivos, mientras que los primeros consistían en pluricultivos (cf. M. Gómez Aranda, *El Comentario de Abraham Ibn Ezra al libro del Eclesiastés,* p. 34).

[148]Así lo interpreta la LXX al leer βλαστῶντα ξύλα.

[149]Los LXX hablan de "coperos y coperas" (οἰνοχόον καὶ οἰνοχόας), indicando más bien un aumento del servicio. Hay muchas posibilidades, sin embargo, de que se trate más de una interpretación piadosa que de una verdadera traducción.

[150]Si la ficción salomónica pertenece ya al autor, éste pretendía, en claro propósito internacionalista, abarcar a los reyes jebuseos. Si tal ficción es obra de los editores, entonces se hace también manifiesto que asimilan esta perspectiva internacional del autor, por lo que no necesitan alterar esta referencia plural a otros predecesores.

una advertencia crítica; es decir, sobre el éxito se ciernen muchas sombras anunciadas en el propio texto. Por ejemplo, cuando 1,13-14 es leído sin atención a resonancia alguna, no se percibe su connotación ético-religiosa: sólo se ven los objetivos que el *mélek* se propuso alcanzar y los medios que emplearía. Pero cuando este mismo pasaje es leído a la luz de las resonancias protocanónicas y de la propia decepción qoheletiana (sobre todo tras sus afirmaciones de 1,16), todo él cobra un tono mucho más sombrío. Los editores nos obligan a contrastar el origen exclusivamente personal de la ciencia del *mélek* con las descripciones deuteronomistas y cronistas del rey Salomón, receptor de la ciencia como don divino. Es bien conocida la perspectiva deuteronomista del origen divino de la sabiduría de Salomón[151]. En concreto, parece que los editores pretenden contrastar el uso que se hace en Qohélet de *nātan* + *lēb* con su uso en 1Rey 3,12b, donde es Dios el que afirma "así pues, yo te doy un corazón sabio e inteligente" (הִנֵּה נָתַתִּי לְךָ לֵב חָכָם וְנָבוֹן)[152]. Con este antecedente en mente, al lector no le queda más remedio que pensar que el *mélek* comienza su autobiografía en un punto en el que la ciencia adquirida como don ha quedado ya atrás en la vida de Salomón. Muy probablemente, el texto donde se describe "la desviación de corazón" de Salomón (cf. 1Rey 11, especialmente los vv. 3.4.11) sea el telón de fondo de Ecl 1,13ss pretendido por los editores. Ya hemos visto que la expresión constituida por *nātan* (dar) + (*'et-*) + *lēb/lēbāb* (corazón) es empleada en dos sentidos completamente opuestos, pero indicando siempre el mismo grado de entrega total[153]. Las citas bíblicas mencionadas apuntan a que en el uso canónico de la expresión parece no haber punto medio: o se emplea en el contexto de un compromiso de búsqueda sincera de Dios, o en el contexto de una entrega al ensoberbecimiento que conduce a la autodivinización[154]. En Qumrán no encontramos el

---

[151]Cf. S. Zalevsky, "La revelación de Dios a Salomón en Gibeón".

[152]Esto es recordado en el mismo sentido en 10,24 (cf. también 2Cron 9,23).

[153]Cf. *supra* §12.3.

[154]En el primer caso tenemos 1Cron 19,22 donde se exhorta a entregarse completamente a "buscar" (*dāraš*) a Dios, igual que en 2Cron 11,16, y Dan

empleo de esta expresión para la acción humana[155], mientras que en Sira 12,11 [A] significa una actitud de alerta frente al enemigo, que de alguna manera sí tiene un matiz intermedio entre el positivo y negativo de la BH. Por tanto, esta misma connotación aséptica pudo darse en la mente del autor (Qohélet), pero una vez editado el texto se prestaba perfectamente para un matiz más crítico. Al hilo de esta argumentación, podemos precisar más el significado del emparejamiento de los verbos "explorar" (*tûr*) y "buscar/escudriñar" (*dāraš*) anteriormente estudiados. El contexto de 1QH 4,15 (cf. vv.14.16), CD 2,15 (cf. 2,3) y 3,11, es la exhortación a no dejarse llevar por la obstinación del corazón olvidando la Ley, como ha ocurrido a lo largo de la historia del pueblo elegido según ésta es revisada por Qumrán. Por estas razones el verbo *tûr* también ha adquirido la acepción "divagar" o "extraviarse"[156]. En general, la negatividad del verbo *tûr* en Qumrán viene de su asociación con "obstinación" (*šĕrîrût*) y con "pensamientos humanos" (*maḥăšābôt*)[157], y contamina a *dāraš* cuando se emparejan; es decir, le da el carácter de una búsqueda opuesta a la voluntad divina, que en Qumrán es sinónimo de Torá y exégesis inspirada. Se puede alegar que el contexto de denuncia e idolatría que determina el sentido negativo de este emparejamiento está muy claro en Qumrán, contrariamente a lo que ocurre en Eclesiastés, donde el contexto parece reflejar una significación más neutra. A esto hay que responder, sin embargo, que no cabe duda desde la perspectiva de los editores que tales verbos, desprovistos de una

---

10,12 en el que se ensalza al sabio Daniel por intentar "comprender" mediante su "humillación" ante su Dios (לְהָבִין וּלְהִתְעַנּוֹת לִפְנֵי אֱלֹהֶיךָ). En el segundo caso tenemos a Ez 28,2.6 que acusa al rey de Tiro de divinizarse equiparando su corazón al de Dios (וַתִּתֵּן לִבְּךָ כְּלֵב אֱלֹהִים).

[155] Cf. 1QH 14,8: Dios pone la inteligencia en el corazón de su siervo.

[156] Cf. *TdQ*, p. 206.

[157] En principio, este término no conlleva una significación esencialmente negativa, pero ya en la BH aparece en la mayoría de las ocurrencias para significar los "pensamientos o intenciones humanas" que suelen oponerse a Dios. Is 55,8.9 es un caso paradigmático: los pensamientos de Dios nada tienen que ver con los humanos. De unas 47 ocurrencias, apenas 5 o 6 se refieren a Dios o a los justos (v.g. Sal 40,6 y Prov 12,5).

referencia a Dios, podían ser leídos por muchos judíos religiosos como un engreimiento humanista, lo cual podía conjugarse perfectamente con la perspectiva del autor, que, como ya hemos visto, describe el carácter enteramente humanista de la obra del *mélek*. Ésta, además, está muy ligada a la ciencia internacional de las distintas cortes, y por tanto ha queddo sin referencia alguna a la ciencia recibida como don divino. Este contexto humanista e internacional de su actividad choca frontalmente con la piedad judía tanto del protocanon como extracanónica, que sostiene que sólo Dios tiene esta capacidad de conocer todas las obras humanas, y que el verdadero conocimiento viene más bien de contemplar las obras divinas (cf. Sal 8,4; 33,15; 107,24; Jon 3,10)[158]. Parece pues obvio que el autor, que presenta al *qohélet* como un rey humanista y poderoso defraudado, propicia una lectura editorial que destaca la presunción o engreimiento que conllevan las pretensiones humanistas de las grandes cortes internacionales o de las grandes culturas.

12.7. Sira 6,27 [A] contiene una exhortación a buscar la sabiduría y aferrarse a ella que, desde una perspectiva religiosa, podría fundamentar y legitimar la búsqueda del *mélek* de Eclesiastés. Concretamente, el texto lee: "consulta e investiga, busca y encuentra, y aférrate a ella [*la sabiduría*] y no la sueltes" (דרשׁ וחקר בקשׁ ומצא והחזקתה ואל תרפה). Pero hay que tener en cuenta lo que ya dijimos respecto al uso de la ciencia en Eclesiastés como instrumento y no tanto como meta *per se*, lo que significa que no fue la Torá el medio utilizado por el *mélek* para alcanzar la sabiduría. Además, en el Sirácida la sabiduría y el temor a Dios (sabiduría y piedad judía), han sido solapados o entrelazados por el autor mismo en una unidad desde el primer capítulo del libro para ser su punto de partida –igual que en Proverbios, sólo que en éste se ha hecho editorialmente–; esta fusión no se produce en Eclesiastés, como ya se vió

---

[158]Hemos de ver más adelante (cf. §12.10-12) algo más sobre este contexto internacional en relación al v.13b y más concretamente a los *bĕnê hā'ādām* (hijos del hombre). Por otro lado, cabe señalar que es muy posible, una vez más, que por medio de esta frase que apunta el horizonte universal de la actividad del *mélek* se pretenda un contraste con el objeto de la ciencia dada a Salomón, que no era otro que el *juzgar* a Israel (cf. 1Rey 3,9; 2Cron 1,10).

en otro lugar[159], pues sólo podría defenderse desde el epílogo, e incluso en éste lo que se defiende es más bien su separación o autonomía, según veremos.

Mucho más abiertamente que en 1,13-14, el proceso de engreimiento se descubre muy claramente cuando en 1,16 el *mélek* afirma:

> דִּבַּרְתִּי אֲנִי עִם־לִבִּי לֵאמֹר אֲנִי הִנֵּה הִגְדַּלְתִּי וְהוֹסַפְתִּי חָכְמָה עַל כָּל־אֲשֶׁר־הָיָה לְפָנַי עַל־יְרוּשָׁלִָם וְלִבִּי רָאָה הַרְבֵּה חָכְמָה וָדָעַת
>
> Me dije para mis adentros: 'mira, me he engrandecido y he acumulado ciencia por encima de todos mis predecesores en Jerusalén, y disfruto de mucha ciencia y tecnología'.

Ya a simple vista la impresión de autosatisfacción y autocomplacencia del texto es evidente, pero vale la pena adentrarse en algunos detalles. La expresión que he traducido "para mis adentros" (*`im-lēb* o *`im-lēbāb*) es empleada para hablar de lo más hondo de uno mismo, esto es, de las verdaderas intenciones que hay en el individuo. Lo vemos, por ejemplo, en Deut 15,9, donde una idea perversa parece tomar asiento en el interior del individuo, o en 1Rey 10,2.15, que presenta a la reina de Saba abriendo su corazón a Salomón. Lo interesante de nuestro caso, sin embargo, es que sea una expresión muy típica del Cronista, y que además aparezca en relación a Salomón y su petición de sabiduría en Gabaón[160]. Vale la pena contrastar las versiones deuteronomista y cronista:

---

[159]Cf. *supra* §9.13.

[160]1Cron 22,7; 28,2; 2Cron 1,11; 6,7; 6,8; 9,1; 16,9; 24,4; 29,10.

2Cron 1,11	**1Rey 3,11**
וַיֹּאמֶר־אֱלֹהִים לִשְׁלֹמֹה יַעַן אֲשֶׁר הָיְתָה זֹאת עִם־לְבָבֶךָ וְלֹא־שָׁאַלְתָּ עֹשֶׁר נְכָסִים וְכָבוֹד ...	וַיֹּאמֶר אֱלֹהִים אֵלָיו יַעַן אֲשֶׁר שָׁאַלְתָּ אֶת־הַדָּבָר הַזֶּה וְלֹא־שָׁאַלְתָּ לְּךָ יָמִים רַבִּים וְלֹא־שָׁאַלְתָּ לְּךָ עֹשֶׁר ...
Dijo Dios a Salomón: 'porque tenías esto en tu corazón, y no has pedido riquezas, bienes ni gloria ...	Y le dijo Dios: 'porque has pedido esto, y no te has pedido muchos días, ni te has pedido riqueza ...

Da la impresión de que el Cronista se interesa más por el corazón (la intención real) del protagonista. Al menos, también en el caso de David, que tenía la intención de construir el templo aunque no pudo realizarla personalmente (1Cron 22,7 y 28,2) se ve esto. Es precisamente esta perspectiva del *interior* la que utiliza el autor de Eclesiastés. Y lo que verderamente hay en el corazón del *mélek* se describe en 1,16aβ con el uso de los verbos "ser grande" (*gādal*) y "añadir o continuar" (*yāsap*) en Hifil. El primero, cuando no aparece con objeto, suele ser reflexivo y su significado es siempre negativo: indica triunfo personal y jactancia[161]. Su empleo en otros textos de la BH son de interés para nosotros: en Daniel 8,4.8.11.25 se utiliza en el engrandecimiento irresistible de varios de los animales que protagonizan la visión de Daniel, aunque el v. 25 es quizás el más interesante ya que se afirma que "se engrandecerá en su corazón" (וּבִלְבָבוֹ יַגְדִּיל), es decir "se ensoberbecerá", como correctamente traducen las versiones (v.g. *CI*). Esto es precisamente lo que viene a afirmar el *qohélet* del *mélek*. Se puede añadir a ello que existe jactancia precisamente por compararse con sus antecesores, ya que siempre que *gādal* rige con la partícula *`al*, como en nuestro caso, se expresa

---

[161]El *TDOT* II, p. 405, afirma que este uso del Hifil significa "to set oneself forth as great illegally, presumptuously, and arrogantly, to boast, to triumph over others" (cf. Jer 48,26.42; Lam 1,9; Ez 35,13; Dan 8,4.8.11.25; Ab 1,12; Sof 2,8.10) ya sea que se especifique o no contra quien va dirigida la jactancia. Digamos ya, a modo de inciso, que es por este motivo por lo que no tiene sentido la propuesta de la *BHS* de corregir el Hifil por un Qal, pues este último perdería el verdadero matiz que el autor parece pretender, ya que no hay la más mínima razón textual que ponga en duda esta lectura.

sentimiento de superioridad respecto a los demás (generalmente enemigos)[162]. Sin embargo, parece imposible dejar de creer que ya incluso el autor tuviera este texto en mente (única instancia bíblica y extrabíblica del emparejamiento *yāsap* + *ḥokmāh*)[163] para darle así un giro tendente a la jactanciosidad parecido al de Dan 8,25. De ser esto cierto, se daría mayor fuerza al argumento de que los editores encontraron un firme anclaje para su lectura en el propio autor de la obra[164].

12.8. En el bloque lúdico (2,1-3) no es muy visible el engreimiento del *mélek*, pero sí se encuentran algunas pinceladas del mismo. Buena parte de lo dicho en él, leído a la luz de una lectura religiosa, es manifiestamente signo de engreimiento. Por ejemplo, en 2,3b el *mélek* se traza como meta experimentar aquello que los gentiles (*bĕnê hā'ādām*) consideran que les proporciona una satisfacción a lo largo de los "cuatro días" de su vida que laboran bajo el cielo, esto es, el vino. Él se cree capaz de "comportarse con prudencia y así controlar la sandez"[165], sea ésta la derivada del alcohol o sea la sandez asociada con la intriga política. Sin duda, se cree en control de su propia vida, y se cree capaz de adentrarse en toda forma de vida y en toda obra humana sólo porque

---

[162]Por ejemplo, Est 5,11; Sal 35,26; 38,17; 55,13; Is 10,15; Jer 48,26.42; Ez 35,13 y sobre todo Dan 11,36.37. Nótese que la mayoría utilizan el Hifil y, sobre todo, que tanto el lenguaje profético de acusación de los salmos como los oráculos propiamente proféticos y la visión de Daniel, apuntan a un tono acusatorio. Hay una salvedad respecto a éste: no se da donde la expresión es puesta en boca de un tercero, como en 1Rey 10,7 "has añadido sabiduría y bienestar/bienes ..." (... הוֹסַפְתָּ חָכְמָה וָטוֹב -cf. 2Cron 9,6 donde se emplea el Qal).

[163]Los casos más próximos que he encontrado están en Prov 1,5; 9,9; 16,21.23, en los que se afirma que se debe acrecentar el *leqaḥ* (persuasión, enseñanza), pero no se habla de aumentar la ciencia, y en 1QH 1,35 donde se habla de acrecentar la *`arĕmâ* (astucia, cautela).

[164]No se incluye en este estudio ninguna comparación con Qumrán o Sira porque los usos en Hifil de *gādal* se refieren, en el primero, a la acción de Dios y no a la humana; sólo 1QH5,24 indicaría una acción de mofa humana contra el Maestro de Justicia, pero se trata de una expresión hecha que significa literalmente "alzan sobre/contra mí el talón" (עלי הגדילו עקב). En cuanto a Sira, esta forma del verbo no aparece.

[165]Para la justificación de mi traducción véase §12.4.

posee la ciencia, sin necesidad, por tanto, de sujertarse a ley alguna. En 1,13-18 ya había expresado su convicción de poseer y acumular la ciencia (cf. 1,16), y ahora cree que puede emprender cualquier otra actividad, pero siempre conservando *su ciencia* como base de control. De hecho, lo mismo que dice en 2,3 lo dice en 2,9b: engrandeció sus obras a lo sumo, "y además la ciencia permaneció a mi lado" (אַף חָכְמָתִי עָמְדָה לִּי). Es esta convicción, o sea este seguir su propio corazón lo que se sitúa frente a la Ley mosaica, por lo que podría concluirse que desde la lectura intertextual editorial se está hablando de soberbia regia que lleva al conflicto con la Torá, si bien desde la perspectiva humanista y secular el supuesto ludismo del rey conduce a la decepción. Volveremos sobre esto en la sección *El pecado y castigo implícitos*.

12.9. El bloque económico-comercial (2,4-10) sí se presta muy bien para captar cómo se ufana el *mélek* de un éxito comparable al de las naciones del mundo, pues se jacta de ser el único en Jerusalén que había alcanzado tan elevado grado de internacionalidad. Así, ya vimos que el Hifil de *gādal* sistemáticamente indica engreimiento, de manera que 2,4 sitúa bajo tal perspectiva al resto del bloque; éste, además, por el hecho de estar constituido por una extensa enumeración de los logros personales del *mélek* en sus obras y adquisiciones, aparece ante el lector como una muestra de su orgullo inicial. Por otro lado, su comparación con "los tesoros de los reyes y los estados" (סְגֻלַּת מְלָכִים וְהַמְּדִינוֹת) de 2,8aβ[166], que sitúa al *mélek* en el nivel del primer orden, y su orgullo por haber obtenido los "placeres de los hijos del hombre" (2,8bβ), es decir, por haber alcanzado el mismo nivel de lujo que cualquiera de los pueblos paganos contemporáneos[167], corrobora la lectura de engreimiento

---

[166]Creo conveniente aclarar que la oración "los tesores de los reyes y los estados (o provincias)" sugiere una relación de sometimiento (tributario al menos) de éstos respecto a nuestro *mélek*, o quizás la superioridad comercial de éste respecto a sus vecinos, todo lo cual es interesante, creo, en la medida que apunta al poder del *mélek*.

[167]Aun cuando es cierto que en la superficie del v. 8 el lujo aparece como el tema principal, hay que tener en cuenta que los bienes suntuarios no eran tan sólo "lujo" sin más, sino que servían como "inversión en bienes duraderos" o ahorro, si bien es verdad que los antiguos gustaban de la

personal. En suma, creo que en la interpretación de estos primeros capítulos es de vital importancia tomar en consideración que el *mélek* es descrito como profundamente interesado en las realizaciones de las grandes civilizaciones humanas, y que precisamente la descripción de sus logros a nivel internacional es una muestra tanto de su éxito como de su engreimiento resultante.

El pecado y castigo implícitos

12.10. En las dos secciones anteriores a ésta veníamos anunciando lo que ahora pretendemos demostrar: que el texto fue pergeñado para que el lector entendiera el éxito de todas las políticas emprendidas por el mélek, y sobreentendiera que todas estaban marcadas por un pecado y un castigo implícitos. El bloque científico-tecnológico (1,13-18) es muy claro al respecto. De él 1,13 es clave porque afirma que el castigo está implícito en todo desarrollo cientificista. De forma tácita, el resto del bloque apunta a consecuencias nefastas de toda pretensión cientificista (especialmente 1,17.18). Así, aunque a simple vista se hace difícil asociar las afirmaciones de 1,13a con un carácter pecaminoso y punitivo, lo cierto es que el paréntesis de 1,13b le confiere dicho tono sin ambages, como intento mostrar en mi traducción:

> (12) אֲנִי קֹהֶלֶת הָיִיתִי מֶלֶךְ עַל־יִשְׂרָאֵל בִּירוּשָׁלָםִ׃ (13) וְנָתַתִּי אֶת־לִבִּי לִדְרוֹשׁ וְלָתוּר
> בַּחָכְמָה עַל כָּל־אֲשֶׁר נַעֲשָׂה תַּחַת הַשָּׁמָיִם הוּא עִנְיַן רָע נָתַן אֱלֹהִים לִבְנֵי הָאָדָם לַעֲנוֹת
> בּוֹ׃ (14) רָאִיתִי אֶת־כָּל־הַמַּעֲשִׂים שֶׁנַּעֲשׂוּ תַּחַת הַשָּׁמֶשׁ וְהִנֵּה הַכֹּל הֶבֶל וּרְעוּת רוּחַ׃
>
> (12) Yo, *qohélet*, fui rey sobre Israel en Jerusalén (13) y me entregué a buscar y aplicar la ciencia en todo cuanto se ejecuta bajo los cielos (esta nociva ocupación impuso Dios a los hijos del hombre para humillarlos). (14) Observé pues todas las obras que se ejecutan bajo el sol, y todo resultó ser *hebel* y *rĕʿût rûᵃḥ.*

1,13b es una oración parentética que precisa o determina la interpretación de 1,13a y su paralelo de 1,14a. El vocabulario utilizado es simple, aunque el infinitivo constructo *la*ʿă*nôt* (¿ocupar, humillar?) es ambivalente. Sin embargo, creo que no se debe escoger un significado a

---

ostentación mediante dichos bienes (cf. Morris Silver, *Prophets and Markets. The Political Economy of Ancient Israel*, p. 83).

costa de otro[168]. En nuestro caso, la "ocupación" (*`inyan*) conlleva un grado de aflicción, y viceversa, la aflicción se hace por medio de la ocupación en negocios, trabajos o investigación científica, y ambos matices son recogidos en nuestro texto, aunque sobresale el negativo, como lo demuestra la presencia del calificativo *ra`* (malo), que no aparece en el verso paralelo de 3,10[169]. En esta línea, resulta tentador comparar Ecl 1,13 con el uso que se hace de *la`*ă*nôt bô* en Deut 19,16: "cuando se levante un testigo falso contra cualquiera para acusarle de una transgresión" (כִּי־יָקוּם עֵד־חָמָס בְּאִישׁ לַעֲנוֹת בּוֹ סָרָה). Aquí *`ānāh* + *bô* se traduce literalmente "atestiguar contra él", manifestando un contexto de antagonismo entre dos partes[170].

También las ocurrencias de "los hijos de[l] hombre" (*bĕnê [hā] 'ādām*) en la BH se enmarcan en un contexto similar de antagonismo o cuando menos de cierta tensión con Dios[171]. De todas éstas, Gen 11,5 es

---

[168]En este caso, además, el campo semántico del verbo *`ānāh* en el hebreo tardío, y debido a la influencia aramea por la que adquiere un uso meramente laboral, acumula todos los significados que le atribuyen los comentaristas. Por ello, junto a *DBHE*, p. 553, no creo que sea necesario postular una raíz III de influencia aramea significando "ocuparse", ya que en todo caso la raíz II "afligir" debió asumir de modo natural la influencia aramea (contra *BDB* y otros que mantienen la nueva raíz). Así, todos los matices pueden concurrir aquí.

[169]Así debió entenderlo la LXX al traducir τοῦ περισπᾶσθαι (para ser afligidos). Por otro lado, nótese la frecuencia con la que el verbo se encuentra asociado en la BH a la idea de castigo o disciplina (1Rey 11,39 -cf. Deut 8,2.3.16; Sal 88,8; 90,15; 119,75, etc.), siendo también el caso en Qumrán (cf. 1QpH 9,10; 1QM 18,10).

[170]No se me escapa que el *la`ănôt bô* de Ecl 1,13b, para ser traducido como en Deut 19,16, debiera concordar con *bĕnê hā'ādām,* cosa que no parece ocurrir. Sin embargo, dada la fluctuación de la lengua hebrea respecto a la concordancia de número y de género, creo poder afirmar que *bô* concuerda con *'ādām*. Véase un ejemplo de discordancia numérica similar en Sira 38,33 (cf. *infra* §21.6, n. 327).

[171]Las ocurrencias bíblicas de este constructo en su forma indeterminada son Deut 32,8; 2Sam 7,14; Sal 11,4; 12,2.9; 14,2; 21,11; 31,20; 36,8; 45,3; 49,3; 53,3; 57,5; 58,2; 62,10; 66,5; 89,48; 90,3; 107,8; 107,15; 107,21; 107,31; 115,16; Pro 8,4.31; 15,11; Isa 52,14; Jer 32,19; Eze 31,14; Dan 10,16; Joel 1,12; Miq 5,6. En arameo *bĕnê-'ănāšā'* sólo aparece en Dan 2,38 y 5,21. La forma determinada aparece en las citas siguientes: Gen 11,5; 1Sam 26,19;

particularmente significativa porque describe la iniciativa de los *bĕnê hā'ādām* para construir una gran torre mediante nuevas técnicas nuevas (la fabricación de ladrillos), lo cual es considerado por Dios como una amenaza a detener. El Sal 33,13 sitúa a los *bĕnê hā'ādām* bajo la mirada divina de juicio, según vemos en el v. 15: "[Dios es] el que discierne las obras de ellos" (הַמֵּבִין אֶל־כָּל־מַעֲשֵׂיהֶם), esto es, de los *bĕnê hā'ādām*. La concomitancia de este salmo con Ecl 1,13 es manifiesta, pues en éste el *mélek* se había propuesto una obra que más bien correspondía a la divinidad. También el Sal 145,10.12 resulta muy ilustrativo, ya que los "fieles" (*ḥăsidîm*) son contrapuestos con los *bĕnê hā'ādām*, de donde se deduce que éstos son los no judíos o los no creyentes yavistas; además, se ponen en contraste dos actitudes: la alabanza de los fieles que conocen a Dios, y la ignorancia de los "hijos del hombre" respecto a las obras de Dios, ante los cuales hay que proclamar tales obras. Sobre esta base, se puede concluir que las instancias de *bĕnê (hā)'ādām* en el canon hebreo no disocian de modo absoluto entre *género humano* y *pecado universal* (entendiendo por este último sobre todo el conjunto de pretensiones de las grandes civilizaciones o culturas[172]), razón por la cual no es extraño que se refleje esta misma unidad en el relato yavista sobre Adán y Eva (Gen 2,4b-3,24).

12.11. Qumrán y Sira siguen estas mismas directrices, si bien el primero destaca la lectura negativa de los *bĕnê (hā)'ādām*[173]. Es el caso de 1QH 1,27, que los asocia a los inicuos (cf. 1QH 2,24), mientras que

---

1Rey 8,39 (2Cron 6,30); Ecl 1,13; 2,3.8; 3,10 (paralelo a 1,13).18.19.21; 8,11; 9,3.12. La mayoría de las citas apuntan al contexto internacional o universal, y conllevan un matiz, más explícito en unos casos que en otros pero siempre presente, de *peccatum originale*.

[172]A este respecto, es particularmente importante señalar que una de las acepciones sociales de *bĕnê hā'ādām* es la del poder o riqueza (cf. la distinción que hace el Sal 49,3 entre los *bĕnê hā'ādām* de *status* social elevado y los plebeyos *bĕnê 'îš*).

[173]Para la forma *bĕnê hā'ādām* véase 1QH 1,27; CD 12,4, y 1QS 11,6.15; 1QH 2,24; 4,32; 5,11.15; 6,11; 11,6 para la forma indeterminada *bĕnê 'ādām*.

en 1QS 11,6.15 se les oculta el conocimiento reveladoL. En 1QH 5,11.15 son los justos los que son ocultados a los *bĕnê hā'ādām*, y en 1QH 4,32 son el objeto de la obra divina de perfeccionamiento, igual que en 1QH 6,11, que afirma que Dios hace maravillas como testimonio para éstos[174]. Sira, sin embargo, opta por seguir la dirección de la ambivalencia *pecaminosidad - universalidad*[175] –lo que no está muy lejos de Eclesiastés–, si bien en la mayor parte de textos predomina la universalidad sobre la pecaminosidad (cf. 34,32 [B] y 36,8.28 [B]). A nosotros nos interesan particularmente los textos referidos a la pecaminosidad que utilizan el elemento de ocultación-revelación (3,24) o luz-tinieblas (16,16), y sobre todo un texto muy interesante en 40,1 [B]: "Una gran ocupación dio Dios y un yugo pesado a los hombres"[176] (עסק גדול חלק אל ועול כבד על בני אדם). Se afirma aquí lo mismo que Ecl 1,13 pero con una terminología distinta. En realidad, ambos textos son expresión de la doctrina del *peccatum originale* que fue cuajando como dogma a lo largo del judaísmo posexílico, constituyéndose en fundamento de la exclusividad soteriológica de la Torá: sólo la Ley es revelación, es decir, sólo la Ley puede redimir la realidad humana universalmente contaminada[177]. Afirmado en el contexto helenista, este principio se concreta en un rechazo de la autosuficiencia de la razón y en una afirmación de la primacía de la Torá, aunque una vez establecida firmemente esta primacía, surgen todo tipo de posturas respecto a la articulación Torá-Razón, que pueden ir desde la plena fusión y práctica confusión, a la postura que creo que defiende el editor de Qohélet, esto es, la autonomía

---

[174]Otro texto de Qumrán interesante podría ser CD 12,4, ya que aquí, aunque caben más posibilidades, se puede interpretar a la luz de las referencias subsiguientes a los *gôyim* (naciones, y gentiles); los *bĕnê hā'ādām* son los paganos que no respetan el Sábado.

[175]He encontrado las instancias siguientes: 3,24 [A]; 16,16 [A].17 [A]; 34,32 [B]; 36,8.28 [B]; 40,1 [B].

[176]De hecho, todo el capítulo 40 es interesantísimo por sus concomitancias con Qohélet. Volveremos a él más adelante concentrándonos en la estructura del capítulo (cf. *infra* §16.11-12).

[177]Cf. lo ya dicho en §9.8 sobre el *status perditionis* y la reaparición del tema en §23.10, n. 382.

de cada una en un marco de reciprocidad. Pero volviendo al tema que nos ocupa, la cuestión ahora es dilucidar si Eclesiastés se mueve en este marco establecido por la BH, Sira y Qumrán, y, en caso afirmativo, en qué forma.

12.12. En los dos primeros capítulos del libro se proyecta sobre la locución *bĕnê (hā) 'ādām* la elevada posición social del *mélek*, presentando a los "hijos de los hombres" con las características propias de dicha clase social, a saber: predisposición a buscar una ciencia supuestamente internacional (1,13), atracción por ciertos placeres que son sólo asequibles a los pudientes (2,8)[178], y búsqueda de una satisfacción que pueda mitigar la fatiga del esfuerzo vertido a lo largo de los "cuatro días" de vida (2,1.3). En Eclesiastés, el constructo *bĕnê (hā) 'ādām* conlleva un matiz de universalidad, aunque entendida como se entiende hoy día la *globalización*: no tanto un verdadero conglomerado de las culturas del mundo, cuanto el dominio universal de una cultura sobre el resto del planeta. En otras palabras, cuando Eclesiastés habla de *género humano* incluye la acepción de una *civilización dominante*. Por esta razón, se hace más patente la posibilidad de que los editores aprovecharan el trasfondo universalista del autor de la obra, a favor de su crítica al imperialismo inherente a las culturas.

Surge pues la impresión de que 13b pudo ser una inserción redaccional muy bien calculada, ya que se ciñe al marco *universalista* o *internacional* establecido por el texto pre-editado. Es decir, la ambivalencia de *`ānāh* (ocupar, afligir) permite a los redactores introducir una condena bien definida del cientificismo regio, pero sin la explicidad teológica de otras censuras, como por ejemplo la de Qumrán. Así pues, creo que hay indicios suficientes para afirmar que el autor elaboró intencionalmente una presentación secularista y cientificista de los

---

[178]Cualquiera que sea la traducción de שִׁדָּה וְשִׁדּוֹת por la que se opte, ya se trate del placer de las mujeres o de algún tipo de servicio doméstico (cf. LXX) u otros, siempre son placeres asequibles sólo a quienes tienen medios. Esta inasequibilidad al común de los mortales se hace evidente si consideramos que וְתַעֲנוּגֹת בְּנֵי הָאָדָם (los placeres de los hijos de los hombres) es paralelo a וּסְגֻלַּת מְלָכִים וְהַמְּדִינוֹת(los tesoros de los reyes y estados).

objetivos regios, plenamente conformada a las pretensiones típicas de las grandes civilizaciones gentiles, que será aprovechada por los editores para anticipar, en forma más teológica, el juicio que el propio autor emitirá en 1,17.18 sobre una base exclusivamente secular. Más concretamente, a juicio de los editores estas clases dirigentes cometieron exactamente los mismos pecados que los *bĕnê hā'ādām*, a saber: querer investigar todas las obras humanas, diría incluso querer imitar las grandes realizaciones humanas, hasta alcanzar un punto inevitable de soberbia, que cae automáticamente bajo el castigo que Dios tiene asignado a estas pretensiones, esto es, la inútil ocupación-aflicción. Aunque todavía no se afirme abiertamente, el lector judío cualificado sobreentiende ya las implicaciones: sin la Torá, todo hombre, muy particularmente el poderoso y el dirigente político, está destinado a entrar en la misma dinámica.

12.13. También 1,16-18 confirma esta lectura que venimos haciendo. Lo vemos en la asociación que se hace en 1,17a de la ciencia y la tecnología con la locura y la sandez, y también en el principio general que se extrae de dicha asociación en 1,18, a saber: a mayor ciencia mayor vejación, y cuanta más tecnología mayores son los quebraderos de cabeza. Detengámonos, pues, en estos dos versos por un momento:

(17) וָאֶתְּנָה לִבִּי לָדַעַת חָכְמָה וְדַעַת הוֹלֵלוֹת וְשִׂכְלוּת יָדַעְתִּי שֶׁגַּם־זֶה הוּא רַעְיוֹן
רוּחַ׃ (18) כִּי בְּרֹב חָכְמָה רָב־כָּעַס וְיוֹסִיף דַּעַת יוֹסִיף מַכְאוֹב׃

(17) Me entregué pues y descubrí que la ciencia y la tecnología son engaño/presunción/enredos (intrigas) y sandez. Descubrí que también esto es *ra`yôn rûaḥ*. (18) Cierto, a mayor ciencia mayor enojo, y quien acumula tecnología aumenta el dolor[179].

La perspectiva del *qohélet* es que el resultado de dicho esfuerzo no es tan sólo la ciencia y la tecnología, sino también la locura y la

---

[179]La traducción "descubrí que la ciencia y la tecnología son engaño y sandez" sigue estrechamente a R. Gordis, *Koheleth -the man and his world*, pp. 212s, quien basa su traducción en el doble objeto del verbo, de manera que el segundo cualifica al primero. Un ejemplo claro en el mismo Qohélet sería 7,25b, verso que además tiene una manifiesta proximidad a 1,17.

necedad o sandez. Por dos veces liga ciencia con locura y necedad (1,17; 2,12), y aunque estos textos contienen ciertas dificultades sintácticas, sobre todo 1,17, no hay duda de que el *qohélet* establece un resultado doble formado por dos extremos opuestos, a saber: por un lado “locura y necedad” (הוֹלֵלוֹת וְשִׂכְלוּת), y por otro “ciencia y tecnología” (וְדַעַת חָכְמָה). Es como si el autor tuviera la clara intención de situar ambos extremos bajo una misma calificación o juicio. Adviértase, sin embargo, que no se trata de una llana y simple equiparación de la ciencia con la locura, como si la ciencia y la sandez fueran la misma cosa y por tanto la primera resultara completamente baldía; por el contrario, lo que afirma es que el esfuerzo pretencioso del *mélek* produce, inevitablemente, tanto lo uno como lo otro. Desde la perspectiva del autor, esto es una humillación para el *mélek*, y desde una lectura editorial es, además, el castigo divino escrito en las leyes de la naturaleza, como revela la Torá[180].

Por otro lado, llama la atención que nos encontrernos con *śiklût* (cuya raíz *śkl* significa “entendimiento” o “éxito”), en lugar del más adecuado *siklût* (sandez). Se da aquí un caso de fluctuación típica entre “*s*” (*sāmek*) y “*ś*” (*śîn*)[181], muy parecida a la de Sira 11,16 [A], que posiblemente fuera deliberada y cuyo propósito, expresado con un toque irónico, sería el de estabecer una relacción muy fluctuante entre la “ciencia” y “tecnología” (חָכְמָה וְדַעַת) y sus opuestos “engaño / desvarío / intrigas” y “necedad” (הוֹלֵלוֹת וְשִׂכְלוּת)[182]. Ésta es la interpretación de

---

[180]No ha sido tratado en nuestro estudio de 1,13b, pero debe tenerse en cuenta que en este verso, igual que en 3,10ss, que serán estudiados más adelante, resuenan claramente los ecos del relato genesíaco de la creación (castigo de Adán), que es lo mismo que decir que resuena una tradición de la Torá.

[181]Cf. A. Schoors, *The Preacher Sought to Find Pleasing Words*, pp. 19.20.

[182]Una preservación intencional puede deducirse del hecho de que סִכְלוּת ocurre únicamente en Eclesiastés (cf. 2,3.12.13; 7,25; 10,1.13) y que está emparejado con הוֹלֵלוֹת, o en relación de proximidad a este término, en bastantes de sus ocurrencias (cf. 2,12; 7,25; 10,13), de modo que tan localizadas ocurrencias hacen difícil pensar en una mera fluctuación errática. Añádese a ello que שִׂכְלוּת no existe como derivado de la raíz *śkl*, y que por tanto es muy posible que, de existir intencionalidad, el autor tuviera en mente una resonancia con su cognato arameo *śāklĕtānû*, cuya única ocurrencia bíblica es Daniel

Daniel Lys, que ve un juego de palabras no sólo entre las raíces *śkl* y *skl*, sino también entre los distintos derivados de la raíz *hll*; este juego pretende establecer una cierta contigüidad entre la necedad y la sabiduría[183]. Hay que aclarar, sin embargo, que "intrigas y sandez" (הוֹלֵלוֹת וְשִׂכְלוּת) es un doble acusativo que apunta a la repentina aparición de un resultado inesperado, por lo que no se trata de una igualación cualitiva de la sabiduría y la necedad. Esto, por desgracia, no queda reflejado en muchas traducciones, que dan a entender que el *mélek* pretendía experimentar la sabiduría y la necedad[184]. Por otro lado,

---

5,11.12.14, citas en las que aparece ya sea en paralelo a *ḥokmāh* (vv.11.14) o a *manda`* (v.12). Por otro lado, la lectura de los LXX, παραβολὰς καὶ ἐπιστήμην por הוֹלֵלוֹת וְשִׂכְלוּת, parece confirmar que los traductores leyeron שִׂכְלוּת en la *Vorlage* y encontraron extraña la lectura con una *śîn*, por lo que es probable que escogieran dar preferencia al significado de la raíz *śkl*. Por tanto, es interesante que no tomaran en cuenta el hecho mencionado de la fluctuación, máxime cuando el quasi-paralelo de 2,12 parecía confirmar que 1,17 podía ser un exponente más de dicha fluctuación. Siendo 1,17 la primera ocurrencia de este término y su emparejamiento con הוֹלֵלוֹת, cabe la posibilidad de que se haya pretendido indicar el solapamiento semántico de los antónimos de este verso con su solapamiento ortográfico.

[183]Este autor se basa en que la raíz *hll* III de nuestro texto apunta también a la raíz I ("brillar, resplandecer"), que en Is 13,10 y Job 29,3 es el "jaillisement de la lumière". Cito un comentario suyo que creo interesante, además de jocoso:

> de plus sikkhlûth, que partout ailleurs Qohèleth écrit avec un sâmekh comme venant de la racine exprimant la sottise, a-t-il ici un sîn par faute d'ortographe, ou, à l'appui de hôlèlôth, pour souligner la difficulté de distinguer de la sottise ce qui relève de la racine homonyme connotant le succès et l'intelligence? Car la tâche ardue du philosophe consiste précisément à ne pas confondre le fait positif d'avoir une illumination avec le fait négatif d'être un illuminé, le fait d'avoir l''esprit de finesse' dont parle Pascal avec le fait d''avoir l'air fin' comme on dit par antiphrase ironique dans le Midi de la France. Tant il est vrai, si vous me permettez un calembour dans la ligne de Qohèleht, qu'il n'y a pas loin de 'philo' à 'folie'.
>
> (*La Sagesse de l'AT*, p. 252)

Dicho sea de paso, Lyss demuestra en su comentario unas dotes especiales para percibir las ambigüedades y polivalencias existentes a lo largo de Eclesiastés.

[184]Un ejemplo de lo afirmado es la traducción de *CI*: "Puse mi afán en discernir sabiduría y ciencia, locura y necedad". Cf. *supra* en §12.4 el análisis

"intrigas y sandez" (הוֹלֵלוֹת וְשִׂכְלוּת) son dos vocablos que parecen haber sido acuñados en su uso sapiencial por Eclesiastés, ya que no aparecen en el resto de la BH y, como afirma H. Cazelles[185], su uso en el Sirácida y la literatura rabínica es completamente residual[186]. De ahí que quepa defender una significación particular sobre todo para el plural *hôlĕlôt,* que, como el propio Cazelles indica en el mismo lugar citado, es un término perfecto para definir la futilidad de la sabiduría política. En otras palabras, el emparejamiento "intrigas y sandez" (הוֹלֵלוֹת וְשִׂכְלוּת) apuntaría por el lado de *hôlĕlôt* a unas acciones políticas fútiles, y por el de *śiklût* a algo más genérico como la sandez o confusión del *mélek*, quizás como resultado de las *hôlĕlôt*[187]. En consecuencia, el *mélek* recibe una humillación en su propio campo de acción política. Pero además, existe fundamento para pensar que los editores pudieron interpretar esta humillación inherente a la actividad política al estilo de las grandes civilizaciones, como el castigo divino a la maldad o pecado regio. Así se desprende del texto ya mencionado anteriormente de Sira 11,15.16 [A], que es la única ocurrencia de *śiklût* en Ben Sira en cualquiera de sus formas consonánticas. Parte de este texto lee como sigue:

(15) חצמה ושׂכל והבין דבר מיי הוא חתא ודרכים ישרים מיי הוא (16) שׂכלות[188]

---

del uso de *siklût* con el verbo *'āḥaz* en 2,3.

[185]Cf. *TDOT* III, p. 413.

[186]Cazelles habla sólo de הוֹלֵלוֹת pero la afirmación vale para los dos vocablos (cf. *TDOT*, p. 413).

[187]No es pues tan sorprendente la traducción del Targum: "puse mi corazón en conocer sabiduría, las intrigas del gobierno (הולהולתא דמלכותא), conocimiento (מנדעא) y comprensión (τψνξβ)", texto éste que sin duda tiene su fundamento en *QohR* 2,12 que también interpreta הוֹלֵלוֹת como "intrigas del gobierno" (הולהולתא דמלכותא). Por otro lado, conviene recordar que también este Midrás de Qohélet parece haber sido puesto por escrito por primera vez hacia el s.VIII (cf. H.L. Strack-G. Stemberger, *Introducción a la literatura talmúdica y midrásica*, p.422).

[188]Nótese cómo también Sira utiliza la *śin* en lugar de la correspondiente *sāmek* quizás a causa de la presencia de *śkl* en el verso anterior, consiguiendo así un guiño irónico tan querido por los autores hebreos.

וחו[שך] לפשעים נוצרה

(15) Sabiduría, ciencia y conocimiento de la Palabra (vienen/son) del Señor. El pecado y los caminos justos de ellos (vienen/son) del Señor. (16) Sandez y oscuridad fueron creadas para los perversos.

La sandez ha sido diseñada por Dios mismo para los pecadores, al igual que la oscuridad. No cabe la menor duda de que el Sirácida está hablando en términos punitivos, de modo que el castigo vendría insertado por Dios mismo en la propia acción humana perversa, y de ahí que Ecl 1,17, y el resto de ocurrencias de *hôlēlôt* (cf. 1,17; 2,12; 7,25; 9,3; 10,13) pueda ser interpretado de modo similar. De éstas, 1,17 y 2,12 son quasi-paralelas, por lo que las dejamos a un lado. Es más interesante la correlación que 7,25 establece entre *peša`* (maldad, iniquidad), *kesel* (necedad, confianza, lomos[189]), *siklût* y *hôlēlôt*. Por su parte, en 9,3 la correlación se da entre *ra`* (sinónimo de *peša`*) y *hôlēlôt*, afirmándose que ambas llenan el corazón de los *bĕnê hā'ādām*. Finalmente, 10,13 tiene el contexto de menor intensidad ético-moral de todas las ocurrencias de *hôlēlôt*: aquí se correlaciona con el *kĕsîl* en tanto que opuesto al *ḥākām*; pero el TM lo vocaliza *hôlēlût* (sustantivo singular), lo que marca un matiz semántico distinto a la forma plural común en Eclesiastés. Otro dato significativo es que las únicas ocurrencias en la BH del participio de *hll* III (Sal 5,6; 73,3; 75,5), que es la base para la formación posterior de *hôlēlôt*, están connotadas negativamente en sentido ético-moral, o sea, se refieren manifiestamente a enemigos del salmista, que los considera perversos. De estos salmos, el último exhorta a los *hôlēlîm* a no jactarse (אַל־תָּהֹלּוּ), de modo que el participio *hôlēl* se puede identificar con el "pretencioso" o "presuntuoso". Se deduce pues que *hôlēlôt*, además de "desvaríos" o "intrigas", puede adquirir otra acepción, a saber: "presunciones" o "falacias" (en la medida que toda presunción que no se ajusta a la verdad es una falacia). De hecho, Qumrán utiliza el participio *hôlēl* sustantivado, y lo hace precisamente en este mismo sentido de mentira atribuída siempre a los perversos. Así, 1QH 2,36 opone "locura" (הולל) a "deseo firme" (יצר סמוך) y atribuye su origen a los malvados (פשעים).

---

[189]También se podría considerar este término como eufemismo de los genitales, lo cual podría tener sentido en el contexto de los versos siguientes.

Otro tanto podemos ver en 4,8, cuyo contexto es el de la "falsedad de sus obras" (הולל מעשׂיהם), siendo "ellos" aquellos que desdeñan al piadoso. En 4,20 el contexto es distinto, pero el significado y las correlaciones son similares, pues se afirma que en las obras de Dios no hay "locura" (הולל) ni "engaño" (מריה). Así pues, el empleo de *hôlēlôt*, ya sea en el estrato del autor qoheletiano o en el de sus editores, en el *corpus* canónico o extracanónico, vincula un posible estado mental o psicológico demenciado con una actitud ético-moral considerada censurable. Ésta, además, adquiere muchos matices dependiendo del contexto en el que se halla. Por tanto, desde la perspectiva del autor es factible una lectura política de *hôlēlôt* como "engaño" político, esto es, como "intriga"; pero desde la perspectiva de los editores, es posible otra lectura como "falacia" o "mentira", que sobreviene en forma de castigo por una acción política autosuficiente y autocomplaciente. No olvidemos tampo el posible matiz de "jactancia" o "vanagloria" derivado de los supuestos logros.

12.14. A la sombra del análisis anterior, 1,18 establece como conclusión de la sección una especie de ley maldita inherente a la actividad regia: a mayor ciencia y tecnología, mayor la "vejación" (*ka`as*) y más los quebraderos de cabeza (*mak'ôb*). Llama la atención el hecho de que la única cita en toda la BH donde se repite el paralelismo entre *ka`as* y *mak'ôb* sea 2,23, que se halla en un contexto de contraste abierto entre el pecador y el justo[190]. Por otro lado, el uso de estos términos en el Sirácida y Qumrán aporta también su apoyo a este contexto de pecado y castigo. Así, *mak'ôb* aparece en Sira 3,27; 34,20; 38,7, y contiene un sentido estrictamente físico en las dos últimas citas (dolor de cabeza producido por la gula en el primer caso, y curado por la medicina en la segunda), mientras que en la primera nos encontramos con un muy interesante texto, tanto por su contexto ético como por su estructura, que lee como sigue:

> לב כבד ירבו מכאביו ומתחולל מוסיפ עון על עון
> Al corazón soberbio/terco se le multiplican los dolores, y el jactancioso añade pecado sobre pecado.

---

[190]Cf. *infra* §16.10.

Este texto es interesante porque, además de emparejar "corazón soberbio" (לב כבד) con "jactancioso" (מתחולל), empareja los verbos "multiplicarse" (*rôb*) y "añadir" o "continuar" (*yāsap*) al estilo de la ley maldita de Ecl 1,18. Se podría alegar que en Eclesiastés "ciencia" (*ħokmāh*) y "tecnología" (*da`at*) no son intrínsecamente peyorativos, como lo son en esta cita del Sirácida el corazón engreído y el jactancioso, pero la acumulación qoheletiana de *ħokmāh* y *da`at* está coloreada por su emparejamiento con "intrigas y necedad" (הוֹלֵלוֹת וְשִׂכְלוּת), y por todo el proceso de engreimiento personal del *mélek* ya descrito (muy evidente a partir de 1,16: "me engrandecí y acumulé ciencia" -הִגְדַּלְתִּי וְהוֹסַפְתִּי חָכְמָה). Por este motivo, tanto la cita del Sirácida como nuestro texto de Eclesiastés coinciden en establecer una ley punitiva que es intrínseca a las acciones que el autor y los editores, respectivamente, consideran moralmente reprobables. La única diferencia que podría darse entre Qohélet y sus editores es que el primero podría tener en mente más bien una limitación intrínseca a la política humanista, y el segundo estaría interpretando esta limitación en términos ético-religiosos de castigo divino.

12.15. Creo que los datos anteriores se ven confirmados por sus resonancias con la Ley mosaica que podemos encontrar en el bloque lúdico (2,1-3). No hay duda de que en 2,1b.2 el *mélek* confiesa su fracaso respecto a su pretensión de satisfacción personal expuestas en 2,1. Pero además de este fracaso, el propio autor hilvana su vocabulario en tal manera que parece sugerir que su control personal le lleva a entrar en colisión con la Ley mosaica, lo cual puede interpretarse como comisión de pecado. Al menos, parece prácticamente imposible eludir la impresión de que en 2,3 hay una alusión a Num 15,39 donde, mediante la ya analizada combinación *tûr* + *'aħărê*[191], se conmina a los creyentes diciendo:

וְלֹא־תָתֻרוּ אַחֲרֵי לְבַבְכֶם וְאַחֲרֵי עֵינֵיכֶם אֲשֶׁר־אַתֶּם זֹנִים אַחֲרֵיהֶם

[191]Cf. *supra* §12.3.

y no os dejéis arrastrar/llevar por vuestro corazón y vuestros ojos (lit. no sigáis vuestro corazón y vuestros ojos), tras los cuales os prostituís.

En 2,3 se afirma con rotundidad que el *mélek* "se dejó arrastrar por su corazón" al vino, contraviniendo la Ley de Números. Pero no debemos dejarnos engañar por la aparente descripción del rey como bebedor. Recordemos que el género de inscripción de estos versos tiene como característica propia el ser parte de la escenografía creada por el *aparato celebrativo* típico del antiguo oriente próximo[192], lo que confirmaría que 2,1-3 podría estar jugando perfectamente con la perspectiva individual y con la pública de las fiestas y celebraciones lúdico-cúlticas como medio de exaltación regia. Además, asociado a la idea de la celebración pública tendríamos la de la *borrachera de poder*. En efecto, la lectura prominente de *'nskh* sigue siendo la masorética *'ănasĕkāh* (te probaré/tentaré), apoyada por el contexto de diálogo interior (entre el *mélek* y su corazón). Pero la cuestión es si debemos leer el verbo *nāsāh* en su sentido fuerte de "tentar" o "probar" (y concomitante a pecado), o si, por el contrario, debe ser leído en su sentido más neutro de "aventurarse" en alguna actividad en la que no hay connotación de pecado. Del estudio de las ocurrencias en las que se combina *nāsāh* + *lēb/lēbāb*[193], deducimos que la práctica totalidad de instancias apuntan al

[192]Cf. *supra* §8.8, n. 76.

[193]Para el empleo de *nāsāh* en la BH más Sira, vale la pena ver *DBHE,* p. 472. En cuanto a las instancias que nos pueden servir de apoyo, es decir, aquellas en las que concurren *nāsāh* + *lēb/lēbāb* o *nepeš*, encontramos Deut 8,2; 13,4; 2Cron 32,31; Sal 26,2; 78,18 (Incluyo *nepeš* porque no pocas veces funciona como sinónimo de *lēb/lēbāb*). Todas las citas, salvo el Sal 78 que se refiere a cómo Israel tentó en su corazón a Dios, indican una puesta a prueba del corazón humano por parte divina, a fin de conocer su autenticidad. Esta combinación no la encontramos ni en Sira ni en Qumrán, aunque la única ocurrencia de *nāsāh* en este último 1QH 2,14) hace referencia a la puesta a prueba por parte divina de quienes aman la instrucción, es decir, de los miembros de la secta. Por lo que respecta a Ben Sira, *nāsāh* aparece en 37,27 [B y D] como recomendación de poner a prueba la propia vida o apetito (*nepeš*) para descubrir aquello que es malo o le sienta mal a uno (וראה מה רע לה). En la otra ocurrencia de 38,10 [Bm], *nāsāh*, que rige con *min*, no tiene un sentido muy claro ([B] lee, en principio más coherentemente que Bm, *nûs* + *min* - huir de, apartarse de).

sentido fuerte. Por ello, si además se considera el contexto inmediato de 2,1 de autoexaltación en la sabiduría alcanzada (1,13-18) y en el expansionismo monumentalista y comercial (2,4-10), resulta coherente pensar que el autor tuviera en mente la celebración como medio de autoexaltación y, por tanto, la considere ahora en clave negativa. De hecho, es muy posible que para ello haya pensado en un juego de palabras basado en el solapamiento de los verbos *nāsāh* (cargar) y *nāśā'* (alzar). Ya hemos visto que entre la "*ś*"(*śīn*) y la "*s*" (*sāmek*) pueden existir fluctuaciones[194], y además contamos con un precedente de confusión entre ambos verbos en el Salmo 4,7, donde *nāsāh* significa "alzar"[195]. Propongo, por tanto, que el texto puede ser leído conforme a esta doble lectura: "poner a prueba" o "tentar" por un lado, y "exaltar" por el otro, siendo esta última la propiamente qoheletiana, y la primera la más editorial, aunque se hace difícil no pensar que el autor no jugara ya con algunas de estas ambivalencias. Un repaso somero de los casos de *nāśā' + lēb/lēbāb* en la BH y Sira, demuestra que cabe una polisemia muy interesante para nuestro estudio[196]. De ésta, sin embargo, vemos que en Ecl 2,1 no caben ni la inspiración divina ni la oración. Nos quedan por tanto como matices prominentes de 2,1, la autoexaltación, la incitación y el ensoberbecimiento o la presunción, que sí encajan perfectamente en nuestro contexto. A este respecto, Sira 46,11 es muy elocuente, pues

---

[194]Cf. *supra* §12.13, n. 181.

[195]De hecho sabemos que en el hebreo bíblico tardío y en el postbíblico se produce, debido al fenómeno de debilitamiento de las consonantes guturales, una aproximación entre los verbos ל"ה (o de 3ª he) y ל"א (o de 3ª alef) (cf. M. Pérez Fernández, *La lengua de los sabios.* pp.181.193). De paso vale la pena añadir que en la BH las ocurrencias del imperfecto Piel de *nāśā'* suelen ser completas (cf. Est 3,1; Is 63,9), es decir, no cae la *nun* como lo suele hacer en Qal tanto en la BH como en Qumrán. En pi`el, también es indubitable su uso como verbo de exaltación (cf. 2 Sam 5,12; Est 5,11).

[196]Las ocurrencias de *nāśā' + lēb/lēbāb* son: Ex 35,21.26 (incitar, según *BDB*); 36,2 (inspiración divina, en una relación muy interesante con sabiduría [*ḥokmāh*] y trabajar/construir [*la`ăśôt*]); 2Rey 14,10 // 2Cron 25,19 (presunción o soberbia, según el *BDB*); Lam 3,41 (¿oración?); Sira 46,11 [B] (ensoberbecimiento). 2Rey 14 y Sira 46 demuestran que *nāśā' + lēb/lēbāb* puede utilizarse como sinónimo de *rôm + lēb/lēbāb*, que expresa también ensoberbecimiento (cf. Dan 11,12).

coloca en paralelo este ensoberbecimiento con la apostasía (*sûg*) de la fe en el Dios único:

> והשׂופטים איש בשמו כל אשר לא נשׂא לבו ולא נסוג מאחרי אל יהי זכרם לברכה
>
> Y los jueces, cada uno por su nombre, todo aquel que no se ensoberbeció y no se apartó de Dios, ¡que su recuerdo sea bendito!

Todo ello no hace sino reforzar la impresión de que, dentro del marco de exaltación político-económica establecido por el autor, los editores, mediante la asociación del libro con un davídida, no han hecho más que releer la inflexión consonántica *'nskh* con el matiz de incitación al pecado que también conlleva. Una vez más, **parece importante destacar cuán fluídos pueden ser los límites entre el autor Qohélet y los editores, los cuales no se imponen con interpretaciones ajenas sobre el sentido pretendido por el texto recibido, sino que, por el contrario, lo aprovechan para enriquecerlo con su propia interpretación.**

Excursus sobre el vino en intertextualidad

12.16. Aun a riesgo de caer en la reiteración, se hace necesario abundar más sobre este asunto a partir de la traducción de 2,3 que doy a continuación. Ésta está en desacuerdo con la mayoría de comentaristas y versiones, que presentan al *mélek* como a uno que experimenta fríamente con el vino:

> תַּרְתִּי בְלִבִּי לִמְשׁוֹךְ בַּיַּיִן אֶת־בְּשָׂרִי וְלִבִּי נֹהֵג בַּחָכְמָה וְלֶאֱחֹז בְּסִכְלוּת עַד אֲשֶׁר־אֶרְאֶה
> אֵי־זֶה טוֹב לִבְנֵי הָאָדָם אֲשֶׁר יַעֲשׂוּ תַּחַת הַשָּׁמַיִם מִסְפַּר יְמֵי חַיֵּיהֶם׃
>
> Me dejé llevar arrastrando mi cuerpo en vino (aunque actuando con prudencia y controlando de este modo la necedad), hasta conocer qué cosa es la ventura según los gentiles, los cuales pasan los cuatro días de su vida laborando / construyendo bajo los cielos[197].

---

[197]La frase וְלִבִּי נֹהֵג בַּחָכְמָה tiene una sintaxis parentética indiscutible. En cuanto a אֵי־זֶה puede traducirse tanto por "qué es/hay" (cf. 1Rey 13,12) como por "dónde está/hay" (cf. 1Sam 9,18). Por lo que respecta a וְלֶאֱחֹז בְּסִכְלוּת, acabamos de ver que su sentido literal sería el de "dominar" o "tener bajo la posesión o control de uno" la sandez (cf. Ecl 7,18). Por otro lado, dado que el imperfecto יַעֲשׂוּ no tiene sentido como simple futuro, creo que debe ser tomado como participio, según ocurre en el hebreo bíblico tardío y más frecuentemente en el postbíblico (cf. M. Pérez Fernández, *La lengua de los sabios,* p.195s). De

El *mélek* buscó seguir uno de los caminos de los gentiles de las grandes cortes en busca de la ventura, que no es otro que el de las celebraciones repletas de vino[198]. No se trata aquí tan sólo de la forma festiva de beber que puede resultar tradicional en ciertas partes de la cuenca mediterránea, y que no podía faltar en las grandes fiestas palaciegas; el propio verso expone abiertamente que se trata de algo más profundo en tanto que es una búsqueda de la satisfacción o de la ventura, y que en ello se sigue el estilo de vida celebrativo de las cortes paganas. Es esto lo que en la persona de un *mélek* hebreo ha de ser considerado un grave pecado desde la perspectiva del judaísmo, como se desprende de las propias tradiciones sapienciales y proféticas que denuncian a los reyes bebedores por sus nefastos resultados sobre los justos y oprimidos, ya que se dedican más a sí mismos y sus obras que a las necesidades de los pobres. En concreto, el conocido texto de Prov 31,4-9 recusa a los reyes bebedores por esta razón, mientras que Sira 19,2 [C] asevera que el vino y las mujeres extravían el corazón. Qumrán es igualmente duro con los príncipes de Judá que siguen los caminos (los estilos de vida) de los reyes extranjeros:

(l. 4- שׂרי יהודה) ... (8) ויבחרו איש בשרירות לבו ולא נזרו מעם ויפרעו ביד
רמה (9) ללכת בדרך רשעים אשר אמר אל אלהים חמת תנינים יינם (10)
וראש פתנים אכזר התנינים הם מלכי העמים ויינם הוא (11) דרכיכהם וראש
הפתנים הוא ראש מלכי יון...

(Los príncipes de Judá) ... (8) han escogido cada uno la obstinación de su corazón. No se han separado del pueblo y se han sublevado con mano altiva (9) marchando por el camino de los impíos contra los que Dios dijo: 'veneno de serpientes es su vino, (10) y cruel cabeza de áspides'. Las serpientes son los reyes de los pueblos, y el vino son (11) sus caminos, y la cabeza de los áspides es la cabeza de los reyes de Grecia ...

(CD 8,8-11 // 19,20-24)

---

todos modos, no debe descartarse una distribución distinta del paréntesis, como la que sigue: "Me dejé llevar arrastrando mi cuerpo en vino (aunque actuando con prudenci a) y así sobrellevar la necedad, hasta conocer ....". Salta a la vista que los matices de esta traducción son ligeramente distintos, si bien no altera radicalmente la propuesta por mí.

[198]No hay que ir muy lejos para entender lo que quiere decir, pues en Madrid vemos de una forma patente cómo la cultura joven, al menos la más pública, recurre al alcohol y cree firmemente mantener el control por ser tan sólo una actividad "finsemanista".

Tanto el autor de Qohélet como sus editores tenían que conocer las posibles resonancias protobíblicas y extrabíblicas de un texto como 2,3. Así, las proféticas vinculan el vino con el expolio de propiedades ajenas o simplemente con la acumulación de propiedades, despchándose a gusto tanto con los grandes emperadores gentiles como con los dirigentes hebreos que siguen sus hábitos, como el gusto por un exceso de celebraciones y por el consumo abusivo del vino, en lo cual ve una conexión con otros pecados como el engaño, robo, acumulación de propiedades, etc. Un texto que hace al caso es Os 7,1-10, cuya lista de pecados (el vino aparece en los vv. 5-7) se reduce a un único pecado: la "altivez de Israel" (גְאוֹן־יִשְׂרָאֵל -v. 10). Pero quizás tiene más interés para nosotros el capítulo 2 de Habacuc, y de modo especial 2,4-5 y su relación con los pecados de apropiación de bienes ajenos descritos en 2,6-17. Los vv. 4-5 son de difícil traducción por tratarse de acertijos que hoy día resulta arduo descifrar en toda su significación; sin embargo, algunos elementos son firmes, como el vino y sus efectos negativos, que son utilizados como una de las figuras clave de todo el poema, en el que se pasa fluidamente de la borrachera etílica a la de poder, puesta ésta de manifiesto por la opresión y consiguiente concentración de propiedades. Asimismo, el término עֻפְּלָה, vocalizado por el TM como participio, es traducido "el que ensancha" su apetito por el deseo de más vino y, en definitiva, más propiedades, y todo ello en clara referencia al "hombre altanero" (גֶּבֶר יָהִיר). De hecho, comoquiera que se traduzca עֻפְּלָה [199], la raíz *`pl* conlleva un matiz de arrogancia entre sus significados posibles. Un último elemento claro en este poema es que originalmente pudo tratarse de un enigma dirigido contra los emperadores babilonios de la época, aunque su denuncia fuera posteriormente extendida a cualquier poderoso de cualquier época, especialmente a los reyes de Judá. Por tanto, el triplete vino-arrogancia-emperadores (que se apropian de bienes ajenos) de Habacuc pudo ser un precedente protocanónico del *mélek* confesante de Eclesiastés. Finalmente, nótese que Hab 2,13.14, con visos de ser un añadido redaccional, tiene una profunda conexión con la conclusión qoheletiana respecto a toda obra derivada del esfuerzo humano[200]. La denuncia profética de todo este despliegue de fuerza

---

[199]A mi entender, es posible que exista aquí un juego de palabras en el que *`plh*, además de los significados indicados, también haría referencia a la ciudadela Ofel (*`opelāh* = hacia Ofel) como centro militar de Jerusalén y símbolo de la opresión contra el pueblo.

[200]El v. 14 ha sido, con toda seguridad, extrapolado editorialmente de Is 11,9b (cf. L. Alonso-Schökel-J.L. Sicre, *Profetas* II, p. 1104). Ello hace

y opresión es reinterpretada redaccionalmente por los editores como un absurdo que finalmente conduce a la gloria del Señor. Evidentemente, no se altera el sentido profético recibido, pero sí se le añade una conclusión que desde luego no se hallaba explícitamente en aquél.

No podemos dejar nuestro breve análisis de la literatura profética sin referirnos a otro oráculo profético estructurado conforme a estas correlaciones, y que se ha convertido en un referente simbólico importante, tanto en la interpretación intrabíblica como en la extrabíblica: se trata de la famosa parábola de la viña de Is 5. También aquí se establece un vínculo entre el vino (que engloba, además, las fiestas) y la concentración de propiedades. Véanse los vv. 8.10-12, y también el v. 21, que endecha a los que se consideran a sí mismos sabios (lit. "¡Ay de los que son sabios a sus ojos, e inteligentes ante su rostro!"), y que precede a otra endecha contra los "valientes en beber vino" (v. 22)[201].

12.17. Analizada de forma sumaria esta tradición profética, volvemos nuestra atención al libro de Daniel, que también tiene puntos de contacto muy interesantes para esta investigación (cf. Dan 1,8 y 10,3). Las narraciones legendarias de Daniel A presentan una descripción de lo que debe ser un modelo de sabio judío, no teniendo el vino (o su abuso) cabida en dicho modelo, según se deja ver en 1,8:

> וַיָּשֶׂם דָּנִיֵּאל עַל־לִבּוֹ אֲשֶׁר לֹא־יִתְגָּאַל בְּפַתְבַּג הַמֶּלֶךְ וּבְיֵין מִשְׁתָּיו וַיְבַקֵּשׁ מִשַּׂר הַסָּרִיסִים אֲשֶׁר לֹא יִתְגָּאָל׃
>
> Daniel se propuso no contaminarse con la alimentación del rey ni con el vino de su bebida y solicitó del jefe de los eunucos no contaminarse (lit. buscó al

---

pensar que también el v. 13, al menos 13a, sea una elaboración redaccional en línea con el editor.

[201]No he tratado en este apartado todas las resonancias de la literatura profética que pueden incidir en Eclesiastés, por lo que a continuación hago mención de ellas: 1) En Is 22,12.13 se opone al llamamiento a la conversión la fiesta y la ceremonia religiosa, siendo el vino elemento fundamental para ambas; 2) Is 56,10-12 contiene un oráculo de denuncia contra los dirigentes de Judá por predicar algo así como un versión barata del *carpe diem* basado en el vino; 3) Jer 13,12ss; 25,15ss y 51,7 recogen oráculos proféticos de destrucción contra Judá y sus reyes o los reyes de las naciones llevada a cabo mediante la embriaguez provocada por el vino; 4) recojo en último lugar Is 28, perteneciente al importante oráculo de los caps. 27-29, considerados *apocalípticos* por la mayoría de comentaristas desde Dunn, por su extensa metáfora basada en el vino y también vinculada a la soberbia de los reyes de Efraím (28,1).

jefe de los eunucos para no contaminarse).

No queda muy claro aquí si el rechazo al vino lo es *per se*, o por provenir de las raciones palatinas de Babilonia de elaboración gentil. Pero lo importante es señalar que a partir del exilio, sea o no bajo influencia de la antigua tradición nazarea y recabita, se extiende en los círculos religiosos judíos un énfasis en las leyes dietéticas como una forma de distinción y de pureza. Dicho énfasis debe ser tomado como trasfondo de Eclesiastés en tanto que tenía que ser conocido por autor y editores. Por otro lado, nos interesa la cita de 10,3 porque podría ser coetánea de Qohélet o sus editores. Este texto afirma:

לֶחֶם חֲמֻדוֹת לֹא אָכַלְתִּי וּבָשָׂר וָיַיִן לֹא־בָא אֶל־פִּי וְסוֹךְ לֹא־סָכְתִּי עַד־מְלֹאת שְׁלֹשֶׁת שָׁבֻעִים יָמִים׃

No comí manjar delicado, ni entró en mi boca carne ni vino, ni me ungí con perfume hasta que se cumplieron las tres semanas.

En el contexto inmediato de esta cita, Daniel es presentado en búsqueda activa de la visión y su interpretación, lo que le lleva a afrontar ciertas dificultades (cf. 10,1) mediante una forma de semi-ayuno que le permitirá alcanzar su objetivo, como parece que era ya costumbre en el tiempo del segundo templo[202]. Este texto es todo un contraste con la pretensión del *mélek* qoheletiano que busca conocer por medio del vino el bien o la ventura[203]. Con este trasfondo literario-teológico de Qohélet y sus editores, resulta prácticamente imposible pensar que en ecl 2,1-3 se exponga simplemente un experimento del *mélek* con desenlace negativo. Por el contrario, **el argumento del texto coloca al *mélek* abiertamente bajo la denuncia tanto profética como sapiencial, le da un perfil manifiestamente opuesto al modelo de sabio judío religioso propuesto en Daniel y, más significativo todavía, le coloca bajo el incumplimiento de la Ley**. Pero es importante recordar que en la medida que el *qohélet* y el *mélek* son una misma persona, esta descripción biográfica debe entenderse como una confesión personal.

---

[202]Cf. Esd 8,21; 4Esd 5,20.

[203]Aunque este semi-ayuno puede asentarse sobre un proceso de *incubatio* muy conocido en el Antiguo Oriente (cf. T. H. Gaster, *Thespis. Ritual, Myth and Drama in the Ancient Near East*, pp. 330-32 y G. del Olmo, *Interpretación de la mitología cananea*, pp. 115-20), debe tenerse en cuenta que lo importante para los editores es el tema del contraste intertextual, y en este caso entre el sabio Daniel y el sabio *mélek*.

12.18. Es hora de inicar el análisis del bloque económico-comercial (2,4-10). Éste asocia de manera muy fluida la borrachera de poder, que no para en mientes con tal de acumular bienes, con la borrachera etílica de 2,1-3. Ya en 2,4 encontramos de nuevo el Hifil del verbo *gādal*, que, como en el caso de 1,16, tiene aquí también las mismas connotaciones de pecaminosidad. Las "obras" o "realizaciones" del *mélek* (מַעֲשָׂי - mis obras) son descritas en detalle a partir de este verso, y todas ellas redundan *ad maiorem gloriam* de su autor[204]. Esto es destacado por el vocabulario profético de oráculo de castigo empleado en 2,4-5. En efecto, un breve examen de los textos bíblicos donde concurren *bānāh* (construir), *bayit* (casa/palacio), *nāṭa`* (plantar) y *kerem* (viña/viñedo) de 2,4b, revela que la práctica totalidad pertenece al *corpus* profético y que en todos los casos se trata de una promesa de bendición divina o de su negación en forma de maldición[205]. De esta lista, descuella Am 9,14 porque, además de los vocablos mencionados, incluye *`āśāh* (hacer, realizar), *ganāh* (huerto, explotación hortícola) y *pĕrî* (fruta, fruto, producto), que también están presentes en Ecl 2,5, constituyendo así una concentración de vocablos tan próxima a Ecl 2,4.5 que uno se pregunta si el autor no estaba imbuido del lenguaje profético, e incluso si no tenía este texto en mente. Los profetas, en estos oráculos de castigo, siguen el patrón "construir y no habitar" o "plantar y no comer", consistiendo el castigo en la paradoja que se da entre el empeño en alguna tarea y su futilidad última. De alguna forma, incluso en el estrato pre-editado de Eclesiastés parece seguir el mismo esquema de esfuerzo-futilidad, aunque obviamente en un estilo mucho más *secularizado* e ilustrándolo bajo su experiencia personal. En efecto, la larga lista de los proyectos por él emprendidos culmina en su futilidad última escrita en el v.11b: "Pero todo resultó ser *hebel* y *rĕ`ût rûaḥ*, pues no hay beneficio alguno bajo el sol" (וְהִנֵּה הַכֹּל הֶבֶל וּרְעוּת רוּחַ וְאֵין יִתְרוֹן תַּחַת הַשָּׁמֶשׁ). Nótese que no sólo se afirma con rotundidad que todos sus proyectos fueron *hebel*, sino que no hubo beneficio real.

---

[204]Cf. *supra* §12.9.

[205]Cf. Deut 28,30; Is 65,21; Ez 28,26; Am 5,11; 9,14; Sof 1,13.

Por otro lado, encontramos en el texto mismo tres resonancias de infracción de la Ley mosaica por parte del *mélek*, lo que explica que subyazca en este verso la amenaza del castigo:

1) El *mélek* en su afán político-económico cayó bajo la ley de Deut 17,14-20 dirigida a los monarcas. Si los enigmáticos términos שִׁדָּה וְשִׁדּוֹת de Ecl 2,8 se refieren a las mujeres, entonces esto más la acumulación de oro y plata reseñada en este verso constituye sendas infracciones de este epígrafe de la Ley. Nótese además que este articulado del Deuteronomio también contiene algunas palabras contra el engreimiento de aquel rey que se crea por encima de sus hermanos y se aparte de los preceptos divinos (v.20). Es decir, la Ley Deuteronómica asocia acumulación con engreimiento.

2) Esta misma ley (Deut 8,11-20) articula un epígrafe especial con severas advertencias sobre las posibles consecuencias del éxito económico, en concreto la construcción de casas, el aumento de ganado mayor y vacuno, de oro y plata, y de todo tipo de posesiones. Sus resonancias con Ecl 2,4-8 son obvias. Como en el epígrafe anterior, también aquí se advierte contra el engreimiento que conduce a la autosuficiencia, o sea, a creerse el agente (*yadî* - cf. v. 17) de su propia riqueza, como en Ecl 2,11, donde el *mélek* habla de las obras "de mis manos" (*yadaî*).

3) Ecl 2,10a.bα, junto con su paralelo de 2,3, se sitúa en flagrante contradicción con la Ley de Num 15,39. Se percibirá mejor con el texto hebreo y su traducción:

> וְכֹל אֲשֶׁר שָׁאֲלוּ עֵינַי לֹא אָצַלְתִּי מֵהֶם לֹא־מָנַעְתִּי אֶת־לִבִּי מִכָּל־שִׂמְחָה ...
>
> Ningún deseo me negué a mí mismo ni me privé de placer alguno ... (lit. "De todo cuanto pidieron mis ojos, nada aparté de ellos. No privé a mi corazón de ninguna alegría...").

Es decir, el *qohélet* no tiene reparos en admitir que el *mélek* se dejó llevar por las apetencias de su corazón y de sus ojos, pues su afán, y el fruto de éste, se lo permitían.

La intertextualidad con Sira.

12.19. Además de estas resonancias con la Ley, debemos tomar en consideración otras con Sira y Qumrán. El primero dedica una buena parte de su obra al tema de los ricos y los pobres, pero sobre todo contiene algunas secciones que no tienen desperdicio, a pesar de cierta vacilación entre los matices positivos y los negativos. Una de estas secciones es 34,1-11, cuyo v. 3 habla del "placer" (*ta`ănûg*) de forma parecida a la de Ecl 2,8:

> [B] עמלי אשיר לקבל הון ואם ינוח לקבל תענוג ([Bm] עמל אשיר לקבל הון ואם ינוח לקבל עְמל)
>
> Se afana el rico en acumular riqueza y, si descansa, en acumular placer[206].

B censura el apetito del rico por la riqueza material y por el placer, mientras que Bm censura tanto la acumulación de riqueza como la futilidad del descanso del rico, ya que éste, en realidad, nunca podría cesar de verdad en su actividad. Cualquiera que sea la mejor lectura, lo cierto es que hubo alguien que asoció la denuncia del pecado de acumulación de los ricos con su tendencia a la acumulación de *ta`ănûg*. También Ecl 2,8 empareja "placeres de los hijos del hombre" (תַּעֲנוּגֹת בְּנֵי הָאָדָם) con "los tesoros de los reyes y los estados" (סְגֻלַּת מְלָכִים וְהַמְּדִינוֹת).

Otro texto muy próximo a Ecl 2,10 es Sira 5,1-3:

> (1) אל תשען על חילך ואל תאמת יש לאל ידי (2) אל תשען על כוחך ללכת אחר תאות נפשך אל תלך אחרי לבך ואניך ללכת בחמודות ראה (3) אל תאמר מי יוכל כחו כי ייי מבפש נרדפים
>
> (1) No te apoyes en tu fuerza (o riquezas) ni digas: 'mi mano me es por Dios'. (2) No te apoyes en tu fuerza caminando tras los deseos de tu alma (o apetito) ni vayas tras tu corazón y tus ojos caminando en deseos perversos. (3) No digas: '¿quién podrá confrontarle?', pues el Señor busca a los perseguidos.

Si dejamos de lado la indescifrable última parte del texto, paralela

---

[206] Parece mejor seguir a Bm en su corrección de עמלי por עמל, aunque no así en su lectura de עמל por תענוג. Con todo, igualmente peyorativo resulta el aforismo en ambos casos, al menos en el contexto de 34,1-11.

a Ecl 3,15, lo significativo para nuestra investigación es la asociación de las riquezas con la arrogancia autosuficiente y con el desarrollo de deseos y apetitos, cuyo asiento está en los ojos y el corazón, considerados perversos. También el método de composición de Sira es significativo: la Torá, en su concreción de Num 15,39, aunque no citada abiertamente, subyace en esta parenesis sapiencial. Se puede alegar con razón que Ecl 2,10 no califica explícitamente los deseos del *mélek* como inmorales, pero también es cierto que resulta prácticamente imposible eludir el juicio inherente, sobre todo, a la luz de las resonancias protocanónicas que ponen de manifiesto que los deseos de este *mélek* ya no se caracterizan por la humildad y honestidad de su petición de sabiduría para juzgar a su pueblo en justicia, según se describía en el relato deuteronomista de la teofanía de Gabaón (1Rey 3 -cf. 2Cron 1). Sobre una base histórica de la composición y redacción, es imposible leer el texto actual de Eclesiastés sin estos referentes canónicos[207], y es pues legítimo dudar que fuera posible componerlo sin tenerlos a la vista.

12.20. Alcanzada esta conclusión, vale la pena considerar la postura de Sira sobre la riqueza. Son reseñables sus duras denuncias contra los ricos, máxime cuando no se le puede acusar de ser precisamente un asceta radical, pues su visión respecto a los placeres es equilibrada, como se deja ver en el contraste de sus comentarios positivos respecto al placer (*ta`ănûg*) en 6,28 y 37,24 (es la recompensa de la sabiduría), y 14,12.16 (en el Seol no hay placer) con las advertencias en su contra de 18,32 (el placer genera pobreza) o del texto ya estudiado de 34,3. De hecho, en las grandes secciones dedicadas a los ricos (y pobres), como son 11,11-24, 14,1-16 y 34,1-11, hay alguna recomendación a disfrutar de la vida y no obsesionarse con las posesiones, como por ejemplo 14,11:

בני אם יש לך שׂרות נפשך ואם יש לך היטיב לך ולאל ידך הדשן

[207]También en Qumrán, los ojos y el corazón son sistemáticamente tomados como asiento de todo vicio y corrupción (cf. 1QS 1,6; 3,3; 5,4-5; CD 3,5-6; 8,7-8 [// 19,20]). En clave positiva, 1QS 11,3.5-6 describe cómo Dios transforma los ojos y el corazón del hombre creyente.

> Hijo mío, si tienes (medios) trátate bien (lit. "sirve a tu alma/apetito"), y si tienes cuídate y engórdate según tus posibilidades (lit. "según la fuerza de tu mano").

No cabe la menor duda de que se da en esta recomendación un tono *hedonista* que el griego corrigió por una lectura de la segunda parte mucho más *piadosa*[208], pues no creo que malinterpretara una expresión conocida de la BH como es "según la fuerza de tu mano" (לאל ידך -cf. Deut 28,32). Sira relaciona este supuesto hedonismo con una actitud liberal hacia los demás y hacia uno mismo, de suerte que sirva de correctivo a la mezquindad y ambición del rico. Lo vemos en textos como el de la sección 14,1-16, especialmente en la primera parte sobre el rico mezquino (lit. "de corazón pequeño" [לבב קטן] -v. 3) y codicioso (כושל -v. 9), que si no es generoso o bueno para consigo mismo no puede serlo tampoco para los demás, siendo su maldad, irónicamente, su propia recompensa (verbo *šālēm* en pi`el), es decir, su castigo (cf. vv. 5.6). También lo vemos en el cap. 34, donde el oro puede llevar a la ruina (vv. 5-7), pero el hombre íntegro del v. 8 es el que realiza maravillas en medio de su pueblo[209]. Además de lo dicho hasta sobre estas tres secciones de Sira (caps. 11, 14 y 34), resulta muy llamativo otro dato por su paralelismo con Eclesiastés: también en estos capítulos aparece la muerte como fundamento del pensamiento sirácida, que es expresión última de la reversión de todos los valores, y límite a la acumulación de los ricos que han de dejarlo todo al sucesor. Es decir, por la muerte la vida debe ser vivida en liberalidad, sabiendo que la riqueza y la pobreza están gobernadas por el Señor. Además del cap. 11, una cita muy ilustrativa podría ser 14,4:

---

[208]El griego de 14:11b lee καὶ προσφορὰς κυρίῳ ἀξίως πρόσαγε (y presenta al Señor ofrendas dignas.).

[209]En el texto hebreo, la interpretación "hombre rico" podría quedar tan sólo sobreentendida, pero no necesariamente, mientras que en el griego se hace ya plenamente explícito como única interpretación. Veámoslo en el texto, que reza así en hebreo: אשרי איש נמצא תמים ואחר ממון לא נלוז (Dichoso el hombre que es tenido por íntegro y no se extravió tras Mamón/la riqueza). Por su parte, el griego reza así: μακάριος πλούσιος ὃς εὑρέθη ἄμωμος καὶ ὃς ὀπίσω χρυσίου οὐκ ἐπορεύθη (Dichoso el rico que es tenido por íntegro, que no caminó tras el oro.).

מונע נפשו יקבץ לאחר ובטובתו יתבעבע זר

Quien se niega a sí mismo (lit. "Quien niega su alma/apetito") recoge para otro, y en sus bienes un extraño se regalará.

Aparece aquí el verbo *māna`* (detener, negar) también empleado en Ecl 2,10, a lo cual puede ser interesante añadir que el Sirácida empareja las raíces *mn`* y *š'l* (pedir) en 4,3.4 y 41,19.20, textos que reflejan un contexto de mendicidad o cuando menos de necesidad. En conjunto, pues, vemos que el Sirácida y Eclesiastés parecen compartir no sólo un vocabulario común sino bastantes presupuestos, o cuando menos parecen moverse en un marco de preocupaciones comunes, pues también será la muerte y lo absurdo de tener que dejar todos los negocios de uno (y por tanto los consiguientes esfuerzos) a otro, el hilo conductor de la reflexión de Eclesiastés en los capítulos 1-2, y en general en el resto de la obra.

§13. Sumario y Conclusiones

13.1. Si esta última conclusión sobre la comparación de Sira con Eclesiastés es cierta, se deduce que las preguntas de fondo abordadas por esta parte de formato autobiográfico de Eclesiastés son respondidas por una argumentación conceptual y doctrinal pero radicalmente anclada en la realidad política y económica. Es decir, este pensador tan innovador en su contexto hebreo, sigue insobornablemente encarnado en la historia de su tiempo, tanto como pudieron haberlo estado los profetas o los antiguos sabios y legistas hebreos en la suya propia.

Por otro lado, hemos visto en esta sección una ausencia editorial prácticamente absoluta que hace pensar en su escrupuloso respeto de la obra que los editores tienen en sus manos, lo que no impide que el marco editorial establecido en el proemio planee sobre toda la sección propiciando una lectura toraica del texto recibido. De este modo, su ausencia es, en realidad, una presencia velada que no sólo no borra la interpretación pretendida por el autor de la obra, sino que la enriquece sumándole otra paralela. Por ello, la *presencia velada* debe leerse en dos sentidos distintos: por un lado supone hallar sintonía entre dos principios distintos (la ciencia y la Torá), y por el otro implica la percepción de su distintividad particular, y por ello una voluntad de preservar ambos principios en su autonomía, como ya veíamos en el proemio. Pero esto suscita otra cuestión importante: si los editores respetaban tan profundamente el texto secular de Qohélet, ¿por qué razón se vieron en la necesidad de *actuar* sobre él, enmarcando la obra desde una perspectiva más toraica, pero a la par haciéndolo de modo tan velado? La explicación aquí propuesta estriba en que éste es el modo en el que la ciencia humana queda validada en su capacidad y autonomía por parte de la propia Torá. En otras palabras, los editores han sido capaces de demostrar que la ciencia –no el cientificismo ni el humanismo– puede arribar a conclusiones muy próximas a las alcanzadas desde la Torá. En concreto, la verdadera ciencia ha lanzado una censura político-económica que coincide de lleno con el espíritu del canon, y por este motivo consideran oportuno y necesario leer canónicamente el libro.

13.2. Alcanzada ya la conclusión general anterior, podemos bosquejar una serie de conclusiones puntuales de todos los aspectos tratados en esta sección.

(1) Eclesiastés, junto a Daniel, es una de las primeras composiciones íntegramente hagádicas. Como tal Hagadá, emplea una gran diversidad de géneros literarios y tiene un objetivo eminentemente didáctico y crítico de los aspectos más seculares, esto es, sociales, políticos y económicos. Son importantes también en la Hagadá, y de ahí que su presencia sea también patente en Eclesiastés, la intertextualidad, más o menos libre, y la tipologización de los personajes, estando ambos aspectos basados en la Torá, que se mantiene en un omnipresente, pero velado, trasfondo.

(2) Los editores de la *Hagadá de Qohélet*, en su sección más autobiográfica, releen la obra como si fuera una autocrítica político-económica por parte de su protagonista, y, por medio de ella, lanzan una crítica a cualquier poder que no se ajuste a los principios toraicos. Esto se hace mediante la descripción de tres áreas estratégicas para el poder: ciencia, ocio y economía. Dicha descripción pudo ser originalmente una simple reflexión desengañada sobre el poder o una denuncia del mismo.

(3) Los tres bloques de 1,12-2,11 destacan la iniciativa personal del *mélek* en todas las áreas de sus acciones (ciencia y tecnología, ocio, y economía), y cómo en la primera y la tercera (la segunda parece más decepcionante incluso en términos estrictamente humanos) alcanzó los máximos logros según los parámetros humanos de éxito más comunes, es decir, según los parámetros establecidos por las grandes civilizaciones gentiles. Ni qué decir tiene que se ha descrito, tanto desde la perspectiva de Qohélet como de sus editores, a un *mélek* humanista, que es censurado por ello.

(4) El éxito alcanzado por el *mélek* en sus distintas políticas regias adaptadas a los modelos y valores gentiles es ligado por el propio autor a una actitud de autosuficiencia y autocomplacencia regias. Aunque el autor no hable abiertamente de arrogancia, ésta puede presumirse una vez realizada la asociación editorial entre *qohélet* y el dinasta davídida, más alguna adición redaccional posible. Aún así, el lenguaje para expresarlo no es tan abierto como sería el caso en la literatura profética, por lo que su denuncia nunca alcanza una forma tan directa, pero a poco que el lector conozca las resonancias del texto, le resultarán bastante obvias.

(5) El estudio intertextual descubre que todas las empresas del *mélek* llevan aparejadas en el texto una valoración que no es sólo una fría descripción de su valor, sino una forma de humillación que va implícita en toda pretensión humanista desarrollista (grandes proyectos). Además, hay datos suficientes para demostrar que si bien el autor de la obra pudo pensar en una forma de humillación implícita al estilo de vida del *mélek*, los editores pensaron más en términos de pecado, especialmente en el cuarto bloque que todavía no ha sido tratado en este estudio. En efecto, en la obra editada el *qohélet* insinúa la comisión de pecado en las pretensiones del *mélek*, manifestándolo ya más abiertamente, aunque siempre dentro de un contexto sapiencial, en 2,17-26. En otras palabras, se puede hablar de *confesión de pecado salomónica.*

(6) Tras estos puntos, una conclusión de conclusiones surge como compendio de todo el capítulo: el marcado carácter de crítica político-económica estampado en la obra por su autor, constituye el punto de encuentro con los editores, quienes mantienen una postura de respeto por dicho carácter, como muestra su contención en las posibles alteraciones redaccionales. En esto, pues, hay coincidencia con el respeto hacia el marcado carácter científico que también mantuvieron para 1,3-11, de donde puede deducirse que se encuentran cómodos en una atmósfera altamente secularizada.

IV
CENSURA EXPLÍCITA
DE LAS EMPRESAS DEL REY
(2,11-26)

§14. Introducción

En 2,11-26, el *qohélet* entra de lleno en la valoración de las políticas del mélek descritas en 1,12-2,10. Para ello, se va a servir de algunos temas nuevos que utilizará como contraste de aquéllas: el sucesor, la muerte, el olvido histórico y el favorito de Dios. Los cuatro, sin embargo, están trenzados de forma muy compacta, cumpliendo todos ellos una misma función, a saber: confrontar ante un absoluto ineludible la política regia del *mélek*. Este absoluto actúa en 2,11-26 como el *punto de eterno retorno* o *punto cero* que veíamos en 1,3-7, o como el *punto de cancelación* de toda actividad y proyecto humanos, que estudiamos en 1,8-11. Una vez más, cabe notar que este absoluto en cuatro formas concretas no es presentado como presupuesto teológico o religioso, salvo el relativo al favorito de Dios, que sí puede tener un cierto valor de afirmación teológica, si bien siempre dentro de una ambigüedad deliberada. Este dato es notorio porque, tratándose de una sección más evaluativa, podría haber sido aprovechado para una intromisión editorial abierta; sin embargo, veremos que tampoco será éste el caso, lo que resulta de vital importancia para confirmar las conclusiones de los capítulos anteriores.

Respecto a los pasos que seguiremos en este análisis, serán dos, conforme a la propia argumentación del *qohélet*: la introducción de los cuatro elementos mencionados (2,12-16), y su reacción y conclusión personal ante ellos (2,17-26).

§15. Repercusión política y teológica de los absolutos universales ineludibles (2,12-16)

La transición establecida por 2,11

15.1. Iniciamos nuestro estudio en 2,11 porque tiene todo el aspecto de ser transicional: cierra los tres bloques político-lúdico-económicos (1,12-2,10) a la par que abre una nueva sección en la que el *qohélet* inicia su revisión personal de todo lo que ha sido su vida como *mélek*. Y lo primero que encontramos es un eco muy interesante con las últimas palabras de David dirigidas a Salomón en 1Rey 2, en cuyo v. 3b, tras exhortarle al fiel cumplimiento de los estatutos de Yavé "según están escritos en la Ley de Moisés" (כַּכָּתוּב בְּתוֹרַת מֹשֶׁה) continúa diciendo:

לְמַעַן תַּשְׂכִּיל אֵת כָּל־אֲשֶׁר תַּעֲשֶׂה וְאֵת כָּל־אֲשֶׁר תִּפְנֶה שָׁם ....

... a fin de que triunfes en todo cuanto ejecutes y en todo cuanto consideres emprender (lit. "hacia donde te vuelvas").

Este verso es parte del lenguaje característico del Deuteronomista, según se trasluce del emparejamiento de los verbos *śākal* (prosperar, triunfar) y *`āśāh* (realizar, ejecutar) tomado de Deut 29,8, que también es base de los discursos de sucesión de Moisés (cf. Jos 1,7). Recuérdese, además, que David es descrito en la HD como paradigma de éxito en sus proyectos regios (cf. 1Sam 18,5.14. 29.30). Este trasfondo de 1Rey 2,3 destaca el uso del verbo "dirigirse" o "volverse" (*pānāh*) por parte de ambos textos de ponderación de los proyectos regios, aunque en el caso de Eclesiastés se trate de una ponderación de obras ya realizadas. No menos significativo es el rotundo juicio negativo de Ecl 2,11b, que a la luz de este trasfondo confirma la decepción de las expectativas sobre Salomón puestas en boca de David por el Deuteronomista. ¿Puede tratarse de una simple coincidencia? Un dato más confirma, al menos, una lectura de este texto en clave confesional por parte editorial. El verbo *pānāh* rige habitualmente con *'el*, y aparece con *bĕ* sólo en Job 6,28[210]; sin embargo, encontramos en Qumrán, concretamente en CD

[210]Creo que J.L.Crenshaw, *Ecclesiastes*, p. 82, tiene razón al afirmar que uno hubiera esperado tras *pnh* un infinitivo de "ver o considerar", como

8,19 (// 19,33), otro caso con *bĕ* que lee como sigue: "y se apartaron en (a causa de) la dureza de su corazón" (וִיפּנוּ בּשׁרירוּת לבּם), lo que apunta a que 2,11 pudo ser leído conforme a este matiz de desviación, de suerte que podría traducirse como sigue:

> Me desvié en (a causa de) las realizaciones que emprendí con mis propias manos, y en (a causa de) la riqueza que adquirí laboriosamente, pues he aquí todo era *hebel* ....

Una vez integrada la obra en las tradiciones salomónicas ya no hay lugar para meras coincidencias, de modo que, si bien el autor pudo pensar en una censura radical del triunfalismo político-económico de su tiempo, ahora los editores le añaden otra lectura que presenta al hijo de David confesando sus propias desviaciones al seguir las *políticas internacionales*.

Dos absolutos entrelazados: heredero y miqreh *(destino)*

15.2. Antes de avanzar en el análisis de esta sección evaluativa, hemos de afrontar las dificultades que nos presenta 2,12:

> וּפָנִיתִי אֲנִי לִרְאוֹת חָכְמָה וְהוֹלֵלוֹת וְסִכְלוּת כִּי מֶה הָאָדָם שֶׁיָּבוֹא אַחֲרֵי הַמֶּלֶךְ אֵת אֲשֶׁר־כְּבָר עָשׂוּהוּ׃
>
> Me volví para encontrar (lit. "ver") sabiduría, pero (encontré) engaños / intrigas / presunción y sandez, porque ¿qué (hará) aquél que sucederá al rey? (lit. "quien venga tras el rey"). Aquello que le han preparado de antemano.

Dado que ya hemos tratado la primera parte del verso[211] y acabamos de analizar la combinación entre *pānāh* y *rā'āh*, ahora sólo nos concierne la segunda mitad. Ésta es introducida con la partícula *kî* que, se tome como se tome (adversativa, causal o enfáticamente), ancla el significado de la oración subsiguiente al de la primera mitad. Esto es importante, entiendo, porque el antecedente (sujeto del verbo) explícita-

---

efectivamente ocurre en el v. 12 (וּפָנִיתִי אֲנִי לִרְאוֹת חָכְמָה, que traducido literalmente reza "y me volví yo para ver la sabiduría").

[211]Cf. *supra* §12.13, y de modo particular la n. 179.

mente plural de "le hicieron" (עָשׂוּהוּ) es o bien "desvaríos / engaños / intrigas" (הוֹלֵלוֹת) o bien la pareja "intrigas y necedad" (הוֹלֵלוֹת וְסִכְלוּת). En cuanto a "¿Qué es el hombre que irá tras el rey?" (מָה הָאָדָם שֶׁיָּבוֹא אַחֲרֵי הַמֶּלֶךְ), nos sirve de ayuda la combinación *bô'* (ir, venir) + *'aḥărê* (tras), que puede indicar tanto persecución, como simple seguimiento de algo o alguien (¿séquito cortesano?), o incluso sucesión de acontecimientos o de personas[212]. Dado que esta última es una preocupación recurrente en Eclesiastés, y particularmente en este mismo capítulo (cf. 2,18b-21.25-26), parece lógico traducir el texto conforme a esta preocupación sucesoria. Preguntarse por el heredero es lo mismo que preguntarse por la finalidad histórica de todo ese esfuerzo e inversión de recursos, a la vez que supone preguntarse por el sentido de la sucesión hereditaria, que es la quintaesencia de la monarquía. Su respuesta es que el heredero está prácticamente predeterminado a una burda acción política por la intriga y la sandez. Cierto es que afirma la existencia, en términos absolutos, de una ventaja (*yitrôn* -v. 13) sobre la necedad en el sabio ejercicio regio del gobierno, pero ésta es relativa cuando se piensa que tanto el rey sabio como el necio están abocados a una misma fortuna o destino (*miqreh* -v.14), que puede ser la muerte, pero que a causa del olvido histórico (v. 16) se refiere también a la nula contribución histórica de ambos modelos de reyes[213]. Es decir, cuando se toma la historia en su conjunto, la aportación de las obras y acciones del uno o del otro es prácticamente la misma: ambas son olvidadas. Este "olvido" es importante si tenemos en cuenta, una vez más, el género de inscripción regia típico del Antiguo

---

[212]Para el primer caso véanse Ex 14,17 .23.28; 2Rey 11,15 (// 2Cron 23,14); para el segundo, 1Sam 11,5; 1Rey 1,14; 2Cron 26,17; 1Q CD 4,7 (este texto, en concreto, especifica unión a algo o alguien); y para el tercero 1QpHab 4,12 que habla de la sucesión de distintos מושלים (gobernantes) que invaden la tierra.

[213]Vale la pena reseñar que en los vv. 13-15 se da un argumento muy similar al que encontramos en los vv. 10-11, donde se comparan *ḥēleq* (porción) y *yitrôn* (ventaja, beneficio), sólo que ahora basado sólo en *yitrôn*. Si en el primer caso se concluye que no existe un verdadero "beneficio" (*yitrôn*), pero sí hay una pequeña "porción" (*ḥēleq*), en el segundo caso el argumento es como sigue: hay un beneficio real en términos de mutua relación entre los comparados, pero no en términos de comparación con un absoluto como la muerte o el olvido histórico.

Oriente que articula el texto de 1,12-2,11, a saber, el propósito de reyes y poderosos de perpetuar sus realizaciones[214]. Se puede decir, por tanto, que el autor mantenía posturas antimonárquicas por lo absurdo de la sucesión hereditaria basada en los simples lazos de sangre y no en las cualidades de los aspirantes al trono, lo que propiciaba que muchas de las realizaciones fueran revertidas por los sucesores. A este respecto, nótese que la primera ocurrencia del epíteto "necio" (*kĕsîl* -v.14) coincide con la primera referencia abierta al sucesor del rey. Pero el autor plantea una censura más profunda tanto a la monarquía como a cualquier poderoso, incluyendo al sabio según la sabiduría internacional: todos se topan (*qārāh*) con una misma "suerte" (*miqreh*), que es la muerte y olvido de sus obras. Así, a partir del punto de inflexión marcado por 2,11 se consigue asegurar que la sabiduría, a pesar de toda la denuncia anterior del texto contra las políticas del *mélek* sabio, preserve su valor superior a la necedad –siguiendo la tradición ya señalada en Proverbios y continuada por el Sirácida[215]–, pero también que se relativice al introducir un punto absoluto de comparación (v.g. la muerte o el sucesor).

15.3. Al tema del sucesor como un *absoluto* demoledor, le sigue otro no menos demoledor en su función: el *miqreh*. Éste adquiere en este contexto un sentido más elaborado que el de simple "ocurrencia", "suceso", o "suerte" (en sentido débil), como lo demuestra su asociación con la muerte que, se mire como se mire, es un acontecimiento predeterminado de carácter universal. En realidad, es el único acontecimiento humano en el que predeterminación y universalidad se dan la mano: el género humano no puede manipularlo para evitarlo –como mucho, sólo posponer–, y se trata de un acontecimiento que sobreviene inexorablemente a todo ser humano y a cualquier realidad humana. A pesar de la traducción de los LXX por συνάντημα, que parece rebajar el sentido de "destino" (mejor reflejado por τύχη), no cabe duda de que *miqreh* es utilizado como punto absoluto o último de comparación, tanto en 2,14ss

---

[214]Cf. §8.8 (último párrafo).

[215]Cf. Prov 3,35; 10,1; 13,20; 14,16.24; 15,2.7.20; 21,20; 26,5.12; 29,11 y Sira 20,7.13.

como en 3,19 y en 9,2.3. En Eclesiastés, *miqreh* es utilizado prácticamente como sinónimo de "muerte" (*māwet*) para introducir una base de comparación distinta a la que se utiliza en Proverbios. En este libro, la muerte está perfectamente integrada en un esquema retributivo histórico, que puede esbozarse en la forma siguiente: la honestidad y piedad conducen a la vida (a su prolongación), mientras que la maldad o necedad a la muerte (a su anticipación)[216]. En Eclesiastés, por el contrario, la muerte humilla al ser humano, ya sea al *mélek* sabio que morirá irremisiblemente igual que el rey necio, o sea al piadoso que morirá como el impío e igual que el puro y el impuro (9,2). Es más, el destino del *mélek* sabio tampoco difiere en nada del de los animales (3,19). Es lo mismo que afirmar que el *mélek* está sujeto a una realidad que se le impone y que en ningún caso puede controlar, por más elevado que sea su poder. Se trata, seguramente, de la mayor humillación que podría sufrir el *mélek* que más motivos tenía para enorgullecerse, según su propia lista de logros expuesta a los lectores.

En definitiva, y adelantando algunas conclusiones para Ecl 1,12-2,16, Qohélet relativiza el valor *per se* (intrínseco) de la ciencia confrontándola a dos absolutos –imprevisibilidad del sucesor y muerte– que le son ajenos y que obstaculizan el conocimiento absoluto. Esto significa que Qohélet mismo tenía un gran interés en mostrar que la capacidad de la ciencia es limitada, pero dado que lo demuestra por medio de la propia metodología científico-filosófica, también pone de manifiesto su autonomía respecto a otros campos (v.g. la revelación). Además, cabría recalcar otra consecuencia importante del planteamiento qoheletiano, a saber: mediante esta relativización, desvincula la sabiduría de los estamentos cortesanos, haciéndola accesible a otros grupos que aspiran también a su parcela de poder socio-político y religioso. Explicado sucintamente, entiendo que quien reclama un poder absoluto suele reivindicar para sí algún tipo de fundamento absoluto (incluido el epistemológico), pero si se demuestra que no existe tal cosa, se desmonta toda argumentación en favor de un poder absoluto. Así las cosas, no les

---

[216]Cf. Prov 2,18; 5,5.23; 7,27; 10,2.21; 11,4.7.19; 12,28; 13,14; 14,12.27.32; 15,10; 16,14.25; 18,21; 19,16; 21,6; 23,13; 24,11; 30,7.

resultará muy difícil a los editores "arrimar a su molino" estas aguas del autor, máxime cuando tenemos en cuenta que contaban con el negativo precedente protocanónico del heredero de Salomón, Roboam, con el que la tradición escribanil jugó como modelo de necedad[217]. En efecto, para los editores es obvio que la ciencia debe acotar su propio discurso, esto es, autolimitarse, y dejar un espacio propio a la Torá, de manera que ciencia y Torá ocupen cada una su propio espacio de autoridad (cf. 12,12-14 en el epílogo). Es más, y por tirar más del ovillo aun a riesgo de caer en especulación, yo diría que el paralelismo que se establece entre ambos campos (ciencia y Torá) establece una relación de reciprocidad, ya que la clara acotación de cada uno define al otro, ya sea por medio del diálogo abierto o por la denuncia de las extralimitaciones respectivas. No parece, por tanto, que los editores entiendan este paralelismo en sentido concordista, como otros grupos que definían la superioridad de la ciencia a la que debiera ajustarse la Torá, o como aquellos otros que, por el contrario, definían la superioridad de la Torá a la que la ciencia debería ceñirse. En los editores se da un concepto mucho más simbiótico *strictu sensu*, esto es, postulan la independencia de cada campo a la par que su absoluta necesidad de reciprocidad, de modo que sólo en el diálogo crítico podría obtenerse credibilidad y legitimidad propias.

Intertextualidad con Sira

15.4. Tras esta breve elevación a cuestiones de altura, aterrizamos de nuevo en la concreción del texto, en este caso el de Sira. Vimos con anterioridad que en él la muerte, vinculada a los ricos y a sus sucesores, juega un papel pedagógico o, si se quiere, soteriológico: ni riquezas ni sucesores son fundamento de confianza[218]. Otro texto sobre la muerte a añadir a los ya estudiados es 10,9-11. Éste se halla insertado en un contexto cuyo formato está asociado a la diatriba profética que subvierte todos los valores humanos de orden político –poder y riqueza como asiento del orgullo humano–, coincidiendo con la función pedagógica (¿humillante pero también, o quizás por ello mismo, redentora?) de la

---

[217]Cf. el apartado siguiente §15.4.

[218]Cf. *supra* §12.20.

muerte en Eclesiastés. Aun cuando los puntos de partida o los objetivos de ambas obras difieren profundamente entre sí, comparten una constelación ideológica bastante próxima. Pero otro dato muy interesante que podría aportar algo de luz sobre los planteamientos editoriales, viene del elogio de Salomón de Sira 47,12-23:

(12) וְ]בעבורו עמד אחריו בן משׂכיל שׁוכן לבטח (13) שׁלמה מלך בימי שׁלוה ואל
הניח לו מסביב אשׁר הכין בית לשׁמו ויצב לעד מקדשׁ (14) מה חכמת בנעריך ותצף
כיער מוסר (15) ארץ כסית ב[בינת]ך ותפל[ס ב]מורום שׁירה (17) בשׁיר מֶשׁ]ל חידה
ומלצה עמים הסערתה (18) נקראת בשׁם הנכבד הנקרא על ישׂראל ותצבר כברזל זהב
וכעפרת הרבית כסף (19) ותתן לנשׁים כסליך ותמשׁלים בגויתך (20) ותֵ]ן מום בכבודך
ותחלל את יצועיך [להביא] אף על צאצאיך ואנחה על משׁכבך (21) להֱיות העם] לשׁני
שׁבטים ומאפרים ממלכת חמס (22) [ואולם א]ל לא יטושׁ חסד ולא יפיל מדבריו רחבעם
הפריע בעצתו עם ארצה לא [יכרית לבחירי]ו נין ונכד [וזרע אוה]ביו לא ישׁמיד ויתן
ל[יעקב פלטה] ול[דוד ממנו שׁרשׁ] (23) וישׁכב שׁלמה מ[שׁרישׁ] ויעזב אח[ריו קצי]ן
רחב אולת וחסר בינה רחבעם הפריע בע[צתו] עם ....

(12) Y cuando (David) pereció surgió después de él un hijo inteligente que habitó en seguridad. (13) Salomón reinó en días de prosperidad/paz, y Dios le dio reposo en sus fronteras (lit. "alrededor") para que levantara casa a su nombre y estableciera para siempre un santuario. (14) ¡Qué sabio fuiste en tu juventud desbordándote como el Nilo la instrucción! (15) Cubriste la tierra con tu inteligencia y gloriaste en lo alto con canciones. (17) Con canciones, proverbios, enigmas y acertijos turbaste a los pueblos. (18) Tú eras llamado por el nombre glorioso que es invocado en Israel, pero hiciste acopio de oro como (si fuera) hierro, y como (si fuera) plomo aumentaste la plata, (19) y entregaste a las mujeres tus lomos dejando que dominaran tu cuerpo[219], (20) y pusiste una mancha en tu gloria y mancillaste tu lecho atrayendo así la ira sobre tus descendientes y los gemidos sobre tu reposo/lecho[220], (21) convirtiéndose el pueblo en dos tribus/cetros (dinastías) y de Efraín (surgiendo) un reino de violencia. (22) No obstante, Dios no renuncia a su misericordia, ni permite que caigan al suelo sus palabras, ni extirpa a la estirpe de sus elegidos[221], ni destruye la simiente de

---

[219]El pronombre masculino sufijado al Hifil de משׁל indicaría como antecedente a los כסלים de Salomón.

[220]Por el paralelismo con la oración anterior, puede entenderse la posteridad.

[221]נין ונכד suele entenderse de modo genérico como "posteridad" o

> quienes le aman, por lo que dio a Jacob salvación/resto y a David uno de su propia raíz. (23) Descansó Salomón con sus padres (lit. "al lado de los restos [de sus ancestros]) y dejó tras de sí a un príncipe, completamente necio (lit. "largo de necedad") y falto de inteligencia, Roboam extravió al pueblo con su política (lit. "consejo") ....

En este *elogio de Salomón* (lo entrecomillo porque es más una recriminación que un elogio) están presentes las leyendas sobre el *pecado de senilidad* de Salomón, y también sobre una sabiduría, que queda ahora relegada a su juventud-madurez[222]. También encontramos un esquema prototípico de la oposición entre la sabiduría del rey-padre Salomón y la necedad del heredero de la corona, Roboam, así como la introducción de una especie de *pecado original monárquico* en la persona de Salomón (v. 20), que sólo la misericordia divina limita en sus efectos negativos (v. 22), aunque no los borra. Resulta pues notable la separación que se hace aquí entre lo que podríamos llamar "las acciones de Salomón" (su estrategia política y económica) y su sabiduría inspirada, que toma forma en un *corpus* literario protocanónico. Dicha separación se realiza gracias a una ordenación cronológica; es como si por medio de aquélla se hubiera querido preservar el valor del *corpus*, particularmente el constituido por aforismos como el libro de Proverbios, dejando por tanto campo libre a la censura de todas sus acciones políticas, o a su moral personal. Es más, el Sirácida establece la construcción del Templo como el sentido único de la existencia de Salomón (v. 13), además de su creación literaria sapiencial. El resto de su existencia queda desgajado de estas dos realidades, siguiendo así de cerca los planteamientos del

---

"estirpe" (cf. *DHE*, p. 819).

[222]La leyenda sobre el *pecado de senilidad* de Salomón está presente en 1Rey 11,4, aunque a partir de este texto yo no me atrevería a decir que dicha leyenda surge en el Deuteronomista, ya que este verso, o cuando menos la frase וַיְהִי לְעֵת זִקְנַת שְׁלֹמֹה (lit. "he aquí en la vejez de Salomón"), comparado con el texto del capítulo entero, tiene todo el aspecto de ser una adición redaccional que recoge la leyenda que ya circula entre los escribas, de modo que podría ser muy tardía. Que la acusación contra las mujeres y sus efectos negativos sobre el viejo Salomón es artificial, lo demuestra el que su política internacional asociada a sus esposas y concubinas y al culto de sus respectivos dioses, fue desarrollada desde bien temprano según el propio Deuteronomista (cf. 1Rey 3,1-2).

Cronista, que a su vez sigue al Deuteronomista, que centró su ciclo salomónico en la construcción del Templo.

La lectura de los editores

15.5. Estos mismos principios de distinción entre la obra literaria y la construcción del Templo, por un lado, y la actitud ética (acción político-económica) de Salomón por el otro, operan en la lectura editorial de Qohélet. En los dos primeros capítulos *qohélet* repasa, precisamente, su acción político-económica en tanto que *mélek*, y es esta alta concentración político-económica de la obra pre-editada la que permite a los editores especular exclusivamente sobre la acción político-económica del "hijo de David", y es la explicación de la deliberada desatención de perspectivas más teológicas y tradicionales del entorno judío, como, por ejemplo, las tradiciones sobre el Salomón constructor del Templo. Como decíamos antes de analizar Sira 47,12-23, parece que el texto de Ecl 2,12-26 establece una comparación genérica entre el rey sabio y el necio, pero a su vez, y gracias al enmarcado editorial de la obra, se convierte en una comparación entre el rey Salomón y su hijo Roboam. Ahora, a partir de Sira 47,12-23 se deduce la existencia de una tradición hagádica sobre Salomón y Roboam asentada en los círculos escribaniles, que nos ayuda a situar en perspectiva editorial la afirmación qoheletiana sobre el idéntico destino (*miqreh*) del sabio y el necio, y su olvido histórico. Tales afirmaciones son incomprensibles en boca de quien es archirrecordado, precisamente, por la obra literaria que se le atribuye y por el templo. ¿Cómo puede decir en 2,16 que "no queda memoria ni del sabio ni del necio en el porvenir, puesto que en los días venideros todo es olvidado" (כִּי אֵין זִכְרוֹן לֶחָכָם עִם־הַכְּסִיל לְעוֹלָם בְּשֶׁכְּבָר הַיָּמִים הַבָּאִים הַכֹּל נִשְׁכָּח)? Esto se debe a la distinción tardía que se ha hecho entre la obra *inspirada* (asignada a su época de juventud y madurez), y las obras políticas y económicas caracterizadas por su humanismo. Me atrevería incluso a decir que los editores leen 2,16 ("como en el caso del necio, tampoco queda memorial permanente del sabio" (אֵין זִכְרוֹן לֶחָכָם עִם־הַכְּסִיל) teniendo en mente la crítica negativa contra Salomón y la monarquía que ya circularía en su tiempo, y que se recoge abiertamente en el *Elogio de los Padres* de Sira (44-50). En efecto, es reseñable que en este elogio sólo tres, y todos reyes (Salomón, Roboam y Jeroboam), de todos los mencionados son censurados (47,18-25). Así, el sabio Salomón es, a pesar de algún reconocimiento, puesto en el mismo lote de reyes antimodélicos con el necio Roboam y el "nefasto" Jeroboam. Este elogio sólo tendrá otra crítica para el pueblo (48,15.16) y de nuevo para la monarquía, pero exceptuando expresamente a David, Ezequías y Josías (49,4-7). Parece, pues, que los editores de Qohélet aplicaron en su edición de esta obra unos presupuestos que se muestran bastante explícitamente en Sira.

Al hilo de lo anterior puede añadirse un dato menor pero significativo para nosotros. La ausencia de memorial tiene connotaciones de juicio, mientras que la existencia de un memorial permanente significa aprobación divina. Sira 10,17; 44,9 (cf. el v. 13 como "anverso" del v. 9) y 47,23 (contra un memorial para Jeroboam) vinculan explícitamente la falta de *zeker* con condenación; por el contrario, afirma que el nombre del sabio es rememorado (37,26) igual que el de los antepasados (44,14), procediendo él mismo a exaltar el recuerdo de las grandes figuras de fe (Moisés en 45,1; los jueces que no se apartaron en 46,11; Josías en 49,1 y Nehemías en el v. 13). Se ve pues que la figura de Salomón quedó, al menos en ciertos círculos influyentes, en una especie de "cuerda floja" que impedía que obtuviera de la comunidad judía el pleno reconocimiento que otras figuras sí obtuvieron[223].

15.6. Poner en boca del *mélek* tanto la mención de la muerte como la mención del contraste entre el memorial y el olvido, plantea al lector judío cualificado una cuestión de fondo: ¿qué incidencia tienen estos absolutos sobre las promesas políticas y mesiánicas basadas en los textos fundacionales de la dinastía davídica (básicamente 2Sam 7 y 1Cron 17)? Al equiparar rey sabio y rey necio, el autor del libro devalúa la empresa

[223]Es cierto que *zikkārôn* no aparece en Sira, pero no es menos cierto que los usos bíblicos de este término (cf. Ex 12,14; 13,9; 17,14; 28,12.29; 30,16; 39,7; Lev 23,24; Num 5,15.18; 10,10; 17,5; 31,54; Jos 4,7; 2,20; Est 6,1; Ecl 1,11; Is 57,8; Zac 6,14; Mal 3,16) no coinciden con su uso en Eclesiastés, excepción hecha de Neh 2,20, el cual, además, enfatiza el sentido de condenación. En cambio, el *zikkārôn* de Eclesiastés sí coincide con el uso de *zeker* en Sira, razón por la cual me permito la comparación.

monárquica *in toto*: el problema no es si los reyes son buenos o malos, sino que toda la ideología monárquica, en todo lo que representa de concentración de poder científico, económico y político-social, es desechada como forma de gobierno. De nuevo Sira nos asiste en la respuesta. En el ya citado texto de 49,4-7 también se condena *in toto*, con las consabidas excepciones, a la monarquía de Judá, acusándola de abandono de la Ley, para acabar proclamando su fenecimiento ("los reyes de Judá abandonaron la Ley hasta fenecer" ויעזבו תורת יהודה עד תמם מלכי- עליון). Sobre este particular parece que puede haber un acuerdo con grupos *sectarios* (v.g. Qumrán[224]), de donde se deduce que la gran mayoría de movimientos que constituían el abanico religioso de Judá daba por desechada definitivamente la sucesión davídica. Esto no necesariamente conllevaba el rechazo de la interpretación mesiánica de la figura del rey David, sino, quizás, la reconversión mesiánica de todos los textos promonárquicos. Por ello, creo que se debe insistir en el hecho de que Ecl 2,16 acentúa no sólo el momento puntual de la muerte, sino su efecto de olvido permanente ("nunca más habrá memoria" אֵין זִכְרוֹן- לְעוֹלָם), que debe interpretarse en línea con el rechazo definitivo de la monarquía. Cabe añadir que la expresión "en los días venideros ambos serán olvidados" (הַיָּמִים הַבָּאִים הַכֹּל נִשְׁכָּח) puede también leerse bajo un marcado carácter profético de oráculo de juicio, si atendemos a las ocurrencias bíblicas de "días venideros" (יָמִים בָּאִים)[225]. En suma, **autor y editores coinciden en rechazar la monarquía como forma de gobierno; el autor por abuso de poder y de decepción humanista, y los editores por el fracaso de la dinastía davídida respecto a las promesas divinas. Es posible, además, que los editores tengan la intención de frenar intentos restauracionistas de la monarquía**

---

[224]Cf. mi comentario de CD 8,8-11 en §12.16.

[225]Cf. 1Sam 2,31; 2Rey 20,17; Is 39,6; Jer 7,32; 9,24; 16,14; 19,6; 23,5.7; 30,3; 31,27.31; 33,14; 48,12; 49,2; 51,47.52; Am 4,2; 8,11; 9,13. En todos los casos יָמִים בָּאִים es introducido por הִנֵּה (he aquí), como cabe esperar en la introducción del oráculo profético, aunque en Ecl 2,16 éste es eludido. Por otro lado, sólo la última cita de esta lista (Am 9,13) es un oráculo de salvación, aunque lo interesante es el hecho de que los editores de ese apéndice tardío al libro de Amós preservaran el lenguaje profético precisamente para introducir una novedad importante en el libro.

dentro de Judá, cuyo fundamento simbólico – debido al peso de la ciencia en el mundo helenista– sería Salomón[226]. El lector puede ver también las conclusiones adelantadas en §15.3.

§16. Un contramodelo político y teológico al modelo salomónico (2,17-26)

Esta sección de Eclesiastés es más explícitamente valorativa, y condensa afirmaciones teológicas de peso que merecerían mucha atención. Sin embargo, los límites de los que disponemos nos imponen seleccionar los textos clave que van a ser sometidos a una investigación más intensa (básicamente 2,17.20.23.26). El estudio saltará de uno a otro verso, pero espero que las conclusiones finales pongan de manifiesto la unidad de la argumentación.

Dos expresiones clave en 2,17.20

16.1. A partir de 2,17 el *qohélet* da expresión a sentimientos interiores, lo que ha dado pie a interpretaciones muy dramáticas de desgarradoras luchas internas[227]. No pretendo aquí negar esta posible vertiente del drama interior, pero ésta tampoco debe impedirnos ver otra vertiente del texto: el rechazo frontal del *qohélet* a un estilo de hacer política del *mélek* marcado por la confianza en el poder. Así, la traducción de וְשָׂנֵאתִי אֶת־הַחַיִּים por "odié la vida" (2,17) apunta a un hastío existencial que me parece insuficiente, pues se trata sobre todo de un rechazo profundo a su anterior forma de vida centrada en la acción

---

[226]Dentro del judaísmo siempre han existido los intentos restauracionistas de la dinastía davídica, aunque los puntos álgidos de éstos coinciden con los períodos de mayor independencia política, o bien con las familias que detentan cierto poder. Pero lo interesante para nosotros es que también han existido rabinos, presuntamente descendientes de David, que reclamaban poder político sobre esa base (cf. S. Shimoff, "Hellenization among the Rabbis: Some Evidence from Early Aggadot concerning David and Solomon", p. 178).

[227]A modo de ejemplo, J.L. Crenshaw, *Ecclesiastes*, p. 86, afirma: "Qohelet thus expresses hatred of life, a repugnance resulting from the futility of all things. One expects him to recommend suicide as the logical outcome of such thinking, but the fundamental premise of the teachers (life as the highest good), now thrown into question, still exercised a powerful hold on Qohelet".

político-económica. Así lo confirma la mención al mal que le sobrevino por la obra emprendida: “perversa contra mí (se volvió) la obra que se ejecuta ...” (רַע עָלַי הַמַּעֲשֶׂה שֶׁנַּעֲשָׂה ...), que no es otra que su propia obra, según él mismo lo especifica en el v. 18 al hablar de “todo mi empeño en/con el que bregué” (כָּל־עֲמָלִי שֶׁאֲנִי עָמֵל). Una explicación sobre el verbo “odiar” o “rechazar” (*śānā´*) nos asistirá en la comprensión de 2,17. Este verbo es muy importante en el libro de Proverbios, que se basa en el amor a la sabiduría y el odio (rechazo) a la necedad. Por sabiduría se entiende el temor a Dios (obedecer su ley) y por necedad lo contrario, es decir, desobediencia a la ley. Puede que el planteamiento inicial del libro no fuera éste, pero estas correlaciones están presentes en el formato editado del libro[228]. En efecto, *śānā´* aparece algunas veces en referencia al odio de alguien o algo (9,8; 13,24; 14,17.20; 19,7; 25,17; 26,24 .28; 29,10.24; 30,23) o en referencia al enemigo (25,21; 27,6); pero incluso estos textos sufragan el sentido ético-religioso del verbo, a saber: el rechazo de (odio a) la sabiduría es la mayor estupidez que uno pueda cometer. Esto es lo que se trasluce en la conclusión del importante *discurso* o *sermón* de la sabiduría personificada (8,35.36):

> (35) כִּי מֹצְאִי חַיִּים וַיָּפֶק רָצוֹן מֵיְהוָה׃ (36) וְחֹטְאִי חֹמֵס נַפְשׁוֹ כָּל־מְשַׂנְאַי אָהֲבוּ מָוֶת׃
> (35) Porque quien me halla, halla la vida, y alcanza el favor del Señor; (36) mas el que peca contra mí atenta contra él mismo. Cuantos me odian/rechazan, aman la muerte.

Saltan a la vista las resonancias entre el “amor a la vida” de Proverbios y su antónimo “odio a la vida” de Eclesiastés. Además, al igual que en Proverbios se une el favor divino al amor por la sabiduría y la vida, en Eclesiastés aparece –con lenguaje propio– el favorito en contraste al propio *mélek* que odia la vida y toda su acción anterior (cf. 2,21-26). Muy al estilo sapiencial, el verso de Proverbios afirma que el pecado contra Dios se vuelve contra el mismo pecador, asentando así una especie de *principio natural*: el pecado (rechazo de la sabiduría), sin duda, se vuelve de modo natural contra su agente. Por eso el mismo

[228]Cf. G.H. Wilson, "'The Words of the Wise': the Intent and Significance of Qohelet 12,9-14".

mélek qoheletiano afirma: "perversa contra mí (fue/se volvió) la obra que se ejecuta ..." (... רַע עָלַי הַמַּעֲשֶׂה שֶׁנַּעֲשָׂה). Es decir, las palabras del *mélek* pueden ser leídas desde la tradición sapiencial protocanónica como el reconocimiento de comisión de pecado. Así, en una de las típicas comparaciones de Proverbios entre justos y malos, se establece que "al justo no le acaece desgracia alguna, pero los impíos están llenos de maldad" (לֹא־יְאֻנֶּה לַצַּדִּיק כָּל־אָוֶן וּרְשָׁעִים מָלְאוּ רָע -12:21 [cf. 19,23]). Esto fácilmente resuena en las palabras ya mencionadas del *mélek* que se queja de todo el mal que le ha sobrevenido. Concluyamos este análisis mencionando que también en Ecl 2,26 se habla del "pecador" (*ḥôṭe'*) en oposición al favorito de Dios, pero volveremos sobre ello más adelante para dedicarle especial atención[229]. De momento, orientamos nuestro interés sobre Sira, ya que en 4,12 encontramos otro texto que puede asistirnos en el estudio de Eclesiastés:

> אהביה אהבו חיים ומבקשיה יפיקו רצון מיי
> Los que la aman (la Sabiduría) aman la vida y los que la buscan alcanzan el favor de Dios.

No hay duda de que el autor está "jugando" a propósito con las palabras de Prov 8,36 para darles un matiz positivo eliminando la mención del "odio a la sabiduría", y explicitando aún más, si cabe, la conexión entre sabiduría y vida. Esto demuestra que los editores de Qohélet podían leer 2,17 igual que Sira, lo que situaría a Eclesiastés en el marco de una constelación de resonancias sobre la sabiduría, el temor de Dios y las consecuencias negativas de apartarse de él, que estaba muy establecido en el judaísmo del período posexílico tardío[230]. De ahí que no creo que la exégesis moderna, cuando interpreta "odié la vida" en un sentido exclusivamente psicológico o anímico[231], acierte a comprender

---

[229]Cf. *infra* §16.5.

[230]Ya hemos visto algo de ello en Proverbios, pero también Sira se caracteriza por relacionar vida con sabiduría y/o temor de Dios, o muerte con el rechazo de éstas (cf. 15,17; 50,29).

[231]J. Vílchez, *Eclesiastés o Qohélet*, p. 211, a pesar de que es uno de los autores que mantiene una lectura moderadamente optimista de Eclesiastés,

que también conlleva este otro sentido ético-religioso. Es decir, no sabe ver que el *mélek*, según los editores, al adentrarse en la parte más íntima de su revisión personal sobre su vida (sus acciones y empresas), reconoce, más o menos abiertamente, haber alcanzado un punto de total apartamiento del temor de Dios y de la verdadera sabiduría.

16.2. Esta vertiente ético-religiosa de las palabras del *mélek* recibe apoyo de Ecl 2,20:

> וְסַבּוֹתִי אֲנִי לְיַאֵשׁ אֶת־לִבִּי עַל כָּל־הֶעָמָל שֶׁעָמַלְתִּי תַּחַת הַשָּׁמֶשׁ׃
> Y me volví para relajarme (lit. “para relajar mi corazón”) respecto a todo el afán en el que me empeñé bajo el sol[232].

El Piel de *yā'aš*, habitualmente traducido “desalentarse” o “desesperar”, es un hápax, pero si tuviéramos que juzgar por el uso bíblico del Nifal (desistir de una persecución en 1Sam 27,1), y sobre todo de su participio como expresión ya hecha (“sin remedio” en Is 57,10; Jer 2,25; 18,12; Job 6,26), sería posible pensar en una traducción menos dramática. De hecho, los LXX utilizan la voz media de ἀποτάσσω (despedirse, renunciar a algo, desprenderse de algo o alguien), y el Tg. Qoh. 2,20 utiliza el cognato arameo en Pael (relajar, esparcir [el ánimo]). De ahí que resulte interesante la lectura de la Septuaginta: “Y me volví a fin de desechar de mi corazón todo el trabajo en el que me afané bajo el sol”. Esta lectura menos dramática habla de que se ha operado un cambio fundamental en el *mélek*; un cambio hacia una actitud más distendida respecto a su ansia de grandes realizaciones y proyectos comerciales. No sé hasta qué punto este cambio puede sugerir incluso la renuncia a las riquezas conseguidas, pero no hay duda sobre la operación

---

habla de *hastío intelectual*. Una vez más, entiendo que la contundente crítica de este libro, que por otro lado es altamente intelectual, se confunde con una actitud más o menos derrotista.

[232]El mismo sentido, aunque quizás con la ventaja de ser más literal si cabe y de enfatizar más el aspecto de renuncia a algo, tiene la siguiente traducción: "Y me volví para desalentar a mi corazón respecto a todo afán...".

de un cambio capaz de generar nuevas actitudes en su persona[233]. Los LXX y el Targum perciben correctamente el sentido de *yā'aš*, que junto al verbo *sābab* (volver, cambiar de dirección) seguido de infinitivo suele introducir el inicio de una acción voluntaria (cf. 1Sam 15,27; Ecl 7,25). Éste es el caso en Ecl 2,20, que hay que entender no tanto como explosión repentina de desesperación, sino como el inicio deliberado de una acción. Si añadimos que el Piel también puede ser una forma causativa y *resultativa*[234], se confirma que el *qohélet* habla aquí de un cambio personal consciente e intencional.

La conclusión de la narración autobiográfica (2,24-26)

16.3. La conclusión anterior se enmarca en la propia conclusión del qohélet en 2,24-26, donde expresa sumariamente su nueva visión. 2,23 funciona de gozne entre 2,17-22 y 2,24-26, y nótese que al afirmar "todos sus días, dolores; su ocupación, enojo; ni siquiera por la noche descansa su corazón" (כִּי כָל־יָמָיו מַכְאֹבִים וָכַעַס עִנְיָנוֹ גַּם־בַּלַּיְלָה לֹא־שָׁכַב לִבּוֹ -cf. 1,18), está precisando qué tipo de mal –recuérdese el *ra`* de 2,17– le sobrevino al *mélek* en su obra: el *stress* existencial de una persona ocupada permanentemente en sus negocios. Por tanto, el *qohélet* no está reflexionando tanto sobre la vida en términos genéricos, cuanto sobre el absurdo de su estilo de vida basado en las ansiedades político-económicas que considera ahora completamente desatinadas, haciendo extensivo su juicio a quien vive sobre esas mismas bases falsas. No debe, pues, extrañar que por fin se alcance aquí (2,24) la primera verdadera conclusión positiva del *qohélet*: puesto que ha cambiado de actitud

---

[233]Resulta muy interesante para mi propuesta la de Segal (citada por *KHS*), que en Sira 47,23 lee וישכב שלמה מ[מיו]ש (y durmió Salomón decepcionado), en lugar de la lección comúnmente aceptada de Smend (מ[שרי]ש - "ancestros"). Sin embargo, a pesar de que prestaría más apoyo a mi interpretación de Ecl 2,20, ya que asentaría la existencia de una tradición tardía sobre la muerte de Salomón sobre la que se basaría Eclesiastés, lo cierto es que no hay constancia, ni en el hebreo bíblico ni en el medieval, de un uso del participio Pual de *yā'aš*.

[234]Cf. el extenso estudio sobre este tema de B.K. Waltke-M. O'Connor, *Biblical Hebrew Syntax* pp. 396-410, donde se presentan las contribuciones lingüísticas más recientes.

(*sābab*), propone un nuevo modelo de hombre cuyo estilo de vida es totalmente opuesto al del *mélek* y es una perfecta expresión de esa *vida más relajada* que parece haber asumido. Este *'ādām* venía siendo presentado, desde 2,11 bajo la forma de mero heredero o sucesor, pero a partir de 2,18 destaca más su privilegio de receptor pasivo que no ha de trabajar por su ganancia; a partir de 2, 24 esta parte pasiva se liga a la gratuidad y don divinos o a la arbitrariedad divina. Este *corrimiento de significado* tiene su culminación en la afirmación de 2,26: "[Dios] dio ciencia, conocimiento y alegría al hombre que es bueno ante él" (נָתַן חָכְמָה וְדַעַת וְשִׂמְחָה לְאָדָם שֶׁטּוֹב לְפָנָיו). Ocurre aquí, sin embargo, que se ha introducido un problema de definición en la persona del sucesor por la ambigüedad de la expresión "bueno ante Dios" (טוֹב לִפְנֵי אֱלֹהִים). Tal ambigüedad, en forma interrogativa y polar, sería: ¿se refiere a un hombre que obedece la Ley de Dios, o a aquél que le ha caído en gracia, o incluso al afortunado a quien simplemente todo le viene de cara? Planteada con mayor rigor teológico, la cuestión sería: ¿se refiere el autor a un piadoso que sigue la Ley, o sea al justo en sentido hasídico[235], y que por ello mismo halla la gracia de Dios, o más bien se refiere a una decisión arbitraria de Dios que favorece a quien le place?[236] Obviamente, las cuestiones sobre el "pecador" (*ḥôṭe'*) serán las opuestas: ¿se trata de un pecador en el sentido ético-religioso o de un simple fracasado o desgraciado, al que la fortuna no le ha sonreído?[237] Esta cuestión nos lleva a otra que ha suscitado mucha polémica entre los comentaristas, a saber: ¿plantea el autor una teología retributiva, o bien absolutamente anti-retributiva que acentúa la libertad y soberanía divina, es decir, su arbitrariedad? Para acabar de rematar el cúmulo de implicaciones del tema, nótese que las distintas posturas teológicas de los comentaristas

---

[235]Nos referimos al "justo" [*ṣadîq*] o al "bueno" [*ṭôb*] de que tan frecuentemente aparecen en Proverbios, y que en su formato canónico están connotados por la piedad toraica.

[236]Esta última opción es la mayoritaria hoy, como por ejemplo D. Michel, *Untersuchungen zur Eigenart des Buches Qohelet*, pp. 39-40.

[237]Por ejemplo, A. Bonora, *El Libro de Qohélet,* p. 67, aunque traduce "pecador", explica que se trata del "fracasado".

inciden en las diversas teorías redaccionales, de modo que quienes en 2,26 ven una apología de la retribución, apoyan una posible mano redaccional hasídica, mientras que los oponentes a esta interpretación defienden la unidad del texto; es decir, la confusión del elemento exegético con el teológico es notoria entre los comentaristas de esta última parte de Ecl 2. Adelantemos ya que, en la actualidad, los comentaristas se agrupan mayoritariamente en favor de la segunda postura, pues ven en el contexto de este capítulo, especialmente en 2,17-23, una especie de queja sobre la ausencia de un plan o esquema justo que rija la vida de la humanidad, es decir, la historia[238].

16.4. Antes de responder a estas cuestiones, quisiera traer a colación algunas de las pautas que voy a seguir. En primer lugar, creo que los comentaristas suelen concentrarse más en los presupuestos teológicos que en el contexto de 2,26. En concreto, no toman en consideración el cambio de actitud puesto de manifiesto a partir de 2,17, y que establece un marco de revisión de vida crítica con los presupuestos político-económicos que guiaron la actuación del *mélek.* Si no se toma en consideración este cambio, la cuestión teológica de la retribución se empantana sin solución de salida, ya que se proyecta sobre ella y sobre 2,26 un cúmulo de estereotipos y de asunciones y asociaciones nunca demostradas, o nunca definidas con las matizaciones y prevenciones necesarias. En segundo lugar, los comentaristas suelen situar al autor y su editor en confrontación partidista, predeterminando así una exégesis excluyente del texto qoheletiano, en particular de 2,26. Sin embargo, es perfectamente posible que en este texto se solapen la lectura ético-religiosa editorial y la secular, más próxima al autor. Así, desde la perspectiva primordialmente secular del autor, Dios es presentado casi como sinónimo de absoluto universal que determina la vida humana; es un absoluto indomeñable para el ser humano, especialmente para los poderosos sobre quienes no hay ningún otro humano. Este absoluto rompe con el mecanicismo de la ley natural y social *trabajo => ganancia*

[238] J. Vílchez, *Eclesiastés o Qohélet,* pp.220-222 nos da una muy interesante y completa descripción del estado de la cuestión entre los principales comentaristas.

estableciendo una relación polar entre uno que trabaja y se afana, y otro que no lo hace, pero que Dios, no sin cierto sentido irónico, ha hecho que reciba del primero. Cabe añadir que el autor jamás ha descrito al *mélek* como un dechado de piedad que le da derecho, según unas supuestas promesas de retribución, a la ventura, sino como un político que ha seguido las leyes político-económicas propias de los grandes imperios, pero que ha sido defraudado por su resultado final. Por tanto, dentro de este esquema autógrafo no es necesario dirimir si se trata de *afortunados* o de *piadosos*, pues tan sólo se pretende afirmar que nunca se tratará de alguien que haya trabajado igual de duro que el *mélek*, estableciendo así una ley antitética que niega la existencia de un principio económico retributivo que asegure, casi maquinalmente, el éxito de cualquier *mélek* y poderoso con un perfil como el descrito en 1,12-2,11. El contexto inmediato de 2,26 refrenda esta interpretación, ya que, aunque se acepta que a mayor esfuerzo y afán puede darse una mayor acumulación de bienes, es ésta, en realidad, una ley maldita, porque, a fin de cuentas, la acumulación no reporta más que un aumento de males (1,18), y la riqueza, encima, acabará en manos de otro que nada ha hecho para merecerla (2,26b). El v. 25 confirma esta paradoja que, según el v. 24b, determina la realidad humana universal. En efecto, si nos ceñimos a una traducción literal del TM, leemos como sigue: "Pues quién comerá y quién se preocupará [o disfrutará] (está) fuera de mi (alcance)" (כִּי מִי יֹאכַל וּמִי יָחוּשׁ חוּץ מִמֶּנִּי)[239].

[239]Es obvio, por tanto, que no acepto corregir la lección ממני por ממנו, como suele hacerse siguiendo a los LXX y la Siríaca más ocho manuscritos hebreos, a pesar de que, en principio, parecería encajar mejor con mi exégesis del texto. Pero lo cierto es que dada la dificultad del TM las variantes más parecen correcciones que lecciones originales, y creo que se necesitarían testimonios más importantes para proceder a una alteración del TM. En cualquier caso, estas variantes no alteran las cuestiones de fondo aquí planteadas. Obsérvese, además, que tomo חוּץ מִמֶּנִּי como un predicativo y no como un adverbio, contra las traducciones habituales, y que no acepto una raíz II para חוּץ ya que el sentido de agitación interior (psicológica) que fue adquiriendo ya en el período bíblico (cf. Sal 55,9; 119,60; Is 28,16; Job 20,2; 31,5) encaja perfectamente aquí, especialmente tomando la frase en forma disyuntiva (ya sea como interrogación o como afirmación).

16.5. Los editores operan sobre otra base más teológica, pero mantienen la intención principal del autor, a saber: establecer un contraste chocante entre el paradigma del poder y el del don, de modo que el segundo funciona como una censura del primero. Volveremos sobre ello[240], pero de momento adelantemos que esta afirmación recibe apoyo de la ambivalencia de la expresión "bueno ante Dios", cuyas resonancias bíblicas y extrabíblicas –¡sorprendentemente, no contamos con paralelos exactos!– ofrecen base para una lectura abierta. Es decir, si "bueno ante Dios" fuera una adición redaccional piadosa pretendida para enmendar la plana al autor, no se comprende la elección de una expresión nada común en la BH, pues tan sólo aparece aquí y en 7,26. Por contra, el supuesto enmendador contaba en Proverbios con un rico acervo de aforismos pergeñados sobre el "justo/piadoso" (*ṣadîq*), el "piadoso/puro" (*ḥasîd*) o el "bueno" (*ṭôb*) a secas, todos ellos en típico contraste antitético con *ḥôṭe'/ḥēṭĕ'* ("pecador"). Pero nada de esto es empleado en 2,26. O sea, llama la atención que "bueno ante Dios" pueda significar, por ponerlo de modo gráfico, tanto al necio Roboam como al justo seguidor de la Ley.

Quizás valga la pena enfocar estas observaciones bajo una perspectiva más global de la labor editorial. Los editores que en 1,2-11 defendieron como ley natural (geofísica) la circularidad cerrada sobre sí misma, sin posibilidad de existencia ni para una plusvalía político-económica o para la revelación de lo misterioso, son los mismos que asumen la lectura polar, tipo *sabiduría* <=> *necedad* = *0*, del conjunto de la obra. Más significativo todavía, son los mismos que la cierran con un epílogo en el que defienden una interpretación también cerrada de la obediencia a la Torá[241]. En consecuencia, difícilmente podrían interpre-

[240]Cf. §16.6-8.

[241]Por "interpretación cerrada de la Ley" entiendo que no se especifica en el epílogo recompensa o beneficio alguno derivado de la obediencia o cumplimiento, es decir, no se insinúa retribución alguna, al menos en el plano histórico. Por el contrario, se habla de un juicio al que absolutamente todo será expuesto, sea bueno o malo, conocido o misterioso. Por esta razón se podría hablar de un *juicio último*, pero del que los editores no saben o no pueden aclarar si es inmanente o escatológico, o si ambas posibilidades tienen cabida.

tar este verso conforme a un concepto mecanicista e inmanentista (o histórico) de la retribución, que supusiera el establecimiento de una ley natural tipo *piedad = sabiduría y bienes materiales*. Es decir, según la estructura polar del libro, el *favorito* de Dios aparece aquí sólo en tanto que polo opuesto de la ecuación que sirve para mantenerla en resultado histórico cero. Incluso si pudiera hablarse de una función ejemplar del *piadoso*, éste aparece como ejemplo del don y contramodelo del poderoso, pues la acción del *piadoso* no está orientada ni hacia la obtención de riqueza material ni hacia la científica. La *ley retributiva natural* sostiene que quien trabaja y se afana recibirá automáticamente riqueza y poder. Sin embargo, autor y editor constatan en 2,26 que todo aquello que el *mélek* tanto se empeñaba en buscar, o sea "ciencia" (*ḥokmāh*), "conocimiento/tecnología" (*da`at*) y "felicidad" (*śimḥāh*), es recibido precisamente por otro que no ha movido un dedo para obtenerlo. Lo ha recibido inmerecidamente, cualquiera que sea el principio o ley que se aplique (física o teológica).

Excursus sobre la doctrina de la retribución

16.6. La mencionada vinculación de 2,26 con el tema de la retribución nos obliga a detenernos algo más en ésta con el propósito de clarificar cuestiones y desbrozar el paso a nuestra exégesis de 2,26, muy particularmente de la antítesis *bueno ante Dios - pecador* (חוֹטֶא - טוֹב לִפְנֵי אֱלֹהִים). No se pretende aquí refutar ningún alineamiento particular sobre la retribución, sino sólo aportar algunos matices de orden político-económico que no suelen ser tenidos en cuenta. Comencemos por un resumen sucinto de lo que se considera doctrina retributiva en la Biblia, procediendo seguidamente a un análisis del contexto socio-político y económico en el que dicha doctrina debe situarse en el período bíblico tardío[242].

Siguiendo los planteamientos de Koch, que se han convertido en moneda corriente entre los comentaristas, se define la doctrina de la retribución como la

---

[242]Buenos artículos introductorios sobre el tema en el AT se hallan en *EncBib* VI, cols. 191-94; *HCBD(RE)*, pp. 927-29; *ISBD(FR)*, pp. 154-57, y Klaus Koch, "Gibt es ein Vergeltungsdogma im Alten Testament". Este autor niega que Dios sea considerado agente de la retribución en el conjunto del AT, pero a cambio atribuye a la teología sapiencial la creencia en la existencia de un nexo natural entre el acto y la consecuencia ("Tat-Ergehen Zusammenhang").

perfecta correspondencia entre la cualidad ético-religiosa de las acciones personales y los beneficios recibidos; dicho brevemente: al buen obrar le corresponde la fortuna, mientras que al mal, el infortunio. Como es de esperar, este planteamiento suele entenderse en oposición a la relación aleatoria entre la acción humana y su resultado, o bien, en sentido más teológico, a la gratuidad divina de todo lo recibido por la acción humana. Respecto a su localización cronológica en Israel, se suele afirmar que recorre toda su historia, aunque su presencia es más notoria entre los sabios de Israel, siendo el libro de Proverbios su mejor exponente. También se afirma con frecuencia, que algunos libros, particularmente Job y Eclesiastés, se rebelan contra ella. Sin embargo, todas estas premisas son problemáticas por tres razones fundamentales:

> 1) Se entiende esta doctrina de modo excesivamente monolítico, sin atender a la diversidad existente entre los distintos textos y tradiciones bíblicas, pues no se diferencia entre retribución individual o social, individual o histórica, civil o religiosa, inmanente o escatológica, ni se matizan las diferencias entre tradiciones teológicas o libros, v.g. entre el Cronista y el Deuteronomista, o entre los distintos profetas, etc[243].
>
> 2) La retribución es una estructura mental que da forma a la psicología y sociología humana, constituyéndose en pilar de toda sociedad, si bien su cristalización en el derecho, la ética, la doctrina, etc; puede variar de una sociedad a otra. Se trata pues de una estructura que permea la estructura antropológica, haciendo muy difícil su distinción como pura doctrina teológica.
>
> 3) La cronologización bíblica de los autores suele ir contra la tendencia actual que data la HD[244] tardíamente, y más aún el Cronista. Ambos *corpora* son importantes por su acento sobre la retribución ético-religiosa, lo cual milita en favor de una entrada tardía en el Judaísmo

---

[243]A este respecto, *ISBD(FR)*, pp. 154-57, hace un magnífico análisis de las diferencias tanto cualitativas como históricas que existen en la Biblia respecto a esta doctrina.

[244]Esta tesis cuenta con John van Seters, *In Search of History*, como su mejor valedor, o al menos como el que más coherentemente la ha sostenido. A modo de ilustración, afirma en las pp. 290s: "There is no reason to believe that any other suources, traditional or achival, were at the author's disposal when he composed the various scenes and episodes of his work. They may all be construed". Por consiguiente, su elaboración como obra compacta no sería anterior al exilio.

del concepto teológico de retribución, y mina la teoría de una rebeldía tardía de Job y Eclesiastés contra una tradición sapiencial antigua. Apoya esta tendencia el que los estratos más antiguos de Proverbios no contengan claramente una doctrina de la retribución en sentido ético-religioso[245].

16.7. De todas las cuestiones problemáticas enumeradas, nos interesa aquí la segunda, o sea la relativa al descuido del contexto socio-económico e histórico de tal doctrina. La posible existencia de una doctrina de la retribución necesariamente estaría ligada a las contingencias de Israel, las cuales conforman un amplio abanico que va desde una religión oficial en el período monárquico hasta una religión mesiánica en el período posexílico, y aun ésta tendría un extremo restauracionista y otro de radicalismo escatológico. Puesto que Eclesiastés pertenece a este último período, conviene acotar la significación socio-política y económica de la doctrina de la retribución dentro del mismo. En este marco posexílico, el judaísmo se encuentra en estado permanente de dominio por los grandes imperios y civilizaciones, cuyos objetivos, vistos obviamente desde el dominado, son la explotación máxima de recursos, entre ellos los pueblos sometidos y considerados inferiores o tratados como tal, sobre

---

[245]Para un buen tratamiento del tema respecto a Proverbios y Eclesiastés, véase Lennart Boström, *The God of the Sages. The Portrayal of God in the Book of Proverbs*, pp. 90-140; A.A. Di Lella, "The Problem of Retribution in the Wisdom Literature"; Archie C. Lee, "The 'Critique of Foundations' in the Hebrew Wisdom Tradition (Job and Koheleth on Divine Retribution)"; Holger Delkurt, *Ethische Einsichten in der alttestamentlichen Spruchweisheit*; H.J. Koorevaar, "Das Vergeltungsdogma im Buch der Sprüche"; J. Loader, "Different Reactions of Job and Qoheleth to the Doctrine of Retribution (Eccl 7:15-20; Prov 10-22)"; Roger Lapointe, "Foi et vérifiabilité dans le langage sapiential de rétribution"; Richard L. Schultz, "Unity or Diversity in Wisdom Theology? A Canonical and Covenantal Perspective"; J. Patton Taylor, "A Time to Dance: Reflections on the Book of Ecclesiastes"; Raymond C. van Leeuwen, "Wealth and Poverty: System and Contradiction in Proverbs". Por razones diversas, Delkurt, Schultz, Taylor y van Leewen niegan la existencia de una "ruptura" entre Proverbios y Eclesiastés, siendo este último muy interesante por poner de manifiesto las contradicciones recogidas por los sabios, apareremente *ex professo* para suscitar la fe del lector. El resto tienden a apoyar la ruptura sobre el tema de la retribución, aunque Koorevaar con matizaciones importantes. Boström se centra sólo en Proverbios, en el que percibe unos planteamientos abiertos respecto al modo por el que la consecuencia anunciada se cumple. Es decir, según él se trata más de un credo de los sabios que de una constatación de la realidad (cf. p. 125).

todo por su incapacidad político-militar y posiblemente por su "inferioridad" cultural. En otras palabras, desde la perspectiva judía, como desde la de cualquier otro pueblo sometido por un imperio, el poderoso establece sus reglas de juego que no son otras que las de la ley del más fuerte. Desde este contexto se puede entender la definición de quien es el "piadoso" (*ḥasîd*), el "justo" (*ṣadîq*) o el "bueno" (*ṭôb*), a saber: el que no tiene más apoyo institucional que Dios y su Ley, y por tanto el que confía en que Dios opere una reversión divina –inminente o no, pero que tiene mucho de sentido escatológico– de los valores comúnmente aceptados o impuestos, sobre todo, por la cultura internacional. Éste sigue siendo el caso hoy día[246]. Quizás fue bajo la presión helénica cuando más se agudizó el sentido de gratuidad y de reversión escatológica, entendida ésta como adelanto de la justicia celestial y definida teológicamente en la doctrina de la retribución del justo[247]; al menos, no cabe duda de que el desarrollo cultural y económico helenista deslumbraba a cualquier otra cultura más "primitiva", como la judía que se mantenía sujeta a un texto legal tan antiguo como la Torá. Téngase en cuenta que el justo, debido a su adhesión a ésta, quedaba relegado a estratos socio-económicos de segundo o tercer orden, de modo que su horizonte se cerraba ostensiblemente. Por el contrario, los partidarios de una helenización total, o los de alcanzar un compromiso entre judaísmo y helenismo incluso a costa de renunciar a aspectos vitales del primero, se veían inmediatamente retribuidos con el libre acceso a las áreas de poder.

16.8. Desde la óptica cristiana de crítica del legalismo y de la casuística farisaica, que parece utilizar esquemas de retribución según la excesiva simplificación (necesaria, no lo niego) que hicieron los evangelistas, la doctrina de la retribución es censurable por no abrir espacio a la gratuidad. Sin embargo, no debemos olvidar que la palabra *retribución* no hace justicia al sentido real de la doctrina, pues debiera llamarse más bien *justicia divina* por operar según

---

[246]Coincido por esta razón con la insistencia de *HCBD(RE)*, p. 928, en que el conjunto de textos bíblicos tiene un mínimo común denominador en comprender la retribución como *prerrogativa divina*, siendo sólo a partir de esta prerrogativa que puede percibirse más o menos incrustada en la ley natural. En otras palabras, la prerrogativa divina es en realidad una subversión del acontecer natural.

[247]Cf. Stephen de Jong, "'¿Quítate de mí Sol'. Eclesiastés y la Tecnocracia Helenista", pp. 76-78.

esquemas, precisamente, anti-retributivos, es decir, por operar contra esquemas del tipo "tanto tienes, tanto vales", que son los que verdaderamente imperan. Así pues, colocada en el marco posexílico, la doctrina de la retribución no tiene nada que ver con la lectura pragmática antigua como fundamento socializador del individuo y cuyas premisas eran la justicia fundamental del sistema político-social al que se pretendía integrar a los pupilos. Dicho en pocas palabras, la doctrina de la retribución en el período helenista no necesariamente tenía que formar parte del *establishment*, sino todo lo contrario. Por ello, disiento de quienes asocian la *ortodoxia* retributiva con el *establishment* ya sea civil o religioso. Sírvanos el libro de Daniel, una vez más, como botón de muestra de estas observaciones, y de las fluctuaciones históricas que una tal doctrina puede sufrir. Así, mientras que Daniel A refleja una lectura histórica de la retribución, según se ve en la realización inmediata de sus interpretaciones de los sueños, Daniel B la proyecta a un difuso contexto de realización, según se deja ver en 12,4a: "Pero tú, Daniel, mantén en secreto estas palabras y sella el libro hasta el tiempo del fin". El editor final, sin embargo, ha sido capaz de entender la validez de ambas lecturas porque, seguramente, ha percibido también su coyunturalidad. Algo similar nos plantea la HD y su famoso esquema *desobediencia-castigo-arrepentimiento-redención* que la recorre transversalmente, o según su exhortación a la obediencia de la Ley con promesa de recompensa[248]. Tal exhortación es hecha, precisamente, cuando el fracaso histórico de Judá (el exilio) niega rotundamente el mecanicismo de estos patrones; es decir, parece que la rigidez de estos patrones se produce como reacción a las evidencias históricas, lo cual indica que se trata más de un llamado a la fe que de una exposición con pretensiones fácticas[249]. Con esto en mente, podemos entender también que el libro de Proverbios no tenga una lectura lineal o unívoca. En efecto, muy pocas veces se tiene en cuenta que la asociación abiertamente salomónica de las colecciones que componen este libro –sean antiguas o recientes, contengan estratos más pragmáticos o más teológicos–, las situará en el pasado idealizado sobre el que todo modelo político-económico y religioso será contrastado, al menos a partir del judaísmo

---

[248]Cf. M. Noth, *Überlieferungsgeschichtliche Studien: Die Sammelnden und bearbeitenden Geschichtswerke im Alten Testament*.

[249]Ya hemos comentado que en los últimos años se viene afirmando con mayor insistencia que la HD tiene su origen en la época exílica o incluso posexílica (cf. *supra* §16.6, n. 244).

posexílico[250]. De este modo, igual que los movimientos visionarios sapienciales podían proyectar al futuro sus utopías políticas y religiosas, los partidos no visionarios postulaban por relecturas idealistas de textos canónicos o protocanónicos. Al hacerlo, proyectaban a un supuesto pasado salomónico esplendoroso sus utopías como el lugar ideal de su realización; en ese *topos* pasado la retribución histórica fue verificable por darse en ella un alto grado de perfección institucional (sujeción del templo, la tierra, y la monarquía al temor de Dios –a la Ley– como fundamento de orden y justicia) y, por ende, una gran estabilidad. Por esta misma razón, también se remite al *topos* la verificación de la doctrina: ésta se convierte en objeto de fe (credo), y por ello mismo también en fundamento de crítica de toda realidad presente y futura, y en fundamento de esperanza e incluso de programa político.

Aplicando todo esto a Ecl 2,26, se concluye que incluso si se demostrara de modo incontrovertible este verso es una adición a favor de la doctrina teológica de la retribución, habría que tener en cuenta su función de vindicación del justo ante el poderoso *mélek* de 1,12-2,11, y su propósito crítico de éste. No se trataría, pues, de un simple propósito de "enmendar la plana" a un autor opuesto a la antigua y tradicional doctrina de retribución, tal y como afirman los proponentes de la enmienda piadosa[251]. Se mire como se mire, por tanto, el "bueno ante Dios" es sobre todo el *alter ego* del *mélek*, esto es, su contramodelo. Desde esta perspectiva, se puede afirmar que 2,24-26 es la culminación del giro copernicano personal del *mélek*, ya anunciado desde 2,17 y manifestado claramente a partir de 2,20. Espero confirmar en la sección que sigue que el mensaje político-económico del autor y el editorial se solapan, también aquí, sin excluirse mutuamente.

El significado propio de "el bueno ante Dios" (ṭôb lipnê 'elohîm)

16.9. Es necesario comenzar afirmando por enésima vez que la

---

[250]En "The Social Significance of Solomon as a Patron of Wisdom", W. Brueggeman presenta la asociación Salomón-Sabiduría como una proyección ideológica, política y teológica. Coincido con este punto, aunque no así con el planteamiento global del artículo, que parece sugerir que dicha asociación ha sido formulada principalmente por el *establishment* (cf. pp. 127-32 como ejemplo). A mi entender, la figura estereotipada de Salomón fue objeto de litigio entre partidos diversos, y el canon hebreo refleja más el litigio que la victoria de uno de los partidos.

[251]Cf. E. Podéchard, *L'Ecclésiaste*. p. 284.

especificidad qoheletiana de esta fórmula debe entenderse desde la apertura y no desde la precisión semántica. La expresión es lo suficientemente ambigua como para ser entendida por lectores de trasfondos dispares. Ginsberg propuso una influencia de la expresión aramea שְׁפַר קֳדָם, que en la BH/A sólo aparece en Daniel 3,32 y 6,2 (cf. 4,24 con שׁפר + על)[252], y que suele ser traducida por "parecerle (a uno) bien" (v.g. *CI* y *BJ*) o "convenir (ser bueno)" (v.g. *RV-60*). En las dos instancias se trata de la formula introductoria de un decreto real sobre un asunto determinado, y según este autor apoya la siguiente traducción de Ecl 2,26: "ciertamente, a quien él decide le da ...", que destaca la capacidad soberana de quien toma la decisión. Esta opinión podría verse apoyada por la oración "y si tu siervo es bueno ante ti" (אִם־יִיטַב עַבְדְּךָ לְפָנֶיךָ) de Neh 2,5[253]. No pretendo aquí negar el fundamento de Ginsberg, pero sí señalar que la frase aramea no aporta nada, sino que está más pronto sujeta a la misma ambigüedad que la hebrea, ya que nada se dice de la cualidad de lo decretado. Además, contamos con una cita que concentra casi todas las expresiones posibles que han sido sugeridas como base de comprensión del "bueno ante Dios", y que nos servirá de ayuda. Se trata de Ester 8,5:

> וַתֹּאמֶר אִם־עַל־הַמֶּלֶךְ טוֹב וְאִם־מָצָאתִי חֵן לְפָנָיו וְכָשֵׁר הַדָּבָר לִפְנֵי הַמֶּלֶךְ וְטוֹבָה אֲנִי בְּעֵינָיו יִכָּתֵב לְהָשִׁיב אֶת־הַסְּפָרִים מַחֲשֶׁבֶת הָמָן בֶּן־הַמְּדָתָא הָאֲגָגִי אֲשֶׁר כָּתַב לְאַבֵּד אֶת־הַיְּהוּדִים אֲשֶׁר בְּכָל־מְדִינוֹת הַמֶּלֶךְ׃
>
> Ella dijo: 'si al rey parece bien (o "si place al rey"), y si he hallado gracia ante él, y el monarca estima el asunto conveniente y soy grata a sus ojos, escríbase revocando los decretos del proyecto de Hamán, hijo de Hammedata, el Agatita, que escribió para exterminar a los judíos que hay en todas las provincias del rey'.

En esta cita, el esmerado lenguaje de Ester (hasta caer en lo empalagoso), combina el respeto, temor y halago debidos a la autoridad, con las cualidades tanto personales como proposicionales (el asunto propuesto). Así, "si place al rey" (אִם־עַל־הַמֶּלֶךְ טוֹב) es la expresión que

---

252H.L. Ginsberg, *Studies in Qoheleth*, p. 10.

253Cf. Num 24,1 y Jer 40,4, donde aparece una expresión sinónima con *`ayin* (ojo, vista) en lugar de *lipnê* (ante).

recoge la arbitrariedad (en sentido literal, no peyorativo) regia del modo más rotundo (cf. 1,19 con idéntica expresión y significado), mientras que el resto de expresiones conllevan ambos matices de reconocimiento de la arbitrariedad o soberanía regia y afirmación de la cualidad personal del solicitante y del asunto expuesto. En suma, nos encontramos con un lenguaje utilizado por alguien que muestra sumisión (¿o sería mejor decir lealtad?) a la autoridad regia, y que por ello mismo se acerca con reconocimiento de su libre arbitrio soberano para exponerle un asunto que considera bueno y espera que así sea considerado por aquélla. Este texto, por tanto, hace pensar que quizás no sea posible interpretar nuestra expresión de Ecl 2,26 sólo desde un extremo de sus significados posibles. Por otro lado, una resonancia distinta nos viene de la expresión "bueno a los ojos (de alguien)" (טוֹב בְּעֵינֵים), que aparece casi siempre acompañada del verbo *`āśāh* u otros verbos de acción, empleándose tanto para designar la anarquía socio-política en Jueces ("cada uno hacía lo que bien le parecía"), como para expresar la obediencia humana a la superioridad política o divina[254]. Finalmente, en este estudio no podemos dejar de referirnos a Ecl 7,26, para constatar que se mueve en una ambivalencia similar, ya que sólo es posible asegurar su interpretación ético-religiosa o toraica desde su asociación con Salomón, y, más concretamente, con la censura deuteronomista a la pésima influencia que en su opinión ejercieron sus mujeres (1Rey 11), quedando por tanto siempre abierta la posibilidad de una lectura autógrafa más *secular* vinculada al autor.

16.10. Una vez fundamentada la apertura semántica, prestemos atención a una serie de resonancias protobíblicas que constituyen el

---

[254]Doy a continuación la lista completa de ocurrencias de esta expresión: Gen 16,6; 19,8; 20,15; Num 36,6; Jue 10,15; 19,24; 1Sam 1,23; 3,18; 11,10; 14,36.40; 29,6; 2Sam 10,12; 19,19.28.39; 24,22; 2Rey 10,5; 20,3; 1Cron 19,13; 21,23; Est 3,11; 8,8; Is 38,3. Todos los textos aparecen con *`āśāh* salvo los siguientes: Gen 20,15; Num 36,6; 2Sam 10,12; 24,22; Est 8,8. Pero también éstos se construyen con otros verbos de acción. Por lo que respecta a Qumrán (1QH 16,18; 17,24), la expresión tiene una marcado carácter religioso, muy próximo a la cita de Isaías. Resta mencionar que no la encontramos en el texto hebreo que tenemos de Sira.

acervo de precedentes con los que Qohélet y sus editores pudieron contar deliberadamente. La gama de textos y de posibilidades de interpretación es amplia, por lo que se requerirá algo de paciencia. Adelantemos a modo de sumario que podríamos organizar dicho acervo en los siguientes grupos: 1) textos que hablan de "hacer lo bueno" (v.g. 2Cron 31,20); 2) textos que contienen emparejamientos antónimos tipo "bueno-malo" (v.g. Prov 14,19); 3) textos que hablan de una transferencia de riquezas del rico al pobre o justo (v.g. Prov 13,21.22). Sin duda, Qohélet y sus editores debieron trabajar con este trasfondo en mente.

Comencemos por el *primer grupo*. 2Cron 31,20 lee: "e hizo lo bueno, lo recto y lo fiel ante el Señor su Dios" (וַיַּעַשׂ הַטּוֹב וְהַיָּשָׁר וְהָאֱמֶת לִפְנֵי יְהוָה אֱלֹהָיו); 1QS 1,2 es similar: "para hacer lo bueno y lo recto ante él" (לעשות הטוב והישר לפניו). El texto del Cronista es un sumario favorable al rey Ezequías que no tiene paralelo con ningún otro sumario, ni deuteronomista ni cronista, y su intención es laudatoria, pues "hacer lo bueno ante Dios" tiene el sentido toraico de cumplir la ley de Israel. Otras citas interesantes de Qumrán son 1Q27 1,2,5; 1QH 17,24. Esta última cita es importante porque lee "el bueno/piadoso a tus ojos" (בעיניך התוב), y ya hemos visto que "ojo/vista" (*`ayin*) y "ante" (*lipnê*) podrían ser intercambiables, aunque podemos abundar en ello comparando 1QH 16,18 (para hacer lo bueno a tus ojos - לעשות את הטוב בעיניך) con el texto ya mencionado de 1QS 1,2 (para hacer lo bueno y lo recto ante él - לעשות הטוב והישר לפניו). Sigamos por el *segundo grupo*. El emparejamiento antónimo de los sustantivados "bueno" (*ṭôb*) y "pecador" (*ḥôṭe'*) es característico de la literatura sapiencial. Así, en Proverbios el "bueno" aparece generalmente como sinónimo del "justo" (*ṣadîq*) y, al igual que en Ecl 2,26, se sitúa con frecuencia frente al "pecador" (*ḥôṭe'*). En Prov 2,20 se equipara a los "buenos" (*ṭôbîm*) con los "justos" (*ṣadiqîm*), y en 14,19 encontramos una importante paradoja en la que se contrasta a los "buenos" (*ṭôbîm*) con los "impíos"(*rā`îm*), y a los "perversos" (*rĕšā`îm*) con el "justo" (*ṣadîq*). En 15,3 se afirma que los ojos de Yavé están tanto sobre los "impíos" (*rā`îm*) como sobre los "buenos" (*ṭôbîm*). En el Sirácida también el "bueno" (*ṭôb*) o los "buenos" (*ṭôbîm*) son los piadosos (cf. 39,25.27 [B]), y se sitúan frente al "perverso" (*rāšā`*) y al "impío" (*ra`*) (cf. 36,14 [E] -aunque aquí se lee *'îš ṭôb* ["hombre bueno"]). Por lo que respecta a "pecador" (*ḥôṭeʼ*), ocurre en Prov 8,36; 11,31; 13,22; 14,21; 19,2, 20,2 siempre, excepto en la última cita, en contraste antitético, en lo cual es seguido muy de cerca por Eclesiastés (2,26; 7,26; 8,12.13; 9,2; 9,18[?])[255]. Llegamos finalmente al *tercer grupo*. En él destaca una cita que podría ser una resonancia intencional de Ecl 2,26; me refiero a Prov 13,21.22:

(21) חַטָּאִים תְּרַדֵּף רָעָה וְאֶת־צַדִּיקִים יְשַׁלֶּם־טוֹב׃ (22) טוֹב יַנְחִיל בְּנֵי־בָנִים וְצָפוּן לַצַּדִּיק חֵיל חוֹטֵא׃

(21) A los pecadores persigue la desgracia, mas a los justos recompensa el bien. (22) El bueno deja herencia a los nietos, pero está reservada para el justo la fortuna del pecador.

Según esta cita, en la antítesis justo-pecador se da un proceso de transferencia total de riquezas del segundo al primero[256]. En Ecl 2,26 se da tanto el formato de antítesis como la afirmación de la transferencia de un polo a otro, aunque se es más rotundo respecto a la transferencia de sabiduría que a la de riquezas mencionadas en 2,4-11; éstas son presumiblemente evocadas en 2,26b, pero no se llega a afirmar su total transferencia, sino que simplemente se generaliza sentenciando "para dar al bueno ante Dios" (לָתֵת לְטוֹב לִפְנֵי הָאֱלֹהִים), o sea, quizás tan sólo para mantenerlo[257]. Sea como fuere, lo cierto es que el esquema de transfe

---

[255]Más aún, el participio es la forma predominante en este libro, ya que todas las variaciones de la raíz *ḥṭʼ* aparecen en 2,26; 5,5; 7,20.26; 8,12; 9,2.18; 10,4. De todas ellas, sólo las dos últimas podrían tener una significación más cercana a un "yerro" más o menos genérico. Del resto, todas adquieren un sentido ético. Así, 5,5 se da en el contexto del voto pronunciado en el templo, 7,20 afirma la imposibilidad de la justicia total sobre la tierra, mientras que de 8,12 y 9,12, pero sobre todo del primero, es imposible negar su carácter de pecado ético-religioso. Respecto a 7,26 acaba de ser mencionado su carácter ético en relación al Deuteronomista.

[256]Éste no es el único caso de *transferencia* en Proverbios, ya que encontramos otros textos similares como 14,19 ("Los malos se inclinarán ante los buenos, y los impíos ante las puertas del justo"), aunque algo más claro es el de 21,18 ("De rescate para el justo sirve el malvado, y a cambio de los rectos, el pérfido"), si bien el tema de las riquezas no aparece explícitamente.

[257]Podría resultar interesante especular sobre esta sutileza del texto: ¿es una insinuación del *modus vivendi* de los sabios y escribas? Volveremos a esta

rencia está presente en los dos textos. Nótese que, si bien resulta fácil atribuir al libro de Proverbios[258] un pensamiento retribucionista, en realidad apenas explicita el mecanismo concreto de retribución, siendo estos textos de *transferencia* de los pocos donde sí tenemos una formulación más concreta. Pero lo significativo aquí es que la conclusión de los dos primeros capítulos más autobiográficos culmine con una sentencia de tono claramente salomónico, ya que en Prov 13,21.22 resuena toda una colección que parece formar parte del más antiguo acervo sapiencial atribuido a Salomón[259], es decir, la colección de sentencias yuxtapuestas o antitéticas de Prov 10-15, donde de algún modo se establecen los fundamentos sociales (y teológicos, al menos desde la perspectiva del libro editado) de diferenciación entre los justos-sabios y los pecadores-necios[260]. En definitiva, Ecl 2,26 confirma que la

---

cuestión cuando tratemos el tema del ocio en el capítulo siguiente.

[258]Cf. *supra* §16.6, n. 245.

[259]Esto es lo que se desprende de la elaboración editorial de Proverbios. Así, la colección de sentencias antitéticas está ensartada en la sección de los capítulos 10-24 (o 10-22,16 + 22,17-24,34), cuyos editores atribuyen de modo muy escueto a Salomón (מִשְׁלֵי שְׁלֹמֹה), distinguiéndola de la subsiguiente (caps. 25-29), que según los editores "también estos son proverbios de Salomón" (גַּם־אֵלֶּה מִשְׁלֵי שְׁלֹמֹה) sólo "que han sido copiados por los hombres de Ezequías" (אֲשֶׁר הֶעְתִּיקוּ אַנְשֵׁי חִזְקִיָּה -25,1). Si contrastamos los contenidos de todas las colecciones, así como sus respectivos encabezamientos o superinscripciones, notaremos que la parquedad de 10,1 presentando la colección de antítesis sin mediación de ulterior introducción, contrasta con 1,1 y la larga introducción de marcado tono religioso y parenético de estilo homilético, y también con los "datos históricos" de 25,1 y el tono particularmente admonitorio y el estilo alegórico de la colección, así como con alusión a una datación posterior de su recopilación y transcripción. Finalmente, los apéndices o colecciones breves de Agur y de Lemuel también marcan importantes diferencias respecto al contenido y la forma. En otras palabras, estamos ante los *mšlym* (proverbios) salomónicos presentados por los propios editores del libro como los más antiguos y también como los de contenido más socio-económico de la obra, sin que quede excluido, obviamente, el teológico.

[260]L. Alonso-Schökel-J. Vílchez, *Proverbios*, p. 255, utilizan el calificativo "yuxtapuestas", mientras que R.E. Murphy, *Proverbs*, p. 65, emplea "antitéticas". Ambas obras, sin embargo, están de acuerdo en el carácter particular de esta colección constituida casi al 100% por paralelismos antitéticos, aunque la del tipo *ṣadîq-ḥôṭe´* domina los caps. 10-12, mientras que

palabra salomónica de Proverbios se ha cumplido, precisamente, en la persona del *mélek*. Si esto es obra del autor, la ironía es obvia: la monarquía, que se supone sustentadora de los valores salomónicos de orden social y político, cae bajo su propia condenación. Si, por el contrario, es obra de un redactor, la ironía acentúa otro aspecto, a saber: la propia ideología y teología salomónica profetizó la transmisión de poderes a otro estamento político, esto es, al "que es bueno ante Dios". En ambos casos, sin embargo, se percibe una marcada ironía socio-política basada en compartir un esquema de *reversión de valores*[261]. Precisamente, es significativo que haya sido escogido uno de los pocos textos de *transferencia* existentes, pues así resulta mucho más fácil hacer que la antítesis justo/sabio-pecador/necio sea absorbida por el esquema polar de cancelación qoheletiano. Cualquiera que sea, pues, el planteamiento redaccional sobre Ecl 2,26, parece que en ningún momento significa una ruptura radical entre el autor y sus editores.

En conclusión, este cúmulo de datos confirma que existe en Eclesiastés un trabajo conscientemente elaborado sobre una base ofrecida por un acervo del que sobresale Proverbios[262]. Pero es precisa

---

la del tipo sabio-necio los caps. 13-15 (cf. 10,3.6.7.11.16.20.21.24. 25.28. 30.31.32; 11,8.9.10.21.23.28.31; 12,3.5.7.10.12.13.21.26; 13,5.9.21.22.25; 14,19.32; 15,6.28.29, todos ellos formando antonimia con *ṣadîq*). Fuera de esta colección encontramos, también con *ṣadîq*, los textos siguientes: 3,33; 4,18; 17,15; 18,5; 21,12.15.18.26; 24,16; 25,26; 28,1.12.28; 29,2.6.7.16.27. Por lo que respecta a paralelismos con *ṭôb*, reseñar 2,20; 13,22; 14,14.19; 15,3. Nótese, sin embargo, que en ningún caso encontramos el emparejamiento antónimo *ḥôṭe'-ṭôb lipnê 'ĕlōhîm* de Ecl 2,26 y 7,26.

[261]Recuérdese lo que ya se adelantó en §16.5 sobre la función subversiva de la doctrina de retribución, así como todo el planteamiento más global presentado en §16.7 sobre el carácter escatológico de subversión de valores que la doctrina de la retribución adquirió en el contexto posexílico.

[262]Cuando este término no es comparado con otro (el justo), es cuando adquiere más ese sentido de necio, como podría ser el caso, aunque discutible, en 19,2 y 20,2; pero en general no cabe la menor duda de que en el marco de la literatura judía tardía domina el sentido ético, si no incluso toraico. Conforme con ello, el estudio sobre la raíz *ḥṭ'* de R. Knierim en *DTMAT* I, pp. 755-765, muestra su progresivo uso en contextos éticos y teológicos, incluso en la Biblia (cf. sobre todo col. 763), aunque reconoce un sentido primitivo *secular* nunca del todo perdido como "errar el blanco, perderse, etc." (cf. Jue 20,16 y Prov

mente la existencia de estos precedentes tan definidos lo que nos lleva a preguntar por qué razón, si Ecl 2,26 pertenece a una mano redaccional piadosa, no ha empleado alguno de los antecedentes que tan a mano tenía. La respuesta no puede tener más que dos formas: 1) no hay tal cosa como intervención redaccional en 2,26; 2) si la hubo, no pretendió teñir el texto recibido de un toraicismo explícito, sino añadirle un sutil matiz toraico.

Resonancia de la estructura de 1,12-2,26 en Sira

16.11. Además de las resonancias lingüísticas y teológicas reseñadas hasta aquí, cabe cerrar nuestro estudio de Ecl 1,12-2,26 señalando que despliega una estructura argumentativa que también tiene sus ecos intertextuales, siendo los más nítidos los de Sira 40,1-27. La estructura en cuestión sería ésta:

A.- Dios sujeta a todo el género humano a una pesada carga. (El castigo universal de Gen 3 subyace en este principio).

B.- Descripción de las implicaciones para el ser humano derivadas de dicha carga. La mayor parte de la descripción son paradojas o contradicciones para la vida humana.

C.- En ese marco universal, se dan dos extremos opuestos: el pecador acentúa las contradicciones; el justo/piadoso puede librarse sólo en parte, pues la sujeción humana a las contradicciones de la vida es universal.

16.12. Transcribo los textos más destacados de esta estructura, aunque conviene leer el texto entero para captar hasta qué punto este capítulo de Sira es una trabazón bien compacta:

A.- (1) Una gran ocupación ha dado Dios como lote, y un yugo pesado sobre el género humano (lit. "hijos de hombre") desde el día que salen del vientre materno hasta el día que vuelven a la madre de toda vida ...

(1) עסק גדול חלק אל ועול כבד על בני אדם מיום צאתו מרחם אמו עד יום שובו אל אם כל חי ...

19,2).

(Los versos 2-4 abundan más en el carácter universal de este yugo).

B.- ... (5) cólera, preocupación, temor, miedo a la muerte, querella, discordia. Y en el momento de su descanso en el lecho, el sueño nocturno desvela su corazón. (6) Descansa un poco, por un instante, pero en vano pues el pensamiento las ansiedad[es] ••• (7) En el momento preciso se despierta admirándose de un temor de nada.

(5) אח קנאה דאנה ופחד אימת מות תחרה[264] ו[ריב][263] ועת נוחו על משכבו שנית
לילה העירה [לבו] (6) מעט לריק כרגע ישקוט ומבין בהל[ות] •••.... (7) ••
עודך מ•••••הקיץ ומראו ••• מניח

C.- (8) Así ocurre con toda carne, desde el hombre a la bestia, pero con los pecadores, siete veces más ...[265] (17) La piedad jamás vacila, y la justicia es para siempre ... (26) Riqueza y vigor alegran el corazón; mejor que ambos, el temor del Señor. Con el temor del Señor no hay carencia, y no hay que buscar ayuda ...

(8)••••••••••••• ••••••••••• ... (17) וחסד לעולם לא ימוט וצדקה לעד תכון
... (26) חיל וכח יגיל[ו] לב ומשניהם [י]ראת אלהים אין [ב]יראת ייי מחסור
ואין לבקש עמה מ[שע]ן

Esto significa que en el pensamiento de Sira operan unos principios ético-teológicos de tipo absoluto, como el de la condición humana universal, que le permiten una mayor sofisticación en sus planteamientos que a obras como Proverbios, mucho más parca en

---

[263]Seguimos la lección de Bm. Esta preferencia por Bm se basa exclusivamente en la coherencia del texto, pero ninguna de las lecturas altera la estructura del conjunto.

[264]Por las mismas razones que en la nota anterior, seguimos la lección de Bm; B lee *thrh*.

[265]Por desgracia, estos dos hemistiquios se han borrado en el texto hebreo, y ahora ignoramos si el hebreo leía *ḥôṭeʾ* o no. De todos modos, si juzgamos por los versos hebreos subsiguientes (v.g. 9-10), el texto griego que sirve de base a mi traducción debe ser muy próximo al texto hebreo perdido. En cualquier caso, la estructura aquí presentada está bien atestiguada tanto en el hebreo como en el griego, ya que los versos 9-16 están íntegramente dedicados a las desgracias de los pecadores.

presupuestos absolutos y universales. Es decir, la diversidad de los principios que operan en el capítulo denotan una doctrina muy matizada; es más, la propia descripción del capítulo es realizada en forma muy *secular* en la que apenas aparecen dos o tres breves pinceladas sobre Dios como agente que está tras el escenario descrito (cf. vv. 1.12. En el último verso Dios no es siquiera mencionado). Eclesiastés no es menos sofisticado ni menos secular, y de hecho en los caps. 1-2 encontramos el mismo hilo conductor que en Sira 40, aunque en el marco de su ficción regia. Veámoslo:

A (1,13b) הוּא עִנְיַן רָע נָתַן אֱלֹהִים לִבְנֵי הָאָדָם לַעֲנוֹת בּוֹ
Esta nociva ocupación impuso Dios sobre los hijos de los hombres para humillarlos/ocuparlos.

B (1,17) וָאֶתְּנָה לִבִּי לָדַעַת חָכְמָה וְדַעַת הוֹלֵלוֹת וְשִׂכְלוּת יָדַעְתִּי שֶׁגַּם־זֶה
הוּא רַעְיוֹן רוּחַ (1,18) כִּי בְּרֹב חָכְמָה רָב־כָּעַס וְיוֹסִיף דַּעַת יוֹסִיף מַכְאוֹב
(1,17) Me entregué pues a la tecnología y la ciencia, y descubrí que son enredos y sandez. También descubrí que esto es una preocupación volátil. (1,18) Cierto, a mayor ciencia, mayor enojo, y quien acumula tecnología aumenta el dolor.

C (2,26) כִּי לְאָדָם שֶׁטּוֹב לְפָנָיו נָתַן חָכְמָה וְדַעַת וְשִׂמְחָה וְלַחוֹטֶא נָתַן עִנְיָן
לֶאֱסוֹף וְלִכְנוֹס לָתֵת לְטוֹב לִפְנֵי הָאֱלֹהִים
Así es, (Dios) entrega ciencia, tecnología y fruición a quién le agrada, mientras que al desgraciado/pecador le da la tarea de captar recursos y capitalizarlos para dejarlo todo a quien sea del agrado divino.

Estos tres versos no son sino los mejores exponentes del contenido de 1,12-2,26 respecto a la estructura que venimos comentando. Así, 1,13 compendia el esfuerzo personal del *mélek* de 1,13-16, que sigue de este modo la "perversa ocupación" dada por Dios a los "hijos del hombre" (*bĕnê hā'ādām*), mientras que 1,17 recoge, a raíz de dicha ocupación, las contradicciones expuestas por el *mélek* entre 1,17-26 (incluyo aquí las contradicciones provocadas por la existencia de la muerte-olvido histórico y el heredero-favorito); finalmente, 2,26 no es más que el sumario del contraste entre dos modelos de hombre completamente distintos, e incluso opuestos, que se desarrolla más ampliamente desde 1,18 hasta el final del capítulo[266]. No se pretende con ello hacer afirmación alguna sobre la redacción de estos capítulos, sino constatar que en el estado actual del texto se dan algunos elementos argumentativos básicos que también están presentes en Sira, tanto en el texto hebreo como en el griego, aunque quizás más desarrollados en este último, y que todo ello conduce a confirmar la existencia de una escuela escribanil que ha alcanzado un alto grado de sofisticación, con una gran capacidad para asimilar influencias de las esferas más seculares, y con una tremenda capacidad para elaborarlas sobre un armazón doctrinal yavista. No resulta difícil, pues, deducir que los editores de Qohélet estaban intelectualmente preparados para captar la repercusión teológica de esta obra crítica. Más aún, su interés por la *Schöpfungsweisheit*, tamizada por la influencia helenista, les lleva a interesarse por la humanidad en su conjunto, y particularmente por las grandes civilizaciones, abriendo así el yavismo de carácter muy eclesio-céntrico (la historia de Israel como centro de la historia humana), a la historia universal del género humano[267], y por ende al desarrollo de una comprensión de Dios y el hombre también más universales.

§17. Sumario y conclusiones

17.1. Este análisis comparativo nos ha llevado a una conclusión fundamental: el libro de Eclesiastés se ubica en un contexto intelectual judío altamente preocupado por la historia humana y por el género humano. La conclusión de 2,26 de toda la sección 1,12-2,26 deja muy claro, desde la perspectiva editorial, que todo cuanto ha descrito el *mélek* sobre toda su acción socio-política y económica fue la obra de un

[266]Obsérvese cómo el sustantivo *`inyan* aparece por primera vez en 1,13 en el marco de la afirmación universalista, mientras que su segunda aparición en 2,23.26 matiza dicho principio mediante su atribución al *ḥôṭe'*.

[267]Una vez más, tampoco aquí estamos lejos del libro de Daniel, especialmente de su segunda parte. En este sentido, A. Lacocque, *Daniel et son Temps*, pp. 102-3, comenta que a mayores pretensiones globalistas del mundo helenista, mayor es el horizonte universalista de Daniel.

pecador, entendiendo por tal el sentido político pretendido por el autor y asumido por los editores: el rey que desarrolla una política de autosuficiencia o confianza en el poder *per se.* Tal pecador sirve de modelo o paradigma del pecado característico de quienes detentan o buscan el poder por medios puramente humanos[268], y por la labor editorial de asociación con Salomón se convierte en modelo del pecado fundamental de la monarquía judía, que ha sido definitivamente desechada como forma de gobierno factible para Judá y el judaísmo de la diáspora. Por ello, la consecuencia teológica más inmediata del libro es que la dirección del país o del judaísmo ha pasado de la monarquía, que acaba de confesar sus males crónicos de ansia de poder y engrandecimiento, a los sabios. Éstos pueden ser tanto los escribas sacerdotales como los miembros de los incipientes grupos religiosos. En cualquier caso, el libro de Eclesiastés es un reflejo de un poder escribanil que se atreve a desechar definitivamente la monarquía política (y en el caso de Eclesiastés ¿también la mesiánica?). Este paso era teológicamente imprescindible para legitimar esta transferencia de liderazgo: la confesión redime de alguna manera a la monarquía instaurada bajo promesa divina, y la conversión de Salomón en *qohélet* el sabio o maestro legitima la transferencia del liderazgo político-religioso a esta nueva figura de los sabios. De este modo, todo el trabajo redaccional y editorial realizado sobre un posible texto recibido se lleva a cabo para enseñar esta transferencia legítima a los estudiantes de la Ley o a cualquier lector cualificado de la tradición literaria y teológica de Judá. Si Dieter Georgi tiene razón en su teoría del desarrollo del canon a partir del catálogo de libros recomendados por el Templo a las escuelas palestinas y de la diáspora, que los utilizarían como libros de texto[269], entonces podemos explicar la presencia de Eclesiastés en el canon más allá del ya tópico

---

[268]Esta conclusión se aproxima bastante a la de Robert K. Johnston, "'Confessions of a Workaholic': A Reappraisal of Qoheleth". Sin embargo, entiendo que este autor descuida la trascendencia política de sus propias conclusiones, y ello debido, como en muchos otros autores, a que no lleva hasta el final el tema de la ficción salomónica.

[269]D.Georgi, "Die Aristoteles -und Theophrasttausgabe des Andronikus von Rhodus. Ein Beitrag zur Kanonsproblematik".

planteamiento de que fue incluido simplemente por su atribución a Salomón, y podemos entonces entender, además, porqué esta obra no fue polémica en absoluto sino hasta el momento en que su interpretación se desvinculó de la lectura político-religiosa que la llevó al canon[270].

17.2. Hecho este sumario del capítulo, podemos pasar lista a las conclusiones particulares a las que nos ha llevado el estudio de 2,11-26.

(1) La censura del autor, apoyada y ampliada por los editores, se centra en las políticas desarrolladas por el *mélek*, y no en la refutación de una doctrina tradicional de la retribución. En la medida que la descripción de dichas políticas es puramente secular, sin obvios matices ético-religiosos, su crítica no puede vincularse a la imagen de un rey creyente.

(2) Al secularismo del punto anterior hay que sumar las ideas que sobre Salomón habían sido desarrolladas por los círculos escribaniles, cuyas primeras semillas ya estaban plantadas en el Deuteronomista y el Cronista. La vida de Salomón había sido disociada en dos partes, una primera de piedad yavista a la que se vincula el Templo y el libro de los Proverbios, y una segunda de "mundanidad" alejada de la piedad anterior. Desde la perspectiva editorial, Qohélet reflejaría esta segunda aunque en forma de confesión (cf. *infra* nº 4). En cualquier caso, es obvio que la figura de Salomón era utilizada por partidos enfrentados: unos

---

[270]Creo que J. Trebolle, *La Biblia judía y la Biblia cristiana,* p. 180, tiene toda la razón cuando afirma que no tenemos datos concernientes a una posible inclusión polémica del libro en el Canon, y que tal afirmación se basa únicamente en la proyección de las disputas rabínicas, ya tardías, sobre el período de la formación del Canon. Esto supone que sólo cuando los rabinos desarrollaron y establecieron "oficialmente" métodos exegéticos más definidos, y ello sobre una base ético-teológica impregnada de una piedad muy definida, como la que despunta ya en el propio texto griego de Sira que es mucho más "piadoso" que el hebreo, encontrará Eclesiastés dificultades entre estos intérpretes, ya que la perspectiva de éstos se reducirá mucho más que la de los propios editores de la BH.

para abogar por una mayor integración en la cultura económica y política internacional (¿prohelenistas?), y otros para criticar esta misma cultura, pudiendo basarse tanto en la propia ciencia y filosofía humana (Qohélet) como en la tradición toraica hebrea (editores).

(3) Tanto el autor como los editores rechazan la monarquía *in toto*, aunque el primero por razones fundamentalmente de opresión político-económica, y los segundos por razones teológicas de desviación teológica y religiosa de la piedad yavista o toraica.

(4) A partir de 2,17 el autor presenta una revisión a fondo de su acción política. Esta revisión será interpretada, y posiblemente enfatizada con alguna elaboración redaccional menor, en línea con los editores, que consiguen de este modo presentar el texto como una confesión de pecado. Esta confesión incluye la presentación de un contra-modelo al "rey pecador" que coincide, desde la perspectiva editorial, con el "justo" o "piadoso" judío.

(5) La afirmación de una *transferencia* del poderoso *mélek* al que es *ṭôb lipnê ʹĕlōhîm*, no debe entenderse como un intento redaccional piadoso de reafirmación de la doctrina de la retribución refutada por Qohélet, sino como un contramodelo del don divino frente al modelo economicista del esfuerzo proclamado por los poderes helenistas. Es más, la doctrina toraica de la retribución del justo es un modelo de liberación de la opresión ejercida por los poderes establecidos.

(6) Los editores apuntan con su interpretación y edición del texto a una sucesión de sistemas políticos en la dirección del judaísmo tanto político como religioso. Es decir, se defiende la pecaminosidad fundamental de la monarquía que la ha conducido a su final y sustitución por los "sabios", que posiblemente son el cuerpo profesional constituido por escribas (seguramente de mayoría sacerdotal).

V
EL TIEMPO PREDETERMINA EL QUEHACER POLÍTICO Y TEOLÓGICO
(3,1-8)

§18. Introducción

A pesar de que Ecl 3 supone la aparición *ex abrupto* de un formato y una temática que, en apariencia, poco tienen que ver con la sección autobiográfica anterior, hay datos suficientes para creer que el autor siguió una argumentación coherente que sí fue entendida por sus editores. La aparente ruptura surge porque el formato autobiográfico de 1,12-2,26 es repentinamente abandonado por la introducción de un *himno* sobre el tiempo. En Ecl 3 se despliega más conceptualmente que en la sección autobiográfica una serie de temas de calado filosófico-teológico, tales como "perpetuidad" (*`ōlām/`ôlām* -3,11.14), la "obra" (*ma`ăśeh*) de Dios (3,11.14), el "derecho" (*mišpāṭ*-3,16), y el "destino" (*miqreh*) del ser humano *versus* el animal (3,19-21). Todo ello coadyuva al efecto de ruptura con los capítulos precedentes. También agudiza la percepción de una fractura el formato del *himno*: milimétricamente estructurado, no tiene conexiones explícitas con 1,1-2,26. Se entiende, pues, que los comentaristas argumenten que la ficción regia finaliza donde empieza el himno[271]. Sin embargo, en Ecl 3 hay muchos paralelismos con Ecl 1,1-2,26 (v.g. 1,9.10.13.15b; 2,24a), lo que indica un deliberado propósito de anclar la aparente novedad dentro del marco ya establecido con anterioridad; además, este *himno* podría ser la contraparte del de 1,3-11. No es de extrañar, pues, que se haya suscitado un buen

---

[271] A modo de ejemplo, véase Vílchez, *Eclesiastés o Qohélet,* p. 62, que rechaza, precisamente porque cree que el recurso de la ficción regia no va más allá de 2,26, la tesis propugnada por Von Rad según el cual todo el libro es un *testamento regio.* También Fischer, *Beobachtungen zur Komposition von Kohelet 1,3-3,15,* p. 89, sostiene que los dos himnos que enmarcan 1,12-2,26 delimitan la extensión de la ficción regia en Eclesiastés.

debate tanto sobre el significado y función del himno como de todo el cap. 3; también se discute sobre fuentes literarias, intromisiones redaccionales, etc. Sin duda, estas cuestiones se entrelazan y han de ser abordadas de alguna manera, pero aquí sólo se tendrá en cuenta aquellos aspectos que han sido soslayados en esta discusión. En concreto, prestaremos atención al himno en su totalidad y en su ubicación dentro de los caps. 1-3 de Eclesiastés. Nos centraremos también en un análisis pormenorizado de algunos textos clave. Por ejemplo, 3,1 es importante no sólo por ser el primer verso, sino por su emparejamiento de los dos sinónimos "tiempo" (*'ēt*) y "plazo" (*zĕmān*), que introduce resonancias explícitas con la literatura visionaria, a pesar de lo cual no suelen ser consideradas por los comentaristas. Este dato nos llevará al estudio de la influencia de estos grupos sobre el concepto qoheletiano del tiempo. En otras palabras, el abanico temático fundamental de este capítulo participa de la constelación de ideas de un tiempo en el que los incipientes partidos visionarios están ganando peso. Teniendo esto presente, es posible descubrir también la unidad temática de Ecl 1-3.

§19. Introducción *ex abrupto* del tema; sí, pero menos ...

19.1. Además de las repeticiones anteriormente mencionadas[272], también existen trazos de una continuidad ilativa interna en la argumentación. Comencemos por recordar la conclusión de 2,24-26, a saber: existe una especie de *ley maldita*, que recae particularmente sobre quienes se afanan en sus negocios y empresas; éstos, en una reversión de todas las leyes socio-económicas lógicas, acaban entregando lo que esperan recibir como ganancia a quienes nunca han trabajado en y por

---

[272]En este estudio no entraré en un análisis de la estructura unitaria de 1,2-3,15, en el cual las repeticiones tienen una importancia primordial. Para ello me remito de nuevo a A. Fischer, *Beobachtungen zur Komposition von Kohelet 1,3-3,15*, pp. 72-86, quien ha puesto de manifiesto que las distintas secciones fundamentales de los caps. 1-3 (o sea 1,3-11; 1,12-2,26 y 3,1-9) están reflejadas en estructura quiástica en 3,10-15.

ellas (2,26). Por otro lado, esta ley está estrechamente asociada a una convicción o *desideratum*: el verdadero bienestar consiste en poder comer, beber y disfrutar de los bienes adquiridos (2,24). Se trata, pues, de un gran alegato contra el afán político-económico y cientificista. Su proponente asegura que él ha "sufrido en sus carnes" las consecuencias de esa *ley maldita*, como vimos al estudiar 1,12-2,26, y se indica lo mismo con el uso de "ocupación/aflicción" (*`inyān*) en 2,26 y 3,10, pues el principio establecido en 2,26 se lo aplica personalmente el *mélek* en 3,10: "Yo he experimentado[273] la ocupación que pone Dios ...". Pero esto que él ha experimentado personalmente recibe ahora, por vez primera, un *principio teórico*[274]: Dios ha injertado *`ōlām* (v. 11) en todo. Esta forma consonántica es polisémica; de momento, adelantemos que, sobre la base del paralelismo intencionado entre "la ocupación que Dios dio" (הָעִנְיָן אֲשֶׁר נָתַן אֱלֹהִים -3,10) y "también puso (Dios) el *`lm* en medio de ellos" (גַּם אֶת־הָעֹלָם נָתַן בְּלִבָּם -3,11), una de sus acepciones principales es "ajetreo/mundo"[275], de suerte que es la inmersión en los asuntos políticos y económicos –es decir, en lo más "mundano"– lo que impide encontrar la obra de Dios. Es lo que afirma 3,11: "No puede encontrar el hombre la obra que Dios ha realizado" (לֹא־יִמְצָא הָאָדָם אֶת־הַמַּעֲשֶׂה אֲשֶׁר־עָשָׂה

---

[273]Traduzco el verbo *rā`āh* (lit. "ver") por "experimentar" porque creo que su uso constante a lo largo de la obra en primera persona del singular sugiere algo más que una mera "observación" externa del propio fenómeno; tengo la impresión de que se trata más de una especie de "visión" similar a la profética y visionaria, es decir, que es apropiada, y/o sufrida, por el propio receptor. Es más, diría que pretende ser una alternativa a la típica "visión" de la literatura visionaria.

[274]A. Fischer, *Beobachtungen zur Komposition von Kohelet 1,3-3,15*, p. 86, observa que la sección 3,10-15 eleva la temática precedente al nivel teológico o dogmático, razón por la que hablo de *principio teórico*. En otras palabras, no se habla aquí de una acción divina puntual, sino de una ley establecida en el seno de la creación y que como tal permanece para siempre, determinando el acontecer humano a perpetuidad. Así pues, el planteamiento, indudablemente, es de tipo dogmático y por lo tanto pretendidamente científico.

[275]Para una defensa de la presencia de este significado en Qohélet me remito a mi breve estudio sobre *`lm* en el *excursus* de §23.5. Pero quizás valga la pena señalar la semejanza con nuestra expresión "tener mundo" empleada para significar la acumulación de experiencias de cierto nivel social y económico.

הָאֱלֹהִים). A mayor involucración en el *sæculum*, mayor es el desconocimiento de la obra de Dios. En esta argumentación el tiempo juega un papel vital, pues la *obra de Dios* guarda un fuerte nexo con el tiempo: "(Dios) todo lo hizo perfecto en su sazón" (אֶת־הַכֹּל עָשָׂה יָפֶה בְעִתּוֹ -3,11a). Esto pone de manifiesto la importancia del *himno* de 3,1-8 y establece el hilo conductor de la argumentación entre Ecl 1-2 y 3. Resulta además significativo que encontremos una argumentación similar en Sira: éste aboga en favor del ocio –entendido como ausencia de trabajo o ajetreo/involucración en trabajos manuales o negocios– como medio vital del quehacer sapiencial-escribanil del sabio creyente. El texto más revelador al respecto es 38,24-39,35, del que estudiamos de momento 38,24-39,9[276]:

> **38** (24) La ciencia de un escriba aumenta la ciencia (חכמת סופר תרבה חכמה), quien disminuye la actividad se hace sabio (וחסר עסק[277] הוא יתחכם). (25) ¿Cómo se hará sabio el que empuña la aguijada (מה יתחכם תומך מלמד), el que se jacta en blandirla por lanza ... (27) Y lo mismo cualquier obrero o artesano que pasa la noche como el día (אף עשׂה ••• שב אשר לילה [כיום •••])[278] ... (28) Y lo mismo el herrero sentado junto al yunque ... Aplica su corazón a rematar sus obras y sus desvelos a adornarlas a la perfección. (29) Lo mismo el alfarero sentado en su trabajo ... (30) ... Aplica su corazón a terminar el barnizado y sus desvelos a limpiar el horno. (31) Todos estos confían en sus manos y cada uno es sabio en su oficio. (32) Sin ellos no se puede habitar una ciudad, ni se puede residir, ni pasear. Con todo, no se les busca para la asamblea del pueblo (ἀλλ’ εἰς βουλὴν λαοῦ οὐ ζητηθήσονται), (33) ni descuellan en la comunidad, ni se sientan en el sitial del juez, ni comprenden la ordenación del juicio. No manifiestan instrucción ni

---

[276]Más adelante estudiaremos 39,16-35; cf. *infra* §21.6-7.

[277]Recuérdese que este término, prácticamente sinónimo de algunas acepciones de *'lm* (mundo, eternidad), reaparece en el importante texto del cap. 40, estudiado ya en su estructura (cf. *supra* §16.11).

[278]Carecemos del texto hebreo entre 38,28-39,14, lo cual es una lástima por el importante abanico de términos sapienciales que aparecen en el griego. Desafortunadamente, y dada la compleja relación entre el texto hebreo y el griego, no podemos arriesgarnos a asumir una reversión al hebreo desde el griego; con todo, transcribo la traducción castellana y algunas partes del griego porque lo que sí parece seguro es que el hilo argumental no difiere tanto como el contenido particular de cada verso.

sentencias, ni se les ve entendidos en proverbios (οὐδὲ μὴ ἐκφάνωσιν παιδείαν καὶ κρίμα καὶ ἐν παραβολαῖς οὐχ εὑρεθήσονται). (34) Pero consolidan la creación del mundo y su oración se centra en los trabajos del oficio. **39** (1) En cambio, el que aplica su alma a meditar la Ley del Altísimo indagará en la sabiduría de todos los antiguos y dedicará sus ocios a las profecías (πλὴν τοῦ ἐπιδιδόντος τὴν ψυχὴν αὐτοῦ καὶ διανοουμένου ἐν νόμῳ ὑψίστου σοφίαν πάντων ἀρχαίων ἐκζητήσει καὶ ἐν προφητείαις ἀσχοληθήσεται). (2) Observará las narraciones (διήγησιν) de hombres famosos y penetrará en los recovecos de las parábolas (ἐν στροφαῖς παραβολῶν); (3) indagará en lo recóndito de los proverbios (ἀπόκρυφα παροιμιῶν), dará vueltas a los enigmas de las parábolas (αἰνίγμασι παραβολῶν). (4) Servirá en medio de los magnates, se le verá ante los dirigentes, recorrerá tierra de naciones extranjeras, pues ha probado el bien y el mal entre los hombres. (5) Madruga para dedicar su corazón al Señor su Hacedor, y suplica ante el Altísimo; abre su boca en la oración y pide por sus pecados. (6) Si el Señor, el Grande lo quiere se llenará de espíritu inteligente (πνεύματι συνέσεως ἐμπλησθήσετα). Él hará llover las palabras de su sabiduría (ῥήματα σοφίας αὐτοῦ) y en su súplica alabará al Señor. (7) Rectifica sus planes y su ciencia (βουλὴν αὐτοῦ καὶ ἐπιστήμην), medita en sus secretos (τοῖς ἀποκρύφοις αὐτου); (8) manifiesta la instrucción de su enseñanza (παιδείαν διδασκαλίας αὐτοῦ) y se gloría en la Ley de la Alianza del Señor. (9) Muchos alaban su inteligencia (τὴν σύνεσιν) y nunca será borrada; no faltará su recuerdo y su nombre vivirá por siempre ....

19.2. Nótese que aquí Jesús ben Sira asume la opinión de su tiempo, según la cual el obrero manual no tenía acceso a un conocimiento superior (las maravillosas obras del Señor) debido, sobre todo, a sus ataduras a la realidad cotidiana de su labor. Por esta causa, el escriba y sabio que desea conocer las obras del Señor a fondo (39,16ss) debe estar liberado de dichas ataduras[279]. Fuera esto un prejuicio o no, lo importante para esta investigación es que Qohélet parece haber trasladado esta opinión, muy extendida[280], a un nivel superior: el de la misma corte, cuyos funcionarios, con el rey a la cabeza, también pueden verse

[279]Creo que resulta interesante recordar que el término *`ēseq* (actividad, ajetreo) de 38,24 es el empleado por Sira en 40,1 para definir el castigo universal impuesto por Dios sobre la humanidad, y que su función coincide, a mi entender, con el *`ōlām* de Ecl 3,11.

[280]La encontramos también profundamente arraigada en el mundo intelectual griego; cf. H.Rondet, "Élements pour une théologie du travail", pp. 32-34 y H. Arvon, *La philosophie du travail*, pp. 9-10.

excesivamente atados a sus ocupaciones cortesanas, ya sean éstas políticas o científicas. No pretendo afirmar, ni de lejos, que Qohélet haya tomado esta idea de Sira, sino que ambos se mueven en el marco de una opinión generalizada de asociación de la sabiduría verdadera al distanciamiento de un trabajo, ya sea manual para algunos o político-comercial para otros, pero que en ambos casos conlleva esfuerzo o afán. En el caso de Qohélet, sospecho que hubiera fruncido el ceño incluso ante la descripción sirácida del escriba atareado y ensimismado en su investigación, aun cuando ésta fuera sobre las mismísimas Escrituras ("la Ley, la sabiduría de los antiguos, y las profecías" -39,1b). Verdad es que también el texto griego de Sira reconoce que la sabiduría es, en última instancia, un don divino (39,6), pero sus posturas son mucho más razonables o equilibradas ya que esto no implica para él la dejación de la responsabilidad humana.

Ahora bien, incluso estas diferencias son reveladoras de las distintas motivaciones de cada autor: mientras Sira se muestra ufano de la labor sapiencial de los escribas de la Ley, Qohélet, si bien no los confronta directamente, sí se muestra radicalmente opuesto a todo engreimiento que provenga de la actividad que uno realiza, entre otras razones porque no cree que se extraiga *beneficio* o *excedente* de ellas, como ya ha sido visto en los capítulos anteriores, de modo que no cabe engreimiento alguno. Se deduce, pues, que se situaba en oposición a las pretensiones de los distintos grupos político-religiosos que competían entre sí por el *alma de Judá*. Viene a confirmar esto el propio epiloguista: si bien defiende el valor último de la Ley (12,13), el modo de acercamiento a ella ha de ser menos el de la investigación tenaz que se asemeja a la labor del sabio o escriba empeñado en sus investigaciones (12,12), y mucho más el de una aproximación confiada en su cumplimiento u obediencia (12,13b) y en una especie de esperanza en la iluminación divina (12,14), ya sea inmanente o escatológica. Uno se siente tentado a preguntarse si la repulsión del autor hacia toda pretensión de conocimiento de Dios y su obra y su consiguiente afirmación de la libertad divina, no provienen de ese contexto de gran competencia ideológica entre incipientes movimientos político-religiosos que despliegan todo tipo de pretensiones epistemológicas, que él, sin ningún género de duda, considera excesivas y decepcionantes.

19.3. La pregunta ahora es ¿qué relación tiene todo esto con el tiempo? Con el tratamiento del tiempo se ofrece una explicación *racional* de la reversión de valores (por ejemplo la transferencia de sabiduría y posesiones de 2,26) y de las contradicciones que se producen en la realidad humana. En efecto, se propugna la siguiente solución: el tiempo es una combinación perfecta (y por ello mismo misteriosa para el hombre) entre la ocasión puntual y predeterminada de toda realidad (3,1-8.11a), particularmente de la propia tarea humana, y su proyección remota en el *saeculum* (es decir, mucho más allá de la ocasión), tal como se afirma en 3,11b. Gracias al *himno del tiempo* y a todas las afirmaciones subsiguiente (vv. 9-22), Eclesiastés proporciona una base teórica o doctrinal que en lo sustancial existía ya plenamente desarrollada en su época, pero cuyo verdadero objetivo en esta obra será fundamentar sus aceradas críticas a la acción del *mélek* y todo lo que representa. Por esta razón, la verdadera significación de la rotunda afirmación de 3,11b ("no puede el hombre entender [lit. encontrar] la obra que Dios ha hecho de principio a fin"), debe ser entendida como el principio teórico que establece la imposibilidad para el género humano en cuanto tal, pero que es particularmente cierta para quien se deja arrastrar por el torbellino político-económico. Esto no debe ocultar-nos la otra cara (más subrepticia) de esta argumentación: una vez hecha tal afirmación en toda su rotundidad, y del mismo modo que ocurre en Sira (sólo que éste desarrollará de modo explícito una segunda parte positiva), el camino para la verdadera acción divina y para un mínimo reconocimiento humano de la misma queda expedito para la fe, pues hay que suponer, siguiendo la lógica que ya estudiamos de 2,24-26, que al modelo o tipo de hombre al que se le niega el acceso a dicho conocimiento le corresponde un *contra-modelo* que sí tendrá un acceso aunque sea mínimo. Precisamente, me llama la atención el hecho de que en esta obra se proponga como modelo de creyente a aquel hombre que renuncia a competir (ya sea en el mundo económico o en el religioso) y que por tanto no se excede en pretensiones de ningún tipo (ni de poder, ni epistemológicas). Aunque la imagen de este creyente dada por Eclesiastés pueda parecer muy pasiva (mero receptor absolutamente pasivo), lo cierto es que cuando se considera este trasfondo competitivo en lo político-económico y lo religioso, se entiende que **la intención del autor no es otra que la de poner coto al abuso competitivo de su época porque éste ha permeado todos los estratos sociales. A esto, los editores no harían sino sumar su rechazo a la competitividad religiosa**[281]. Este contramodelo del *homo œconomicus* no se halla sólo en 2,24-26, sino que está bien presente en el capítulo 3, donde se lee: "No hay mayor bien en ellos que alegrarse y hacer el bien (o "disfrutar") a lo largo de su vida. Además, el todo del hombre es que coma, beba y disfrute de todo su trabajo (o "de todos sus bienes"). Don de Dios es esto" (3,12.13). Aunque de nuevo nos topamos con expresiones ambivalentes posiblemente pretendidas[282], esta traducción adquiere prioridad, si atendemos al trasfondo del conocimiento último (¿escatológico?) expuesto en 3,11, donde se habla de la pretensión de alcanzar el

[281]En esta sección no he realizado ninguna comparación con textos de Qumrán porque el tema del ocio, y la subsiguiente renuncia a involucrarse en las ocupaciones ordinarias, no aparece tan abiertamente como en Sira o Eclesiastés. Sin embargo, sí creo que debe tenerse en cuenta que el espíritu de *contemptus mundi* inherente a estos dos libros, subyace también en el ideario constitutivo de Qumrán, que, entre otras cosas, pone su acento en la dedicación a la meditación de la Ley (cf. 4QMMT 92-96 en *TdQ* p. 129 y también 1QS 5,1-3 en *TdQ* p. 54). Esta dedicación a la meditación y cumplimiento de la Ley se hacía imposible, según Qumrán, con la involucración en la sociedad civil, fuera ya la judía o la helénica. Así pues, cabe afirmar que la constitución de una comunidad separada no es más que la culminación de un espíritu de *contemptus mundi* presente a lo largo del proceso de helenización de Judá, y sin duda con conexiones (directas o indirectas) a los movimientos filosóficos itinerantes helénicos (cf. L. Levy, *Das Buch Koheleth*, pp. 12ss, quien asume una cierta influencia de los Cínicos y Cireneos sobre Eclesiastés). Más aún, es posible pensar en ciertas conexiones entre el lema qoheletiano "comer, beber y disfrutar del bien" (3,11*passim*) y la entrega de las propiedades a la comunidad como contrapartida a la obligación de ésta en subvenir al sostenimiento de sus miembros (v.g. 1QS 1,11s; 3,2; 6,19s, donde parece sugerirse la propiedad comunitaria -H. Ringgren, *The Faith of Qumran. Theology of the Dead Sea Scrolls*, p. 210).

[282]Así, no está claro si לַעֲשׂוֹת טוֹב significa "hacer el bien" o simplemente "disfrutar". Igualmente, ... כָּל־הָאָדָם שֶׁיֹּאכַל puede traducirse tanto por "el todo del hombre es que coma ..." como "todo hombre que come ...". Para abundar más en la problemática de estas expresiones, véase *infra* §23.13.

conocimiento total y absoluto ("de principio a fin" - מֵרֹאשׁ וְעַד־סוֹף), contra lo que 3,12.13 expone un don divino mucho más circunspecto y humilde.

Concluimos pues que, establecida la coherente ilación de 1,12-3,22, **el texto no se aparta ni un ápice del interés político-económico expuesto ya en los caps. 1-2; por el contrario, asienta ese mismo interés sobre un paradigma teórico o doctrinal, y por tanto más abstracto o conceptual en su forma, como fundamento de sus críticas y denuncias.**

§20. La doctrina sobre el tiempo (3,1-8).

Aspectos fundamentales del "himno"

20.1. Cabe destacar, en primer lugar, que las 39 ocurrencias de "tiempo" (*`ēt* ) en todo el libro se dan, precisamente, a partir del *himno sobre el tiempo* (3,1-8)[283], ocupando un tratamiento específico en todo el capítulo 3 (donde se concentran 31 de las 39 ocurrencias en el libro) que incide en el conjunto de la obra y que determina el significado de *`ēt* en las ocurrencias subsiguientes. Por otro lado, de la lista de 28 infinitivos de 3,2-8, llama la atención el número tan amplio de acciones descritas, como si se quisiera decir que toda la realidad cotidiana fundamental de la existencia humana, básicamente llena de tareas, está sujeta a un *`ēt*, es decir, a una ocasión oportuna o bien a un tiempo señalado. Ésta es precisamente la cuestión que suscita un problema fundamental en la comprensión del himno, a saber: ¿se trata de una mera cuestión de coyuntura (*eukairía*[284]), o es algo más profundo referido a una predeterminación ajena a la pura coyuntura? Los defensores de la mera oportunidad coyuntural, para cuyo conocimiento sería necesario desarrollar un tipo de sabiduría, adscribirían el himno a los círculos de

---

[283]La raíz *`t* aparece en Qohélet representada solamente por el sustantivo *`ēt* en las siguientes instancias: 3,1-8.11.17; 7,17; 8,5.6.9; 9,8.11.12; 10,17.

[284]Aunque J. Blenkinsopp, "Ecclesiastes 3,1-15, another interpretation", p. 57, ve tras este himno la doctrina estoica sobre la *eukairía*, yo me refiero a ella en su sentido más amplio y común dentro de la sabiduría del antiguo oriente.

una supuesta sabiduría tradicional preocupada por combinar los principios éticos con una forma de vida práctica. Por el contrario, una defensa de conceptos de predeterminación lo situaría en un nuevo marco socio-teológico caracterizado por el desarrollo de *doctrinas* más abstractas o conceptuales, cuyo sustrato social sería la existencia en Judá de una gran diversidad de movimientos religiosos (más o menos institucionalizados) que desplegaron su actividad a lo largo del período restauracionista[285]. Es en esa época, y debido a ese impulso desplegado por la competencia de movimientos político-religiosos, cuando los planteamientos teológicos alcanzan un alto grado de desarrollo teórico-dogmático, todo ello con una gran repercusión, a su vez, en el desarrollo de cuestiones teodiceicas.

20.2. Si tomáramos el *himno* como una entidad completamente aislada de su contexto actual, podría entenderse únicamente como un gran canto a la oportunidad de todas las cosas, ya fueran buenas o malas, y como una defensa de la sabiduría que conduce al conocimiento de la coyuntura adecuada de cada acción. Se suele afirmar, como ya adelanté, que este planteamiento sobre la oportunidad es consustancial a la antigua sabiduría proverbial[286], ya que las colecciones de aforismos pretenderían enseñar que no existían contradicciones, sino oportunidades distintas. Esto se aplica, por ejemplo, al libro de Proverbios, que coloca juntos aforismos contradictorios como 26,4.5, precisamente para destacar el tema de la oportunidad[287]. Sin embargo, es dudoso que fuera ésta la única

---

[285]Una vez más, M. Hengel, *Judaism and Hellenism*, pp. 181-246, describe magistralmente los desarrollos filosófico-religiosos de enfoque determinista a lo largo de ese período, así como su encarnación en los distintos movimientos religiosos.

[286]Cf. J.L.Crenshaw, *Ecclesiastes*, p. 92. Este autor representa de alguna manera los presupuestos generalmente aceptados al respecto. J.Vílchez, *Eclesiastés o Qohélet*, p. 226, n. 18, recoge una gran diversidad de autores que se alinean en esta opinión.

[287]Así lo entiende T. Longman III, *The Book of Ecclesiastes*, p. 111. También R. Murphy, *Proverbs*, p. 261, considera que es sustancial a una colección de aforismos reflejar aplicaciones y contextos sociales limitados de cada uno en particular, es decir, la contradicción es también sustancial a este

perspectiva posible del himno una vez integrado por el autor en su obra. Por un lado, en nuestro estudio de *`ēt* en la BH descubriremos que, por ejemplo, el libro de Proverbios no da un tratamiento particular al tema del tiempo oportuno, aún cuando la cuestión de la "oportunidad" pudiera subyacer en bastantes aforismos, como es el caso del ya mencionado 26,4.5. Por el otro, el autor emplea el "himno" en tal forma que destaca el desencuentro entre el *mélek* y la estructura polar del *himno*, ya que las políticas de aquél se basaron exclusivamente en las acciones positivas (v.g. construir, atesorar, engrandecer, etc ...) olvidando que también existe un espacio ya determinado para las negativas que cancelan las positivas. En otras palabras, el autor muestra interés sobre todo en la polaridad del *himno*, y no sólo en la oportunidad de cada acción. En efecto, su estructura polar hace que a cada miembro positivo de la polaridad le suceda otro negativo (o en el orden inverso, como en 3,3-5a) que automáticamente lo contrarresta , lo cual constituye una alegación contra la posibilidad de que las empresas humanas puedan alcanzar verdaderos resultados. Este enfoque, además, es confirmado por el marcado carácter económico de la pregunta planteada en 3,9[288]. Por ello, se ha señalado con toda razón que lo importante aquí es advertir que la historia (incluso la personal) está sujeta a la siguiente ecuación: 1 + (-1) = 0[289]. En contraste con el *himno* de 1,3-11, el de Ecl 3 no habla tanto de una circularidad que conduzca sempiternamente todo movimiento a un mismo punto de partida o de arribada, pero sí postula que toda acción humana está indefectiblemente abocada (o sea, predeterminada) a ser contrarrestada por su *contra-acción*, de modo que al final se arriba permanentemente a un mismo puerto: un *punto cero* que viene a ser paralelo al permanente *punto de partida/arribada* de aquel primer capítulo. Se puede pues concluir que ambos himnos sostienen, uno desde

---

tipo de colecciones.

[288]Cf. *infra* §23.2.

[289]Daniel Lyss, *L'Ecclésiaste oú que vaut la vie?*, p. 341, afirma: "En fait, si l'on saisit toutes les occasions, elles se détruisent l'une l'autre deux à deux, de telle façon qu'en fin de compte le bilan d'une vie ainsi conduite serait exactement zéro" .

las ciencias naturales de esquema circular y otro desde una perspectiva más histórica de esquema polar, una predeterminación del resultado último de toda empresa humana, esto es, un absoluto cero. Y es importante notar que ambos *himnos*, al hablar de predeterminación lo que hacen realmente es aceptar la existencia de leyes que rigen la realidad, o sea, ambos parecen asumir una autonomía de la naturaleza y de la historia.

20.3. Conviene destacar, asimismo, que este planteamiento del autor coincide también con otros aspectos fundamentales ya analizados en el himno del cap. 1, como son la perspectiva secularista, cientificista y determinista que domina en su argumentación[290]. Esto se deduce del hecho de no hallar en el texto, ni explícita ni implícitamente, ni una sola explicación ético-moral o teodiceica, ni tampoco litúrgica, ni siquiera mínimamente teleológica. Parece como si el autor hubiera querido simplemente abrumar al lector con una extensa lista de acciones y contra-acciones, cuya reiteración polar por 14 veces (2 x 7) acaba por parecer inapelable. De hecho, vale la pena destacar que la mayoría de las acciones negativas seleccionadas por el *himno* no pueden calificarse éticamente, ya que "derruir", "rasgar", "morir", "endechar", "esparcir piedras", etc., son acciones tan necesarias como las formalmente positivas, de modo que, en la perspectiva del autor, incluso el "matar" o "aborrecer" de 3,3.8 encuentran su lugar óptimo, y ahora, además, forman parte de una ecuación determinista. Por esta razón, y a modo de ilustración, se podría traducir el verbo *hārag* por "ajusticiar"[291], que es mucho más aséptico en términos éticos que el común "matar". Al hilo de estas observaciones, se deduce que la base teórica del *himno* ya no es estrictamente *personalista*, es decir, ya no está centrada en la vida del individuo, como el marco "nacer-morir" (v. 2) podría hacernos pensar, sino que le trasciende para afirmar una contrarrestación histórica universal de toda acción humana: lo que hoy se hace en un sentido

---

[290]Cf. *supra* §8.1.

[291]Cf. los textos de la Ley en Ex 32,27; Lev 20,15.16; Num 25,5; Deut 13,10.10.

positivo, en algún lugar y en algún momento será deshecho[292]. De ahí que pueda decirse que el autor está situado en una postura de *circularidad cerrada* frente a particulares visiones sobre la historia mucho más marcadas por una circularidad abierta, como ya mencionamos en el estudio de 1,3-11, es decir, marcadas por su aceptación de los conceptos de *aportación histórica* y que fundamentan una visión desarrollista y, en último término, economicista. Esto significa que dicho autor no tendría como referente central de su discusión sobre el tiempo la tradición que mantenían los antiguos sabios; todo lo contrario, estaría mucho más preocupado por los nuevos modelos universalistas o totalitarios que pretenden explicar toda la realidad humana bajo unos complejos esquemas que pueden ser tanto político-filosóficos como teológicos. Que el autor tuviera en mente a los movimientos visionarios, será comprobado más adelante, pero sí **puede concluírse que entre los dos *himnos* estudiados hasta el presente, el autor liquida las bases de actuación del *homo faber et œconomicus* de los caps. 1-2, cuya excusa se fundamenta en la aportación que hace en el terreno del progreso (muy particularmente del material). Por las mismas razones, no parece descabellado afirmar que quedan descartados muchos de los presupuestos del *homo eschatologicus***[293].

Contexto histórico del interés por el tiempo

20.4. Emprendemos aquí de una vez el imprescindible estudio

---

[292]Cuando analicemos los vv. 9-17, en los que la *obra de Dios* ocupa un lugar primordial, estudiaremos un texto importante de Sira, a saber, 42,15-25 (cf. 33,14-15), el cual establece una especie de regla polar para conocer dicha obra (cf. *infra* §23.11).

[293]Me parece interesante reseñar que, según S. de Jong, "'¿Quítate de mí Sol'. Eclesiastés y la Tecnocracia Helenista", Eclesiastés niega la capacidad humana para "realizar algo nuevo ... conocer los misterios de la existencia ...", lo cual asocia con la fe del helenismo en "la capacidad del hombre de alcanzar la felicidad y su capacidad de escudriñar la existencia" (p. 79). Pero es de notar que esa misma fe era compartida, como hemos de ver, por movimientos visionarios como Qumrán, por lo que estoy convencido de que, si no fue el caso del autor, seguro que sí fue intención de los editores confrontar estas nuevas teologías.

pormenorizado de la terminología empleada para referirse al tiempo, es decir, de los sustantivos *`ēt* y *zĕmān*, y muy particularmente el análisis de su emparejamiento, que ha sido completamente pasado por alto por la mayoría de comentaristas del texto[294].

Ya hace tiempo que algunos comentaristas han señalado el carácter tardío de los planteamientos qoheletianos sobre el tiempo, y que éstos se hallan prácticamente ausentes en la mayor parte de la BH[295]. De hecho, creo que la diferencia fundamental entre ésta y Eclesiastés consiste en la reflexión expresa que se hace en este último, que difiere completamente de la incidentalidad del resto de citas hebreas en las que aparecen la raíz *`ēt* o sus sinónimos temporales. Así, ni siquiera en Proverbios encontramos sentencias, ya sea dispersas a lo largo del libro o agrupadas en colecciones menores, en las que *`ēt* sea el verdadero tema en consideración, o sea, el tema *per se*[296]. Sin embargo, sí es posible descubrir cómo en los estratos más tardíos de la BH aparece la figura del sabio como especialista, entre otras cosas, en el conocimiento del tiempo. Sobre este particular, llama la atención Est 1,13:

> וַיֹּאמֶר הַמֶּלֶךְ לַחֲכָמִים יֹדְעֵי הָעִתִּים כִּי־כֵן דְּבַר הַמֶּלֶךְ לִפְנֵי כָּל־יֹדְעֵי דָּת וָדִין׃
> Preguntó entonces el rey a los sabios que conocían los tiempos (porque así acostumbraba el rey con todos los que sabían la ley y el derecho).

Sea o no la frase parentética de la segunda mitad una elaboración

---

[294]No nos detendremos aquí en un estudio profundo y completo. Por ello, remito al lector a los siguientes estudios genéricos: J. Barr, *Biblical Words for Time*; W. Eichrodt, "Heilserfahrung und Zeitverständnis im AT"; J.R. Wilch, *Time and Event*. Para el caso particular de Eclesiastés, véase K. Galling, "Das Rätsel der Zeit im Urteil Kohelets"; N. Lohfink, "Gegenwart und Ewigkeit: Die Zeit im Buch Kohelet"; H.W. Wolff, *Antropología del AT*, pp. 125-128; A.G. Wright, "'For Everything There is a Season': The Structure and Meaning of the Fourteen Opposites (Ecl 3,2-8)".

[295]Cf. *DTMAT*, col. 478.

[296]En este libro, se habla de las acciones recomendables בְּכָל־עֵת ("en todo momento/tiempo" -cf. 5,19; 6,14; 8,30; 17,17) y sobre la bondad de la palabra pronunciada בְּעִתּוֹ ("a su tiempo" -cf. 15,23), pero, como lo reconoce el propio von Rad en su estudio sobre "tiempo y sazón", *Sabiduría en Israel*, p. 180, nunca encontramos una reflexión centrada en el tema.

redaccional, se explica en este verso que "los sabios que conocían los tiempos" (חֲכָמִים יֹדְעֵי הָעִתִּים) son los mismos especialistas de "la ley y el tiempo" (דָּת וָדִין), poniendo así de relieve que la especulación sobre "los tiempos" (fundamentalmente sobre el futuro), había alcanzado el más alto nivel de la política; esto es, era considerado parte del asesoramiento necesario para el desarrollo de las distintas políticas económicas, religiosas, sociales, etc., que el derecho recoge en forma concreta, por lo que podemos suponer que también alcanzaría un alto grado de sofisticación[297]. En el libro de Daniel la imagen del sabio judío es capaz de ser puesta en competencia con la de esos conocedores de los tiempos de la corte que vemos en Ester, como se pone de manifiesto en los dos primeros capítulos introductorios, y muy especialmente en 2,27, texto cuyo protagonista afirma que los sabios de la corte no pueden relatar (y por lo tanto tampoco interpretar) para el rey el sueño que tuvo. En esta primera parte de la obra la imagen del sabio judío todavía se mueve en un terreno político, ya que sus intervenciones inciden en la corte y la política del rey[298]. Un planteamiento muy distinto es el de la segunda mitad, que parece reflejar un distanciamiento del sabio Daniel de ese contexto de poder político, refugiándose ahora en visiones catastrofistas que serán guardadas en secreto hasta el fin (cf. Dan 8,17; 9,25; 12,4.11), reflejándose así un distanciamiento del poder político por parte de los

---

[297]En 1Cro 12,33 se dice que la tribu de Isacar era reputada por sus "conocedores de la ciencia de los tiempos (יוֹדְעֵי בִינָה לַעִתִּים) que sabían lo que Israel debía hacer", de modo que este conocimiento del futuro es considerado fundamental para la previsión de la organización política del país. Así pues, según el Cronista también en Israel se gozaba de unos "peritos del futuro".

[298]Como se ha venido señalando desde el clásico estudio de G. von Rad sobre el ciclo de José, "Josephgeschichte und ältere Chokma", éste ofrece una imagen del sabio que se asemeja bastante al Daniel de la primera parte del libro: ambos son receptores de la revelación sobre los tiempos que se avecinan, y tienen el *status* cortesano que les permite asesorar al rey y servir como modelo para la diáspora. El *court tale* se convertirá en el género preferido de esta literatura ejemplar, que ha sido bien estudiada. Así, W.L. Humphreys, "A Life-Style for Diaspora", señala la importancia del género de cuento cortesano para el período exílico y restauracionista, y el comentario de John Goldingay, *Daniel*, recoge a cada paso la presencia de los ecos con el ciclo de José (pp. 7.16.20.23.26.37.41.42-43.130.154.193.208. 275.281). Para un estudio completo y buena bibliografía, cf. R. Michaud, *La historia de José*.

movimientos hasídicos más radicales y visionarios. Estos datos son relevantes para nuestro interés porque la masa intelectual y dirigente de Judá que fue deportada a Babilonia y alcanzó puestos políticos relevantes durante el período persa, afincándose por tanto social e intelectualmente allí, será la matriz de la que surgirán los retornados que coparán la dirección política y religiosa de Judá a lo largo del período restauracionista, de modo que con ellos importarían valores y conceptos nuevos fusionados con los propiamente judíos[299]. En otras palabras, el interés en el marco del judaísmo por lo que podríamos llamar *prospectivas globales de futuro*, es decir, que van más allá de la pura adivinación de lo más o menos inmediato y personal, y también más allá del profetismo autóctono o nacional, pudieron tener su origen (o bien recibir un impulso definitivo) en la corte imperial babilónica y persa.

20.5. Con este contexto en mente, se puede entender el interés tanto político como posiblemente teológico que el autor podía tener al recoger o elaborar este *himno*. Por un lado, el tratamiento de la cuestión temporal es obligado si se quiere presentar al *qohélet* como un sabio que, entre otras cosas, ha de ser también un "conocedor de los tiempos". De ahí que no sea casual que la única pieza del libro estructurada con certeza sobre una base numérica (2 x 7), sea precisamente este *himno* sobre el tiempo[300], recogiendo de este modo la simbología numérica que caracterizaba no ya a los movimientos visionarios radicales sino también a los propios "conocedores de los tiempos" de la corte como José o el

[299]Cf. Chr. Schams, *The Status and Functions of Jewish Scribes in the Second-Temple Period*, p. 45.

[300]Las hipótesis de A.G. Wright expuestas en una serie de tres artículos ("The Riddle of the Sphinx: The Structure of the Book of Qoheleth"; "The Riddle of the Sphinx Revisited: Numerical Patterns in the Book of Qoheleth"; "Additional Numerical Patterns in Qoheleth") sobre una estructura numérica de Eclesiastés basada en el הֲבֵל הֲבָלִים ... הֲבֵל הֲבָלִים הַכֹּל הָבֶל de 1,2 y 12,8 me parecen atinadas en lo fundamental, pero demasiado rígidas o pretenciosas al querer explicar detalles minúsculos de la composición del libro. Sin embargo, lo interesante para mí es que vienen a confirmar el interés existente en el libro por lo que entonces podría considerarse conocimiento científico. El caso del *himno* que nos ocupa, es un botón de muestra.

primer Daniel, pues seguramente estos especialistas también utilizaban una base simbólica presumiblemente científica[301]. Por otro lado, cabe notar que tanto el contenido como la intención del contexto actual del *himno* difieren radicalmente de las interpretaciones de los "conocedores de los tiempos". Así, *qohélet* no habla de períodos futuros sino de acciones humanas (incluidas las políticas regias) sujetas a una ecuación, por lo que, en cierto modo, va más allá que aquellos en la predeterminación pues la acerca al diario vivir[302], y a la vez niega la capacidad previsora del humano, o sea, niega la capacidad asesora de esos especialistas del futuro. **Con la ecuación *1 + (-1) = 0*, el fundamento visionario tanto de los especialistas cortesanos como de los movimientos más o menos radicales, queda quebrado.** Ante los primeros refuta que la historia sea una realización plenamente humana, y ante los segundos establece la total autonomía de la obra divina respecto a la humana, preservando de este modo su sentido de gratuidad y don, es decir, su verdadero sentido de revelación no manipulable ni siquiera por la interpretación humana.

Hecha esta revisión global del *himno*, puede concluirse con relativa certeza, y a la espera de más datos provenientes de otros análisis sobre el empleo de los términos fundamentales *`ēt*, *zĕmān* y *ḥēpeṣ*, que cualesquiera que fueran los orígenes d**el *himno*, en su formato y en su contexto actuales representa una reflexión del autor sobre el tiempo contextualizada en la creencia restauracionista de que una de las particulares destrezas de los sabios es el conocimiento del futuro, la cual es, además, puesta al servicio del gobierno. Por este motivo la política desarrollista y triunfalista del *mélek* expuesta en los**

[301]Las interpretaciones de José giran sobre el número 7 (cf. Gen 41,17ss). Igualmente, en Dan 4,13.20.22.29 se estructura toda la interpretación de la visión sobre los "siete años" (שִׁבְעָה עִדָּנִין), pero a partir de ahí el número 7 sirve de base para fórmulas más complejas en Daniel B (cf. 9,25). Finalmente, parece reseñable el hecho de que el plural de *`ēt* sea utilizado en esta parte del libro con un matiz más preciso como "años" (cf. Dan 9,25; 11,6.13.14).

[302]Más adelante veremos cómo Qumrán también acercó las interpretaciones sobre el futuro al diario vivir de la comunidad, sólo que mediante una rígida estructura litúrgica (cf. *infra* §21.8).

capítulos anteriores es censurada por esta especie de *visión sobre los tiempos*, e implícitamente constituye un reconocimiento regio del error cometido .

§21. Los términos clave `*ēt* (tiempo), *zĕmān* (plazo), *ḥēpeṣ* (asunto)

Las conclusiones alcanzadas en el epígrafe anterior merecen ser contrastadas con un estudio pormenorizado de los tres términos clave de la introducción al himno, principalmente el vocablo "tiempo" (`*ēt*), que lo recorre enteramente, pero también los vocablos "asunto" (*ḥēpeṣ*) y "plazo" (*zĕmān*), que lo enmarcan en una perspectiva muy concreta. También resultará interesante el análisis del emparejamiento `*ēt-zĕmān*.

Las resonancias bíblicas del emparejamiento `ēt - zĕmān

21.1. Al considerar ambos términos sinónimos muy próximos, los comentaristas suelen tener dificultades en señalar sus diferencias semánticas[303], lo cual es razón suficiente para preguntarse si su presencia es un puro recurso literario para el paralelismo, o tiene mayor calado. Algunos autores señalan que 3,1 invierte el orden habitual *vocablo común-vocablo inusual*[304], a lo que yo añadiría que es sorprendente que *zĕmān* ya no juegue ningún papel ni en el *himno* ni en el resto del libro. Estos datos parecen aunarse en favor de algún tipo de elaboración redaccional consistente en la adición de "para todo hay un plazo" (לַכֹּל זְמָן). Si se presta atención al hecho de que el emparejamiento *zĕmān-*`*ēt* aparece en la literatura tardía, y de modo muy especial en la visionaria de Daniel, el dato resulta relevante y significativo para la comprensión de este verso introductorio del himno. En efecto, es muy llamativo que su emparejamiento en la BH/A sólo aparezca, en su forma nominal similar

[303]Cf. J.Vílchez, *Eclesiastés o Qohélet*, p. 223.

[304]Cf. T. Longman III, *The Book of Ecclesiastes,* p. 114.

a la de 3,1, en la sección aramea de Daniel (*`iddān-zěman*)[305], y en una combinación adjetival de participio en algunos textos tardíos de la BH, seguramente debido a la influencia aramea. Sabido es que la raíz aramea *zmn* recala en la lengua hebrea tardíamente[306], y que su matiz particular es el de "tiempo designado", o sea, tiempo señalado o predeterminado por parte de alguien con alguna finalidad precisa. Consecuentemente, el emparejamiento de las raíces *zmn* y *`t* es relativamente común sólo en el hebreo bíblico tardío, como el del Cronista (cf. Neh 10,35; 13,31; Esd 10,14), y también en la BA (Dan 2,21; 7,12.25), siendo desconocido en el resto de la BH/A. Facilito a continuación los textos correspondientes, comenzando por los del Cronista[307], pues considero importante estudiar el contexto literario de este emparejamiento:

Neh 10,35: ... לְהָבִיא לְבֵית אֱלֹהֵינוּ ... לְעִתִּים מְזֻמָּנִים שָׁנָה בְשָׁנָה
... para traer a la casa de nuestro Dios ... según los tiempos señalados, cada año (cf. Neh 13,31, que es prácticamente paralelo).

Esd 10,14: ... יָבֹא לְעִתִּים מְזֻמָּנִים ...
vengan en los plazos señalados (los que han tomado mujeres extranjeras).

---

[305]Contra este planteamiento se podría argumentar que el arameo *`iddān* no es cognato del hebreo *`ēt* de modo que no parecería legítimo comparar *`iddān-zěman* con *`ēt-zěmān*. Sin embargo, aun cuando la primera parte de esta argumentación sea cierta, no lo es su conclusión, pues hay que tener en cuenta que el verbo *zāman* entra en la BH exclusivamente de la mano de *`ēt*, es decir, sus únicas ocurrencias en Neh 10,35; 13,31 y Esd 10,14 son junto a *`ēt*, de modo que no puede desecharse que se haya copiado en Eclesiastés el emparejamiento arameo *`iddān-zěman*. Además, *`ēt* es la traducción más adecuada de *`iddān*.

[306]La raíz aparece sólo en Esd 10,14; Neh 10,35; 13,31 en forma verbal, y en forma nominal se encuentra en Neh 2,6; Ecl 3,1; Est 9,27.31.

[307]Asumo aquí la pertenencia de Nehemías y Esdras a la obra del Cronista, aunque es cierto que el debate sobre el tema persiste. En cualquier caso, puede afirmarse una postura minimalista: sigue siendo cierto que son muchos los elementos comunes entre estas obras y 1-2 Crónicas, cualquiera que sea la solución redaccional correcta.

Vemos que el Cronista ha emparejado las raíces *`t* y *zmn* mediante una construcción adjetival, y que las citas de Nehemías se refieren a un cumplimiento exacto de los tiempos litúrgicos anuales, mientras que Esdras hace un uso más secular del emparejamiento, aunque conlleva igualmente una fuerza vinculante no menor que el uso litúrgico. En cualquier caso, parece evidente que el término *`ēt* ha sido apostillado con el participio de *zāman* para precisar su sentido de exactitud y de predeterminación, que se traduce en un sentido de obligación a cumplir. Nótese que es característico del período restauracionista el énfasis en el cumplimiento estricto de la Ley, especialmente de las leyes rituales para las que era fundamental el calendario litúrgico, y que cualquier alteración del estricto cumplimiento, se cree, puede provocar un grave castigo al pueblo de Dios.

21.2. Pasemos seguidamente a los textos de la BA, o sea las tres citas de Daniel:

Dan 2,21: ... וְהוּא מְהַשְׁנֵא עִדָּנַיָּא וְזִמְנַיָּא ...
Él muda los tiempos y las edades ... (RV).

Dan 7,12: ... וְאַרְכָה בְחַיִּין יְהִיבַת לְהוֹן עַד־זְמַן וְעִדָּן
y se les prolongó la vida hasta un tiempo y hora [determinados] (CI).

Dan 7.25: ... וְיִסְבַּר לְהַשְׁנָיָה זִמְנִין וְדָת וְיִתְיַהֲבוּן בִּידֵהּ עַד־עִדָּן וְעִדָּנִין וּפְלַג עִדָּן
Y pensará en cambiar las edades y la ley, y serán entregados en su mano hasta un tiempo, dos tiempos y medio tiempo.

Sólo las dos primeras citas emparejan realmente los sustantivos *`iddān* y *zĕman*, mientras que en la tercera encontramos un juego de palabras: quien pretendía dominar el calendario (con su particular incidencia en el culto y la vida pública del *pueblo elegido*) está a su vez sometido a un dominio temporal superior. Pero nos interesan sobre todo las características que, en conjunto, denotan estos textos, a saber:

1) El contexto de las tres citas es manifiestamente visionario, lo que

apunta a su vinculación con la literatura propia de los movimientos hasídicos radicales.

2) El contenido de las tres citas destaca la soberanía divina absoluta sobre el tiempo, y por ello mismo sobre las sucesivas épocas que se distinguen por la sucesión de reyes e imperios. Esto es más señalado en 2,21[308].

3) 7,25 atribuye a la cuarta bestia la pretensión de alterar los tiempos y la ley mosaica[309], constituyendo esto un grave pecado. Pone de manifiesto esta cita la obsesión visionaria por quienes considera usurpadores que pretenden suplantar la soberanía divina, que generalmente son reyes e imperios paganos considerados absolutistas.

En otras palabras, el emparejamiento de estos dos sustantivos en Daniel apunta al reconocimiento del dominio absoluto y soberano de Dios sobre el tiempo, pues ha establecido "tiempos" o "períodos" (que son reflejo del reino astrofísico en el que sólo Él domina), y de ahí que se derive también su soberanía sobre la historia universal, muy particularmente sobre la sucesión de reyes e imperios, aunque son éstos, precisamente, quienes rechazan este dominio y pretenden usurpar esta prerrogativa divina. Es particularmente interesante la cita de 2,21, porque al dominio soberano de Dios sobre los tiempos se asocia su revelación a los verdaderos sabios (2,21b.22), de modo que no puede jactarse de sabiduría quien no posee dicha revelación (o, hablando desde una perspectiva antropológica, dicha destreza). Diríase que la mayoría de los textos tardíos de la BH/A concuerdan en una misma presunción, esto es,

---

[308]J.E. Golingay, en *Daniel,* pp. 55.56, supone que el emparejamiento *iddān-zĕman* de Dan 2,21 conlleva una distinción entre los períodos de cada rey y los períodos más prolongados de los imperios.

[309]El término arameo *dāt* es empleado para la ley mosaica en 6,6 y 7,25, mientras que el mismo término se utiliza para los decretos regios en 2,9.1.15; 6,9(8).13(12).16(15). Fuera de Daniel es posible encontrar también ambos sentidos: (1) la ley mosaica, sin duda por influencia tardía, en algunos códices del texto samaritano de Deut 33,2 (*´ēš dat* = "ley ígnea"); (2) los decretos regios en Esd 8,36 y en Ester (cf. 1,8.13.15). Dado que Dan 7,25 no puede referirse a decretos o leyes civiles, necesariamente ha de sobreentenderse la ley mosaica.

que son los sabios, cuyos dones principales incluyen su conocimiento sobre los tiempos, quienes suplen, en la Judá restaurada, las funciones proféticas de antaño, y son, además, quienes proporcionan las pautas políticas y económicas para el futuro, o al menos esa es la autoridad que se arrogarían.

21.3. La cita de Ecl 3,1 es, formalmente, mucho más próxima a las dos primeras de Daniel que a las del Cronista, ya que emplea ambos sustantivos en un paralelo sinónimo, en lugar de utilizar un sustantivo más un participio; además sigue también el orden de Dan 7,12.25[310]. Como ya hemos visto en el análisis global del *himno*, una perspectiva determinista sí se desprendía del texto en su conjunto, de modo que ahora puede incluso afirmarse que, gracias al emparejamiento con *zĕmān*, el término *`ēt* queda mucho más puntualizado en un sentido de rigurosa fijación (predeterminación) del tiempo para cada acción. De hecho, es inevitable pensar que es el emparejamiento *iddān-zĕman* de Daniel el que enmarca de algún modo el significado de la presencia del último término en Ecl 3,1, no en el sentido de plena sintonía con una perspectiva visionaria, sino de anclarlo definitivamente a una perspectiva determinista. Desde ella, se refuerza la lectura política, pues incluso sin mencionar a Dios se humilla a todo poder o pretensión de poder (en este caso a nuestro *mélek*) al sujetarlo a una ley natural o principio predeterminado (o sea, superior).. Llegados a este punto, vale la pena adelantar que la convergencia de algunos aspectos del "himno" con los movimientos visionarios alcanza extremos interesantes. En efecto, el *corpus* qumránico, como hemos de ver, exige un ajuste total de la vida del creyente, junto a su comunidad, con los "tiempos" señalados para cada cosa[311], por lo que, sobre una base astronómica más científica que el sistema lunar del Templo, desarrolla un calendario litúrgico comunitario de base solar tremendamente detallado y riguroso, mucho más al menos

---

[310]Posiblemente, esto se debe a que *zĕman* es ya importante en arameo, y lo será también en neo-hebreo, como lo refleja su uso en la Misná, del que Eclesiastés es un exponente incipiente.

[311]Cf. especialmente 1QS 9,12-25 e *infra* §21.9.

que el del Templo[312]. A mi entender, el *himno* qoheletiano se presenta con un formato igualmente exigente y absolutista respecto a la vida o tarea humana diaria, casi como si siguiera esa rigurosidad de los visionarios, sólo que su verdadera finalidad, abiertamente mostrada ya en 3,11-15, es en realidad una doble refutación: negar la posibilidad humana natural (o sea, de los *bĕnê hā'ādām*) de acceso al conocimiento último de los tiempos, y refutar que se tenga acceso, por cualquier medio (sea científico o religioso), al plan (divino) que los fundamenta. Nótese que establecer como supremo bien del hombre el "alegrarse y hacer el bien (o vivir bien)" (3,12) y el "comer, beber y disfrutar de sus ganancias" (3,13), equivale a tirar por tierra las pretensiones de los movimientos hasídicos más o menos visionarios, ya que el *conformismo activo* de estos versos conduce directamente a una renuncia de pretensiones de mayor alcance por ser consideradas perniciosas. Recordemos que dichos movimientos visionarios, especialmente los tardíos y más radicales, creían que las interpretaciones de sus maestros eran inspiradas y les proporcionaban acceso a ese conocimiento sobre los tiempos y el plan que los sustenta[313]. En consecuencia, puede concluirse que el Eclesiastés emplea los postulados fundamentales de las doctrinas deterministas de la época, cuya extensión abarcaba tanto movimientos políticos y filosóficos como religiosos, para transmitir a la par una dura denuncia de tono político-económico y una refutación de buena parte de las doctrinas derivadas del determinismo empleadas por un buen número de movimientos religiosos. Es decir, es perceptible en el formato actual de la obra un tono deliberadamente *antivisionario*.

21.4. Finalmente, cabe preguntarse si todo este planteamiento sería atribuible al autor o más bien al editor. Sin querer traspasar los límites impuestos por la ausencia de datos más precisos, obsérvese que

---

[312]Debemos recordar que la comunidad de Qumrán parece tener sus orígenes en el sacerdocio sadoquita, pues su fundador debió de ser un sacerdote de esa familia declarado en rebeldía (cf. H. Ringgren, *The Faith of Qumran. Theology of the Dead Sea Scrolls*, p. 35).

[313]Cf. *supra* §9.9.

el emparejamiento "tiempo-asunto/negocio" (*`ēt-ḥēpeṣ*) parece propio de Eclesiastés, pues reaparece en 3,17 y 8,6 y no lo encontramos nunca en la BH, lo cual puede sugerir la presencia de una mano redaccional consistente en la simple adición de la oración "para todo hay un plazo" (לַכֹּל זְמָן). Pero incluso en este caso, resulta que la asociación *`ēt-ḥēpeṣ*, como veremos[314], conlleva unos matices deterministas que la hipotética *adición* de "para todo hay un plazo" no haría más que resaltar, propiciando de este modo que el texto así introducido conlleve claras resonancias de los planteamientos visionarios, tanto para refutarlos como para tomar en consideración algunos de sus planteamientos. Cabe pues confirmar, una vez más con relativa seguridad, que existen **dos niveles de lectura: uno más político de censura al *mélek*, y otro de lenguaje religioso de formato próximo al lenguaje visionario, pero que ambos se entrecruzan por sus bases de influencia igualmente seculares o científicas**.

Las resonancias de `ēt - zĕmān - ḥēpeṣ *en Sira y Qumrán*

21.5. La tríada no aparece en Qumrán, y una ocasión en Sira. Algunos autores han observado que este último presta amplia atención al tema de la temporalidad, y en concreto al concepto de la oportunidad asignada (predeterminada) a todas las cosas, buenas y malas, aproximándose mucho a las de Eclesiastés[315]. Sobresale el texto de 43,6.7 [B] por reproducir, como en Ecl 3,1, la tríada "tiempo-plazo-asunto" (*`ēt-zĕmān-ḥēpeṣ*):

> (6) וגם ירח עתות שבות ממשלת קץ ואות עולם (7) בם מועד וזמני חוק וחפץ ע[..]ה בתקופתו
>
> También la luna se levanta en los tiempos señalados/cíclicos, presidiendo / señalando el final/los tiempos y la señal de perpetuidad. (7) En

---

[314]Cf. *infra* §21.10.

[315]Cf. O. Loretz, *Qohelet und der Alte Orient*, p. 200. Una extensa pieza dominada por el sentido de la sazón para cada realidad y para cada obra de Dios, está integrada en el *himno del sabio* del cap. 39. En concreto, me refiero a los vv. 16-35. Aunque el planteamiento de Ecl 3,1-15 difiere en cuestiones importantes, es reseñable el interés común por este mismo tema. Algo parecido podría afirmarse de 42,15-25 (cf. el estudio sobre este texto, *infra* §23.11).

> ellos (están) la estación/festividad y las fechas legales/establecidas, y luminaria [menguante] tras su plenitud[316].

El contexto de estos dos versos es un himno creacional que, a diferencia de los Salmos de género similar[317], desarrolla el interés por una descripción más precisa de los fenómenos naturales, particularmente los astrofísicos, de lo cual nuestros dos versos son una muestra perfecta. Aquí, lo importante es el hecho de que el Sirácida se muestra como un excelente exponente de una época en la que el interés por la ciencia había penetrado también en la elaboración teológica judía, y en este caso en un autor hasídico moderado. En efecto, el formato científico con el que se describe el fundamento astrofísico que determina la antigua ley ritual basada en el calendario lunar, muestra los efectos de un ambiente más *científico* sobre un *piadoso* como Jesús ben Sira, quien es capaz de efectuar una magnífica fusión de su fe teológica con sus conocimientos científicos. El hecho es, sin embargo, que esta presencia del trío que nos viene ocupando suscita la cuestión de la siguiente posibilidad: que el texto de Ecl 3,1, en su estado actual, hubiera sido leído, o quizás incluso pergeñado redaccionalmente, sobre la doctrina de la predeterminación temporal fundamentada sobre leyes astrofísicas. Respecto al sentido de predeterminación de 3,1 ya sabemos que no hay duda, pero sobre la posible base astrofísica digamos que es posible entreverla en una lectura subyacente, o sea no del todo explícita, y resultaría en la siguiente traducción del texto: “Para todo hay un plazo (tiempo predeterminado), y un tiempo para cada luminaria bajo los cielos”, de modo que se insinuaría, gracias a un *ḥēpeṣ* semánticamente muy abierto (deseo, asunto, propósito, luminaria)[318], la correlación existente entre los asuntos

---

[316]Cabe señalar las lecturas alternativas siguientes: (Bm) בו מועד וממנו חוק וחפץ ע[..]ה ותקופתו (“En ella (está) la estación/festividad, y de ella (viene) la regulación ...”; (M) לו מו[..]ד ומנו חג וחפץ ע[..]ה בתקופתו (“por ella la estación, y de ella la fiesta ...”). Como se ve, desaparece *zĕmān* de ambas, pero lo que nos interesa aquí es simplemente su aparición en una de las fuentes hebreas de Sira, y que, además, se trata de una de las principales como es [B].

[317]Cf. §8.1 y 8.3.

[318]Veremos más adelante el amplio abanico semántico que este

humanos y las rotaciones astrofísicas, ya sean lunares o solares. Además, nótese la correspondencia establecida entre los términos en la forma siguiente: "ente real (*kōl*) <=> tiempo (*zĕmān-`ēt*) <=> astronomía (*ḥēpeṣ*)", de modo que podría traducirse atinadamente, incluso gramaticalmente: "A cada cosa le corresponde un plazo (predeterminado), y a cada astro le corresponde un tiempo (puntual, o sea, 'ocasión')"[319]. Por ende, al vincular a la esfera astral los asuntos y actividades humanas descritas en 3,2-8, el himno asegura la total ausencia de control humano sobre aquéllas. Esto, además, lo consigue por medio de un lenguaje tremendamente científico en su formato, pues argumentar sobre los astros en tanto que realidades que quedan fuera del control humano, es lo mismo que echar un fundamento *no teológico* a la incapacidad humana; esto no deja fuera, sin embargo, a Dios, ya que su actuación consiste precisamente en la sujeción de la naturaleza a leyes perpetuas, como veremos al estudiar 3,10-15. Si estoy en lo cierto, Sira el *ḥāsîd* y Eclesiastés se muestran muy próximos en su lenguaje, si bien el segundo es más comedido en desvelar sus posicionamientos, y por ello mucho más sutil. ¿Significa esto que hay una mano hasídica moderada en 3,1? En realidad, tan sólo puede afirmarse que Eclesiastés está tan pendiente de los nuevos desarrollos científico-filosóficos y religiosos de la época restauracionista, como de la supuesta *tradición sapiencial*. Y lo que sí

---

sustantivo adquirió ya tardíamente (cf. *infra* §21.10). De momento, lo que nos interesa es tomar en consideración este matiz astronómico de "luminaria" que es colegido del texto griego de Sira que lee φωστήρ, y que muy posiblemente se base en una metáfora derivada del emparejamiento común אבני חפץ ("piedras preciosas") en tanto que asocian a *ḥēpeṣ* con "brillo".

[319]Aunque anteriormente señalábamos que los comentaristas suelen tener dificultades en diferenciar los matices de cada término (cf. §21.1), una vez queda claro que *zĕmān* aporta el matiz de predeterminación entonces *`ēt* mantiene su sentido de tiempo concreto (cf. *DTMAT,* cols. 473.77) que de alguna forma corresponde al predeterminado, y se diferencia del *`ōlām/`ôlām* de los vv. 11.14. Por otro lado, me parece interesante señalar que, aunque podría tratarse de una mera coincidencia, es curioso que en lugar de la común apostilla *taḥat hašemeš* ("bajo el sol") nos encontremos aquí con *taḥat hašāmāyim* ("bajo los cielos"), mucho menos frecuente en el libro, pues las únicas ocurrencias son 1,3; 2,3; 3,1, contra las 27 de *taḥat hašemeš*. Es decir, es posible que aquí utilice *šāmāyim* ("cielos") porque *šemeš* ("sol") no encajaría con *ḥēpeṣ* entendido como astro.

puede confirmarse aquí es que **el lenguaje secular sutilmente moldeado sobre la ciencia astronómica, sirve de medio y fundamento para transmitir el mensaje deseado, y es sobre éste sobre el que autor y editor se entienden**, si es que realmente se da una presencia autógrafa y editorial en el *himno*.

El sustantivo \`ēt *en Sira*

21.6. El empleo del sustantivo *\`ēt* en Sira pone de manifiesto que las conclusiones de 43,6.7 sobre la proximidad existente entre Sira y Eclesiastés, no son un caso aislado. Cierto es que en una parte de los textos en los que aparece este sustantivo, su significado es simplemente el más aséptico de "tiempo" u "ocasión" (cf. 4,17d; 6,8a; 12,16d; 30,24b; 38,13a), pero en otra buena parte el matiz ya es el de "oportunidad" (cf. 20,6b.7a.b; 35,4b) o "ser oportuno" (cf. 10,4b; 32,26b; 48,10a), aunque en estos tres últimos casos se trata particularmente de la oportunidad determinada por la propia decisión divina. Más significativo sobre las posturas de este autor son los abundantes emparejamientos en constructo que se emplean para dar un lugar a cada realidad, sea buena o mala[320], y que recuerdan mucho a otros constructos similares de Qumrán[321]. Pero todos estos tiempos hay que situarlos bajo la perspectiva de un plan global que les de un sentido, como se descubre en aquellas otras citas del libro que recogen una reflexión más genérica sobre todas las cosas

[320]Cf. עת מוט ("tiempo de caída" -3,31b), עת המון ("tiempo de prosperidad / abundancia" -4,20a), עת נקם ("tiempo del castigo" -5,7d), עת צרך ("tiempo de necesidad" -8,9d), עת מות ("tiempo de muerte" -9,12b), עת תקוה ("tiempo de esperanza" -11,22b), עת רעה ("tiempo de maldad" -11,27a), עת בצו- -רה ("tiempo de sequía" -32,26b), עת מפקד ("tiempo de partida/inspección" -35,11c), עת כלה ("tiempo de ira / exterminio" -44,17b [B]), עת נוח ("tiempo del descanso" -40,5c; 46,19a), y עת קץ ("tiempo del fin" -46,19e).

[321]Cf., a modo de ilustración, 1QM 1,5.11; 4Q171 2,19; 1QH f 45,2. Aunque este tipo de constructos con *\`ēt* también está presente en la BH, téngase en cuenta que no ha sido ni tan desarrollado en su número y diversidad (domina el típico עת רעה ["tiempo de maldad"] -cf. Jer 2,27s, o el עת קץ ["tiempo del fin"] visionario de Daniel -cf. 8,7), ni se enmarca en esquemas rígidos de determinación como los que manejan Sira y más intensamente Qumrán, como vamos a ver de inmediato. En la BH el concepto de tiempo es más coyuntural, excepto en los textos ya más tardíos como Daniel.

ocurridas en el espacio temporal humano. A este respecto, uno de los textos más interesantes es 39,16-35, que forma parte sustancial del "himno del sabio" que es todo el cap. 39[322]:

> (16) Las obras del Señor son todas ellas buenas ([מעשׂי] אל כלם טובים) y cada función se cumple a su tiempo' (וכל צורך בעתו יספיק) .... (19) La obra de toda carne está ante Él (מעשׂי כל בשׂר נגדו) y no hay quien se oculte de sus ojos (ואי[ן] נסתר מנגד עיניו). (20) De un extremo al otro del tiempo (מעולם ועד עולם) se extiende su mirada. ¿Existe acaso límite a su salvación? No hay para él nada grande ni pequeño, y nada hay maravilloso y firme ante Él. (21) No hay que decir: '¿Y esto?, ¿por qué esto?' pues todo ha sido predestinado para sus funciones (כי הכל לצרכו נבחר[323]). No se puede decir esto es peor que lo otro, pues todo vale a su tiempo (כי הכל בעתו יגבר). (22) Su bendición cubre como un río, inunda la tierra seca como un diluvio. (23) Pero su cólera desposee a las naciones y cambia el regadío en aguas saladas. (24) Los caminos de los perfectos son rectos (ארחו[ת תמים יישרו)[324], pero para los inicuos están llenos de obstáculos. (25) Los bienes fueron predestinados para los piadosos desde el principio ([טוב לט]וב חלק מראשׁ), pero para los malos el bien y el mal ([325]כן לרעים טוב וריע). (26) Lo principal y más necesario para la vida del hombre es: agua, fuego, hierro, sal, flor de harina de trigo, leche, miel, sangre del racimo, aceite y vestido. (27) Todas estas cosas benefician a los piadosos (כל א[לה] ל[ט]ובים ייטיבו), pero se convierten en males para los pecadores (כן לרעים לרעה נהפכו). (28) Hay vientos que fueron creados para castigo/justicia (למשׁפט) y que en su furia desarraigan las montañas. En el momento de la consumación desencadenan su violencia, y aplacan la cólera del que los creó. (29) Fuego y granizo, hambre y peste, todo ello fue creado para castigo (למשׁפט). (30) Fieras feroces, escorpiones y víboras y la espada vengadora para destrucción de los impíos, todas estas cosas fueron

---

[322]Recuérdese que debe leerse este texto a la luz de su unidad con 38,24-39,15, que ya fue estudiado al principio de este capítulo (cf. *supra* §19.1-2).

[323]Bm lee: בעתו יגבר ("todo vale a su tiempo") igual que en 21b.

[324]Bm lee: [א]רחותיו [ל]ישׁרים ("Sus caminos son rectos para los perfectos").

[325]En lugar de ריע (amigo) Bm lee: רע (mal). B parece contener una lectura difícil o quizás corrupta que ha sido "aclarada" por Bm y también por Sepher Jeşira p. 102 n.1 que lee: טובה שׁמורה לטובים לרעים ורעשׁ מורה ("La felicidad ha sido guardada para los buenos, mientras que el mal ha sido guardado para los malos").

creadas igualmente para su fin (כל אלה לצורכם נבראו)[326] y están almacenadas para el tiempo señalado (והמה באוצר ולעת יפקדו). (31) Con su mandato se regocijan y en su momento (בחקם) preciso no traspasan su palabra. (32) Por eso desde el principio me convencí, reflexioné y lo puse por escrito: (33) 'Las obras del Señor son todas buenas y provee a toda necesidad en su momento' (מעשׂה אל כלם טובים לכל צורך בעתו יספוק)[327]. (34) Y no hay que decir: 'Esto es peor que aquello' pues todo tiene valor en su momento (כי הכל בעתו יגביר). (35) Y ahora de todo corazón entonad un himno con vuestra boca y bendecid el nombre del Santo.

21.7. La clave de lectura de este texto es precisamente el tiempo: la realidad puede aparecer con contornos no muy definidos, pero lo que convierte a algo en bueno o malo es la realización de su función determinada por Dios en el preciso instante que éste tiene fijado (o sea, también predeterminado). Así, 39,16.33.34 enmarca el resto del contenido dentro del tiempo (בעתו). En este marco, las obras de Dios son perfectas (39,16.33) y además han sido perfectamente predeterminadas por Él, signo precisamente de conocimiento total y absoluto (39,20.21) y de control soberano sobre toda la realidad, lo cual sirve de base para resolver la cuestión teodiceica: contra toda apariencia, la perfecta realidad creada por Dios resulta tanto en el castigo de los inicuos como en la salvación de los justos o piadosos (39,22-31). La perspectiva de un tiempo "desde siempre y para siempre" (מעולם ועד עולם -39,20) barre toda posibilidad de censura humana a la obra de Dios, y la perspectiva predestinacionista que aquí asoma introduce causas y resultados inasequibles al conocimiento humano, pero a la vez sirve para reafirmar la confianza en la justicia y gratuidad divinas[328]. En otras palabras, Jesús

---

[326]Bm lee נבחרו (fueron predestinadas).

[327]Nótese el perfecto ejemplo de discordancia numérica entre מעשׂה y כלם, y compárese con el v. 16, idéntico en significado pero de perfecta concordancia numérica (cf. *supra* §12.10, n. 170).

[328]Es debatible hasta qué punto el carácter determinista o, más concretamente, predestinacionista está presente en este pasaje, pero el contexto en el que la expresión כי הכל לצרכו נבחר ("todo ha sido designado/predestinado para su función" -v. 21; cf. v. 30) aparece, y en el que el verbo *bāḥar* (elegir) adquiere el matiz de predeterminación, más el uso dado en el v. 25 al verbo *ḥālaq* ("crear para", esto es designar o predestinar) y al sustantivo *'ôṣār* (tesoro,

ben Sira parece interesado en legitimar mínimamente la negatividad de buena parte de la realidad, y dado que su teología no se caracteriza por el dualismo, lo hace argumentando en favor de la existencia de la oportunidad determinada por Dios en el marco más amplio de la creación y de la historia humana, cuya finalidad última tiene sin duda un carácter justo. En definitiva, **en Sira la temporalidad tiene su fundamento sobre la perspectiva teleológica de la historia y la creación, aunque el creyente tiene sólo acceso a este principio, no a su desarrollo concreto**[329]. Y esta teleología tiene mucho que ver con la influencia determinista que el desarrollo de las ciencias trajo consigo. Que existe una mínima convergencia de temas y preocupaciones entre Sira y Eclesiastés se descubre en que aflora en el primero una tríada de temas (*obra divina y humana - tiempo - teodicea*) que resulta ser una unidad temática imposible de separar entre sí, y que es precisamente esta misma unidad la que recorre Ecl 3[330]. No se pretende afirmar que coinciden plenamente en sus planteamientos, pero sí que se puede hablar de un mismo marco teórico para ambos. Provisionalmente al menos, baste decir que Eclesiastés coincide con Sira en sus bases deterministas y teleológicas, pero se desmarca en la aplicación que hace de ellas:

---

depósito) del v. 30, marca dicho carácter de modo irrefutable. Así, entiendo que la versión *CI* traduce correctamente *ṣōrek* por "función" o "fin" y no por su significado propio de "necesidad", ya que lo importante es el ajuste con lo determinado por Dios mismo.

[329]Se podría decir, utilizando una terminología más técnica, que Ben Sira fusiona perfectamente (en teoría al menos) la *Schöpfungstheologie* con la *Heilsgeschichte*.

[330]Sobre esta base anticipo ya que voy a afirmar la perfecta unidad argumental del cap. 3, particularmente entre los vv. 16-17 (y posiblemente los siguientes), que explicitan la cuestión de la "justicia" subyacente en los vv. 1-14, y estos últimos, contra quienes creen que 3,16 introduce un nuevo tema, como por ejemplo N. Lohfink, *Kohelet*, pp. 23-48, que analiza 1,12-3,15 y 3,16-4,16 como dos secciones distintas, la primera (pp. 23-33) de contenido antropológico ("Bedingtheit des Menschen - Undurchschaubarkeit Gottes") y la segunda (pp. 33-48) de crítica social ("Die Übel der Welt"). D. Michel, *Qohelet*, p. 43, critica la división y, si bien admite la distinción argumental, en *Untersuchungen zur Eigenart des Buches Qohelet*, p. 251, también reconoce elementos comunes de continuidad .

mientras Sira las establece como principio de fe para el creyente, aquél las utiliza para minar la confianza en el progreso político-económico y en las pretendidas revelaciones de los distintos movimientos político-religiosos. Se podría decir que la intención de Sira es constructiva, mientras que la de Eclesiastés es abiertamente crítica y devastadora, en lo cual bien se podría añadir que se asemeja bastante a la intención profética. Otra cosa es que cuando no se tiene en cuenta el trasfondo político, económico y religioso aquí expuesto, se confunda dicha intención con una actitud pesimista y con un posicionamiento negativo respecto a la epistemología. En otras palabras, cuando no se atiende a la intención propia del libro, que fundamentalmente no es otra que la crítica socio-política, económica y religiosa, es cuando se le puede tomar como un tratado filosófico-teológico de contenido quasi-nihilista.

El Sustantivo \`ēt *en Qumrán*

21.8. En su planteamiento teleológico Sira no se aleja demasiado del *corpus* qumránico, si bien ambos mantienen también serias divergencias. Qumrán cree en la existencia de un plan divino para la realidad humana, y por consiguiente en que hay un lugar para los acontecimientos negativos. Ahora bien, la literatura qumránica lleva estos planteamientos al extremo, hasta el punto de desarrollar un esquema histórico preciso (también basado en la exactitud astrofísica) que tiene su reflejo en la liturgia de la comunidad, y que además ha sido revelado en la propia ley mosaica, según la presentan los profetas y la interpretan los maestros de la comunidad. En otras palabras, para Qumrán, el creyente tiene acceso al conocimiento detallado del plan, al que puede ajustar su vida. Nótese además el hecho de que Qumrán sujeta la experiencia temporal personal más cotidiana a su teleología, mientras que Sira se limita a afirmar una confianza en la teleología de la vida humana, particularmente de la vida creyente. Contrastemos estas afirmaciones con algunas citas del Libro de la Comunidad:

1QS 1,14.15 ... No se apartarán de ninguno (14) de todos los mandatos de Dios sobre sus tiempos: no adelantarán sus tiempos (ולוא לקדם עתיהם) ni retrasarán (15) ninguna de sus fiestas ....

1QS 8,4 ... practicando el derecho (4) y sufriendo las pruebas, para marchar con todos en la medida de la verdad y en la norma del tiempo (ובתכון העת).

1QS 8,15 Éste es el estudio de la ley, que ordenó por mano de Moisés, para obrar de acuerdo con todo lo revelado de edad en edad (לעשׂות ככול הנגלה עת בעת).

Nótese la importancia dada en las dos primeras citas al cumplimiento de los tiempos litúrgicos, paralelo al de las otras obligaciones con la comunidad, mientras que en la tercera se relaciona el estudio de la ley con el conocimiento de los tiempos, es decir, con el desarrollo de los distintos períodos de la historia. También en el Libro de la Guerra, la Colección de Himnos y el Documento de Damasco encontramos textos particularmente interesantes: 1QM 1,5.11 habla de "tiempo de salvación" (עת ישועה) y "tiempo de tribulación" (עת צרה) como tiempos que están ya predeterminados; en 1QH 12,8 se liga muy estrechamente la alabanza (liturgia de la comunidad) con las leyes astrofísicas, mientras que en CD 16,2-4, texto éste muy interesante, se afirma con rotundidad que en la Ley dc Moisés

(2) ... todo está definido. *Vacat.* Y la exacta interpretación de sus épocas sobre la ceguera (3) de Israel en todas estas cosas, he aquí que está definida en el libro 'de las divisiones de los tiempos (ספר מחלקות העתים) (4) según los jubileos y sus semanas' ...

21.9. Este último texto pone de manifiesto que la literatura qumránica enfatizaba el aspecto revelatorio de la exégesis bíblica de la comunidad, que es el que sirve de base para ajustar una rígida liturgia comunitaria reguladora de las horas, los días, las semanas, los meses y todo el año hasta sus extremos más insignificantes. Un texto extenso como 1QS 9,12-25 nos servirá de referencia más o menos reiterada a lo largo de esta investigación:

(12) Éstas son las normas para el Instructor, para que marche en ellas con todo viviente, de acuerdo con la disposición de cada tiempo (לתכון

(עת ועת) y de acuerdo con el rango de cada hombre (ולמשקל[331] איש ואיש); (13) que haga la voluntad de Dios (רצון אל) de acuerdo con todo lo revelado para cada tiempo (ככול הנגלה לעת בעת); que aprenda toda la sabiduría que ha sido hallada según los tiempos (ולמוד כול השׂכל הנמ-צא לפי העתים), y la (14) norma del tiempo (ואת חוק העת); que separe y pese los hijos de Zadok (vacat.) según sus espíritus (להבדיל לְשקול בני הצדוק לפי רוחום); que refuerce a los elegidos del tiempo (בחירי העת) según (15) su voluntad (רצונו), como ha ordenado; que haga el juicio de cada hombre de acuerdo con su espíritu (ואיש כרוחו כן לעשׂות משפטו); que incorpore a cada uno según la pureza de sus manos (ואיש כבור כפיו לקרבו), y que según su inteligencia (ולפי שׂכלו) (16) lo haga avanzar (להגישו). Y así será su amor, y así su odio (וכן אהבתו עם שׂנאתו) (vacat.). Que no reprenda ni se dispute con los hombres de la fosa, (17) sino que oculte el consejo de la ley (לסתיר את עצת התורה) en medio de los hombres de iniquidad. Que reprenda con conocimiento verdadero y con juicio justo a los que escogen (18) el camino (ולהוכיח דעת אמת ומשט צדק דרך לבוחרי), a cada uno según su espíritu (איש כרוחו), según la disposición del tiempo (העת כתכון). Que les guíe con conocimiento y que así les instruya en los misterios de maravilla y de verdad en medio de (19) los hombres de la comunidad, para que marchen perfectamente, cada uno con su prójimo, en todo lo que les ha sido revelado. Éste es el tiempo de preparar el camino (20) al desierto, y él les instruirá en todo lo que ha sido hallado (ולהשׂכיכים כול הנמצא) para que lo hagan en este tiempo y para que se separen de todo aquel que no ha apartado su camino (21) de toda iniquidad. Y éstas son las disposiciones de conducta (תכוני הדרך) para el instructor en estos tiempos (האלה למשׂכיל בעתים), sobre su amor y su odio (לאהבתו עם שׂנאתו) (vacat.). Odio eterno (22) con los hombres de la fosa en espíritu de secreto. Que les deje los bienes y el producto de las manos (הון ועמל כפים) como un siervo a su amo y como el oprimido ante (23) quien le domina. Que sea un hombre celoso del precepto y de su tiempo (להיות איש מקנא לחוק ועתו), para el día de la venganza. Que haga la voluntad (רצון) (de Dios) en todo lo que emprende su mano (24) y en todo lo que él domina (ובכול ממשלו), como él ordenó (vacat.). Y todo lo que suceda lo aceptará voluntariamente, y en nada se complacerá fuera de la voluntad de Dios (וזולת רצון אל לו[332] יחפץ). (25) Se deleitará en todas las palabras de su boca, no deseará nada que él no haya ordenado, y vigilará siempre el precepto de Dios.

---

[331] Aunque *TdQ,* p. 60, y *LTdQ* , p. 64, coinciden en traducir "hombres de valor", creo que tiene razón *DTQ* cuando al traducir "Gewicht" añade en nota aparte "Das heiβt: dem Rang" (p. 35, n. 72). El rango conlleva una tarea propia, y lo que se argumenta a lo largo del texto es que debe haber un perfecto ajuste de cada individuo a su tarea o función predeterminada por Dios.

[332] Los comentaristas de Qumrán suelen corregir este לו por לוא (cf. *LTdQ*, p.67).

Por la reiteración de *`ēt* en singular (ll. 12.13.14[2x].18.19. 20.23) y plural (ll. 13.21), vemos que el Instructor debe ser una persona avezada en el conocimiento del tiempo, no ya meramente en el porvenir sino incluso en la relación de cada cosa con su tiempo. Es más, todo el texto deja claro que el valor personal, la verdadera fidelidad, y sobre todo el verdadero seguimiento ético y religioso, tiene su fundamento en el estricto conocimiento y cumplimiento de los reglamentos establecidos sobre la base de los distintos tiempos, que son el reflejo de la voluntad de Dios. Es decir, en el marco comunitario de Qumrán muy poco podía quedar sujeto al arbitrio personal. Por esto, se da un claro desmarque entre la sabiduría de este *corpus* y la sabiduría de Sira, que expresa un confianza en una sabiduría (y una fe) adquirida de modo más íntimo, más personal. De sendos análisis sobre Sira y Qumrán se deduce que las implicaciones que ambos extraen de una misma convicción teleológica, asentadas sobre una base cientificista incuestionable que sustenta el principio de la determinación, son bastante dispares entre sí. **En cuanto a Eclesiastés, vemos que coincide con Sira y Qumrán en la aceptación de los principios deterministas y teleológicos, pero se distancia en las implicaciones, muy particularmente respecto a este último, pues precisamente la predeterminación perfecta de los tiempos y su marco de eternidad le sirve de fundamento para establecer la absoluta autonomía de la creación respecto al hombre (criatura con las demás criaturas de la creación) y, por ende, su opacidad respecto a la obra de Dios (o sus planes eternos).**

El Sustantivo ḥēpeṣ *en Sira y Qumrán*

21.10. En Sira aparece este término en varios textos[333], pero todos, excepción hecha del ya estudiado 43,7, nos presentan un cuadro compatible con el de la BH. Es en Qumrán donde se hallan nuevas aportaciones importantes. Por un lado están los significados ya

[333]Cf. 10,26a (אל תתחכם לעבד חפצך -"no te hagas sabio al cumplir/hácer tu obra"); 35,14 (דורש חפצי אל יקח לקח ויענהו בתפלתו -"el que busca la voluntad de Dios recibe instrucción y contesta a su oración"); 45,11b (אבני חפץ אל החשן -"con piedras preciosas sobre el pectoral" [cf. 50,9).

conocidos de la BH, como por ejemplo “voluntad”, “obra” o “piedra preciosa”[334], pero hay otras citas que nos remiten a la acepción “tarea” o “función” asignada a cada realidad, y que, por tanto, está ya predeterminada. Algunos textos apuntan a una predeterminación de la totalidad de la realidad, sin importar cuán grande o pequeña ésta sea. Un texto en cuestión es 1QS 3,17:

> (15) .... Del Dios del conocimiento proviene todo lo que es y lo que será. Antes de que existieran fijó todos sus planes (ולפני היותם הכין כול מחשבתם) (16) y cuando existen completan sus obras/operaciones (ימלאו פעולתם) de acuerdo con sus instrucciones, según su plan glorioso y sin cambiar nada. En su mano están (17) las leyes de todas las cosas, y él las sostiene en todos sus propósitos/tareas[335] (יכלכלם בכול חפציהם).

Pero también hay textos que hablan de una predeterminación tan importante como la de los cuerpos celestiales y los fenómenos climáticos. Es el caso de 1QH 1,13, que precisamente constituye parte de un capítulo de los himnos que ya hemos analizado en sus ll. 21ss[336]:

> (10) Tú has extendido los cielos para tu gloria. Todo [lo que contienen lo has establecido] según tu beneplácito (תכונתה לרצונכה): los espíritus potentes, según sus leyes, antes (11) de que se convirtieran en ángeles [santos en sus moradas,] en espíritus eternos en sus dominios, las lumbreras en sus misterios (מארות לרזיהם), (12) las estrellas en sus circunvoluciones, los vientos tempestuosos en sus funciones, relámpagos y truenos en sus servicios, los depósitos (13) de los planes/cálculos para sus tareas/funciones, [•••] en sus secretos (ואוצרות מחשבת[337] לחפציה[ם]

---

[334]Cf. 1QM 5,6.9.14; 12,13; 1QH 1,13; 13,20; 3,7; CD 3,15; 10,20; 11,2; 14,12.

[335]Aunque *TdQ* (p.52) traduce חפץ por “necesidad”, creo que el contexto mismo, en el que está hablando de los designios que Dios ha puesto en la historia (cf. vv.13-16), apunta más en la dirección de “propósito”. Sin embargo, *LTdQ,* p. 32 lo traduce por el tradicional “désir”, mientras que *DTQ,* p. 11 lo entiende en su sentido más tardío de “Geschäften”, que aunque es más atinado, tampoco acaba de expresar el cariz manifiestamente determinista del texto.

[336]Cf. *supra* §9.6-7.

[337]*TdQ* traduce el constructo אוצרות מחשבות por “los depósitos de los cálculos” mientras que *DTQ* lo entiende como “Schatzkammern des Planes”.

לרזיהם [•••).

Aunque no es del todo claro, la l. 13 parece afirmar la existencia de una especie de *Centro de Cálculo* que establece los planes o cálculos de cada función o tarea astrofísica, de modo que ésta no es más que la realización de aquello que ya está planificado. Por otro lado, encontramos otra cita interesante en 1QS 6,11 que lee: "[En la sesión de los numerosos que nadie pronuncie] palabra si no es por voluntad de los Numerosos" (דבר אשר לא להפץ[338] הרבים), y que debe entenderse "si no es con la autorización de los Numerosos". No cabe duda, por tanto, de que *ḥēpeṣ*, cuya significación más común en el hebreo clásico era la de "voluntad" y "deseo", ha ido acumulando matices nuevos que se reflejan tanto en el *corpus* de Qumrán como en Sira, apuntando en la dirección de *designio-propósito/tarea-función/finalidad-voluntad* im-plantada en cada elemento de la realidad. Además, en la medida que una cosa se ajusta a su designio o ley, el matiz puede ser el de su "autoridad y verdad". Sobre esta base, no parece difícil concluir que el sustantivo *ḥēpeṣ* de Ecl 3,1 deba interpretarse en el sentido de "tarea" y "función" predeterminada. Evidentemente, esta lectura es importante porque habla de una determinación superior que enmarca toda empresa humana, y por tanto también la del rey; pero quisiera recordar que todo esto no obsta para que otros posibles significados de nuestro sustantivo, como son "negocio"[339], que claramente está asociado con "tarea", y como el ya estudiado de "astro", también tienen su lugar en 3,1 en tanto que este verso funciona como un enunciado dogmático que concentra una gran carga semántica.

Sin duda, este último parece el significado más común en Qumrán, como lo acabamos de ver precisamente en la cita de 1QS 3,15.

[338]La mayor parte de ediciones corrigen הפץ por חפץ (cf. *DSSSE* I, p. 84).

[339]Este es el significado que W.E. Staples, "The Meaning of *ḥēpeṣ* in Ecclesiastes", pp. 110-112, le da en 5,3.

§22. Sumario y conclusiones

22.1. El estudio anterior nos advierte de la proximidad de los postulados deterministas de Eclesiastés, Qumrán, y Sira. Esto pone de relieve que tanto Qohélet como sus editores tienen en su punto de mira no sólo una literatura y teología recibidas como tradicionales, sino que ambos tienen muy presentes los nuevos desarrollos político-económicos (Qohélet sobre todo) y los teológico-religiosos (particularmente sus editores). El hecho de actualizar un *himno* que quizás fuera tradicional podría revelar el verdadero mérito de esta obra, a saber: asimilar los fundamentos tradicionales de la teología hebrea para proyectarlos al reto del nuevo futuro abierto por el judaísmo. Dicho de otro modo, Qumrán y Sira representan un judaísmo que, en realidad, puede considerarse más rupturista con la fe hebrea tradicional que el propio Eclesiastés. De ahí que los principios expuestos en Ecl 3 no pueden ser entendidos sólo en contraste con postulados sapienciales supuestamente tradicionales, sino a la luz de toda una constelación ideológica cuyos mejores reflejos literarios han quedado fuera de la BH.

22.2. A la luz de ésta, se alcanzan, entre otras, las conclusiones del capítulo enumeradas a continuación.

(1) Contra toda apariencia, el *himno sobre el tiempo* encaja en la ilación argumentativa de la obra, según se descubre en la comparación con los intereses temáticos de Sira, Qumrán y otros textos tardíos de la BH/A, particularmente del Cronista y Daniel. Es decir, Eclesiastés aborda una constelación temática –en la que juega un papel principal el concepto sobre el tiempo– que está en el ambiente cultural de su época; por ello, la temática de Ecl 1-3 resulta en una conexión natural tanto para el autor y editores como para los lectores de la época, si bien escapa al lector inadvertido.

(2) Dentro de esta constelación temática, la función primordial del *himno* es proporcionar un fundamento teórico a la conclusión de la sección 2,24-26, por lo que la crítica político-económica de la sección 1,12-2,26 recibe ahora un apoyo teórico. Por esta razón, se perciben en Eclesiastés algunos textos marcadamente teóricos o conceptuales (cf. 1,2-11) que representan una novedad respecto al conjunto de la literatura hebrea canónica, pero que reflejan mucho del nuevo contexto cultural palestino helenista.

(3) El *himno*, en su estructura y muy especialmente en el vocabulario introductorio de 3,1, pone de manifiesto que responde tanto al desarrollismo político-económico como a un hasidismo visionario, contra los que reacciona negando todas sus pretensiones fundamentales. Así, puede afirmarse que con Sira y Qumrán participa, en lo básico, de su misma teleología, pero se desmarca muy particularmente del segundo en su pretensión de acceso –vía exégesis inspirada– al conocimiento detallado de los planes divinos.

VI
EL TIEMPO, LA OBRA DE DIOS Y LA JUSTICIA COMO PREDETERMINACIÓN DEL QUEHACER POLÍTICO Y TEOLÓGICO (3,9-22)

§23. La obra de Dios y el problema de la teodicea (3,9-17)

23.1. En el capítulo anterior se ha intentado mostrar la plausibilidad tanto de una profunda unidad argumental de Ecl 1-3, como de la unidad temática de todo el capítulo 3, concluyendo que Eclesiastés se mueve en una constelación temática *tiempo-ocio-obra de Dios-teodicea* muy común en el ámbito teológico y filosófico de su época. Toca ahora entrar en un análisis más pormenorizado de lo que entiende Eclesiastés por *obra de Dios* y qué conexión establece con la problemática teodiceica; asimismo, habrá que ver su conexión con el tema del tiempo, ya que éste sigue estando bien presente en esta sección (cf. 3,9.11a.bα[?]. 12.13.15a.17b). Más aún, la visión del libro sobre el cerrado marco en el que se desenvuelve la obra humana, tal y como lo ha establecido con sendos *himnos* de 1,4-11 y 3,1-8, suscita de inmediato la pregunta sobre el lugar que ocupa en él la obra divina. Cuando menos, veremos que jugaba el papel de *theologoumenon* en la época restauracionista, y que era una cuestión ineludible. Por otro lado, habrá que seguir teniendo presente que el formato actual del texto, plagado de repeticiones de oraciones ya aparecidas entre 1,3-3,1[340], también pretende anclar la

[340] Véanse las siguientes: עֵת לְכָל־חֵפֶץ ("un tiempo para cada tarea / función", 3,1.17); ... מַה־שֶּׁהָיָה ("¿Qué es lo que fue?", 1,9; 3,15); .... כָּל־הָאָדָם שֶׁיֹּאכַל ("el todo del hombre es que coma ...", 2,24; 3,13); ... רָאִיתִי אֶת־הָעִנְיָן ("he visto/experimentado la ocupación/aflicción ...", 1,13b; 3,10); ... מַה־יִּתְרוֹן ("¿Cuál es el beneficio ...?", 1,3; 3,9). Recuérdese, además, que el artículo ya citado de A. Fischer (cf. *supra* §19.1, n. 274) descubre una estructura quiástica entre 3,10-15 y las secciones anteriores del libro, apoyando así la unidad formal de 1,1-3,15.

discusión de esta sección en los intereses políticos y económicos, como se deja ver por la pregunta económica de 3,9 (repetición de 1,3) que enmarca los nuevos planteamientos más teológicos.

Preliminares a la gran cuestión sobre la "Obra de Dios"

23.2. El planteamiento de Eclesiastés sobre la Obra de Dios es tan denso e intrincado, que resultará más esclarecedor tratar algunas cuestiones preliminares planteadas por el texto mismo. Comenzaremos por 3,9, del que cabe destacar su definición más precisa del *'ādām* de 1,3, que ahora es "uno que ejecuta o trabaja" (*hā`ôśeh*). No se trata de un trabajador en general. Por el contrario, se trata del hombre de alto rango que empuja su actividad hasta su máximo empeño (*`āmāl*) motivado por la supuesta consecución del "beneficio" (*yitrôn*)[341]. Es pues un hombre enfrascado en negocios o un alto cargo que busca un solo factor de la ecuación presentada por el *himno*, sin atender a la predeterminación de la polaridad que todo lo cancela. Si tenemos en cuenta el contexto inmediatamente anterior del otro paralelo de la pregunta "¿cuál es el beneficio?"(*mah-yitrôn*) de 5,15, donde se habla abiertamente del rico y sus riquezas (*`āšîr* y *`ōšer* -5,11.12) en contraposición al obrero dependiente (*`ebed* -5,11), no cabe duda del matiz de *hā`ôśeh* como trabajador de alto rango o comerciante[342]. Esto se ve refrendado por la

[341]Eclesiastés es el único libro de la BH que combina las raíces *`āśāh* (trabajar, realizar) y *`āmal* (empeñarse, fatigarse) como en este verso (cf. además 2,11; 8,17), o que las entrelaza a lo largo de toda la obra de modo que parecen fundirse en un mismo significado bien negativo.

[342]La comparación de *hā`ôśeh* con el resto de ocurrencias del participio de *`āśāh* en la BH confirma que no se tiene en mente al simple obrero o esclavo; los otros casos de participio singular determinado son Ex 31,14; 31,15; 35,2; Num 32,13; 2Sa 12,5; Job 40,19; Ecl 3,9 y Ez 17,15 (todos en *scriptio defectiva*), aunque sólo los textos legislativos de Éxodo se refieren al que trabaja, y, curiosamente, en los tres casos se refiere a los que trabajan a destiempo, o sea en *šabāt*. Las denuncian proféticas demuestran que quienes más incumplían este precepto eran, precisamente, los reyes y (sus) mercaderes (cf. Jer 17,19ss). Añádase a esto que el participio de este verbo, ya en cualquiera de sus formas pero siempre que hace referencia a un trabajador, suele referirse a altos cargos o ejecutivos (casi siempre públicos -cf. 1Rey 11,28; 12,21 [2Cron 11,1]; 20,40; 1Cron 23,24; 26,11; 2Cron 24,12; 26,11; 34,10.13; Esd 3,9; Neh 2,16; 4,11; 6,3), o bien a comerciantes en general (cf.

inclusio de 3,9 con 1,3 y de 3,10 con 1,13b, sólo que ahora no se presenta como comentario parentético y genérico, sino como afirmación de haber experimentado personalmente ("he visto" - *rā'îtî*)[343] toda la ocupación/negocio/aflicción que Dios mismo ha impuesto sobre los *bĕnê 'ādām*; es la experiencia que ha relatado desde 1,12. En otras palabras, él ha experimentado la respuesta misma que Dios da a la pregunta sobre el "beneficio" (*yitrôn*). De este modo, una afirmación dogmática sobre el tiempo, y por ello política y económicamente inócua, se convierte en una denuncia de la maquinaria comercial y política instaurada por el *mélek*, y en un canto a la vida que sigue sus propios ritmos naturales, que no son otros que los establecidos por Dios en la naturaleza. Efectivamente, el *mélek* ha experimentado el castigo preparado por Dios para todo aquel que se cuenta entre los *bĕnê hā'ādām*, es decir entre todo el género humano, pero muy particularmente aquellos que persiguen los valores políticos, sociales y económicos propios de la sociedad considerada *pagana*[344]. A fin de confrontarlos, les antepondrá otras realidades absolutas –inalcanzables para cualquier *ben (hā)'ādām*– como son el tiempo perfecto de cada cosa, su marco inamovible (*`ōlām*), y la obra de Dios. Todo esto constituye una prieta armadura inescrutable para el ser humano, que de alguna manera equivale a un castigo aunque el autor se guarda muy mucho de explicitarlo como tal. En efecto, describe el

---

Jer 17,11; Ez 38,12; Prov 11,18; en todos estos textos, el participio de *`āśāh* significa adquirir para enriquecerse).

[343]D. Michel, *Untersuchungen zur Eigenart des Buches Qohelet*, pp. 24-28, 35-38, ha llevado a cabo un estudio completo de todas las ocurrencias de *rā'āh* en Eclesiastés, y concluye que, más que una observación empírica, se trata de un análisis crítico. M. Fox, *Qohelet*, p. 80, lo rechaza y cree que el verbo es empleado como forma de experimentación personal. Ambas posturas, sin embargo, no son tan opuestas, ya que se trata más de una diferencia formal que de fondo, pues me parece que ambas posturas pueden coincidir: el análisis crítico deriva de su propia experiencia.

[344]Ya hemos estudiado detenidamente el significado de *bĕnê hā'ādām* en Eclesiastés (cf. *supra* §12.10-12). Pero además, conviene notar ahora que tras la afirmación de 2,26 ... וְלַחוֹטֶא נָתַן עִנְיָן ... ("... y al pecador le dio una ocupación/aflicción ..."), 3,10 no sólo establece una ley universal sino que además le da una particular aplicabilidad en casos concretos como el que mencionamos.

castigo de modo magistralmente ambivalente en significados y matices, y siempre manteniéndose en un marco de definición *secular*, a pesar de que claramente los relatos del Génesis sobre el pecado y castigo de Adán subyacen en la composición del capítulo, sobre todo de 3,10-21[345]. Es notoria a este respecto la ambivalencia, o mejor dicho la rica polivalencia semántica de la raíz *`lm* en su forma defectiva, que creo intencional. También existe ambivalencia en el carácter positivo-negativo que se imprime sobre todo a las dos oraciones de 3,11a.bα basadas respectivamente en *`ōlām* y *yāpeh*[346], ya que en sí mismas son positivas pero adquirirán un valor negativo inmediatamente después; asimismo, "en el corazón de ellos" (*bĕlibbām*) de 3,11bα manifiesta una ambivalencia calculada en cuanto al antecedente del pronombre sufijado[347]; y finalmente, también la "obra que Dios ha hecho" (3,11) se describe ante el lector de un modo muy abierto, como hemos de ver. En definitiva, el trasfondo de *pecado original* (sin olvidar el consiguiente *castigo original* del sudor, o sea del trabajo/esfuerzo) es aquí presentado prácticamente como una ley universal de la que nadie en absoluto puede escapar, y menos el *mélek* que sucumbe a las presiones políticas y economicistas propias de los *bĕnê hā'ādām*. Ya señalábamos con anterioridad el hecho reseñable de que ninguno de los estratos de lectura, especialmente el de la posible redacción editorial, mencionara el excepcional don de la sabiduría de Salomón "que puso Dios en su corazón" (אֲשֶׁר־נָתַן אֱלֹהִים בְּלִבּוֹ) recogido en 1Rey 10,24, y que tan atractivo resultaba para todo el mundo, pues "no existía asunto oculto que el rey no pudiera resolver/revelar" (לֹא־הָיָה דָּבָר נֶעְלָם מִן־הַמֶּלֶךְ אֲשֶׁר לֹא הִגִּיד לָהּ) ante la reina de

---

[345]Cf. B. Isaksson, *Studies in the Language of Qoheleth,* p. 79. Este autor recoge y articula la opinión de otros muchos que le han precedido.

[346]Para un estudio pormenorizado del significado de estos dos términos en Eclesiastés, véase *infra* §23.4-5.

[347]En la BH el uso de *lēb* no sólo como interior del individuo sino de las instituciones o las cosas es bastante frecuente; cf. *DTMAT*, col. 1178b, donde se ernumeran las citas siguientes en apoyo de esta última posibilidad: Ex 15,8; 27,4.25-27; 28,2.8; Deut 4,11; Sal 46,3; Prov 23,34; 30,19; Jon 2,4.

Saba (10,3)[348]. Digo que resulta reseñable porque indica que incluso el estrato editorial de lectura acepta la descripción de un Salomón sujeto a ignorancia, como el resto de los *bĕnê hā'ādām*[349]. Es por este motivo que no creo que se pueda rechazar para el empleo que aquí se hace de la raíz *'lm* un matiz implícito de "olvido, negligencia, misterio". Así pues, si bien es cierto que *'ōlām* aparece primordialmente como contrapunto de *'ēt*[350] –es decir, como referencia a la perpetuidad y permanencia de las cosas que tienen al mismo tiempo una sazón–, y que como paralelo de 3,10a también conlleva un matiz principalmente positivo, no es menos cierto que sugiere unos tonos colaterales negativos. Éstos se dejan ver en el contexto, que pone de manifiesto que la perpetuidad es aquí considerada un *misterio* insondable para el ser humano; es posible, incluso, que tenga un matiz peyorativo como el defendido por Gordis ("amor al mundo")[351], especialmente aplicable a quienes persiguen el poder dentro y fuera de sus fronteras, y también a la ciencia adscrita a dicho poder. La importancia de las ambivalencias qoheletianas reside, precisamente, en que establecen dos niveles distintos aunque íntimamente ligados entre sí: uno el de la perfección divina en su esencia y en su

[348]El paralelo cronista de 2Cron 9,2 es más rotundo: וַיַּגֶּד־לָהּ שְׁלֹמֹה אֶת־כָּל־דְּבָרֶיהָ וְלֹא־נֶעְלַם דָּבָר מִשְּׁלֹמֹה אֲשֶׁר לֹא הִגִּיד לָהּ ("Salomón le aclaró todas sus cuestiones sin que hubiera una sola cuestión oculta que Salomón no resolviera").

[349]No se puede alegar que el epílogo atribuya al *qohélet* ningún don inspiracional, que le hubiera capacitado para acceder a los niveles más profundos de la realidad. Por el contrario, la actividad que se le reputa tan positivamente en 12,9.10, no deja de ser la propiamente escribanil en su sentido más estricto y circunspecto (cf. *infra* §27.3), contra las pretensiones más absolutistas del helenismo o del judaísmo visionario.

[350]Cf. L. Schwienhorst-Schönberger, *Nicht im Menschen Gründet das Glück*, p. 107.

[351]R. Gordis, *Koheleth, the Man and His World*, p. 231. Este autor fundamenta su traducción sobre el uso nominal de *'ôlām* en Sira 3,18, y existe otra cita, 41,9, que él no menciona pero que es muy próxima en su sintaxis también presta apoyo a la traducción "mundo". Creo, por tanto, que tiene razón; pero también en Sira encontramos otros usos no adverbiales (concretamente, nominales) que pueden traducirse por "perpetuidad/eternidad" y también por "tiempo" o "fin" (cf. 42,18; 43,6), de modo que la lectura comprehensiva es, a mi entender, la mejor.

acción, y otro el de la limitación humana que deriva, por definición, del anterior. No es extraño, pues, que una vez establecido como ley natural el marco restrictivo de todo ser humano, y muy especialmente de quien parece tener poder o lo pretende, se afirme que existe una justicia última que sólo puede ser ejecutada por la divinidad; eso sí, a su debido tiempo, que siempre se escapa al control humano. Dicho de otro modo, la afirmación de 3,17 implica un reconocimiento regio (salomónico) de que el establecimiento de la justicia escapa al control del rey, muy a pesar de que era ésta una de las funciones primordiales de la monarquía, como lo recoge el propio texto bíblico en la tradición deuteronomista (1Rey 3,16-28).

Excursus sobre "todo" (hakōl), *"perfecto"* (yāpeh) *y "perpetuidad/mundo"* (`ōlām).

23.3. Para dar mayor fundamento a la argumentación desarrollada hasta aquí, se hace imprescindible justificar la traducción o interpretación de ciertos términos clave de 3,11, como son *hakōl, yāpeh* y *`ōlām*. Este verso afirma que Dios "todo lo hizo ajustado a su tiempo" (אֶת־הַכֹּל עָשָׂה יָפֶה בְעִתּוֹ), donde *hakōl* es toda la realidad humana y física. *hakōl* aparece constantemente en Eclesiastés[352], por lo que no cabe la menor duda de que es parte de su vocabulario característico, pues estas ocurrencias representan 16 sobre un total de 58 ocurrencias en la BH. Aunque es cierto que casi la mitad de estos textos corresponden al lema *hakōl hābel*, tanto esta mitad como la otra apuntan más a una totalidad absoluta que a un simple *kōl* que puede traducirse frecuentemente por el indefinido "cualquier". J.Crenshaw confirma esta opinión al defender que *hakōl*, en el Eclesiastés, se opone intencionalmente a *ḥēleq* (porción), de forma que los humanos no pueden abarcar la totalidad (*hakōl*) y tienen que conformarse con el *ḥēleq*[353]. También cabe añadir que no hemos computado con *hakōl* la expresión *kōl-hā'ādām* que aparece en 3,13; 5,18; 7,2 y 12,13, textos que pertenecen, salvo 7,2, a este mismo campo semántico de la realidad universal. Si bien es verdad que todas las ocurrencias bíblicas de esta expresión

---

[352]Cf. 1,2.14; 2,11.16.17; 3,11.19.20; 6,6; 7,15; 9,1.2; 10,19; 11,5; 12,8.

[353]J. Crenshaw, *Urging advice and Probing Questions*, p. 552.

deben traducirse por "todo/cualquier hombre"[354], no es menos cierto que el epílogo de Qohélet no puede entenderse sino como "el todo del hombre"; y puesto que pretende retomar expresiones típicas del autor, cabe pensar que el epiloguista entendió 3,13 y 5,18 como afirmaciones sobre el "todo del hombre". Ciertamente, parece factible pensar que el autor también quiso darle este sentido, sin excluir el más común.

23.4. Respecto a mi traducción de *yāpeh* por "perfecto" o "ajustado", se trata de una resonancia del sumario de Gen 1,31, que pone de manifiesto que Eclesiastés rebaja el absoluto de la afirmación genesíaca y prima una perfección relativa al tiempo, que es lo que la hace inasequible a cada generación humana. Así, en 5,17 leemos ... הִנֵּה אֲשֶׁר־רָאִיתִי אָנִי טוֹב אֲשֶׁר־יָפֶה, que si bien admite diversas traducciones, según se se siga o no la acentuación masorética[355], lo cierto es que con esta oración se introduce el típico lema qoheletiano sobre el "comer, beber y ver/disfrutar de la abundancia (que viene) del trabajo/negocio ... porque ésta es su porción/lote" (לֶאֱכוֹל־וְלִשְׁתּוֹת וְלִרְאוֹת טוֹבָה בְּכָל־עֲמָלוֹ שֶׁיַּעֲמֹל .... כִּי־הוּא חֶלְקוֹ). Este lema, como vemos, no puede ser calificado de "bello", sino en todo caso de "perfecto", "conveniente" o "suficiente". De hecho, los cognatos arameos significan "ser suficiente", "acabar", "bello", "apto", "apropiado", "conveniente", etc[356]. En neohebreo claramente se amplió el campo semántico de *yāpeh* hacia los matices prácticos de "bueno, útil, conveniente, apto, válido, apropiado" y también "equivalente"[357]; y por lo que hemos podido ver de sus dos únicas ocurrencias en Eclesiastés, aquéllos ya se daban en el libro. Qumrán daría apoyo a esta lectura, pues en 1QS 6,7a leemos: "siempre, sobre las obligaciones

---

[354]Cf. Gen 7,21; Ex 9,19; Num 12,3; 16,29.32; Jos 11,14; Jue 16,17; 1Rey 5,11; 8,38; 2Cron 6,29; Sal 116,11; Jer 31,30; Ez 38,20; y Zac 8,10.

[355]R. Murphy, *Ecclesiastes,* p. 45, traduce: "This is what I have seen as good, as beautiful: to eat and to drink ...". Mi propia traducción sería: "Esto es lo que yo he experimentado: 'feliz [es] el que se ciñe/conforma a comer, beber y disfrutar de la abundancia [que viene] de su trabajo/negocio ... porque ésta es su porción/lote". En cualquier caso, si la lección masorética fuera la mejor, yo traduciría "lo bueno, porque es conveniente, [es] comer, beber y disfrutar ...".

[356]Cf. *BDB*, p. 421.

[357]Cf. *DHE*, p. 497.

(?) de cada uno para con su prójimo (*TdQ* p. 56)" (תמיד על יפות איש לרעהו)[358]. La traducción "obligaciones" de Florentino García es, como él mismo reconoce mediante el signo de interrogación, hipotética; ahora bien, teniendo en cuenta el tema tratado en las ll. 6-8, a saber, la enseñanza permanente de la Ley (l. 6) basada en la lectura del libro y la interpretación de la norma (l. 7) entre los "Numerosos", sí parece sugerirse un orden de lectura adecuado o conveniente a cada uno de los miembros. Por eso, si la mejor traducción no fuera "obligación", sí sería una cuestión de conveniencia o acomodación entre ellos[359]. En conclusión, este adjetivo es preferido al *ṭôb* del relato de la creación porque responde mejor a un contexto determinista que enfatiza el perfecto encaje entre lo existente y su tiempo prefijado.

23.5. Respecto a la raíz *'lm,* cabe decir que la traducción αἰών de los LXX ha marcado buena parte de la tradición cristiana que traduce "eternidad". En la BH/A, igual que en Qumrán y en buena parte de ocurrencias en Sira, este sustantivo aparece siempre en función adverbial o adjetival y en una misma posición sintáctica (prefijación preposicional, estado constructo, o simple aposición adverbial). Sin embargo, hay que señalar que Ecl 3,11 es el único caso de nominal en complemento directo, no sólo en el libro sino en toda la BH/A. Esta especificidad sintáctica de Eclesiastés, que va contra una función sintáctica tan masiva, nos induce a buscar la posible conexión con los

---

[358] *LTdQ*, p. 44, traduce "continuellement, en se relayant l'un l'autre" corrigiendo יפות por חליף (turno, relevo), pero en la n. 78 nos da la posible traducción sin corregir: "continuellement, dans l'intention d'améliorer chacun son prochain". *DTQ*, p. 23, coincide con el anterior en su corrección y lee: "beständig, einer nach dem anderen". A pesar de ello, no creo que haya ninguna base textual para esta corrección, y por este motivo Florentino intenta una traducción de יפות.

[359] Resultaría muy interesante poder desarrollar una comparación con el estudio que hace M. Hengel en *Judaism and Hellenism,* p. 162, sobre la influencia estoica en la traducción griega de Prov 8,30a, ya que ésta apunta a un proceso exegético bastante similar al que Eclesiastés hace del relato de la creación y su uso de *ṭôb*. En efecto, el TM lee: וָאֶהְיֶה אֶצְלוֹ אָמוֹן, que se puede traducir "y estuve (la sabiduría) a su lado como pupilo/preceptor/artesano", y que los LXX traducen ἤμην παρ' αὐτῷ ἁρμόζουσα ("yo estaba junto a él ajustando/armonizando"). Este autor comenta que la sabiduría, al estar presente en la creación, garantiza su perfección y belleza deliberada. Es decir, parece que el énfasis en la asociación "belleza-bondad-armonía" proviene del mundo helenista.

sustantivos posbíblicos *`elem* (secreto) o *he`ĕlēm* (ignorancia), cuyos matices se añaden al del valor temporal, así como al ya estudiado de "mundo" o *sæculum* que aparecía en Sira en esta misma forma sintáctica[360]. Es cierto que ni Sira ni Qumrán utilizan estos dos términos, pero el uso ambivalente positivo-negativo de la raíz *`lm* en 3,11 refuerza la posibilidad de este matiz. Y en mi opinión, sólo la rica polisemia de un término como éste permite el tratamiento más conceptual que se da en esta sección a temas como el de la *obra de Dios*.

Intertextualidad de la "Obra de Dios"

23.6. Decíamos en el párrafo anterior al *excursus* que al rey se le escapaba la justicia. Pero también se le escapan muchas más cosas, y entre ellas principalmente la comprensión misma de la obra de Dios. Es cierto que las afirmaciones de 3,10ss se refieren a los *bĕnê hā'ādām* o simplemente al *'ādām*, pero no cabe duda de que el rey se siente uno de ellos, sin distingo alguno por su oficio regio: ante la obra de Dios, ha experimentado sus limitaciones como hombre[361]. Ahora bien, la pregunta clave es: ¿qué entiende Ecl 3,11bβ por "la obra que Dios realizó" (הַמַּעֲשֶׂה אֲשֶׁר־עָשָׂה הָאֱלֹהִים)? Resulta difícil dilucidar si su énfasis semántico se decanta por las obras de la creación, o bien por la acción judicativa de Dios, o quizás por ambas a la par. Teniendo en cuenta que יהוה es empleado en lugar de אֱלֹהִים, esta locución es frecuente en el Deuteronomista[362], donde significa la acción liberadora de Dios a favor de Israel. Fuera de esta colección la encontramos en Isaías 28,21 y Daniel 9,14, pero, sorprendentemente, con un significado claramente punitivo contra Judá, lo que provoca la consiguiente sorpresa del *pueblo elegido*[363]. Como tal expresión, ya no aparece más en la BH, excepto en los dos casos de Ecl 3,11 y 11,5, o posiblemente tres, según cómo se interprete

---

[360] Cf. *supra* §23.2, n. 351.

[361] Cf. *supra* §19.1, n. 273.

[362] Cf. Deut 11,7; Jos 24,31; Jue 2,7.10.

[363] Isaías dice "Yavé se levantará ... como en el valle de Gabaón se conmoverá para llevar a cabo su obra, su obra extraña (לַעֲשׂוֹת מַעֲשֵׂהוּ זָר מַעֲשֵׂהוּ); para realizar su acción, su acción insólita (וְלַעֲבֹד עֲבֹדָתוֹ נָכְרִיָּה עֲבֹדָתוֹ)", mientras que Daniel afirma que el castigo de Dios ha sido justo "porque justo es Yavé nuestro Dios en todas las obras que hace (כִּי־צַדִּיק יְהוָה אֱלֹהֵינוּ עַל־כָּל־מַעֲשָׂיו אֲשֶׁר עָשָׂה)".

8,17. En cualquier caso, estas tres citas dejan muy claro que la *obra de Dios* no se circunscribe ni a la creación ni a las intervenciones divinas (juicio o salvación) en la historia humana, sino que, en el devenir histórico universal, asume un rol de absoluto[364], convirtiéndose prácticamente en sinónimo de "realidad última". Yo diría que en esta absolutización, que podríamos denominar *ontologización* de la *obra de Dios*, se da un punto de desmarque respecto a la BH, ya que en ésta aparece íntimamente vinculada a la persona y acción directa de Dios[365]. De ahí que sea interesante observar el acento qoheletiano sobre la negación del conocimiento último de la obra de Dios, que es un modo de anclar la problematicidad de la existencia humana no en la relación con Dios (desobediencia) sino en la perfección de su obra (creación, realidad, existencia) que la hace inalcanzable (limitación humana, ignorancia), lo cual, a su vez, es un modo de liberar a Dios de cualquier responsabilidad directa. Esto último se pone de manifiesto, por ejemplo, en la combinación de lo plenamente positivo de 3,11a con lo ambivalente de 3,11bα y lo negativo de 3,11bβ. Como hemos de ver[366], estos mismos planteamientos aparecen de un modo evidente en Sira y Qumrán[367].

---

[364]Así, 11,5 emplea un imperfectivo que puede traducirse tanto en presente como en futuro, mientras que 3,11 está vinculado a una acción מֵרֹאשׁ וְעַד־סוֹף ("de principio a fin") que necesariamente presupone una polaridad temporal de pasado y futuro. De todos modos, conviene aclarar que en este capítulo no se especifica si la acción divina (obra divina) en la historia es una intervención directa o tan sólo una derivación del primer acto creador. Mejor dicho, no existe intención de clarificarlo, porque el propósito es dejarla en la penumbra del misterio inagotable, o sea, de lo absoluto.

[365]Llama la atención que la expresión *ma`ăśeh hā´ælōhîm* pueda ser característica de Eclesiastés (7,13; 8,17; 11,5), ya que no aparece en el resto de la BH. El paralelismo más próximo es *ma`ăśeh ´ælōhîm* que sólo ocurre en Ex 32,16 como referencia a las tablas de la Ley labradas y grabadas por Dios mismo. Sí es algo más común la expresión *ma`ăśeh yhwh* (Ex 34,10; Deut 11,7; Jos 24,31; Jue 2,7; Sal 92,6; 104,24; 107,24; 111,2; Jer 51,10), la cual oscila entre las obras de la creación, la liberación divina de su pueblo (en algunos Salmos y el deuteronomista), y el juicio, en las que Dios es inmanente tanto a sus obras de creación como a sus acciones de juicio y salvación.

[366]Cf. *infra* §23.9-12 y 23.13.

[367]De momento, cabe adelantar la cita de J. Licht hecha por H.

23.7. Hay en 3,11-15, además, unas resonancias de la Ley. Acabamos de ver en la n. 365, que en Ex 32,16 aparece el único paralelismo casi idéntico del constructo *ma`ăśeh 'ælōhîm* ("obra de Dios") empleado por el *qohélet* en 7,13; 8,17 y 11,5, y que sin duda subyace en 3,11. Por otro lado, no deja de resultar llamativo que en toda la BH la "obra de Yavé" (*ma`ăśeh yhwh*) aparezca como referencia a la obra de creación o a la intervención histórica de Dios, pero nunca se refiera a la Ley. Es decir, destaca la particularidad e importancia de Ex 32,16, y todo ello junto suscita la cuestión sobre la posible intencionalidad de Eclesiastés en el uso de esta expresión. Dicha intencionalidad se ve reforzada por el empleo del singular contra el uso común del plural en Sira y Qumrán[368], y sobre todo por las otras resonancias de 3,14aβ.b ("Sobre ello nada se puede añadir ni nada restar, pues Dios lo hizo para que le temieran" - עָלָיו אֵין לְהוֹסִיף וּמִמֶּנּוּ אֵין לִגְרֹעַ וְהָאֱלֹהִים עָשָׂה שֶׁיִּרְאוּ מִלְּפָנָיו) con textos de gran calibre vinculados a la promulgación de la Ley. Así, todo comentarista señala las resonancias de la expresión "Sobre ello nada se puede añadir ni nada restar" con Num 36,3.4 (legislación de herencias), pero sobre todo con

Ringgren, *The Faith of Qumran,* p. 50: en Qumrán nos encontramos con "an honest intellectual attempt to free the concept of deity from all dependence on human will and action", lo cual podría ser afirmado literalmente de Eclesiastés. Comenta, además, que en Qumrán Dios opera para su propia gloria o nombre (1QH 1,10; 10,12; 6,10; 1QM 18,8) (pp. 50-51), y que su creación y su actuación en la historia humana, incluso la división polar en buenos y malos (1QH 2,24; 15,20; 6,28), es para revelar su gloria, . En otras palabras, todo, incluso lo que históricamente resulta negativo, redunda en la manifestación de la gloria (perfección sublime) de Dios, lo que constituye una afirmación teológica alejada de la tradición veterotestamentaria de la encarnación histórica de Dios, que se traduce en las descripciones antropomórficas y en la imagen de un Dios ligado a los avatares humanos. Así pues, este antropomorfismo característico del AT queda ya algo lejos respecto a las nuevas definiciones teológicas, ahora mucho más conceptuales y abstractas.

[368] Cf. Sira 11,4 (con ייי en lugar de אל); 35,19 (B-E); 42,15 (B-M). Sólo 36,15 (E) y 39,33 leen el singular מעשה אל ("obra de Dios"). Otras citas que hablan de las obras de Dios sin utilizar el constructo con אל o con ייי son 16,15; 36,20; 42,16.22; 43,2 (el sol).28, todas ellas en plural. Respecto a Qumrán, se encuentra el plural מעשי אל (v.g. CD 2,14 y 13,7), pero el singular parece referirse sistemáticamente a la obra humana, como en 1QS 3,25 (יסד כול מעשה -"fundamento de toda obra"), 1QH 10,8 (ומושל בכל מעשה -"gobierno de toda obra") y 16,11 (כול מעשה עלה -"toda obra de iniquidad").

Deut 4,2 (“no añadiréis a la palabra que yo os ordeno ni tampoco le sustraerás, para cumplir el mandamiento de Yavé vuestro Dios que os prescribo” (לֹא תֹסִפוּ עַל־הַדָּבָר אֲשֶׁר אָנֹכִי מְצַוֶּה אֶתְכֶם וְלֹא תִגְרְעוּ מִמֶּנּוּ אֲשֶׁר אָנֹכִי מְצַוֶּה אֶתְכֶם לִשְׁמֹר אֶת־מִצְוֹת יְהוָה אֱלֹהֵיכֶם) y 13,1 (“toda ordenanza que os prescribo, es lo que guardaréis poniendo por obra; nada le añadiréis ni le sustraeréis” (אֵת כָּל־הַדָּבָר אשר אָנֹכִי מְצַוֶּה אֶתְכֶם אֹתוֹ תִשְׁמְרוּ לַעֲשׂוֹת לֹא־תֹסֵף עָלָיו וְלֹא תִגְרַע מִמֶּנּוּ). Estas dos citas son tanto más significativas por tratarse de sendas advertencias contra la alteración de la Ley, ya sea por expansión o por reducción, ocupando por ello un lugar clave en el Deuteronomio. Es más, el temor a Dios mencionado en Ecl 3,14b resuena constantemente en Deuteronomio en relación al cumplimiento de la Ley (cf. 4,10 y 13,5)[369]. Esta última cita es clave porque 13,2-6 atribuye la responsabili-

---

[369]En la frase וְהָאֱלֹהִים עָשָׂה שֶׁיִּרְאוּ מִלְּפָנָיו (lit. “y Dios hizo que temieran ante él”) resuena la tradición típicamente sapiencial y deuteronomista sobre el temor de Dios, coincidiendo ambas en la vinculación de este tema con la Ley, aunque el deuteronomista es mucho más explícito (cf. Mª Claustre Solé, *Déu, una paraula sempre oberta*, p. 249,). Pero por otro lado, la fórmula aquí empleada sólo tiene resonancias con Daniel. En efecto, la forma más próxima a יִרְאוּ מִלְּפָנָיו en toda la BH/A es la que se halla en Dan 5,19 (דָּחֲלִין מִן־קֳדָמוֹהִי -“y estaban atemorizados en su presencia [de Nabucodonosor]”) y 6,27.28, aparte de las cuales no encontramos ninguna otra ocurrencia en la BH/A, contrariamente a lo que se hubiera podido creer. El último texto nos interesa de modo particular, porque presenta un esquema que bien pudiera también estar presente en la sección de Eclesiastés que nos viene ocupando (3,9-17):

> **Dan 6,27.28:** “Por mi parte [Darío] se decreta que en todos los dominios de mi reino se tiemble y tema ante el Dios de Daniel (לֶהֱוֺן זָיְעִין וְדָחֲלִין מִן־קֳדָם אֱלָהֵהּ דִּי־דָנִיֵּאל), pues Él es Dios vivo y perdurable por los siglos (דִּי־הוּא אֱלָהָא חַיָּא וְקַיָּם לְעָלְמִין); y su reinado no será jamás destruído y su imperio durará hasta el fin (וּמַלְכוּתֵהּ דִּי־לָא תִתְחַבַּל וְשָׁלְטָנֵהּ עַד־סוֹפָא). (28) El que libra y salva y obra prodigios y maravillas en el cielo y la tierra (מְשֵׁיזִב וּמַצִּל וְעָבֵד אָתִין וְתִמְהִין בִּשְׁמַיָּא וּבְאַרְעָא); el que libra a Daniel de las garras de los leones (דִּי שֵׁיזִיב לְדָנִיֵּאל מִן־יַד אַרְיָוָתָא)”.

Ya se percibe a simple vista que la fórmula hebrea ירא לפני y la aramea דחל מן־קדם son muy próximas, y que la segunda se halla en contexto decretal, con el que puede coincidir la primera. Además, interesa advertir la presencia de un esquema de *temor - perpetuidad del dominio divino - liberación* (דָּחֲלִין מִן־קֳדָם אֱלָהֵהּ - קַיָּם לְעָלְמִין / וְשָׁלְטָנֵהּ עַד־סוֹפָא - מְשֵׁיזִב וּמַצִּל) presente en esta cita de Daniel, porque también parece estar presente en Eclesiastés, cuando menos los dos primeros elementos, aunque la perpetuidad es transferida a la obra de Dios más que a una acción de dominio personal.

dad del posible "quitar o añadir" de 13,1 a la falsa profecía y visión (13,2: "si se alzara en tu seno un profeta o soñador de sueños que te presentara señal o prodigio" - חֹלֵם חֲלוֹם וְנָתַן אֵלֶיךָ אוֹת אוֹ מוֹפֵת כִּי־יָקוּם בְּקִרְבְּךָ נָבִיא אוֹ; cf. v. 6) que, aunque originalmente iría dirigida contra la reafirmación cananea[370], sería interpretada en el período posexílico desde las pretensiones de algunos partidos por proseguir una tarea hermenéutica plenamente inspirada o cuando menos *autorizada* (v.g. los grupos visionarios y los precursores de los fariseos respectivamente)[371]. J. Blenkinsopp comenta muy bien la conexión de Ecl 3,14aβ con Deuteronomio:

> Dado que el propósito de esta fórmula, según su empleo común em la BH, es el de preservar la integridad de los documentos públicos y oficiales (v.g. Deut 4,2; 13,1), resulta muy probable que Qohélet tuviera en mente decretos escritos, o tablas del destino sobre las que se graba de antemano los acontecimientos de la vida humana, lo que a su vez sirve para predeterminarlos[372].

23.8. Si está en lo cierto, se desprende que existe aquí una deliberada transposición de las cláusulas toraicas restrictivas –esto es, que pretenden delimitar el *corpus* toraico– a la órbita más amplia del universo histórico y astrofísico, y cuya intención no sería otra que la de fundamentar filosófica y científicamente las limitaciones inherentes al ser humano en todos los campos del conocimiento. Así, autor y editores consiguen, por medio de los asertos fundamentales de Ecl 3,11-15, que culminan en este solapamiento *Obra de Dios-Ley,* mantener su determi-

---

[370]Cf. G. von Rad, *Deuteronomy*, p. 97.

[371]A título de ilustración, digamos que los comentarios a este texto y Deut 13,1 de Marcos Edery, *Deuteronomio y Haftarot en Versión Castellana*, pp. 38s.116s, ponen de relieve los apuros que ambos representaban para la teología rabínica y su tradición oral. Estos problemas se resuelven de algún modo gracias a la ya antigua opinión sobre la sustitución del profeta por el sabio, que está a su vez vinculada a la creencia sobre el cese de la profecía. Asimismo, y respecto a estos textos deuteronómicos, parece sintomático el silencio de las principales colecciones de Qumrán estudiadas en esta investigación.

[372]J. Blenkinsopp, "Ecclesiastes 3,1-15, Another Interpretation", p. 62.

nismo furibundo; a la vez, y contra los movimientos visionarios más o menos radicales, su determinismo no sirve para sustentar revelación alguna, sino para negarla de raíz: es imposible el conocimiento último de la realidad, y la propia Torá ilustra esta restricción requiriendo su autolimitación a un canon de contornos más precisos. En la página siguiente, Blenkinsopp completa esta afirmación con otra de mayor alcance, ofreciendo una pista correcta de por dónde debe abordarse la *crux interpretum* del Nifal de *rādap* (perseguir) que aparece en 3,15b (lit. "Dios busca lo que es seguido/perseguido" - וְהָאֱלֹהִים יְבַקֵּשׁ אֶת־נִרְדָּף):

> El resto de instancias en Nifal de esta raíz verbal tiene que ver con la fuerza del viento moviendo algo ante sí (cf. Lev 26,36; Is 17,13; Sal 83,16; Job 13,25; 30,15). Esto nos conduce de inmediato a su relación temática con el movimiento cíclico (*sĕbibā*) del viento girando sobre sí mismo sin parar, según se describe en el poema inaugural del libro (1,6). La misma metáfora subyace en la descripción, repetida nueve veces, de la actividad humana como 'ir tras el viento' (רְעוּת רוּחַ). Nótese cómo este 'círculo del destino' coincide con los procesos cíclicos de la naturaleza, según la descripción hecha en el primer poema del libro (1,4-11). Ambos son introducidos con la misma cuestión retórica que le niega un superávit de valor a toda actividad humana: '¿qué provecho saca quien se afana en su trabajo?' (1,3; 3,9). La tierra permanece la misma mientras que las generaciones van y vienen, pues todo cuanto Dios hace permanece para siempre (1,4; 3,14). Al interminable y repetitivo movimiento cíclico del sol, del viento y del agua, le corresponden los eventos humanos, ya sean individuales o universales. La búsqueda de un orden natural que sirviera de fundamento al comportamiento humano, fue un procedimiento característico de los sabios de Israel y de las culturas antiguas; no sería de extrañar, pues, que la mención del viento que gira sobre sí mismo ocultara una ironía particularmente amarga.

Asiento por completo con este planteamiento, salvo que, en mi opinión, la ironía de la que habla no va dirigida contra los sabios antiguos sino contra los *modernos*, esto es, los coetáneos de Qohélet o de su editor que especulan sobre la posibilidad de un conocimiento que, en opinión de aquéllos, les está vedado. Así pues, lo importante para nosotros es que los planteamientos de este segundo *himno* coinciden plenamente con los del primero, sólo que ahora, además, se amplía su alcance sugiriendo más claramente que el *círculo del destino* que restringe el conocimiento humano, abarca también a la Torá[373]. El análisis que sigue proporciona las claves para entender la transferencia de vocabulario toraico al tema de la *Obra de Dios*.

Intertextualidad con Sira

23.9. En Sira y Qumrán, el tema de la *obra de Dios* y sus distintas concreciones terminológicas adquieren unos contornos más universales y abstractos (más dogmáticos), como los que encontramos en Eclesiastés. En efecto, en Sira observamos que la ambivalencia de la(s) "obra(s) de Dios" es llevada a un punto de refinamiento teológico como el que muestra el primer texto breve de 11,1-6:

> La sabiduría del humilde (חכמת דל) le hace erguir la cabeza, lo sienta entre los magnates. (2) No alabes a ningún varón por su belleza, ni abomines de nadie por su aspecto. (3) Pequeña es la abeja entre los volátiles, pero su producto es el primero de los dulces. (4) No te burles del cubierto de harapos, ni te mofes del día amargo, porque las obras del Señor son admirables (כי פלאות מעשׂי יי), pero oculta al hombre es su acción (ונ[ע]לם מ[אדם] פעלו). (5) Muchos humillados se sentaron en el trono, y el más insospechado llevó la corona. (6) Muchos poderosos cayeron en la mayor deshonra, y muchos nobles fueron entregados a manos de otros.

Es muy interesante la conexión sirácida de מעשׂי יי (obras de Dios) con נעלם (oculta), pues se establece aquí un contraste positivo-negativo muy similar al de aquél. Además, y de modo similar a Ecl 3,11-17, esta vinculación sirve de fundamento para la proclamación de la justicia divina, si bien Eclesiastés difiere respecto al cuándo. Sin embargo, un tratamiento más amplio lo tenemos en 15-18,14, donde se responde a fondo a dos cuestiones fundamentales, pero paradójicas: el libre albedrío humano (cap. 15) y la absoluta soberanía divina (16-18,14). No parece que esta problemática halle su solución aquí (¿la hay realmente?), pero sí interesa reseñar que es un tema que es tratado *per*

---

[373] Si este cúmulo tiene fundamento, cabe incluso pensar en otra lectura del *hā`ôśeh* de 3,9, aunque sea bastante subliminal: la del *practicante* de la Ley, que no es otro que el que se esfuerza en el cumplimiento de la Ley esperando el consiguiente resultado a su esfuerzo, del mismo modo que el *ejecutivo* espera una ganancia equivalente al esfuerzo desplegado.

se, lo cual no tiene paralelo en la BH, excepto en Eclesiastés. Facilito a continuación las partes más relevantes del texto, junto a una esquematización del resto:

Cap. 15, Defensa del libre albedrío.
1-8: el justo[374] es recompensado; características del justo. 9-10: el elogio. 11-13: exculpación de Dios como autor del pecado. 14-17: libertad humana de elección[375]. 18-19: omnisciencia divina (juicio justo implícito)[376]. 20: nueva exculpación de Dios.

Cap. 16, Dios castiga al impío.
1-4: futilidad de tener una multitud de hijos si son impíos[377]. 5-10: repaso de algunas historias bíblicas que ilustran el juicio divino. 11-23: misericordia y juicio divinos.

(11) Aunque hubiera uno sólo de dura cerviz (מקשה ערף), sería admirable que quedara impune, porque junto a Él están la misericordia y la ira (כי רחמים ואף עמו), soporta y perdona (נשׂא וסולח) y sobre los malos hace brillar la cólera. (12) Tan grande como su misericordia es su castigo, juzga al hombre según sus obras (איש כמפעליו ישפט). (13) No escapará el pecador con su rapiña, ni quedará defraudada la paciencia del piadoso (תאות צדיק). (14) Todo el que practica la caridad (כל העושה צדקה) tendrá su recompensa (יש לו שׂכר), cada uno encontrará según sus obras (וכל אדם כמעשׂיו יצא לפניו). El Señor endureció al Faraón para que no le conociese con el fin de que sus acciones fuesen reveladas bajo los cielos (שמעשׂיו מגולין תחת השמים). (15) No digas: 'me ocultaré de Dios, desde lo alto ¿quién se acordará de mi? Entre la multitud no seré

---

[374]En el v. 1 se habla literalmente del ירא יי (el que teme al Señor) y del תופשׂ תורה (depositario de la Ley). Esta última expresión es tomada de Jer 2,8, donde se refiere a los sacerdotes; pero ahora se aplica a cualquiera de los piadosos que siguen la Ley.

[375]El v. 14b, que afirma ויתנהו ביד יצרו (lit. "y lo dejó en mano de su inclinación", es decir, lo dejó a su arbitrio), es importante aquí.

[376]En el v. 19 se afirma que Dios יכיר אל כל מפעל איש ("examina toda la obra del hombre"), de modo que su examen conlleva juicio. Pero esta afirmación es importante en la medida que refleja la tradicional convicción judía de que sólo Dios tiene pleno conocimiento de las obras humanas, de modo que la pretensión del *mélek* qoheletiano aparecía de inmediato ante el judío cualificado como una gran falacia.

[377]En el v. 1 se les llama נערי שוא (jóvenes de vanidad, o sea, ligeros) y también בני אולה (hijos de iniquidad).

conocido, pues ¿qué es mi alma/vida en medio de la gran cantidad de espíritus de los hijos del hombre?' (16) Mira, el cielo y los cielos de los cielos, el abismo y la tierra, cuando los visita se estremecen.[378] (17) Asimismo, las raíces de las montañas y los fundamentos del/la mundo/tierra se conmueven cuando Dios los mira. (18) Tampoco (digas) 'no pondrá atención en mí. ¿Quién se fijará en mi camino? (19) Si yo peco no lo ve ojo alguno, y si miento con gran secreto ¿quién va a saberlo? (20) Aquello que es la obra de justicia, ¿quién lo manifestará? (מה מעשׂה צדק מי ינידנו) ¿Qué esperanza cuando cumplo el mandamiento? (ותקות מה כי אצוק חוק)' (21) Los faltos de sesera conciben estas cosas, y el hombre necio piensa así. (22) Escuchadme y seguid mi ciencia (שׂכלי) y prestad atención a mis palabras. (23) Mostraré mi espíritu por medio del conocimiento (אביעה רוחי במשׂכל), y con humildad/precisión daré a conocer mi opinión / ciencia (דעי).

Cap. 16,24-17,32. La Creación del Hombre
(24) Cuando Dios creó sus obras desde el principio (כברא אל מעשׂיו מראשׂ) sobre sus criaturas[379]. (26a) En la creación del Señor están sus obras desde el principio], (26b) desde su creación separó sus partes (διέστειλεν μερίδας αὐτῶν). (27) Ordenó para siempre sus obras y sus comienzos por generaciones (ἐκόσμησεν εἰς αἰῶνα τὰ ἔργα αὐτοῦ καὶ τὰς ἀρχὰς αὐτῶν εἰς γενεὰς αὐτῶν); no tienen hambre ni se fatigan ni abandonan su tarea (τῶν ἔργων αὐτῶν). (28) Ninguna estorba a su vecina ni desobedecen jamás su palabra. (29) Después de esto miró el Señor a la tierra y la llenó de sus bienes; cubrió su superficie con toda clase de vivientes y a ella volverán".

Cap. 17
1-2: caducidad del hombre. 3-14: Dios dotó al hombre de capacidades especiales:

> semejanza divina (v. 3); dominio sobre los animales (v. 4); discernimiento y saber, incluido el conocimiento de la Ley (vv. 5-7.11.12.14); temor de Dios (v. 8); capacidad de alabanza (vv. 9-10).

15-29: Dios todo lo conoce y juzga justamente (seguridad de la retribución); el perdón del arrepentido es parte de su justicia.

17,30-18,12. Contraste entre el Dios creador y el hombre criatura.
(30) "No se puede ser todo entre los hombres, porque el hombre no es inmortal (ἀθάνατος). (31) ¿Qué hay más luminoso que el sol? También

[378]El texto hebreo tiene ciertas dificultades, aunque el sentido sí es el expresado en la traducción.

[379]A partir de aquí (16,26b en el griego) sólo poseemos el texto griego, que es el que seguiremos.

> éste se eclipsa. La sangre y la carne planean el mal. (32) Él contempla la potencia del alto cielo, pero todos los hombres son tierra y ceniza (γῆ καὶ σποδός). **Cap. 18**. (1) El que vive por siempre creó todas las cosas en conjunto (ὁ ζῶν εἰς τὸν αἰῶνα ἔκτισεν τὰ πάντα κοινῇ). (2) Sólo el Señor está justificado (κύριος μόνος δικαιωθήσεται). (4) A nadie capacitó para anunciar sus obras, y ¿quién puede investigar del todo sus grandezas? (καὶ τίς ἐξιχνεύσει τὰ μεγαλεῖα αὐτοῦ) (5) ¿Quién puede calcular el poderío de su majestad? ¿Y quién podrá además hacer relación de sus misericordias? (6) No es posible disminuir ni añadir (οὐκ ἔστιν ἐλαττῶσαι οὐδὲ προσθεῖναι), ni rastrear las maravillas del Señor (καὶ οὐκ ἔστιν ἐξιχνιάσαι τὰ θαυμάσια τοῦ κυρίου). (7) Cuando uno termina, entonces está en los comienzos, y cuando cesa se queda perplejo. (8) ¿Qué es el hombre y de qué sirve? ¿Cuál es su bien y cuál su mal? (9) Los días del hombre son como mucho cien años. (10) Como gota de agua del mar y como grano de arena son sus pocos años en el día de la eternidad (ἐν ἡμέρᾳ αἰῶνος). (11) Por eso el Señor es magnánimo con ellos, derrama sobre los hombres su misericordia. (12) Vio su desenlace y conoció que era malo (εἶδεν καὶ ἐπέγνω τὴν καταστροφὴν αὐτῶν ὅτι πονηρά), por eso multiplicó su perdón ...[380]

23.10. Una lectura atenta de este texto revela sobre todo dos puntos fundamentales. El primero es que se trata de una apología de la justicia divina, o dicho más filosóficamente, de la afirmación de una justicia universal. Ésta implica tanto el reconocimiento de la libertad humana como de la plena soberanía divina, según se indica por la simple superposición de ambas afirmaciones[381], y a su vez conduce a la afirmación última de un misterio (18,1-12). En efecto, la naturaleza y la vida humana llevan inscritas en sus registros (o sea, en las leyes que las rigen -cf. 18,6) el misterio divino que resulta insondable para los humanos. En segundo lugar, resulta interesante que también aquí buena parte de la argumentación, particularmente 16,24-18,12, se desarrolle sobre una interpretación del Génesis 1-3. En efecto, Sira responde a las objeciones contra la justicia divina mediante la *Schöpfungstheologie,* que se desarrolla eludiendo toda alusión directa al lenguaje teológico-narrativo de culpa-castigo del Génesis, situando esta cuestión, por el

---

[380]G.L. Prato, *Il Problema della Teodicea in Ben Sira*, pp. 209-299, aborda un estudio pormenorizado de 15,11-18,14, precisamente, desde la perspectiva que nos interesa aquí.

[381]Cf. Robert Michaud, *Ben Sira et le Judaïsme* III, pp. 84-7.

contrario, en el terreno de la ley natural, ya que aquí se argumenta que el mismo grado de perfección de la acción creadora de Dios produce los límites que encorsetan al hombre, y que de alguna forma son la causa natural de su pecaminosidad esencial[382]. Es notorio, en este sentido, el texto de 17,30-32, en el que se percibe este contraste *natural* entre el Dios inmortal y el hombre que viene del *humus*. En términos exegéticos, es más notorio aún el texto de 17,8, porque mientras que en Gen 3 el temor es consecuencia del pecado, aquí aparece como parte del acto creador. Lo mismo podría decirse de 17,1b.2, donde la muerte aparece sin conexión con la caída. Por ello, la primera mención explícita del pecado humano en 17,20 es hecha *ex abrupto*, como si se tratara de un *datum* sin necesidad de justificar su origen histórico.

Es obvio que Eclesiastés mantiene serias diferencias con estos dos puntos, situándose frente al libre arbitrio y el optimismo teodiceico de Sira. Pero también es cierto que los elementos comunes demuestran la pertenencia de ambas obras a una misma constelación cultural e histórica: la exégesis casi idéntica que se hace del temor de Dios (cf. Ecl 3,14b y Sira 17,8); la referencia común al mundo animal (aunque aquí se separan en sus planteamientos -cf. Ecl 3,19-21 y Sira 17,4) o a la inmutabilidad de los planes divinos (equivalente a las leyes de la naturaleza -cf. Ecl 3,14aβ y Sira 18,6); el papel idéntico, con referencia idéntica al Génesis, que juega la muerte como destino universal e igualador (cf. Ecl 3,19-20 y Sira 17,1.2.32b); el atisbo de ambivalencia teodiceica de Sira 18,9, que se sitúa en la dirección del más rotundo Ecl 3,16; y finalmente, la clara conciencia de *misterio insondable* que ambos textos muestran (cf. Ecl 3,11bβ y Sira 18,4.5)[383], así como la idéntica comprensión acerca de las obras del Señor como entes que han adquirido autonomía en el marco de

382R. Michaud, *op. cit.*, p. 93, afirma, citando a Bonsirven, que un dogma característico del judaísmo tardío es el de "la nature humaine ... éssentiellement faible et péchereusse". Michaud reconoce, por tanto el carácter racional de esta doctrina, aunque también nos previene contra su lectura puramente racionalista en Sira, ya que según éste Israel ha sido escogido, de nuevo citando a Bonsirven, como "dépositaire de la révelation du monothéisme moral et de la loi de sainteté" (p. 92).

383Otro texto de Sira que admite una comparación similar es 39,16-35, que ya ha sido estudiado (cf. *supra* §21.6-7).

la naturaleza.

23.11. Otro texto que también nos interesa mucho es el de Sira 42,15-25:

> (15) Voy a recordar las obras del Señor (מעשׂי אל) y a narrar lo que he visto. Por el hablar del Señor (fue) su voluntad, y la obra de su voluntad, de su doctrina (פועל רצונו לקחו). (16) El sol al iluminar sobre todo brilla, y la gloria de Yavé (brilla) sobre todas sus obras (כל מעשׂיו). (17) No les fue dado a los santos del Señor narrar todas las maravillas del Señor (לא הספיקו קדושׁי אל לספר נפלאות ייי). .... (18) Sondea el abismo y el corazón (תהום ולב חקר) y penetra en sus proyectos (ובכל מערומיהם יתבונן); pues el Altísimo conoce toda ciencia. (19) Declara las mutaciones del porvenir (מחוה חליפות נהיות) y enseña la exégesis/investigación de los secretos (ומגלה חקר נסתרות). (20) No se le pasa ningún conocimiento (ל[א נ]עדר ממנו כל שׂכל) ni se le escapa ningún asunto (כל דבר ולא חלפו[384]). (21) Estableció las fuerzas de su sabiduría (נ[בורת חכמ]תו תכן): es el mismo eternamente[385] (אחד הוא מעולם). No se le añadió ni se le quitó nada (ל[א נוש]ף ולא נאצל), ni necesitó de ningún instructor (ולא צריך לכל מבין). (22) ¿Acaso no son sus obras deseables? ([הלא כל מעשׂיו נחמד[ ) hasta un destello y una visión fugaz (עד ניצוץ וחזות מראה).[386] (23) Él/Esto[387] tiene vida y permanece para siempre, y responde (lit. obedece) a todo menester/función (ולכל שׂורך הכל ישמע)[388]. (24) Todas ellas derivan las unas de las otras (lit. "la una de la otra"), y no hizo ninguna inútil/superflua (כלם שׂונים זה מזה ולא עשׂה מהם שׁיי•). (25) Cada cosa afirma la excelencia de la otra (זה על זה חלף טובו), ¿y quién se cansará contemplando su belleza? (ויִמי[389] ישׂב[ע] ל[הביט תוארם]).

[384]Bm lee חלף מנו, que parece tratarse una corrección gramatical para hacer más lógico el texto.

[385]Literalmente sería: "Es uno desde siempre/la eternidad". En realidad, מעולם implica perpetuidad desde el tiempo arcano, y por ello me parece más correcto traducir "eternamente".

[386]Este verso procede de Masada.

[387]Masada lee הכל en lugar de הוא.

[388] Encontramos dos lecturas ligeramente distintas entre [M], que lee כל צרך הכל נשמר( ) ("Para cualquier necesidad todo se guarda"), y [Bm], que lee לכל צורך הכל נשם, que no difiere en exceso del significado de [B].

[389]La lectura וימי de B resulta incomprensible. Por eso parece que no queda más alternativa que seguir a Bm que lee ומי. Desafortunadamente,

Este himno, que junto a todo el capítulo 43 forma un prólogo creacional al panegírico de los ancestros centrado en la intervención histórica de Dios (caps. 44-50), consiste en una loa a la sabiduría divina desplegada en su acción creadora. El lenguaje utilizado, que destaca la precisión y perfecta coordinación de todo lo existente, no difiere en mucho de algunos de los himnos ya estudiados de Qumrán[390]; en efecto, su autor parece concebir una periodización histórica perfectamente planificada y controlada por Dios mismo, insinuándose además su posible revelación a los hombres (v. 19). Comparte con el texto ya estudiado de Sira 15-18,14 y con Ecl 3,10ss, el recurso implícito al Génesis, aunque aquí se centra en la teología de la palabra (v. 15), y en algunas resonancias particulares, como la de la investigación divina del corazón humano y sus planes (v. 18) a semejanza del "sobrevuelo" del espíritu divino sobre el abismo o las aguas (Gen 1,2). Por otro lado, también aquí la perfección divina (vv. 15-16) es causa directa y neutra de los límites humanos (v. 17)[391], aunque en este texto se atenúa este contraste con la afirmación de la gloria divina que da brillo y calor a todas sus obras (v. 16), y también con la afirmación de un mínimo acceso a sus misterios gracias a su inspiración de la exégesis (v. 19)[392], mientras que Eclesiastés parece que acentúa la perfección divina para recalcar paralelamente su distanciamiento de la accesibilidad humana. Cabe destacar otro aspecto importante y puntual de la *Schöpfungstheologie*: la afirmación de la autonomía e inmutabilidad de la creación que se vincula a la voluntad divina (רצון), que no es tomada aquí en sentido de libre arbitrio divino,

---

Masada, que lee מי ישׂבי להביט הודם[ ] ("¿[ ]quién [?] se cansará de contemplar su majestad?"), no nos ayuda a confirmar ninguna de las dos lecturas.

[390]Además, en *TdQ*, p. 33, n. 7, encontramos algunos comentarios y citas a este respecto (v.g. 1QH 1,7.19-20; Sira 15,14ss y 16,16-28).

[391]Nótese el contraste establecido por el uso afirmativo y negativo del verbo *sāpar* en los vv. 15 y 17.

[392]Se descubre el mismo planteamiento al final del himno, por ejemplo en 43,32.33, רוב נ[סתורות מ]אלה מעט ראיתי ממעשׂיו עת הכל [עשׂה ייי] ולחסידימ נתן חכמה ("mayores misterios que éstos hay, pues poco vi yo de sus obras. Todo ha sido hecho por el Señor, y/pero a los piadosos da sabiduría").

sino como reflejo de su propia sabiduría (לקח[393]) eterna y por tanto también inmutable (vv. 15.21[394].23-25). Parece que existe una afirmación paralela en Ecl 3,10-15, que también afirma la eternidad de Dios junto a la perpetuidad que ha puesto en las cosas (vv. 11bα.14aα), lo que equivale a afirmar su autonomía según unas leyes inmutables; pero además se afirma con oraciones muy próximas a Sira 42,21b en su forma, como es 14aβ. Eso sí, Eclesiastés lleva la inmutabilidad hasta el extremo histórico (v. 15a), yendo más lejos que Sira, que parece dejar espacio a la mutación histórica (42,19). No es de extrañar, dicho sea de paso, que Sira exprese su optimismo epistemológico en el v. 25 con una frase equivalente a otra del proemio de Eclesiastés (1,8bα), donde se declara, precisamente, todo lo contrario. O sea, mientras que el misterio de la acción creadora y providente de Dios conduce a Sira a una admiración y a una confianza en su investigación, en Eclesiastés el mismo misterio es empleado para expresar la futilidad de una investigación que suponga esfuerzo; pero de este modo puede afirmarlo como fundamento exclusivo de una confianza gratuita en el don divino (vv. 12.13).

23.12. Por otro lado, no debe olvidarse que, a pesar del aparente optimismo epistemológico de Sira, también este autor mantiene serias prevenciones contra lo que percibe como pretensiones excesivas, y que podrían muy bien ir dirigidas tanto contra los helenistas como contra ciertos grupos visionarios. Un texto muy directo a este respecto es 3,18-31, del que facilito la parte más interesante para el tema que venimos tratando:

---

[393]Vale la pena señalar que el sustantivo *leqaḥ*, que puede traducirse por "ciencia" en sentido genérico, es empleado predominantemente en la literatura hebrea para el conocimiento concreto, es decir, accesible o tangible, como es la "enseñanza", "doctrina", "instrucción", "aprendizaje", etc. (v.g. Deut 32,2; Is 29,24; Prov 1,5; 1QS 11,1). Incluso su matiz peyorativo de "persuasión" da apoyo a su "tangibilidad" (cf. Prov 7,21). Parece bastante evidente que este énfasis deriva precisamente del verbo *lāqaḥ* "tomar", "agarrar", etc.

[394]La frase ג[בורת חכמ]תו תכן ("Estableció las fuerzas de su sabiduría") es una metáfora, a mi entender, de las leyes físicas establecidas por Dios, en tanto que concreción creacional de su sabiduría.

> (18) Sea tu alma pequeña ante las maravillas del mundo/misterio, y delante de Dios hallarás favor [lit. “las misericordias”] (מעט נפשך מכל נדלת עולם ולפני אל תמצא תחמים). (19) Ciertamente, muchas son las misericordias de Dios pero a los humildes revela su misterio (כי רבים רחמי אלהים ולענוים יגלה סודו)[395]. (21) Las maravillas superiores a tus fuerzas, no busques, y lo que está oculto que te supera no investigues (פלאות ממך אל תדרוש מכוסה ממך אל תחקור). (22) Medita sobre aquello que te ha sido autorizado/ordenado, pues no tienes necesidad de las cosas ocultas/misterios (במה שהתֻשית התבונן ואין לך עסק בנסתרות), (23) y no te esfuerces en lo que te supera, pues se te han mostrado cosas que te exceden (וביותר ממך אל תמר כי רב ממך הראית), (24) porque numerosas son las/los opiniones/planes de los hombres, y las fantasías / especulaciones malignas que extravían (כי רבים עשתוני בני אדם ודמיונות רעות מתעות) ... (31) El que practica el bien lo encontrará en sus caminos y cuando tropiece encontrará apoyo (פועל טוב יקראנו בדרכיו ובעת מוטו ימצא משען).

Este sabio admite, sin duda, una capacidad humana de conocimiento natural, pero a la par alega la existencia de unos límites infranqueables establecidos por la excelencia de cuanto existe (vv. 21.23), sin cuyo reconocimiento se cae en la confusión incluso intelectual (v. 24). Por tanto, este reconocimiento debe ser connatural al creyente que fundamenta su conocimiento sobre lo revelado o *autorizado/ordenado* (¿una evocación a la Ley?). Es más, los versos subsiguientes (25-30) son en realidad un desarrollo de las características propias de los “hijos del hombre” del v. 24, que no son otras que la terquedad (לב כבד –lit. “corazón pesado”– cf. vv. 26.27), que les conduce a aumentar sus quebraderos de cabeza (ירבו מכאביו -v. 27) y a atormentarse para añadir pecado sobre pecado (ומתחולל מוסיף עון אל עון -v. 27)[396]. Por el contrario, a este hombre que pretende alcanzar el “mundo/misterio” se le contrapone el modelo del sabio, cuyo corazón se dedica a meditar en la sabiduría recibida (v. 29), lo cual acaba por concretarse en hacer el bien como camino de la felicidad (v. 31). Así pues, queda bien establecida la ventaja que el humilde (el creyente) tiene respecto al poderoso en lo referente al conocimiento. Ni qué decir tiene que subyace en estos versos la idea de una revelación limitada a la Ley, de modo que el humilde es el que

---

[395]No transcribo el v. 20, que sólo aparece en el texto griego.

[396]Ya han sido estudiadas las resonancias que Eclesiastés tenía con estos textos (cf. *supra* §12.14).

medita en ella y la pone por obra. Ya ha sido afirmada en Ecl 3,10ss la negación qoheletiana del conocimiento ilimitado, pero además cabe mencionar que hay en este texto una evocación bastante abierta de la Ley en el v. 12, donde se afirma, literalmente, que "no hay bien en ellos sino alegrarse y hacer el bien a lo largo de sus vidas" (אֵין טוֹב בָּם כִּי אִם־לִשְׂמוֹחַ וְלַעֲ- -שׂוֹת טוֹב בְּחַיָּיו), lo cual no se aleja mucho de la referencia de Sira en 3,21. Por ello, es importante observar que **tanto en Sira como en Eclesiastés la cuestión epistemológica es un tema *per se*, que es tratado con un reconocimiento común de los límites inherentes a la capacidad humana; límites que se agudizan para quienes desarrollan pretensiones excesivas. Además, coinciden en proponer una alternativa fundamentada en la gratuidad, si bien Sira enfatiza el don concedido al que sigue fielmente la Ley, y Eclesiastés se decanta por el don de la fruición material, esto es, del que renuncia a las exigencias político-económicas de la sociedad, dejando su vinculación con la Ley en la penumbra de la evocación y la alusión deliberada**[397]**. Ésta**

---

[397] Abandonamos esta sección, pero no sin antes mencionar que el texto ya analizado de Sira 39,16-35 (cf. *supra* §21.6-7) confirma mucho de lo afirmado aquí. Así, hay en él toda una cadena de referencias a la determinación perfecta de toda la creación en lenguaje más sofisticado que el de Ecl 3,10-15, pero que es coincidente en su propósito: afirmar la perfección de las leyes naturales y su perpetuidad. Me refiero a la cadena siguiente, en la que el resaltado gris marca los términos coincidentes con Eclesiastés y el subrayado aquellos que son sinónimos y en función similar:

(16) [מעשי] אל כלם טובים וכל צורך בעתו יספיק ... (20) מעולם ועד עולם ...
(21) ... כי הכל לצרכו נבחר כי הכל בעתו יגבר... [30] כל אלה לצורכם נבראו
והנה באוצר ולעת יפקדו ... (33) מעשה אל כלם טובים לכל צורךבעתו יספוק
(34) ... כי הכל בעתו יגביר

(16) Las obras del Señor son todas ellas buenas y cada función se cumple a su tiempo ... (20) De un extremo al otro del tiempo ... (21) ... todo ha sido predestinado para sus funciones ... pues todo vale a su tiempo ... (30) ... todas estas cosas fueron creadas igualmente para su fin y están almacenadas para el tiempo (que tienen) señalado ... (33) 'Las obras del Señor son todas buenas y provee a toda necesidad en su momento'. (34) ... pues todo tiene valor en su momento.

Por otro lado, este texto de Sira también utiliza la estructura polar para explicar la existencia del bien y del mal, como se deja ver en los textos siguientes:

será aprovechada, sin duda, por el estrato editorial para explicitarla.

Excursus sobre la expresión la`ăśôt ṭôb ("*hacer el bien/disfrutar*")

23.13. Conviene especificar los matices de esta expresión con relación a la posible alusión a la Ley de Ecl 3,10-15, ya que los comentaristas suelen proponer dos lecturas opuestas, a saber: una expresión del goce material (*carpe diem*) o bien del buen obrar[398]. Esta última recibe muchos apoyos, entre los que destaca el que la mayoría de las citas bíblicas con la combinación *`āśāh* + *ṭôb* (en cualquier forma verbal) indica un comportamiento ético ("hacer el bien/lo bueno") o tiene una vinculación con los mandamientos (Torá)[399]. De todas ellas, Num 24,13 es la que más se aproxima a Ecl 3,12 debido a su empleo del infinitivo, aunque el adjetivo es femenino (*ṭôbāh*). En Ecl 7,20 se trata de una nítida referencia a la rectitud ético-moral, que además está emparejada por contraste con el verbo *ḥāṭā'* (pecar). Sin embargo, para 3,12 se ha propuesto como traducción el disfrute personal de la vida y no tanto el hacer el bien a otros o el ser recto moralmente, según parece, porque se da un paralelismo con el verbo *śāmaḥ* (estar alegre) y en el verso siguiente se habla del comer y beber como señal del goce de la vida. Un fundamento filológico parece encontrarse en una lectura reflexiva del עֹשֶׂה רָעָה de 2Sam 12,18 ("se afligirá" traduce la RV-

(24) [ארחו]ת תמים יישרו כן לזרים יסתוללו (25) [טוב לט]ב חלק מראש כן לרעים
טוב וריע .... (27) כל א[לה] לטֱובים ייטיבו כן לרעים לרעה נהפכו ... (30) כל
אלה לצרכם נבראו והנה באוצר ולעת יפקדו

(Nótese que יפקדו del v.30 se refiere al "castigo" [משפט] del v. 29).
(24) Los caminos de los perfectos son rectos, pero para los inicuos están llenos de obstáculos. (25) Los/el bienes/bienestar fueron/fue predestinados/o para los buenos/piadosos desde el principio ... (27) Todas estas cosas benefician a los piadosos, pero se convierten en males para los pecadores ... (30) ... todas estas cosas fueron creadas igualmente para su fin y están almacenadas para el tiempo (que tienen) señalado.

Además de lo señalado, esta estructura polar sirve de instrumento a la teodicea inmanente: lo malo está destinado para el impío no creyente, y lo bueno para el piadoso; precisamente, es éste el punto de desmarque de Eclesiastés, quien también defiende la realidad polar, pero sin fronteras nítidamente definidas entre los polos, como lo aclara magistralmente en 3,16.

[398]Cf. A. Lauha, *Kohelet*, p. 69 y J.L. Crenshaw, *Ecclesiastes*, p. 99, entre quienes apoyan el primer sentido, y R. Gordis, *Koheleth. The Man and His World*, p. 232, entre quienes defienden el segundo.

[399]Esta combinación aparece en los siguientes textos: Num 24,13; 2Cron 24,16; Sal 14,1..3; 34,15; 37,3.27; 53,2.4 Ecl 3,12; 7,20.

60), que apoyaría una traducción de לַעֲשׂוֹת טוֹב por "disfrutar". Hay que señalar, sin embargo, que ésta es una base muy frágil por dos razones: 1) en Eclesiastés el goce de los bienes se expresa muy claramente con la expresión רָאָה טוֹב, como vemos justo en el verso que sigue a 3,12 (cf. además 2,1.24); 2) la lectura reflexiva de עָשָׂה רָעָה es una simple suposición sin mayores apoyos textuales, y de ahí que las traducciones de 2Sam 12,18 por la *CI* ("haría algún disparate") o por la *BJ* ("hará un desatino"), tengan visos de mayor verosimilitud. Además de estos datos, puede añadirse que el empleo de esta frase en Qumrán no deja tampoco demasiadas dudas al respecto (cf. 1QS 1,2 donde también se lee la forma infinitival לעשות הטוב והישר לפניו - "hacer el bien y lo recto en su presencia"). En Sira 48,22 esta combinación aparece con indicativo de objeto: כי עשה יחזיהו את הטובה ("Pues hizo Ezequías lo bueno") y también en este libro se encuentra una instancia que parece completamente sinónima de *pā'al* + *ṭôb* (cf. 3,31)[400]. Por otro lado, la expresión בחייו no significa "en su vida" (es decir, por o para sí mismo) sino "a lo largo de su vida" como lo demuestran las múltiples ocurrencias similares en la BH y en Sira y Qumrán[401]. Así pues, no hay duda del significado de la expresión, aunque sí surge entonces la cuestión de su origen: ¿es autógrafo o más bien redaccional, posiblemente de la misma mano editorial que asocia el temor del Señor a los mandamientos en 12,13? En este último caso, no dejaría de ser válido lo que ya hemos dicho en los capítulos anteriores respecto a las posibles adiciones redaccionales, a saber: está hecha con un gran esmero por encajarla en el conjunto de la obra de Qohélet, evitando todo cuanto pudiera parecer confrontación al mensaje de éste. Así, esta posible inserción se ha hecho en paralelo al v. 13, solapando el gozo con la rectitud, de modo que una expresión clara de contenido ético aparezca enmarcada en un contexto secular y lúdico.

La Intertextualidad con Qumrán

23.14. Aunque con terminología diversa, también se da en el *corpus* qumránico una preocupación por la trabazón, excepcionalmente

---

[400]Que ambas combinaciones sean sinónimas se deja ver por las variantes de 33,10 en B o Bm que leen indistintamente תפעל o תעשה respectivamente.

[401]Cf. Jue 16,30; 2Sam 18,18; Sal 49,19. En todas estas citas significa "a lo largo de su vida" o " mientras vive". Asimismo, en Sira: 10,9 y 48,14 significa "en vida", mientras que en CD 4,21 la expresión בחייהם se entiende como "[dos mujeres] en sus vidas".

compacta, de la temática *tiempo-obra de Dios-teodicea* que resulta fundamental para entender Eclesiastés. Un texto clave es 1QS 3,13-4,26, del que algunos fragmentos han sido ya analizadas en varios lugares:

> **3** (13) *Vacat*. Para el sabio, para que instruya y enseñe a todos los hijos de la luz sobre la historia de todos los hijos de hombre (למשׂכיל להבין וללמד עת כול בני אור בתולדות כול בני איש), (14) acerca de todas las clases de sus espíritus, según sus signos, acerca de sus obras en sus generaciones, y acerca de la visita de su castigo (לכול מיני רוחותם באותותם לעשׂיהנם בדרותום ולפקודת נגואיהם) y (15) del tiempo de su recompensa (עם קצי שלומם). Del Dios del conocimiento provienen todo lo que es (כול הויה) y lo que será (ונהייה). Antes de que existiera fijó todos sus planes (ולפני היותם הכין כול מחשבתם) (16) y en el curso de su existencia, según sus instrucciones (ובהיותם לתעודותם), según su plan glorioso (כמחשבת כבודו), realizan sus obras/funciones sin mutación (ימלאו פעלתם ואין להשנות). En su mano están (17) las leyes de todas las cosas (בידו משפטי כול), y él las sostiene en todas sus funciones (והאו יכלכלם בכול חפשיהם). Él creó al hombre para dominar (18) el mundo (והואה ברא אנוש לממשלת תבל), y puso en él dos espíritus (וישׂם לו שתי רוחות), para que marche por ellos hasta el tiempo de su visita (להתהלך עד מועד פקודתו): son los espíritus (19) de la verdad y de la falsedad. De la morada de la luz provienen las generaciones de la verdad, y de la fuente de tinieblas las generaciones de falsedad (במעון[402] אור תולדות האמת וממקור חשך תולדות העול). (20) En mano del Príncipe de las luces está el dominio sobre todos los hijos de la justicia ... Y en mano del Ángel (21) de las tinieblas está todo el dominio sobre los hijos de la falsedad ... A causa del Ángel de las tinieblas se extravían (22) todos los hijos de la justicia .... (23) de acuerdo con los misterios de Dios (לפי רזי אל) ... (24) .... Pero el Dios de Israel y el ángel de su verdad ayudan (25) a todos los hijos de la luz. Él creó a los espíritus de la luz y de las tinieblas (הואה ברא רוחות אור וחושך), y sobre ellos fundó toda obra (ועליהן יסד כול מעשׂה), (26) [sobre sus ca]minos todos los trabajos/funciones ([ע]ל[דרכ]יהן כול עבודה) .... **4** (15) *Vacat*. En ellos está la historia de todos los hombres (באלה תולדות כול בני איש); en sus [dos] divisiones tienen su heredad todos sus ejércitos, por sus generaciones (ובמפלגיהן ינחלו כול צבאותם לדורותם); en sus caminos marchan; toda función (16) que realizan cae en sus divisiones (וכול פעולת מעשׂיהם במפלגיהן), según sea la herencia del hombre, grande o pequeña, por todos los tiempos eternos (לכול קצי עולמים). Pues Dios lo ha dispuesto por partes iguales hasta el tiempo (17) final (אחרון קץ), y ha puesto un odio eterno entre sus divisiones (ויתן איבת עולם בין מפלגותם).

[402] *TdQ,* p. 52 traduce "manantial", y la mantiene en *DDSSE*, p. 75, al traducir "spring", lo cual corresponde a מעין a pesar de que acepta la lección מעון.

> ... Hay una feroz (18) disputa sobre todos sus preceptos (וקנאת ריב על כול משפטיהן), pues n o caminan juntos (כי לוא יחד יתהלכו). Dios, en los misterios de su conocimiento y en la sabiduría de su gloria, ha fijado un fin a la existencia de la injusticia (נתן קץ להיות עולה), y en el tiempo (19) de su visita la destruirá por siempre (ובמועד פקודה ישמודנה לעד) ....

Se advierte en el texto la misma elisión de Sira y Eclesiastés a la mención expresa de la desobediencia adámica, y que ahora se hace evidente por su alusión indiscutible al Génesis (ll. 17.18: "Él creó al hombre para dominar al mundo" - והואה ברא אנוש לממשלת תבל). Por consiguiente, también aquí se percibe la inserción natural del mal en el acto mismo de la creación (ll. 15-19), aunque se desmarca de Sira y Eclesiastés en su fundamento dualista (los dos espíritus -ll. 18-19). Por lo demás, es incuestionable la trabazón establecida entre tiempo y teodicea desde el primer momento (l. 15: "tiempo de su recompensa" - קצי שלומם), y de ambos con la creación y toda la obra divina (ll. 15-19). A partir de estos primeros versos, ya no tenemos más que "distintas melodías sobre un mismo tema"[403]. Es cierto que destaca su dualismo, que de alguna manera coincide sin duda con las polaridades ya vistas en Sira o Eclesiastés, sólo que aquí son llevadas a un extremo; más concretamente, a un extremo ontológico. Llama la atención su frase de 4,17.18, (17): "... Hay una feroz (18) disputa sobre todos sus preceptos (וקנאת ריב על כול משפטיהן), pues no caminan juntos (כי לוא יחד יתהלכו)" que expresa la incompatibilidad absoluta entre los polos de la dualidad (cf. 4,23), o en lenguaje qumranita, entre las divisiones/categorías (las מפלגות mencionadas en 4,15-17) de los espíritus y los hombres que les pertenecen. Esto es visto por Eclesiastés (3,16) en forma completamente opuesta: "En la sede del derecho, allí está el impío, y en la sede de la justicia, allí está el impío" (מְקוֹם הַמִּשְׁפָּט שָׁמָּה הָרֶשַׁע וּמְקוֹם הַצֶּדֶק שָׁמָּה הָרָשַׁע),

[403]De hecho, *LTdQ*, p. 33, n. 4, afirma que las ll. 13-18 constituyen una introducción que condensa el resto de la sección, y por ello establece la siguiente correlación: 3,18-4,1 define los tipos de espíritus y afirma la pertenencia de todo hombre a uno de ellos; 4,2-18 afirma que las obras de los espíritus se muestran en las sucesivas generaciones de hombres; y 4,18-26, finalmente, define la "visita" que fijará el destino de cada uno según su pertenencia a uno de los espíritus.

mientras que Sira podría ocupar perfectamente un lugar intermedio. No es de extrañar que en la práctica la teología de Qumrán establezca una clara línea divisoria entre "hijos de la luz" e "hijos de las tinieblas"[404], y crea firmemente poder conocer la "historia de todos los hijos de hombre" como lo dice 3,13 (cf. 3,19; 4,15), mientras que Qohélet y su editor combaten sistemáticamente semejante división, o mejor dicho, la capacidad humana para diferenciarla en la historia. Finalmente, también me parece reseñable hasta qué punto este texto confía en la posibilidad histórica de acceder a los misterios divinos, al menos por parte de las "generaciones de la verdad" (תולדות האמת -3,19) e "hijos de la justicia" (בני צדק) que están "en manos del príncipe de las luces" (ביד שר אורים - 3,20). Estas dos líneas, en efecto, afirman el anclaje de los sectarios en el cielo como morada de Dios (cf. Sal 68,6 y 2Cron 30,27) y como sede de la luz misma, es decir, en tanto que sede del sol, pero también de los astros (y ángeles) en general, ya que el plural אורים "parece designar las revoluciones astrales presididas por los santos ángeles, y cuya acción regula el calendario y el culto particular de la secta"[405], por lo que resulta fácil percatarse de las posturas diametralmente opuestas defendidas por un Qohélet y su editor que todo lo circunscriben "bajo el sol"[406]. De hecho, es notorio que la comprensión sobre la *Obra de Dios* difiere radicalmente entre Eclesiastés y Qumrán, como se advierte de inmediato tras la afirmación que sobre aquella pronuncia éste último en 3,25: "Él [Dios] creó los espíritus de la luz y las tinieblas, y sobre ellos fundó toda obra" (הואה ברא רוחות אור וחושך ועליהן יסד כול מעשה). Y acabamos de ver

[404]Así se deja ver en 3,20-23; 4,1-14 y 4,23-26 del texto que acabamos de estudiar.

[405]*LTdQ*, p. 33, n. 13.

[406]Comentando el término תעודות (testimonios) de 1QS 1,9, que también aparecen aquí en 3,16, *LTdQ*, p. 22, n. 21, afirma: "Il s'agit du témoignage que Dieu se rend, en dévoilant aux fils de Sadoq les diverses interprétations propres à la secte, et, en même temps, des témoignages divers qu'Il s'est rendues au fur et à mesure des étapes de la révélation biblique. Ces 'témoignages' correspondent donc à ce qui constitue le fondement de l'instruction religieuse reçue dans la secte". Dada su vinculación con las ll. 15-19, cuyo contenido se proyecta a la pre-existencia, no cabe la menor duda del acceso epistemológico especial que creían tener estos hijos de Sadoc.

que dichos espíritus y sus acciones son accesibles a los hombres.

23.15. Uno de los aspectos que mejor refleja la estrecha asociación que hace Qumrán de la tríada *Tiempo-Obra de Dios-Teodicea* es su liturgia, que expresa la convicción de que los tiempos litúrgicos son un reflejo exacto del plano astrofísico y espiritual, o sea, metafísico. Ya hicimos un estudio de ello en §21.8-9, por lo que aquí nos limitaremos a presentar aquellos textos que combinan referencias de carácter litúrgico con la "obra" (מעשׂה) o expresiones paralelas. Uno en cuestión es 1QM 14,12-14 (// 4QM[a] f 8-10 1,10-13)[407]:

> (12) ... Nosotros, tu pueblo santo, alabaremos tu nombre por las obras de tu verdad (במעשׂי אמיכה), (13) y por tus obras poderosas (ובגבורותיכה) exaltaremos *Vacat*.[tu mag]nificencia, en [todos] los tiempos y en los plazos de los decretos eternos (נרוממה תפ[אחרתכה בכל] עתים ומועדי תעו-דות עולמים), a la llegada del día y a la noche, (14) a la caída de la tarde y a la aurora. Pues grande es el de[signio de tu glo]ria (כי גדולה מחֲשבת כבועדכה), y tus misterios maravillosos en la altura (ורזי נפלאותיכה במרו-מי[כה]); para alzar desde el polvo para ti, (15) y abajar a los dioses......

Lo más destacable es la correlación entre los "tiempos y plazos" (עתים ומועדים, l. 13) puntuales y los decretos o "testimonios eternos" (תעודות עולמים) eternos que los fundamentan, correspondiendo estos a las leyes establecidas por Dios a perpetuidad. A pesar de que la grandeza de todo ello está llena de misterios (רזים, l. 14) y su fundamento está en "la altura" (במרומיכה), el culto de la comunidad qumranita se ajusta perfectamente a los tiempos y plazos, es decir, abre acceso a dichos misterios y a la alabanza de las obras divinas. Además, anticipa la subversión de los valores humanos, pues Dios alza del polvo a los humillados, y abate a los ensalzados (ll. 14.15). O sea, establece la justicia, aunque sea escatológicamente. Si bien es distinto en planteamiento y motivación, Ecl 3,17 también transfiere una justicia definitiva a un tiempo históricamente indeterminado, al tiempo ahistórico del Señor. Una vez más, de tratarse de un añadido redaccional esta última

---

[407]Este texto está íntimamente ligado a 1QS 10,1-10 y 1QH 12,3-9 (cf. *supra* §9.1).

cita no altera los postulados fundamentales de Qohélet, sino que tan sólo le añadiría un planteamiento más teológico.

23.15. Puede afirmarse, por consiguiente, que Sira, Qumrán y Eclesiastés pertenecen claramente a una misma constelación cultural, como lo demuestra su compacto tratamiento de la tríada *Tiempo-Obra de Dios-Teodicea*, a la que cabría añadir la importancia que juega la Torá como trasfondo. Además, estas tres obras están transidas de unos principios escatológicos compartidos por todos, al menos en la medida que apuntan a la pregunta del acceso humano al conocimiento último o escatológico ("de principio a fin" - מֵרֹאשׁ וְעַד־סוֹף en palabras de Ecl 3,11). Sin embargo, difieren entre sí en la respuesta. En efecto, en Qumrán encontramos la mayor pretensión de conocimiento, como se deja ver por la comparación con Sira, que se desmarca de los planteamientos radicales al renunciar de entrada a ciertos conocimientos, tal y como hemos visto en 3,18-24; no llega, sin embargo, al extremo de Eclesiastés, que niega cualquier posibilidad de acceso a un conocimiento metahistórico y trascendente. Asimismo, Sira sostiene una concepción equidistante respecto a Qumrán y a Eclesiastés: por un lado acepta una lectura metatextual de la Escritura, pero por el otro no concede inspiración a su exégesis. Así, en 48,25 afirma, refiriéndose a Isaías: "manifestó el porvenir hasta el tiempo final, y las cosas ocultas antes de suceder (הגיד נהיות עד עולם ונסתרות לפני בואן)". Expresa así que el profeta recibió una revelación total y definitiva (עד עולם) de los misterios (נסתרות), coincidiendo con los radicales en la creencia de un conocimiento total y definitivo que ha sido revelado en la Escritura; pero elude a la vez referencia alguna a una exégesis inspirada, como la que reclama para sí misma la comunidad de Qumrán. Recuérdese nuestro breve análisis de 1QH 13,13-20[408] y de 1QH 1,21-24[409] en los que se liga las obras de Dios a la revelación; a éstos podríamos añadirles otros textos como CD 13,7-8: "(7) ... Él instruirá a los Numerosos en las obras de Dios (ישׂכיל את הרבים במעשׂי אל) y les enseñará sus maravillas poderosas (ויבינם בגבורות פלאו), (8) y contará

[408] Cf. *supra* §9.6-7.

[409] Cf. *supra* §9.8-9.

ante ellos el devenir futuro/eterno con sus soluciones (נהיות עולם בפרתיה)”.[410] En Eclesiastés, mediante el empleo de una terminología bíblica tradicional en clave filosófico-dogmática que le permite una lectura *secular* de los relatos creacionales, la argumentación es empujada a un paradigma que podríamos denominar de *teología secular*: acepta, con Qumrán y con Sira –si bien este último matizando el determinismo puro–, unos claros fundamentos deterministas, cuyas pretensiones o influencias cientificistas ya han sido analizadas, pero contrariamente a Qumrán, fundamenta sobre tal determinismo la negación de toda forma de acceso a la metahistoria y la trascendencia. Es más, por lo que acabamos de ver acerca de 3,14.15, se diría incluso que a la separación que efectúa entre Dios y su obra, le corresponde paralelamente una separación de la Torá respecto al conocimiento humano; o sea, un rechazo de la Torá como fuente del conocimiento último, dejando expedito el camino para la afirmación del epílogo sobre la Ley como objeto de obediencia sin más. Ni qué decir tiene que Sira se sitúa en un punto intermedio a este respecto.

Pero finalmente, lo relevante aquí es que las tres obras se mueven en un paradigma completamente ajeno a los ya conocidos de la tradición hebrea, según la conocemos por sus reflejos literarios compilados en el canon. En efecto, no hay en la BH una reflexión sobre el *tiempo-eternidad/mundo-teodicea* relacionada con la obra de Dios como la que se da aquí, y me atrevería a afirmar que ni siquiera en Job se puede encontrar una discusión similar. Tan sólo Sira y Qumrán comparten con Eclesiastés el mismo “marco de problematicidad”. Esto significa, sin embargo, no tanto que Eclesiastés sea un rebelde opuesto a la tradición, cuanto un autor que pertenece a un contexto muy distinto al de la tradición mayoritaria en el canon.

[410] El significado de פרת no está nada claro, como lo afirma *DTQ*, p. 93, n. 87, y, por su parte, *DSSSE* I, p. 572, propone traducir בפתריהם por “en sus soluciones/interpretaciones”. En cualquier caso, ya el conocimiento de נהיות עולם que presupone el verbo ספר (contar, computar) remite al aspecto revelatorio de la terminología aquí empleada.

§24. La antropología animal de 3,17-22: el juicio final (verdadero), fuera del alcance político y religioso

La argumentación del texto

24.1. ¿Cuál es la cuestión de fondo planteada por Ecl 3,17-22? Según mi comprensión de 3,9-17, Eclesiastés ha establecido un principio teodiceico parecido al que expone Torres Queiruga al afirmar que el pecado original se ha mostrado

> como la estructura íntima de nuestra humanidad: el trasfondo oscuro, tantas veces trágico, de la libertad finita, que la hace incapaz de obrar siempre el bien y de salvarse por sí misma[411].

Esto significa que "la conciencia de la justa autonomía del mundo permite, en efecto, ver que *no es posible* un mundo sin mal"[412]. Si esto es así, no debe sorprender que Eclesiastés afirme que justicia e injusticia vayan de la mano "bajo el sol" (3,16), de modo que sólo Dios puede establecer la justicia definitiva (3,17a), lo cual realizará sin duda pues lo tiene ya prefijado (3,17b). Por tanto, así como el hombre no puede comprender la sazón de cada cosa (3,11), tampoco puede distinguir entre justicia verdadera e injusticia: pertenece a una dimen-sión (a un *`ēt*) que no controla, y el hecho de que sea histórico o metahistórico es lo de menos aquí, pues siempre estará "allí" (si se acepta la lección *šām*) o "prefijada" (si se corrige el TM por *śām* ["establecido"]); es decir, comoquiera que se interprete está fuera de lo alcanzable por la propia acción humana. Queda, por tanto, en el plano de la pura libertad divina, como se expresa magníficamente mediante los dos interrogativos de 3,21a.22b ("¿quién sabe?" – מִי יוֹדֵעַ; "¿quién le hará ver?" – מִי יְבִיאֶנּוּ לִרְאוֹת). Pero también Eclesiastés afirma que hay una *purificación histórica* segura para todos los hombres: la muerte (3,18-20). Ésta les coloca en su verdadero lugar: el polvo del que proceden (3,20), y no el lugar divino al que aspiran (3,18). Esto es especialmente duro para los *bĕnê hā'ādām*,

---

[411] A. Torres Queiruga, "El Amor de Dios y la Dignidad Humana", p. 568.

[412] *Ibídem*, p. 566.

que se creen encumbrados en su poder y por encima de dicho juicio. Así pues, más allá de los problemas sintácticos del texto y de su rica polisemia que difumina la precisa definición de su mensaje, **sobresale la deliberada intención de poner en contraste, por un lado, una capacidad discriminatoria entre el *ṣadîq* y el *rāšā'* (3,17), que sólo pertenece a Dios y su tiempo, y, por el otro, una suerte de juicio universal cuyo tiempo de realización se cumple en cada generación, en todo tiempo y lugar, de la que ni los poderosos se libran (3,18).**

24.2. Se debe a la extremada coherencia qoheletiana respecto a su división de los dos planos[413], el que emplee la fórmula *aliento de hombre = aliento de bestia* (רוּחַ הַבְּהֵמָה = רוּחַ בְּנֵי הָאָדָם), pues su interés no es tanto afirmar la igualdad hombre-animal, cuanto la insalvable separación Dios-hombre (ya establecida en 3,11.14.15), y ello con vistas a asentar el fundamento de otro importantísimo supuesto suyo, a saber, que el hombre no puede establecer los principios de una distinción fundamental entre los propios seres humanos. Es decir, para Eclesiastés, la afirmación *aliento de hombre = aliento de bestia* significa que las fronteras entre los hombres se desvanecen. Esto no debe inducir a error: no se trata de negar las diferencias cualitativas entre bondad y maldad, pues el propósito último de Eclesiastés es negar los principios de diferenciación entre los hombres que establecían ciertos estamentos socio-económicos o religiosos. Esto significa que su planteamiento es bidireccional: por un lado va dirigido contra quienes pretenden establecer una nítida diferenciación entre justos e injustos sobre una nueva base epistemológica escatológica (3,21-22); por el otro apunta contra quienes se creen encumbrados en el poder o en la superioridad cultural que, supuestamente, les distingue cualitativamente de quienes están en los niveles socio-económicos y culturales inferiores. Ambos estratos –el político y el

[413]Debe quedar muy claro que los dos planos son tan sólo una realidad para el ser humano, que no puede abarcar el sentido último de la creación "bajo el sol", pues en la totalidad de ésta se da un absoluto *continuum* establecido por Dios (3,1-11). Por esta razón, creo que Eclesiastés podría también asentir con el aserto de que "la protología es la escatología" (A. Torres Queiruga, *op. cit.*, p. 568).

religioso– se arrogan a su manera una capacidad epistemológica que les da acceso a un conocimiento superior; o dicho de otro modo, asumen una superioridad en el "espíritu humano", que obviamente se plasma de modo particular en sus propios círculos. Por ello, nada como esta destitución del género humano al nivel de la vida animal puede refutar con contundencia definitiva toda pretensión absolutista que no sea Dios mismo, venga del campo político o religioso. También por ello se niega en 3, 21, mediante una interrogación retórica, esta capacidad humana de elevación al conocimiento superior. Es más, se le niega un destino superior –sea histórico o trascendente, no importa– ya que éste no debe sobrepasar los límites de su propia obra/trabajo personal (מַעֲשָׂיו, 3,22a). Se sigue por tanto que en el v. 22a hay un uso irónico de *ḥēleq* (porción): su destino último alcanzable no es otra cosa más que una pequeña porción[414]. Que se trata de una renuncia al conocimiento superior o último (trascendente), y por ende a toda pretensión político-económica derivada de éste, lo confirma finalmente el v. 22b.

24.3. Este planteamiento queda recogido en una de las traducciones posibles, junto a algunas notas justificativas de las opciones exegéticas que sigo:

(16) וְעוֹד רָאִיתִי תַּחַת הַשָּׁמֶשׁ מְקוֹם הַמִּשְׁפָּט שָׁמָּה הָרֶשַׁע וּמְקוֹם הַצֶּדֶק שָׁמָּה הָרָשַׁע׃
(17) אָמַרְתִּי אֲנִי בְּלִבִּי אֶת־הַצַּדִּיק וְאֶת־הָרָשָׁע יִשְׁפֹּט הָאֱלֹהִים כִּי־עֵת לְכָל־חֵפֶץ וְעַל כָּל
־הַמַּעֲשֶׂה שָׁם׃ (18) אָמַרְתִּי אֲנִי בְּלִבִּי עַל־דִּבְרַת בְּנֵי הָאָדָם לְבָרָם הָאֱלֹהִים וְלִרְאוֹת
שְׁהֶם־בְּהֵמָה הֵמָּה לָהֶם׃ (19) כִּי מִקְרֶה בְנֵי־הָאָדָם וּמִקְרֶה הַבְּהֵמָה וּמִקְרֶה אֶחָד לָהֶם
כְּמוֹת זֶה כֵּן מוֹת זֶה וְרוּחַ אֶחָד לַכֹּל וּמוֹתַר הָאָדָם מִן־הַבְּהֵמָה אָיִן כִּי הַכֹּל הָבֶל׃

(16) Una vez más miré bajo el sol:
respecto a la sede del derecho ... ¡ahí estaba la iniquidad!, y en cuanto a la sede de la justicia ... ¡ahí estaba la iniquidad!
(17) Me dije a mi mismo:

[414] *ḥēleq* debe ser tomado aquí, igual que en buena parte del libro, no sólo como "porción" o "recompensa" conseguida a costa de esfuerzo, sino como destino que da sentido, según se desprende, por ejemplo, de Sira 36,13 y 39,25 (para éste, cf. *supra* §23.12, n. 397), y de su forma verbal en Qumrán (cf. §21.7, n. 328). Por otro lado, cabe reseñar que, si en 2,10.11 el contraste de este término con un absoluto era el imposible *yitrôn* (beneficio), su punto de comparación absoluto es ahora el inexorable *miqreh* (destino).

> 'al justo y al impío separará/juzgará[415] Dios, pues hay un tiempo para cada asunto/voluntad, y sobre cada obra allí.'[416]

(18) Me dije a mi mismo:

> 'por culpa de los hijos de los hombres[417], para distinguirlos/purificarlos Dios[418] y que vean que son animales unos con

---

[415]Al traducir el el verbo *šāpaṭ* (juzgar) del v. 17 por κρινῶ y el verbo *bārar* del v. 18 por διακρινῶ, los LXX toman κρινῶ en su sentido más propio, esto es, "discriminar" (distinguir/separar), razón por la que resulta más que posible que esta lectura tuviera un sesgo marcadamente escatológico (juicio *postmortem*). Éste tiene un punto de anclaje en el propio texto qoheletiano, como veremos en la comparación con la literatura visionaria; pero de momento valga notar que en ésta el juicio escatológico va seguido de una separación final de justos e injustos, lo que constituye el telón de fondo de nuestro texto.

[416]Aunque se siga alguna otra alternativa, como *śām* en lugar del masorético *šām*, afectaría poco a esta argumentación. Por otro lado, un buen apoyo para la lectura masorética viene de la correlación que el propio Eclesiastés establece sistemáticamente, salvo en 9,10, entre este adverbio y *māqôm* (lugar), en la que éste es siempre antecedente de aquél (cf. 1,5.7; 3,16; 11,3). De ahí podría derivarse una lectura más bien subyacente: el lugar en el que justicia e injusticia se funden definitivamente es la muerte, casi como broche final a su confusión en la historia humana, pero es ahí mismo donde Dios procede al verdadero juicio, esto es, a la separación entre ambos. Que esta perspectiva hubiera sido introducida redaccionalmente, no negaría lo fundamental: el encuentro de redactor y autor en la centralidad de la muerte para la experiencia humana.

[417]En la BH el único caso paralelo de עַל־דִּבְרַת es el Sal 110,4, en el que se lee עַל־דִּבְרָתִי מַלְכִּי־צֶדֶק ("a la manera de Melquisedec" [*CI*] o "según el orden de Melquisedec" [*RV* y *BJ*]), aunque puede interpretarse como una forma sinónima de עַל־דִּבְרַת/דִּבְרֵי que también indica relación (v.g. Num 25,18; Prov 16,20; 2Rey 22,13 [עַל־דִּבְרֵי]) o causalidad (v.g. Gen 43,18; Sal 45,5), e incluso causalidad culpable (Gen 12,17;20,18). Por otro lado, en la BA, concretamente en Dan 2,30 y 4,14 (*qĕrē*), tiene sentido de finalidad. Relación y causalidad están representadas en el propio Eclesiastés (7,14; 8,2), de modo que ambas traducciones son posibles en 3,18.

[418]La oración consonántica *lbrm h'lhym* es una antigua *crux interpretum* que ha generado muchas interpretaciones (cf. una buena síntesis en R. Gordis, *Koheleth. The Man and his World*, p. 236 y E. Podechard, *L'Ecclésiaste*, pp. 305s). No parece posible proporcionar una solución concreta, pero, como vamos a ver seguidamente, Daniel y Qumrán presentan un contexto esclarecedor, si aceptamos como correcto el verbo *bārar*, que parece subyacer ya en los LXX (ὅτι διακρινεῖ αὐτοὺς ὁ θεός).

> otros[419], (19) es así que el destino de los hijos de los hombres y el destino de los animales es el mismo para ambos: como muere uno muere el otro, y su aliento es el mismo, sin que exista superioridad del hombre sobre el animal, pues todo es un soplo.

No abordaremos aquí la cuestión de la posible alusión de 3,21 a doctrinas sobre la resurrección, pues no es en realidad una cuestión primordial para Qohélet; y si lo fue para sus editores, no necesitaron realmente introducir ningún cambio redaccional importante, pues sin duda este verso podía ser leído a la vez como alegato en contra de tal doctrina o como un simple reconocimiento de la ignorancia humana ante la posibilidad de la trascendencia. Por tanto, en cualquiera de los casos seguiría siendo un alegato contra una doctrina utilizada en sentido escapista de la más cruda realidad humana.

Las resonancias con Qumrán y Sira

24.4. Hay en la BH/A, sobre todo en Daniel, importantes elementos de coincidencia con Ecl 3,17-22, pero es en Qumrán donde aparece la estructura de pensamiento más próxima, a pesar de expresar una postura absolutamente dispar. Hallamos aquí la idea de un juicio que conduce a la separación definitiva del bien y del mal, expresada también mediante un derivado de la raíz *špṭ* seguido de algún sinónimo, como el propio verbo *bārar*. Un texto que hace al caso, y del que acabamos de estudiar una parte, es 1QS 4,15-22[420]:

> (15) En ellos está la historia de todos los hombres (באלה תולדות כול בני איש); en sus [dos] divisiones tienen su heredad todos sus ejércitos, por sus generaciones; en sus caminos marchan; toda obra (16) que hacen (פעלת מעשׂיהם -lit. toda acción de sus obras) cae en sus divisiones (במפלגיהן), según sea la herencia del hombre (לפי נחלת איש), grande o pequeña, por todos los tiempos del fin (לכול קצת אחרון). Pues Dios los

[419]Esta traducción de *hēmmāh lāhem* es muy literal, en parte porque entiendo que el autor pretendía establecer una injusticia horizontal para así profundizar mejor la brecha con Dios. Sin embargo, la traducción más común "por sí mismos" (*CI* y *RV*) no afectaría en absoluto a esta argumentación.

[420]Cf. *supra* §23.14.

ha dispuesto por partes iguales hasta el tiempo (17) final (עד קץ אחרון), y ha puesto un odio eterno entre sus divisiones/categorías ... Hay una feroz (18) disputa sobre todos sus preceptos/decisiones, pues no caminan juntos (וקנאת ריב אל כול משפטיהן כי לא יחד יתהלכו). Dios, en los misterios de su conocimiento y en la sabiduría de su gloria (ואל ברזי שׂכלו ובחכמת כבודו), ha fijado un fin a la existencia de la injusticia (נתן קץ להיות עולה), y en el tiempo (19) de su visita la destuirá por siempre (ובמועד פקודה ישמידנה לעד). Entonces la verdad aparecerá por siempre en el mundo que se ha contaminado en caminos de maldad durante el dominio de la injusticia (ואז תצא לנצח אמת תבל[421] כיא התגוללה בדרכי רשע בממשלת עולה) hasta (20) el momento decretado para el juicio (עד מו-עד משפט נחרצה). Entonces purificará Dios con su verdad todas las obras del hombre (ואז יברר אל באמתו כול מעשׂי גבר), y refinará para sí la estructura del hombre (וזקק לו מנבני[422] אישׁ) arrancando todo espíritu de injusticia (להתם כול רוח עולה) del interior (21) de su carne (מתכמי בשׂרו), y purificándolo con el espíritu de santidad de toda acción impía (ולטהרו ברוח קודשׁ מכול עלילות רשעה). Rociará sobre él el espíritu de verdad como aguas lustrales [para purificarlo] de todas las abominaciones de falsedad y de la contaminación (22) del espíritu impuro (ויז עליו רוח אמת כמי נדה מכול תועבות שׁקר והתגולל ברוח נדה). Así los rectos entenderán el conocimiento del Altísimo, y la sabiduría de los hijos del cielo instruirá a los de conducta perfecta (להבין ישׁרים בדעת אליון וחכמת בני שׁמים להשׂכיל תמימי דרך).

La estructura escatológica y el vocabulario empleados son prístinos: habrá juicio (משׁפט) y acciones purificadoras resultantes (ברר, זקק, תמם, טהר) en un tiempo final señalado (קץ, קץ אחרון, מועד פקודה, עד מועד משפט נחרצה), aunque hay que tener en cuenta que ese tiempo final no hace sino culminar o manifestar (יצא) lo que ya es en parte una realidad presente: la separación entre los buenos y los malos, cada uno según sus divisiones/categorías (במפלגיהן) o herencia (נחלת), es decir, según su predestinación. Ésta mantiene una distinción casi misteriosa frente al dominio obvio de la injusticia (l. 19: ממשׁלת עולה), y hace que la purificación final, que consiste en el destierro final del "espíritu de iniquidad" (רוח עולה) del hombre por el "espíritu de santidad" (רוח קודשׁ),

[421]Los comentaristas de Qumrán creen que debe leerse *btbl* (en el mundo), y así se suele reflejar en las traducciones.

[422]Hay dos posibles lecturas de מבני: 1) como plural constructo בני con preposición prefijada; 2) como el constructo del sustantivo מבנה "construcción, constitución".

tenga su realización anticipada (aunque sea parcial) en la comunidad de fieles (ll. 15-18). En este entorno escatológico, la disputa entre los "espíritus" (רוחות) por conseguir el corazón del hombre es tan fuerte y arraigada en la constitución humana (מבני איש, תכמי בשׂר), que toda la historia humana (תולדות כול בני איש) está recogida en tales espíritus[423].

Es obvio que frente a este planteamiento tan definido y contundente, Eclesiastés muestra una postura mucho más etérea y sutil. La estructura y vocabulario de 3,17.18 conduce al lector a pensar en alguna suerte de juicio escatológico (entendido en su mayor amplitud)[424], pero a partir de 18b lo ubica no en un punto concreto del proceso histórico sino en la muerte, es decir, en la muerte de cada individuo, de modo que en realidad no ha hecho más que sellar dicho juicio en el misterio o la libertad de Dios. Quizás la muerte pueda tener un efecto purificador sobre la vida humana, y ciertamente para Eclesiastés reflexionar seriamente en ella conlleva efectos salutíferos (aprender a disfrutar del don divino), pero no cabe la menor duda de que no cree posible sobre esta tierra ("bajo el sol") una separación ontológica entre buenos y malos, porque, entre otras cosas, no cree en la categorización de espíritus que hemos visto en Qumrán[425].

---

[423]*LTdQ*, p. 36, lee el v. 15 como sigue: "Par ces (espirits s'explique) l'histoire de tous les enfants des hommes", de modo que considera באלה como referencia directa a los espíritus en pugna. En el mismo lugar, notas 62 y 68, se explica que las obras pertenecen al reino visible de los hombres, mientras que las divisiones o categorías (מפלגות) y los preceptos/decisiones (משפטים) de los que habla el texto, están vinculados a las רוחות.

[424]Este uso de *šām* parece remitir al uso enfático de Qumrán que hallamos en el contexto del oráculo de juicio; por ejemplo, 1Q27 1.1.7 (-ודעה תמ לא חבל ואין שם לע[ד] עולת- - "y el conocimiento llenará el mundo, y allí no habrá más locura"), donde se recalca que efectivamente no habrá necedad / locura en el mundo renovado por el juicio; o 1QH 5,8.9 (... ושם למשפט יסדתני - "... y allí para juicio me estableciste"), que expresa la certidumbre personal de que el justo ha sido puesto en el seno mismo de la injusticia para condenación de ésta. Por otro lado, es reseñable la estructura de Dan 9,14 que expresa la idea de un juicio que pende sobre todas las criaturas (צַדִּיק יְהוָה אֱלֹהֵינוּ עַל־כָּל־מַעֲשָׂיו – "el juicio de Yavé nuestro Dios [pende] sobre todas sus obras/criaturas"), coincidiendo en parte con la locución עַל כָּל־הַמַּעֲשֶׂה de Ecl 3,17b.

[425]Parece interesante la ausencia en la BH/A de una terminología

24.5. Precisamente, este importantísimo papel teológico y antropológico que juega la *rû^{a}ħ* (espíritu) en este *corpus*[426] constituye otra razón relevante para su estudio comparativo. De hecho, su profundo negativismo antropológico, que se expresa primordialmente con la imagen genesíaca del polvo y la arcilla, está imbricada con la *rû^{a}ħ*, a partir de la cual establecerá un marco monista a su fuerte dualismo. En otras palabras, los temas qoheletianos de carácter antropológico, como polvo-animalidad-*rû^{a}ħ*, se dan también en Qumrán, aunque el de la animalidad algo más tangencialmente, como hemos de ver. Así pues, nos centraremos más en este *corpus* que en Sira, aunque de éste también estudiaremos sucintamente algunos textos. Para comenzar, 1QS 11,21.22 nos servirá por su empleo de imágenes de la animalidad y el polvo:

> (20) ... ¿Qué es, en efecto, el hombre entre tus obras maravillosas? (אף הואה בן האדם במעשׂי פלאכה) (21) El nacido de mujer, ¿cómo habitará en tu presencia? (וילוד אשה מה י[ח]שב לפניכה) Formado ha sido en polvo (והואה מעפר מגבלו), comida de gusanos será su residencia, él que es saliva escupida (והואה מצירוק)[427], (22) arcilla modelada, y al polvo (le

paralela a la expresión qoheletiana רוּחַ בְּנֵי הָאָדָם ("el espíritu de los hijos de los hombres"), salvo el caso único de Zac 12,1, que afirma que Dios formó el espíritu del hombre en su interior (יֹצֵר רוּחַ־אָדָם בְּקִרְבּוֹ), apuntando de este modo a una cierta ontologización de lo que antaño no era más que el aliento vital de Dios, y anticipando así tendencias visionarias. Zacarías coincide con la רוח אדם ("espíritu del hombre") de 1QH 1,15 (לרוח אדם אשר יצרת בתבל - "por el espíritu del hombre que domina en el mundo") y 32. Job 32,8 (אָכֵן רוּחַ־הִיא בֶאֱנוֹשׁ וְנִשְׁמַת שַׁדַּי תְּבִינֵם - lit. "Ciertamente, espíritu hay en el hombre, y el aliento del Altísimo les hace entender"), podría tratarse tanto de la רוח שדי ("espíritu del Altísimo") como de la רוח אנוש ("espíritu del hombre"). En Prov 18,14a está muy claro que la רוח איש (lit. "espíritu del hombre") debe traducirse por "fuerza vital del hombre" en contraposición al espíritu abatido de 14b, de modo que no tiene nada que ver con Ecl 3,21 o Zac 12,1. En definitiva, lo relevante aquí es que, cualquiera que sea la afirmación de Eclesiastés en 3,21, parece hacerse eco de doctrinas que asumen la ontologización de la *rû^{a}ħ* humana.

[426]Para un estudio del tema, véase el estudio de A. Everett Sekki, *The Meaning of Ruaħ at Qumran*. Aunque no aborda muchas de las cuestiones que nos interesan en nuestra investigación, sí aporta una serie de datos fundamentales.

[427]Traducción muy debatida debido a la misteriosa procedencia del término מצירוק, aunque no hay duda de una rotunda significación negativa.

lleva) su instinto (חמר קורץ ולעפר תשוקתו). ¿Qué responderá la arcilla y el formado a mano? (מה ישיב חמר ויוצר יד) ¿Y qué designio/consejo podrá él comprender? (ולעצת מה יבין).

Es obvio que Gen 2-3 está en el trasfondo, destacando la resonancia de Gen 2,7 y 3,16. Esta última enlaza con 4,7, que ha sido objeto de todo tipo de correcciones redaccionales[428], aunque lo que nos interesa es que Qumrán parece interpretarlo en el sentido de la bestialización humana. Así, "instinto" (תשוקה) aparece en 1QS 11,22 y 1QM 13,12; 15,10 y 17,4, siempre indicando una inclinación natural en el hombre que le conduce a las tinieblas y la destrucción. El último de estos textos afirma: "en cuanto a ellos, para al caos y el vacío es su apetito/inclinación[429]" (תשוקתם המה לתהו ולבהו), cuyos ecos con el "yermo y vacío" [*CI*] (תהו ובהו) de Gen 1,2 son irrcfutables, así como los lazos con Daniel B, que también elabora su imaginería animal sobre ese mismo eco. Este texto es, además, un botón de muestra del extremo pesimismo antropológico qumranita, aunque en sentido positivo sirva para magnificar el don de redención. Pero lo relevante aquí es que este pesimismo se traduce en una absoluta separación entre Dios y el hombre: "entre Dios y el hombre no hay nada en común"[430]. Salta a la vista que también Ecl 3,18 coloca los versos siguientes en ese contexto de separación.

24.6. Ésta es la tónica de Qumrán, como se deja ver por otros muchos textos hímnicos[431]. Ahora bien, si esta agudización de la separación Dios-Hombre es importante en Qumrán, más lo es la forma de salvar esta brecha, fuertemente impulsada por su monismo judío: todo el

---

[428]Para un tratamiento bastante completo de las dificultades y diferentes propuestas de solución, véase Victor P. Hamilton, *The Book of Genesis. Chapters 1-17*, pp. 225-28.

[429]En este uso negativo de Qumrán, casi debiéramos traducir "apetito animal".

[430]*LTdQ*, p. 80.

[431]Cf. 1QH 3,19-23; 10,4-12; 11,3-12; 12,24-31; 15,10-16; 18,1-18 y 1Q35 [1QH(b)] frags. 1.2.

peso recae sobre Dios, esto es, sobre su acción (pre)determinante, su revelación, y su redención total como concreción de la acción divina total. No debe resultar sorprendente, por tanto, que este mismo planteamiento revierta en una *redención por elevación*, más que en una *redención por simple rehabilitación*. En concreto, Qumrán afirma con frecuencia que la comunidad creyente tiene unos vínculos especiales con la corte celeste. Para muestra, el texto de 1QH 3,19-23:

> (19) Te doy gracias, Señor, porque has salvado mi vida de la fosa (פדית הנפשי משחת), y del Sheol Abadón[432] tú me has alzado (20) a una altura eterna (ומשאול אבדון העליתנת לרום עולם), para que marche en una llanura sin fronteras. Y sé que hay esperanza (21) para quien tú has modelado de la arcilla para ser comunidad eterna (ואדעה כיא יש מקוה לאשר יצרתה מעפר לסוד עולם). Al espíritu perverso lo has purificado del gran pecado (ורוח נעוה טהרתה מפשע רב), para que pueda ocupar su puesto (22) con el ejército de los santos[433] (להתיצב במעמד עם צבא קדושים), y pueda entrar en comunión con la congregación de los hijos de los cielos (ולבוא ביחד עם עתד בני שמים). Haces caer[434] sobre el hombre el lote eterno con los espíritus del conocimiento (ותפל לאיש גורל עולם עם רוחות דעת), (23) para que alabe tu nombre junto en regocijo (להלל שמכה ביחד ר[נ]ה), y cuente tus maravillas ante todas sus obras (ולספר נפלאותיכה לנגד כול מעשיכה).

La primera parte de este texto (ll. 19-22) sigue patrones y vocabulario sálmicos[435], pero a partir de la l. 22 aparece una terminología propiamente qumranita (v.g. "Ejército de los santos", "Hijos del cielo" y "Espíritus de conocimiento") que refiere a los ángeles, y que es un reflejo de esa "redención por elevación"[436]. Un texto que confirma, y

---

[432]O bien "y perdición"(cf. *LTdQ*, p. 199).

[433]En *LTdQ*, p. 200, n. 9, se afirma que este texto se extrae del Sal 89,6, y que *qāhāl* (asamblea) ha sido sustituido por *ṣābā'* (ejército) por ser aquél peyorativo en Qumrán.

[434]Nótese el uso del verbo *nāpal* (caer) con una connotación predestinacionista.

[435]Cf. Sal 56,14; 30,4; 119,45; 26,12; 19,14; 89,6.

[436]Según *LTdQ*, p. 200, n. 10, a partir de 1QM 1,10-16; 12,1-9; 13,10.14; 15,14; 17,6.7 y 1Q28b [Sb] 4,25.26 se deduciría que más que una referencia a la vida *postmortem* se refiere a la incidencia de estos seres en la vida terrena. Sin embargo, yo no estaría tan seguro; por el contrario, tengo la

abunda más en esta misma línea, y que debemos estudiar siquiera sucintamente es 1QH Frag. 2 (o 1QH 23 *bottom*):

> (1-2) [···] ··· [···] (3) y en tu tierra y entre los hijos de los dioses (ובבני אלים) y entre los hijos de [···] ··· (4) [···] para ensalzarte y para contar toda tu gloria. Y yo ¿qué soy? Del polvo me tomaste y al (5) [polvo volveré.] (מעפר לוקחתי ו[א]ל [עפר שבתי]) Por tu gloria has hecho todo esto. Según la abundancia de tus gracias da la observancia de tu justicia. (6) [···] continuamente, hasta la salvación. Los intérpretes del conocimiento (מליצי דעת) están con todos mis pasos, los reprensores de la verdad (מוכיחי אמת) (7) [···] Porque ¿qué es el polvo en tus pal[mas?] ¿Las obras de ceniza entre tus manos? No son (nada). (כי מה עפר בכ[פ]ם מע[ש]ה אפר בידם לוא הנה) Pero tú (8) [···] arcilla [···] tu beneplácito. Sobre las piedras (?) tú me pones a prueba (9) [···] y sobre el polvo extiendes el espíritu (ועל עפר הניפותה רוח) (10) [···] en el barro [···los hijos de los dioses, para estar en comunidad con los hijos del cielo ([ב]ני אלים להחיד[437] עם בני שמים). (11) [···] sin vuelta a las tinieblas (ואין תשובת חשך). Porque (12) [···] has revelado la luz, pero no para hacer volver (13) [···] has extendido [tu espíritu] santo para cubrir la culpa ([רו]ח קודשכה הניפותה לכפר אשמה) (14) [···] con tu ejército y los que marchan (15) [···] ante tu presencia, porque han sido establecidos en tu

impresión de que la íntima comunión *individuo- congregación elegida-seres celestiales* rompe las fronteras en uno y otro sentido, aun si Qumrán evita una definición dogmática respecto al más allá, precisamente por no necesitarla al recurrir a una descripción tan *historizada* de ese más allá. Es interesante lo que dice M. Delcor: "Il y a donc une véritable communion mystique entre la communauté terrestre et la cour angélique céleste et point n'est besoin de comprendre tout notre texte au futur. Mais on peut dire néanmoins que la communauté de Qumrân est une 'communauté eschatologique', en ce sens qu'elle vit déjà ici-bas comme si elle était dans l'au-delà. La communauté en marche vers ses destinées éternelles est déjà éternelle dès ici-bas" (*Les Hymnes de Qumrân [Hodayot]*, p. 127). Por ello, incluso si la primera parte de este texto utiliza un lenguaje sálmico, existe una paradoja que se aparta de dicho lenguaje para reflejar un pensamiento muy qumraniano: la elevación del polvo a las alturas de gloria (ll. 20.21), que conlleva una purificación del espíritu depravado para que pueda permanecer ante el ejército de los santos (ll. 21.22). ¿Acaso no resuena aquí Eclesiastés, aunque el mensaje final sea el opuesto? Por otro lado, "hijos de los cielos" no son sólo los ángeles (cf. 1Henoc 6,2; 13,8; 14,3), sino también los piadosos opuestos a los pecadores "hijos de la tierra" (cf. 1Henoc 101,1 y 100,6), de modo que la ambivalencia terminológica parece el resultado del puente establecido por Dios entre ambos polos.

[437] Debe corregirse por la forma habitual del infinitivo constructo Nifal להיחד (cf. 1QH 11,11).

verdad (16) [···] tú has hecho estas maravillas por tu gloria, y por tu justicia (17) [····] ···· la perversidad de la criatura abominable (עול יצר נתעב). (18) [···] criatura abominable (יצר נתעב).

Además de los patrones antropológicos ya señalados con anterioridad, nos interesa aquí el modo que tiene de cerrar la brecha entre el doble plano Dios-hombre, cielo-tierra: el polo terrenal y humano-animal ("ceniza" - אפר; "polvo" - עפר; "arcilla" - חמר; "criatura abominable" - יצר נתעב[438]) puede ser sometido a una acción del polo celestial ("espíritu de santidad" - רוח קודש) que le lleva a una "comunidad/comunión" (יחד - cf. 1QH 3,22; 11,11) con el mundo trascendente ("intérpretes del conocimiento" - מליצי דעת; "reprensores de la verdad" - מוכיחי אמת; "hijos de los dioses" - בני אלים; "hijos de los cielos" - בני שמים). Tal es la comunión, que algunos de estos títulos son intercambiables, como "intérpretes del conocimiento", que el autor de los himnos se imputó en 2,3, pero que aquí podría referirse tanto a intérpretes/intercesores humanos (¿cargos comunitarios?) como celestiales (especialistas en la interpretación inspirada). Lo mismo ocurre con los "reprensores de la verdad" (cf. 2,4 y 6,4). Pero quizás más importante sea la acción aquí descrita del "espíritu de santidad", que de alguna forma prolonga y profundiza –se diría que llevándola a su término– aquélla de Gen 1,2[439]. En efecto, esta

---

[438]El sustantivo יצר es sinónimo tanto de criatura –con el énfasis puesto en su origen de arcilla y polvo (v.g. 1QH 1,21; 18,31)– como de inclinación casi siempre perversa (v.g. 1QH frag. 3,9.10), y muy en línea con תשוקה (cf. *supra* §24.5), aunque también existen instancias más positivas (v.g. 1QS 8,3; 1QH 1,35). En último término, todo יצר ha sido establecido por Dios (1QH 15,13 [1QH 21 *bottom* l.16 en *DSSSE*]).

[439]Téngase en cuenta que se establece aquí un juego entre la raíz רחף de Gen 1,2 y נוף de este texto, y que aunque son sinónimas de "agitación", tienen unos matices y contextos de uso bien marcados en la BH. Así, la primera se emplea más para el revuelo o planeo de las aves (cf. Deut 32,11), mientras que la segunda para blandir instrumentos, sobre todo cuando rige con על (cf. Ex 20,25; Deut 23,26; 27,5; Jos 8,31; Isa 10,15), o bien para presentar ofrendas (cf. Ex 29,24; 35,22; Lev 7,30; 8,27; 10,15; 23,20; Num 6,20; 8,21) o también para alzar la mano, generalmente en tono amenazante (cf. Job 31,21; ; Is 11,15; 13,2; 19,16; 30,28; Zac 2,13). Por ello, en mi opinión el uso de נוף en Qumrán implica una mayor cercanía y sobre todo eficacia en la acción que רחף. Volveremos a tratar este verbo seguidamente, ampliando algunas cuestiones

acción es importante en Qumrán porque es llevada a cabo por una entidad propia que permite la conexión entre lo celestial y lo humano, ya que en el primer polo existen multitud de “espíritus” (רוחות) jerarquizados bajo las órdenes de Dios, y en el polo terrenal el hombre tiene también un “espíritu” (רוח), que, aunque “espíritu de carne” (בשׂר רוח -v.g. 1QH 17,25 [*DSSSE* 4,25]), sirve de asiento para trabar relación con los espíritus celestiales. De hecho, Dios lo predetermina todo en ese mundo de los espíritus[440]: el “espíritu santo” (רוח קודשׁ), a cuyas órdenes sirven el resto de espíritus buenos, actúa sobre los espíritus humanos elegidos capacitándoles contra los espíritus perversos. Esta actuación se define aquí por el verbo *nûp* (agitar, blandir, enarbolar), que es empleado de modo muy parecido en 7,7 y 17,26, aunque este último, leído en su contexto inmediato, tiene mayor interés para nosotros por ilustrar esta lectura que acabamos de hacer:

> (23) [Impide] a tu siervo pecar contra ti, tropezar en todas las palabras de tu voluntad. Graba/Refuerza [en él] tus man[datos] para que se manten]ga frente a los espíritus [de maldad,] (רוחות רשעה) (24) para que marche en todo lo que amas y aborrezca todo lo que odias (להתהלך בכול אשר אהבתה ולמאוס בכול אשר שׂנאתה), [para que obre] lo que es bueno a tus ojos, (25) [···] en mis entrañas, pues tu siervo es espíritu de carne (כי רוח בשׂר עבדך). *Vacat.* (26) [Te doy gracias, porque] has extendido / derramado tu santo espíritu sobre tu siervo (אודך כי הניפותה רוח קודשך על עבדך) [···] ··· [···] su corazón (27) y yo consideraré toda alianza humana [···] ellos la encontrarán (28) [···] y los que la aman ···] por siempre jamás.

El modo de empleo por Qumrán del verbo *nûp* requiere ser tratado aquí. H. Ringgren[441] mantiene que 1QH 7,7; 17,26 y 1QH frag 2,9.13 lo utilizan en el sentido de “rociar” o “salpicar” (cf. Prov 7,17; Sal 68,10; Sira 47,17); por su parte, *DSSSE* interpreta que se trata del significado “extender”. Además, sabemos que ya en la BH esta raíz

---

importantes al respecto.

[440]Cf. el texto de 1QH 3,19-23 que acabamos de estudiar, especialmente el v. 22.

[441]*TDOT*, p. 299.

conlleva claramente el matiz de "exaltación"[442]. Es éste el que se asocia al nexo existente entre la comunidad qumranita y la comunidad de seres celestiales, como se ve nítidamente en 1QH frag. 2,9-11. Subyace pues en este texto la imagen del espíritu que alza lo huesos desnudos de Ez 37,1-10, si bien eleva la imagen trascendiendo la pura metáfora y llevándola hasta el nivel ontológico: en el espíritu hay verdadera e íntima comunión entre la comunidad humana y la divina. Por ello, parece irrefutable que permanece en todas las instancias de *nûp* este matiz de alzamiento o elevación eficaz.

24.7. En último lugar abordamos la cita más relevante de todas, ya que prácticamente habla por sí misma. Se trata de 1QH 11,3-14:

> (3) Te doy gracias, Dios mío, porque has hecho maravillas con el polvo (אודכה אלי כי הפלתה עם עפר); con la criatura de barro (ביצר חמר) has actuado de manera inconmensurablemente /muy/ poderosa. Y yo, ¿qué soy? (4) Pues me has enseñado el fundamento de tu verdad ([הודע]תני בסוד אמתכה), me has instruido en tus obras maravillosas (ותשׂכילני במעשׂי פלאכה) ... (7) Yo sé que la verdad está en tu boca, y en tu mano la justicia, y en tu pensamiento (8) toda ciencia (ובמחשבתכה כול דעה), y toda gloria está contigo, y en tu cólera todo juicio castigador (באפכה כול משפטי נגע), (9) y en tu bondad abundancia de perdones, y tu misericordia para todos los hijos de tu beneplácito (לכול בני רצונכה). Porque les has enseñado el fundamento de tu verdad (כי הודעתם בסוד אמתכה), (10) y les has instruido en tus misterios maravillosos (וברזי פלאכה השׂכלתם). *Vacat.* **Por tu gloria has purificado al hombre de pecado (ולמען כלודכה טהר-תה אנושׁ מפשע) (11) para que se santifique para ti de toda abominación impura e iniquidad culpable, para reunirlo con los hijos de tu verdad y en el lote de tus santos (להוחד עם בני אמתכה ובגורל [עם] קדושׁיכה), (12) para elevar los gusanos de los muertos del polvo a una comunidad/consejo [eterna] (להרים מעפר תולעת מתים לסוד [עולם]) y de un espíritu perverso a tu conocimiento (ומרוח נעוה לבינת[כה]), (13) para que ocupe su puesto en tu presencia con el ejército perpetuo y los espíritus [eternos/de conocimiento,] (ולהתיצב במעמד לפניכה עם צבא עד ורוחי [עולם / דעת[443]]) para renovarlo con todo lo que existirá (14) y con los que conocen en una comunidad de júbilo (להתחדשׁ עם**

[442]Cf. *TDOT,* p. 296.

[443]*TdQ,* p. 389, restaura עולם mientras que *DTQ,* p. 154, propone דעת. Sin embargo, *DSSSE*, p. 189, no aventura ninguna propuesta, dejándolo vacante.

כול נהיה ועם ידעים ביחד רנה).

El texto se ajusta a todo cuanto hemos afirmado hasta aquí, pero la parte señalada en negrita destaca por definir muy explícitamente eso que llamábamos *redención por elevación*.. No pretendo con esto posicionarme sobre el tema de la resurrección individual en Qumrán, sino tan sólo señalar que la anticipación escatológica experimentada por la comunidad (ll. 13-14) supone la elevación del hombre a unas alturas metahistóricas (ll. 12-13), y que en este proceso de elevación, la *rû*^{a}*ḥ* (espíritu) es quien tiene un papel destacado; quizás se pudiera hablar de una función propia, más que de un ente separado[444].

24.8. Aunque quedarían bastantes textos hímnicos por estudiar[445], se puede ya concluir que Qumrán sostiene, como Eclesiastés, una separación radical (insalvable) entre Dios y el hombre, lo cual responde a un ensanchamiento del conocimiento cosmológico propiciado por el desarrollo científico del mundo helenista, pero en último término esto se traduce en una antropología categóricamente negativa. Sin embargo, y a diferencia de Eclesiastés, atribuye a Dios, mediante la acción de su espíritu santo capitaneando la jerarquía de espíritus, un acercamiento programado al mundo de los hombres. En realidad, se establece un *continuum* muy sofisticado entre Dios y el hombre, entre la trascendencia

---

[444]En 1QH 13,19-29 se ilustra bien esta función, que no es otra que la de dirigir a la criatura –al individuo– hacia el bien o hacia el mal. Así, dentro del negativismo antropológico, en la l. 21 se afirma que el nacido de mujer es מבנה עפר (estructura de polvo) sobre la que משלה רוח נעוה (domina/gobierna un espíritu de maldad). Pero por la misma regla de tres, el elegido puede exclamar: ... ואני עבדך ידעתי (25) ברוח אשר נתתה בי .... (24) (Pero yo tu siervo he conocido por el espíritu que has puesto en mí ...). Por lo demás, en 1QH 10,8 se establece que Dios es אדון לכל רוח ומושל בכל מעשׂה (Señor de todo espíritu, y dueño sobre toda obra/criatura), dejando clara la sinonimia entre espíritu y criatura, si bien no puede negarse que algunos textos parecen atribuir tal autonomía a la función del espíritu, que se roza su ontologización, como por ejemplo 1QH 15,25/26, אתה יצרתה רוח ופעולתה הבינו[תה מקדם עולם] (Tú has formado/creado el espíritu y has fijado su obra/función [desde antes del tiempo]).

[445]V.g. 1QH 13,19-29; 10,2-12; 12,24-35; 15,16-28; 1Q35 [1QH(b)] frag. 1.

y la inmanencia. Por ello, **si bien no puede afirmarse con propiedad que existe en Qumrán un dualismo antropológico del tipo espíritu-carne, sí es cierto que la antropología ha adquirido una mayor complejidad, y en ella el "espíritu" (*rûªḥ*) adquiere un papel cada vez más propio**. De hecho, es gracias a éste que el piadoso que se considera elegido se siente elevado desde el polvo a la corte celestial, es decir, a un mundo que no es visible a primera vista, pero que no es menos real por ello. Por el contrario, el impío permanece en el polvo y en su inclinación animal, agravando, si cabe, su naturaleza fangosa. Y este contexto constituye el telón de fondo de Eclesiastés[446].

Las resonancias con la BH

24.9. Existen tres antecedentes de la BH en los que resuena de modo principal el tema de la dignidad humana frente a la animal: Gen 1-3, Salmo 49 y el libro de Daniel. En éste el relato de Nabucodonosor (3,31-4,34) más las visiones consignadas a partir del cap. 7 centran buena parte de la atención del libro sobre este tema.

El Salmo 49

El doble adagio de esta pieza (49,13.21) resume su contenido, precisamente, en una línea de disolución de todo contraste distintivo entre hombre y animal:

(13) וְאָדָם בִּיקָר בַּל־יָלִין[447] נִמְשַׁל כַּבְּהֵמוֹת נִדְמוּ ... (21) אָדָם בִּיקָר וְלֹא יָבִין נִמְשַׁל כַּבְּהֵמוֹת נִדְמוּ

(13) No permanece el hombre en su fasto[448]; se asemeja a las bestias

---

[446]Me pregunto hasta qué punto el reiterado estribillo qoheletiano *rĕʿût rûªḥ*, y para el caso también el empleo de *hebel,* no tendrá una pizca de sorna respecto a la importancia dada por los movimientos visionarios al mundo de los espíritus como puente entre el misterio y la historia.

[447]En nada afecta a mi argumentación que se siga esta lectura del TM, o bien la de los LXX que traduce συνῆκεν (del verbo συνίημι - "fijar la atención" => "comprender"), una lectura que parece reflejar una *Vorlage* más próxima al TM del v. 21.

[448]Traduzco "fasto" o "pompa" siguiendo a Ester 1,4, donde se descri-

que perecen.... (21) El hombre en su fasto ni siquiera entiende; se asemeja a las bestias que perecen.

Atendiendo al contexto inmediato del adagio, su afirmación rotunda va dirigida particularmente al rico y poderoso que cree que su "salvación" (entendida aquí como prolongación de la vida) está en su mano (cf. 49,8-10). Contra esta pretensión, se afirma la igualdad del rico con el pobre (49,2-3), del sabio y el necio (49,11), y para ello, mediante la agudización del tono irónico, iguala en la muerte al rico con la bestia (49,13.21). No debe olvidarse que, a pesar de su esperanza en la liberación del Seol (49,16), el salmista no ignora su propia muerte, pero ve un elemento de justicia (49,17.18) en el hecho de que la muerte impida a los poderosos comprar su redención. Quizás sea ésta la única cosa que no puedan comprar, y de ahí el profundo carácter justiciero de la muerte; de ahí también que la afirmación de redención (49,16) no pueda sino atribuirse a la intervención gratuita de la divinidad. En otras palabras, el tema de la muerte adquiere aquí una función teodiceica positiva, lo que demuestra que no tiene porqué conducir necesariamente al cinismo. ¿No sigue Ecl 3,17-22 una lógica similar? En efecto, para Eclesiastés es imposible percibir bajo el sol una nítida distinción entre el justo y el injusto, ya que "allí" (שָׁמָּה) impone un tono enfático a la doble frase "es ahí donde está la iniquidad" (שָׁמָּה הָרֶשַׁע) de 3,16; o sea, coincide con Sal 49,6.7 en que el mal es prevalente. Esto mismo es lo que Ecl 4,2-3 pondrá de relieve con su descripción de la maldad como opresión, ante la cual es mejor la muerte o la no vida que la vida. Ello no es óbice para proclamar la fe en la justicia última (3,17)[449] –el salmista lo hace en 49,8-10.16–, y sobre todo para proclamar una mínima justicia terrenal: la

be al rey Asuero ufano ante su corte a causa de su poder, que es descrito como כְּבוֹד מַלְכוּתוֹ וְאֶת־יְקָר תִּפְאֶרֶת גְּדוּלָּתוֹ (la gloria de su reino y el esplendor/fasto y pompa de su majestad/grandeza).

[449]El que este verso, o una parte, pudiera ser considerado una intromisión redaccional (cf. J.L. Crenshaw, *Ecclesiastes*, p. 102; A. Lauha, *Kohelet*, p. 75; N. Lohfink, *Kohelet*, p. 35) no implicaría sino lo que venimos recalcando a lo largo de esta investigación, a saber: se pondría de manifiesto que el carácter altamente político-económico de Qohélet es, para sus redactores y editores, susceptible de ser redimensionado en perspectiva teológica.

muerte de los *bĕnê 'ādām* (3,18-20) –éstos en tanto que hombres opulentos y poderosos– que nos hace a todos iguales. Sin duda, una diferencia importante es el carácter más concep-tual de Eclesiastés, así como su propia coherencia radical que le impide hacer concesiones a distinciones como la que hace el salmo (el "yo" oprimido que será salvado frente al opresor), pues su interés se centra en establecer principios teológico-antropológicos insoslayables para toda la humanidad. Dicho de otro modo, ha asentado el fundamento de una teodicea no escapista, pues en Qohélet y en sus editores no hay escapatoria ni por la vía de la piedad toraica ni por la vía de la filosofía o ciencia.

El relato del Génesis 1-3

24.10. Como era de esperar, todos los comentarios se hacen eco del trasfondo genesíaco de Ecl 3,16ss, que no hace sino prolongar e incluso explicitar en forma de cita, una presencia implícita que recorría ya 3,1-15. Sin embargo, para una investigación centrada en la intertextualidad entre Génesis y Eclesiastés, es de gran ayuda el estudio de Jean-Jacques Lavoie[450]. Este autor cree que, en general, el TM del Génesis 1-3 afirma la superioridad del hombre sobre el animal incluso cuando describe su castigo en Gen 3[451]. Pero mediante los típicos juegos fonológico-semánticos que permite el lenguaje hebreo, Eclesiastés transforma dicha superioridad en una pura igualdad consustancial con el animal, puesta de manifiesto sobre todo por una misma muerte. Por resumir un estudio difícil de sintetizar aquí por lo intrincado del mismo (pero nada rebuscado, sino bien argumentado), baste la cita siguiente sobre la relación entre Gen 1,26 y Ecl 3,21:

---

[450]Jean-Jacques Lavoie, *La pensée du Qohélet. Étude exégétique et intertextuelle*, pp. 53-89.

[451]Jean-Jacques Lavoie, *op. cit.*, pp. 72-75. J. Burnier-Genton, *Le rêve subversif d'un sage. Daniel 7*, pp. 126-28, coincide con Lavoie al señalar que la pareja humana ha sido puesta a la cabeza del mundo animal, y que los verbos *rādāh* (1,26.28) y *kābāš* (1,28) conllevan matices duros (defensivos), es decir, indican el establecimiento de un muro contra las amenazas a la creación provenientes del mundo animal. De hecho, esta amenaza se cumple cuando un animal (la serpiente) engaña al hombre.

> Ya Rashi, no sin cierta sutileza, había hecho ver que el verbo empleado para designar el dominio humano en Gen 1,26 (*wĕyîrdû*) podía igualmente designar el descenso o declive humano (*wĕyardû*). Como quiera que entendamos esta sutileza, que nos hace pensar en el verbo 'descender' (*yārad*) de Ecl 3,21, sigue siendo claro que en Qohélet la dignidad del ser humano ya no reside en su dominio (*yrdw*) del reino animal, sino en saber que comparten un mismo destino en tres niveles[452].

Más adelante aclara que por un "triple nivel" entiende "un mismo destino, un mismo aliento, un mismo lugar (3,19-20)"[453]. En consecuencia, Lavoie no cree que 3,21 constituya en sí misma una referencia al estado *postmortem* del hombre, sino más bien una crítica de las posturas optimistas que, mediante una exégesis moderadamente optimista de Gen 1,26-27 y 2,18-20, pretendían establecer la superioridad ontológica del hombre respecto al animal incluso tras la caída[454]. Considero correcto este análisis, entre otras razones porque el estudio realizado hasta aquí de la intertextualidad con Qumrán[455] nos conduce a conclusiones similares. Con todo, cabe matizar dos cuestiones sobre las que mantengo cierta distancia. Primero, a mi entender estas tradiciones sujetas a la crítica qoheletiana sí vislumbran en el horizonte unas doctrinas –siquiera en estado embrionario– sobre el estado póstumo; segundo, los relatos del

---

[452]Jean-Jacques Lovoie, *op. cit.*, p. 74.

[453]Jean-Jacques Lavoie, *op. cit.*, p. 87.

[454]Jean-Jacques Lavoie, *op. cit.*, pp. 81.88. Parece oportuno señalar que en las pp. 81-85, atinadamente, encuentra dichas tradiciones en el Sal 8,6-9 –que es una lúcida interpretación de Gen 1,26-28–, en Sira 17,2b-4, en Sab 9,2-3; 10,1-2, y en Tg Gen 3,18 (entre otros textos del Targum). No tan atinada parece esta lectura en la conocida "Instrucción de los dos espíritus" (concretamente en 1QS 3,17.18), en Jubileos 3,1-3, en 2Henoc 58,2-5, y finalmente en 4Esd 7,65-67, ya que las distinciones de la literatura radical hay que entenderlas sobre un telón de fondo antropológicamente muy negativo. Por otro lado, en su estudio es fundamental el análisis del uso que hace la BH de los adverbios *(lĕ)ma`ălāh* ("[hacia] arriba") y *(lĕ)maṭāh* ("[hacia] abajo"), muy particularmente en las instancias de su emparejamiento; con este estudio demuestra que se trata más del establecimiento de la primacía de algo o alguien, que de un significado literalmente espacial (pp. 85-86).

[455]Cf. *supra* §24.4-8.

Génesis, por constituir *teología narrativa* más que *teología especulativa* o *dogmática*, están más abiertos a la sutileza y ambigüedad de lo que todo intérprete desea. Así, por ejemplo, la condena de Adán y Eva en Gen 3 puede ser interpretada tanto en un sentido más positivo (mantener la diferencia entre el mundo animal y el humano) o en otro más negativo (que refutaría aquélla). En efecto, hay serias razones para creer que la sentencia "comerás hierba del campo" (וְאָכַלְתָּ אֶת־עֵשֶׂב הַשָּׂדֶה -v. 18) es una degradación ontológica al nivel animal[456]. Es más, el propio Lavoie percibe en el relato de Caín (Gen 4, especialmente en el difícil v. 7) una "bestialidad" innata al hombre caído, que debe ser sometida[457]. Más aún, lo que en la *teología narrativa* del Génesis aparece separado en dos personajes –Caín como modelo de *bĕhēmāh* ("bestia") y Abel como modelo de *'ādām* ("hombre")–, en Eclesiastés no es más que una misma realidad antropológica: no hay diferencia entre las criaturas, ya sea entre los animales y los hombres, o entre éstos (del tipo *justo-injusto*). Mejor dicho, "haberla, hayla" pero tan sólo Dios puede juzgar la diferencia (Ecl 3,15[?].17)[458]. De este modo, Eclesiastés sustrae de las manos humanas la vara de medir el valor último de toda acción humana, de forma que ningún juicio absoluto de valor pueda fundamentarse en criterios humanos, incluyendo en éstos los que pretenden tener origen inspirado, ya sea revelacional o escriturístico.

La "bestialización" de Nabucodonosor (Daniel 3,31-4,34)

24.11. La sapiencialización de la crítica profética no sólo se plasmó en salmos como el 49, o en narraciones como la genesíaca[459], sino

---

[456]Si comparamos esta expresión con la de 1,29, donde Dios ordena al ser humano comer de כָּל־עֵשֶׂב זֹרֵעַ זֶרַע (toda planta seminífera -*CI*) y 1,30, donde al animal se le da כָּל־יֶרֶק עֵשֶׂב (toda planta verde), está muy claro que la condenación de 3,19 prácticamente equipara el ser humano al animal.

[457]Jean-Jacques Lavoie, *op. cit.*, pp. 75s.

[458]El propio Lavoie aceptará que Caín y Abel constituyen un mismo ser: el hombre (p. 223). Por otro lado, N. Fernández Marcos, comentando el Salmo 49 en *CI*, p. 631, expresa magníficamente la situación: "La decisión sobre el último trasfondo de esta situación endiablada le compete a Dios".

[459]Cf. el estudio, ya clásico pero no caduco, de L. Alonso Schökel sobre

que recibió un nuevo impulso por medio de la hagadah de la *bestialización del hombre*, uno de cuyos mejores exponentes narrativos es la hagadah de la bestialización de Nabucodonosor[460]. Esto se infiere de sus estrechos contactos literarios con Génesis 1-3[461], el Salmo 49 y los oráculos proféticos subyacentes (Is 14 // Ez 28; Ez 17; 31)[462]. Esta hagadah pudo servir como uno de los precedentes formales y temáticos para la hagadah qoheletiana[463], como si Qohélet la hubiera extrapolado a un rey israelita con el fin de hacer extensible al pueblo elegido, más expresamente a su monarquía, el pecado de la arrogancia política denunciado en aquélla (Dan 4,34), alcanzando de este modo una verdadera doctrina universal. Éste era un objetivo imprescindible de toda teología de base creacional como la que pretenden Qohélet y sus editores. Incluso se podría decir que Ecl 2,17-3,22 constituye una extensa confesión del *mélek* sobre el dominio divino, que corre paralela a la de Nabucodonosor, si bien tal confesión es expresada allí en una forma dogmática que estriba en la afirmación de la radical separación y distintividad entre Dios y el hombre. Pero semejante estudio requeriría excesiva inversión de tiempo y espacio, y por ello nos limitaremos a investigar el relato mismo y contrastarlo con la antropología danielítica. Ésta es importante porque en su doble redacción aramea y hebrea

---

la influencia sapiencial en Gen 1-3, "Motivos sapienciales y de alianza en Gen 2-3".

[460]A. Lacocque, *Daniel et son temps,* p. 50, cree que los caps. 1-6 de Daniel constituyen una colección de hagadot.

[461]Cf. J.B. Doukhan, "Allussions à la création dans le livre de Daniel", pp. 287s y Jean Burnier-Genton, *Le rêve subversif d'un sage. Daniel 7,* pp. 142s.

[462]Cf. John Goldingay, *Daniel*, p. 83.

[463]L.F. Hartman-A.A. Di Lella, *The Book of Daniel,* p. 178, señalan que el formato epistolar en primera persona de este relato, puede tener un anclaje histórico en las conocidas inscripciones cuneiformes de Nabucodonosor, donde muestra jactancia por las obras acometidas en la ciudad bajo su patrocinio. De ahí que la edición actual sea, con toda seguridad, una fusión de dichas inscripciones con las leyendas que circulaban sobre la demencia de Nabónides. En otras palabras, la hagadah danielítica funde la megalomanía con la demencia, coincidiendo en esto con Qohélet.

establece un marco en el que Qohélet y sus editores parecen haberse movido como pez en el agua.

24.12. Daniel 3,31-4,34 establece, igual que las anteriores hagadot de este libro, un parangón entre el sabio-creyente Daniel y el poderoso rey Nabucodonosor, definiéndose las diferencias entre ambos modelos del siguiente modo: Nabucodonosor proclama que Daniel tiene un "espíritu de los dioses santos" (רוּחַ־אֱלָהִין קַדִּישִׁין -4,5.6.15; cf. 5,11.14) que le da acceso al misterio (*rāz* -4,6), a la vez que confiesa que, en la cúspide de su poder (4,7-14.26-27), se convirtió en bestia (4,28-30), lo cual va asociado a la pérdida de la razón (*mindā`* -4,31.33)[464]. Por el contrario, las hagadot subsiguientes de Baltasar y Darío, la primera todavía muy vinculada a la de Nabucodonosor, no enfatizarán tanto el misterio cuanto la inteligencia y sabiduría que el "espíritu" (*rû^{a}ḥ*) de Daniel le proporcionaba (5,11.12.14; 6,4). De hecho, se trataba de un "espíritu superior" (רוּחַ יַתִּירָה -5,12; 6,4) que le proporciona una "sabiduría superior" (חָכְמָה יַתִּירָה -5,14). Se puede decir que estas hagadot contraponen el conocimiento de lo alto al conocimiento más animal (embrutecido), pero no establecen la ruptura radical de Eclesiastés, y por ello el texto revela un cierto optimismo respecto a la capacidad epistemológica del fiel, que le lleva a establecer una nítida diferencia entre éste y el embrutecido por el poder pagano, aunque también concede a este último la posibilidad de conversión. De este modo, el capítulo se alinea con el judaísmo universalista cuyo mensaje desplaza el fundamento de la Alianza a la Creación, o cuando menos liga estrechamente aquélla a ésta[465]. Si en esta base creacional hay una coincidencia con Eclesiastés,

---

[464]Aunque sea un tanto tangencialmente, vale la pena señalar que en Daniel *mindā`* no es sólo la capacidad racional natural, sino el don divino de comprensión del misterio divino (cf. 2,21.22 y 5,12), es decir, del conocimiento del sentido de la historia.

[465]A. Lacocque, *Daniel et son temps,* p. 40, exclama "on se demande oú est Israel", ya que observa que no hay mención en el libro ni del éxodo, ni una palabra del Pentateuco, ni se hace referencia alguna a Moisés o Aarón, a pesar de algunas alusiones a la Ley en 6,3; 7,25 y el cap. 9. Yo añadiría que la dieta seguida por Daniel y sus amigos en los caps. 1-2 también alude a la Ley, aunque ciertamente nunca de forma explícita.

no así respecto a la capacidad epistemológica, ya que en 3,19 éste –y no es coincidencia el uso de un derivado de la raíz *ytr*– niega la ventaja/beneficio o superioridad (*môtār*) del hombre sobre la bestia, refutando por extensión toda supuesta *celestialización* y todo acceso a un conocimiento superior, que es precisamente donde se fundamentaba la distinción entre las personas. Si el Daniel arameo afirma la proximidad del espíritu del sabio creyente con la divinidad, Eclesiastés niega que el espíritu humano pueda alcanzar tales cotas, ya sea de forma natural o sobrenatural (3,21-22). Parece posible afirmar, en consecuencia, que Eclesiastés conoce la hagadah de Nabucodonosor (lo que no significa que conozca el TM de dicha hagadah), o cuando menos los presupuestos teológico-antropológicos que le dan sustento, pudiéndose también postular que se posiciona radicalmente en su contra.

24.13. El estudio de Peter W. Coxon sobre los diversos targumim de Génesis 3 y los targumim del relato sobre la "bestialización de Nabucodonosor", entre los que dedica especial atención a la Septuaginta[466], arroja bastante luz sobre este tema. Este autor ha señalado que estos dos targumim revelan una misma preocupación. Más concretamente, el análisis que hace el autor de la versión griega de Dan 4,12.22.29-30 apunta a la

> existencia de una conjunción temática entre el midrás de Gen 3,18, que expresa el temor de Adán a convertirse en un deheredado entre las bestias, y la descripción del castigo de Nabucodonosor, que acentúa más que el texto arameo la destitución del monarca al reino animal[467].

En otras palabras, Coxon propone que las variantes griegas parecen situarse en línea con la tradición targúmica que muestra, en su interpretación de las referencias al alimento del hombre tras el castigo (3,18), una exégesis preocupada (casi escandalizada) por la posible

[466]Es notoria la disparidad existente entre el TM y la versión griega de Daniel 4 (cf. J.A. Montgomery, *A Critical and Exegetical Commentary on the Book of Daniel*, pp. 247-49).

[467]Peter W. Coxon, "Another Look at Nebuchadnezzar's Madness", p. 214. Para su estudio más amplio del tema en los LXX, véase las pp. 213-16.

degradación hasta el nivel animal de la dignidad humana en el relato del Génesis (pp. 211-13). Este autor vincula tal preocupación con la larga tradición de relatos legendarios que, como el propio relato de Nabucodonosor, servían como conciencia crítica de las grandes civilizaciones[468]. Esto significa que Eclesiastés parece situarse precisamente en esta última tradición, ya que, efectivamente, emplea el relato del Génesis para abonar una antropología que destituye al hombre al nivel de la criatura animal. Se puede pues decir que lo que Daniel A aplica a un rey en tanto que epítome de la civilización (especialmente la pagana permanentemente tentada por el imperialismo), Eclesiastés parece extenderlo a ley creacional, es decir, a ley natural (antropológica) y por tanto universal, y ello también en consonancia con Daniel B.

Excursus *sobre la antropología teológica de Daniel*

24.14. Con la hagadah de Nabucodonosor no está todo dicho sobre la relación entre Daniel y Ecl 3,17-22, ya que en aquél el tema de la bestialización se desarrolla todavía más en los capítulos siguientes. En éstos la presencia de bestias como figuras de imperios juega un papel decisivo, y para su análisis me serviré especialmente de dos autores ya citados en esta investigación, Jean Burnier-Genton y André Lacocque, cuyos estudios sobre Daniel, en mi opinión, han ahondado como pocos en los aspectos más teológico-políticos de esa obra.

El conjunto de la obra, pero sobre todo Daniel B, responde a la acuciante pregunta que el ecumenismo cultural helenista, que defiende un destino universal para el hombre, plantea a las religiones particularistas[469], muy especialmente al judaísmo: ¿qué es ser hombre? Más concretamente, el trasfondo universalista eleva a un nuevo plano la eterna cuestión ética: ¿quién es el hombre justo y el impío?, ¿quién define la justicia e impiedad? [470] No es, pues, extraño que se busque respuesta en la *Schöpfungsweisheit* plasmada en los relatos creacionales. J. Burnier-Genton lo formula de este modo:

---

[468]En concreto, menciona la leyenda creada en torno al retiro de Nabónides al desierto, las leyendas sobre Enkidu como mito de hombre primigenio, así como las noticias sobre la caída de Nabucodonosor en el mundo griego recogidas por Eusebio en su *Praeparatio Evangelica* 9,41.456d-57b.

[469]A. Lacocque, *Daniel et son temps*, pp. 26-29.92.

[470]A. Lacocque, *op. cit.*, p. 89.

En esas circunstancias, ya no se puede hablar de israelitas o de judíos, sino tan sólo de hombres, de hijos de la humanidad, si es que aquéllos de quienes se habla pueden ser llamados de este modo, ya que, para la fe todavía viva de los judíos, sólo son hombres aquellos que responden a su vocación de criaturas hechas a imagen de Dios y de sus ángeles, y por tanto se les parecen (Gen 1,26)[471].

En su intento de ofrecer una respuesta universal desde una base propiamente judía, de base genesíaca y también profética (v.g. la imaginería animal empleada por los profetas[472]), se percibirá el ecumenismo helenista como un totalitarismo bestial que debe ser combatido, y ello por medio de una "hermenéutica pleromática"[473]. De ahí que pueda decirse que autores y editores de Daniel tuvieran una alta conciencia política, a cuyo servicio ponen su formación intelectual que resultará en esta obra que Lacocque denomina "midrás esotérico de la elite intelectual"[474], aunque cabe precisar de inmediato que dicha intelectualidad estaba constituida, primordialmente, por escribas. Por su parte, Burnier-Genton lo explica de este modo:

> No escribe para exponer la historia antigua, sino para ilustrar y desarrollar la visión de una sabiduría política, que proviene de la fe en el Dios Altísimo, y ello para hacer que sus correligionarios vean cómo son vistos ante Dios los príncipes extranjeros que los han dominado hasta aquí y que todavía les dominan[475].

---

[471] J. Burnier-Genton, *Le rêve subversif d'un sage*, p. 26.

[472] J. Burnier-Genton, *op. cit.*, pp. 132-36.

[473] A. Lacocque, *op. cit.*, p. 92. En un plano mucho menos ideológico y mucho más humano, se observa que en la imaginería animal de Daniel hay un afán de desquite por los epítetos despectivos de los griegos hacia los pueblos "inferiores", todos ellos prácticamente sinónimos o concomitantes de βάρβαρος (v.g. σκληρός -"duro, rudo, bruto/sucio", ὠμός -"crudo, salvage, inhumano"; ἄγριος -"agreste, silvestre"; μανικός -"loco"; ἄπιστος -"inseguro"; ἀνοητος -"necio, insensato"; σκαιός -"torpe"; ἀμαθης -"ignorante, incivilizado"; ἀπαίδυτης -"carente de educación"; αναἰσθητός -"insensible, embotado"), adjetivo éste que llegó a significar no sólo extranjero, sino también bestia, según se deja ver en 2Mac 4,25 (Cf. J. Burnier-Genton, *op. cit.*, pp. 125-26).

[474] A. Lacocque, *op. cit.*, p. 89.

[475] J. Burnier-Genton, *op. cit.*, p. 71.

Esta "sabiduría politica", cuyo fundamento genesíaco y profético ya ha sido señalado, modelará su propio arquetipo de hombre sobre el modelo "adamológico", lo que significa que la teología berítica quedará relegada a un segundo plano, o más bien sujeta al propósito original de la creación. A este respecto, Burnier-Genton propone que el origen marino de las bestias míticas de Daniel B es una lectura de Gen 1,2, del que se deduce y afirma que Dios es tanto creador del bien como del mal[476]. Así pues, en la redacción hebrea el problema del mal está plenamente insertado en el mismo acto creador. De hecho, este autor postula que Daniel interpreta todo el Gen 1 como un acto de creación de la polaridad, desmitificando dicho relato como acto de perfección. Por el contrario, el hombre es parte del plan divino que pasa provisoriamente por la polaridad para alcanzar, finalmente, la plenitud que será la eliminación de dicha polaridad. Precisamente, este planteamiento le permite a Daniel una identificación con multitud de pequeños pueblos subyugados, para quienes los grandes imperios "no pueden salir más que del abismo, como nuevos Rahavs y nuevos Leviatanes, enemigos mortales de la creación"[477]. Nuestro autor sigue abundando en estas cuestiones magistralmente:

> Para Daniel, como para Ezequiel, la evocación de la humanidad del interpelado precede a la comunicación de una revelación y parece justificarla, como si sólo correspondiera a un hombre digno de tal nombre el ser informado de lo que Dios prepara. Hay que señalar, además, que en el caso de Daniel, como en el de Ezequiel, dicha justificación no se basa ni en la elección de Israel ni en la vocación profética, sino en el destino original de la criatura humana, como si, desde la ruptura de la alianza por el pueblo elegido, y sobre todo desde su abandono al dominio de las naciones, el Señor concediera sus revelaciones no tanto a un judío por ser hijo de Israel, sino a un hijo de la humanidad, a aquél que a instancias del Israel fiel, asume y vive su semejanza divina en el sentido de Gen 1,26, participando aquí abajo en el reino del Altísimo[478].

24.15. Téngase en cuenta que esto es cierto de las dos tradiciones literarias de Daniel, a pesar de las diferencias que se observan entre la redacción aramea y la hebrea: la primera es de carácter más creacional, en tanto que más optimista respecto al mundo pagano, mientras que la segunda, mucho más pesimista a este respecto, tratará de integrar cierta temática berítica en el marco

---

[476] J. Burnier-Genton, *op. cit.*, pp. 156-60.

[477] J. Burnier-Genton, *op. cit.*, p. 159.

[478] J. Burnier-Genton, *op. cit.*, p. 27.

creacionista, que seguirá siendo predominante[479]. Puesto que venimos fijando nuestra atención en la antropología, vale la pena reseñar que en Daniel B la esperanza del perdón de pecados está fundada "ya no más sobre un posible decreto divino de perdón, sino sobre un decreto solícito ya cumplido e irrevocable"[480], decreto éste que está anclado en el propósito original de Dios, esto es, en la creación misma. También la ausencia o la relegación de la teología explícitamente berítica tiene su lectura política, ya que induce a pensar en una crítica a las instituciones teocráticas que, tras el exilio, han dirigido Judá bajo los distintos imperios, y cuyo exponente ideológico podría ser la obra del Cronista. Lacocque lo expresa así:

> A los ojos de los conservadores de la época, tal visión era propiamente subversiva. En el plano de las ideas, cuestionaba las posiciones dogmáticas establecidas y, en el plano práctico, cuestionaba el *modus vivendi* entre la comunidad judía y el poder extranjero. Esto sin contar que, en el plano teológico, se promovía la contestación de la validez del culto restaurado y de la proclamación del cumplimiento de las profecías de restauración en el tiempo previsto[481].

Con este telón de fondo, se entiende bien el protagonismo del contraste entre "hijo del hombre" y "bestia/animal" que recorre la trama de Daniel B, pero que subsume también a Daniel A gracias a la hagadah de la bestialización de Nabucodonosor y del sueño-visión de Dan 7. En este capítulo, la descripción consecutiva de cuatro bestias (אַרְבַּע חֵיוָן -7,3), es seguida por la destrucción de la última y sumisión del resto (7,11-12), tras lo cual aparece la mención del "como hijo de hombre" (כְּבַר אֱנָשׁ -7,13), que contrasta visiblemente con las bestias en tanto que figura humana[482], y esto comoquiera que se interprete su prefijo preposicional, pues por 7,27 sabemos que "el imperio, el dominio, y la majestad de los reinos bajo todo el cielo, serán entregados al pueblo de los santos de `e*lyônîn*[483]" (מַלְכוּתָה וְשָׁלְטָנָא וּרְבוּתָא דִּי מַלְכְוָת תְּחוֹת כָּל־שְׁמַיָּא יְהִיבַת לְעַם קַדִּישֵׁי עֶלְיוֹנִין; cf.

---

[479]Cf. J. Burnier-Genton, *op. cit.*, pp. 188-90.

[480]J. Burnier-Genton, *op. cit.*, p. 189.

[481]J. Burnier-Genton, *op. cit.*, p. 127.

[482]En 5,21 aparece la oposición entre los *bĕnê 'ănāšā'* (hijos del hombre), de donde el rey es arrojado, y la *ḥêwā'* (bestia) en la que se transforma su corazón.

[483]Dejo sin traducción este sustantivo, que Burnier-Genton traduce, no sin

7,18). Es decir, parece que la figura de 7,13 es un singular colectivo que se refiere al mismo pueblo fiel. Con toda razón, Burnier-Genton asevera: "Por tanto, no estamos muy lejos de un acto creador semejante a los de Gen1, sobre todo si consideramos que, tanto en el sueño como en el relato de la creación del mundo, todo acaba con la sumisión de los animales al hombre, al que viene como un hijo del hombre"[484]. Este autor alega que se aboga aquí por la transferencia del poder dictatorial a una soberanía popular:

> Lejos de fundarse una monarquía en el seno del pueblo, se funda más bien un régimen de soberanía popular, una democracia. En efecto, ¿por qué razón dos modelos de realeza profundamente distintas, la una animal y la otra humana, tendrían que tener una misma estructura? ¡Todo lo contrario! Acaso entonces como ahora no se leía en los libros sagrados el diálogo del profeta Samuel con su pueblo, que pedía un rey para ser 'como las naciones' (1Sam 8,20)? La petición era considerada impía y nefasta: Israel tendría que haberse contentado con tener a YHWH por rey. Es más, las propias escrituras preservaban muy malos recuerdos de los reyes de Israel y Judá, que no incitaban en absoluto a desear su retorno. A los judíos de aquel tiempo les bastaba con tener a la cabeza a un sacerdote. En definitiva, ¿acaso no se había sufrido tanto bajo el yugo de los reyes extranjeros y sus ambiciones imperiales, como para anhelar una organización mundial distinta? Bien se conocía que el pueblo romano, por entonces en pleno desarrollo, no tenía rey y le iba bien[485].

Una cosa sí es cierta: los fieles del capítulo 7, llamados *qaddîšîn* ("santos" -cf. 7,18.21.22.25.27), parecen solaparse con el "pueblo de los santos" (*'am-qĕdôšîm*) de 8,24 y con los "muchos" o las "multitudes" (*rabbîm*) de 11,33; 12,3.10, que están en oposición a otras multitudes sometidas por las bestias (11,3.5.10.11-14.18.26, etc.). Es más, como es bien conocido, Qumrán se considera heredera de tales *rabbîm* y *qĕdôšîm*, términos estos que revelan el carácter profundamente asambleario de la comunidad qumránica –lo que en

---

fundamento, por "lugares altos" (pp. 266-67), pero que tradicionalmente se traduce por "Altísimo" como nombre propio de Dios. En tanto que figura humana, incluso si fuera en sentido muy diluido (sólo como forma externa), sigue siendo válido el marcado contraste entre hombre y animal.

[484] J. Burnier-Genton, *op. cit.*, p. 45. Obsérvese, además, que la hagadah de Nabucodonosor en el cap. 4 converge con el cap. 7 en su final: el rey reconoce la supremacía de Dios, y es justo entonces cuando se le devuelve su dominio sobre el mundo. La diferencia consiste, evidentemente, en que el sueño-visión del cap. 7 posterga el cumplimiento a un horizonte más lejano, y en que ya no se trata de una "devolución" a un rey, sino a un pueblo.

[485] J. Burnier-Genton, *op. cit.*, p. 241.

absoluto niega su fuerte dirigismo interno–, como se pone de manifiesto en los textos emblemáticos de 1QS 6 y 11,7.8[486]. Otro dato que, en mi opinión, abona esta interpretación es la preciosa y magnífica confesión de pecado e intercesión de Daniel en el capítulo 9. La parte confesional (9,4-14) es una censura implícita a los padres, pero sobre todo a los dirigentes del reino (cf. 9,6.8), por su desobediencia, y es seguida por la intercesión del sabio Daniel, que es prácticamente interrumpida por Gabriel para anunciar la respuesta favorable de Dios. Dicho sucintamente, Dios escucha ahora a los sabios como Daniel, que adquieren así una autoridad político-religiosa dentro de Israel. Se puede decir que la confesión de Daniel es la legitimación del traspaso de poderes a los sabios-escribas dentro del Judaísmo[487].

24.16. Aunque algunas diferencias entre Daniel A y B ya han sido consignadas, es importante entender su alcance teológico. En efecto, puede decirse *grosso modo* que se percibe ya a simple vista una *verticalización* o *trascendentalización* de los relatos a partir del cap. 7, ya que las relaciones plenamente horizontales del protagonista con los distintos monarcas a quienes sirve con sus dotes de interpretación, son sustituidas por relaciones con figuras de hombres sin contexto terrenal, que, además, son fuente de interpretación de visiones que apuntan, por más que pueda enfatizarse su inminencia, a un cumplimiento no inmediato de su contenido; de ahí, precisamente, la necesidad

---

[486]El primero es un largo capítulo que recoge una serie de normas que regula la vida comunitaria de הרבים, mientras que el segundo establece la típica correlación qumránica entre aquellos "a quienes Dios escogió" (לאשר בחר אל) y el "lote de los santos" (נורל קרושים) e "hijos de los cielos" (בני השמים). Es decir, en Qumrán se procede a la *celestialización* de la asamblea humana, lo cual, por otro lado, tiene su origen en el propio Daniel B, como veremos en este mismo *excursus*. Cabe anticipar aquí que algunos autores, como A. Lacocque, "The Socio-spiritual formation milieu of the David Apocalypse", p. 343, señalan la estrecha continuidad existente entre Daniel y Qumrán.

[487]Nótese que la acogida favorable de la oración de Daniel no supone una definitiva restauración inmediata, sino la "concesión de sabiduría y conocimiento" (v. 22: לְהַשְׂכִּילְךָ בִינָה -[lit.] "para hacerte comprender sabiduría"), lo cual tiene mucho que ver con la "palabra" u "oráculo" (*dābār*) que viene de Dios (v. 23) y que, en realidad, es una "visión" (*mar´āh*) que Gabriel le ayudará a estudiar y entender. Literalmente dice: "salió palabra y yo he venido a revelártela ... Entiende pues la palabra y entiende la visión" (... יָצָא דָבָר וַאֲנִי בָּאתִי לְהַגִּיד .... וּבִין בַּדָּבָר וְהָבֵן בַּמַּרְאֶה). Al conceder la palabra-visión del devenir histórico, así como su comprensión, el papel de los sabios-escribas, sobre todo del partido hasídico, en la dirección histórica del Judaísmo adquiere un lugar principal (aunque quizás no exclusivo). Tanto Daniel A como B convergen en esta misma intención.

de asegurar su prefijación divina. Esta verticalización se traduce en la confrontación cielo-tierra (Dios-hombre), en la que el hombre aparece más alejado que nunca de la divinidad, o al menos mucho más que la inmanencia presentada por las antiguas sagas patriarcales o las colecciones proféticas. Se imponen, pues, unas breves consideraciones sobre la terminología empleada para las “figuras humanas”. La primera y única ocurrencia de la mención “como hijo de hombre” (כְּבַר אֱנָשׁ) en 7,13, que ya ha sido comentada brevemente, es matizada en el hebreo por las formas “como figura humana” (כִּדְמוּת בְּנֵי אָדָם – lit. “como figura de hijo de hombre”) en 10,16 y “como apariencia de varón” (כְּמַרְאֵה־גָבֶר/אדם) en 8,15 y 10,18, remitiendo éstas no ya al pueblo, como es el caso de כְּבַר אֱנָשׁ, sino a una especie de *Hermes* judío, un ser sobrenatural encargado de la revelación[488]. Eso sí, este ser mantiene una estrecha relación con los sabios y sus “numerosos”, a quienes proporciona un conocimiento que es absolutamente inaccesible al resto, y con quienes parece confundirse en tanto que ciudadanos de los cielos (así es como se interpreta su título de *qaddîšê `elyônîn*)[489]. Pero el horizonte de la realización histórica del texto arameo[490] se ha desplazado a un horizonte visionario, lo cual significa que la visión misma y el acceso a su comprensión vía revelación, son más importantes que la propia realización de su contenido. Si a esto le sumamos una comparación entre el inmanentismo de Daniel A puesto de manifiesto en las hagadot paralelas, y el trascendentalismo de Daniel B basado en la imposición de un esquema histórico degenerativo fatalista, obligado así a alcanzar un punto final de intervención divina total, puede concluirse que este último ha introducido en la obra un dualismo metafísico y cronológico explícito, aunque su formato sea netamente escatológico[491]. Este curso histórico degenerativo descrito por las visiones, y por

---

[488]Sabemos que no se trata simplemente de un hombre, porque esta figura sí se dirige a Daniel con un rotundo *ben-'ādām* (8,17) o *'îš ḥămūdôt* (lit. “hombre de las predilecciones” = “hombre muy estimado” [cf. 10,11.19]).

[489]Cf. *supra* §24.15. Además, nótese que *qaddîšê `elyônîn* se presenta como un paralelo de los *'elāhîn qaddîšîn* de 4,5.6.14.15 y 5,11.

[490]V.g. la conversión de Nabucodonosor, o incluso la íntima relación entre sus preocupaciones políticas y los “misterios”: el solapamiento terminológico de *`ammîq* (profundo), el participio de *sātar* (secreto), *rāz* (misterio) y *ra`yôn* (pensamiento) en 2,18s.22.27-30, o la asociación de *rāz* con el futuro político del rey en 4,6.

[491]A. Lacocque, *Daniel et son temps*, pp. 103ss, refuta que en Daniel se dé realmente un dualismo; admite, sin duda, una polaridad, pero ésta, incluso en sus extremismos, se mantiene dentro del monismo judío tradicional. Es difícil una

tanto prefijado en la creación misma por Dios (todo está escrito en los cielos), es el fundamento de la imaginería animal (cada vez más brutal) aplicada a los sucesivos emperadores, que cada vez están más lejos de su función "adamizadora". Es más, la gran ironía, para los dos "Danieles", es que a mayor divinización imperial, mayor es su bestialización histórica. Lacocque lo expresa admirablemente: "fiel a su vocación iconoclasta o, si se quiere, 'antirreligiosa', el judío se negaba a ver lo contingente entronizado en absoluto. Bajo dos formas distintas, *Daniel A* y *Daniel B* alzan la misma protesta contra la divinización del hombre"[492]. De hecho, todo lo dicho apunta a que el último editor de Daniel considera, sobre todo en base a B, agotadas las posibilidades humanas: el hombre, más que animal político es un monstruo político, y no tiene capacidad alguna para entender[493]; pero también las posibilidades de los creyentes reciben nuevos límites, pues cree agotada la profecía directa[494], lo que hace necesaria la mediación iluminadora sobrenatural. Este último aspecto no suele ser enfatizado en los comentarios, pero es importante para advertir que esta literatura es consciente de la pérdida de comunicación directa característica del profetismo, y por ello, contra toda apariencia, es espistemológicamente mucho más pesimista a la par que racionalista.

24.17. A fin de no dejar demasiado en el aire la correlación global entre Daniel y Eclesiastés, quisiera finalizar este *excursus* resumiendo lo principal del primero y sus concomitancias con lo fundamental de Eclesiastés. Así, si para Daniel el tema teológico conlleva la pregunta fundamental no sobre Israel, sino sobre la humanidad, relegando por ello la teología berítica a un segundo plano (esto mucho más claramente en Daniel A y Qohélet que en Daniel B y Eclesiastés), exactamente lo mismo puede afirmarse para Eclesiastés. Además, su planteamiento *pleromático*, basado en la teología de la creación y los textos

---

discusión ecuánime sobre un tema tan complejo, pero baste para nuestra investigación la afirmación de la conciencia de polaridad introducida en el judaísmo por el conjunto de la obra danielítica representa un esfuerzo por encajar el dualismo procedente de varios cuarteles del helenismo en el marco estrictamente monista.

[492] A. Lacocque, *op. cit.*, p. 93.

[493] Es importante aquí la idea expresada en Daniel B del "cierre" y "sellado" de la revelación, mediante la utilización de los verbos *sātam* y *ḥātam* (cf. 8,26 y 9,24, más su emparejamiento en 12,4.9). Digamos, tangencialmente, que este cierre del acceso al conocimiento coincide con el cierre del acceso al "paraíso" (Gen 3,24).

[494] A. Lacocque, *op. cit.*, p. 14.

bíblicos más emblemáticos de la misma, es también coincidente, al menos bastante más que cuando se compara Eclesiastés con la teología de la creación de Proverbios. Más aún, ambas obras, Eclesiastés y Daniel, están transidas de una preocupación expresamente política, aunque éste se centra más en una censura al poder de pretensiones totalitaristas, y aquél en la crítica de las estructuras políticas y económicas humanistas. Por otro lado, en su compartida base creacional, ambas obras postulan que el acto creador mismo origina el bien y el mal, con lo cual evitan el dualismo ontológico más radical. Sin embargo, se distancian entre sí respecto al desenlace del dualismo, ya que para Daniel éste tendrá una realización histórica, mientras que para Eclesiastés queda adscrito al campo de lo ignoto, con tendencia a su negación en el terreno histórico. A pesar de estas diferencias respecto al dualismo, ambos participan de un concepto altamente determinista de la historia: si para Daniel existe un decreto de salvación y condenación ya prefijado, de modo que el curso de la historia aparece abocado al final previsto en el decreto, para Eclesiastés el acto creador ha fijado también el curso fundamental de la vida, sin que el hombre pueda hacer nada para alterarlo. En este determinismo, quedan puestas en cuestión muchas instituciones, tanto civiles como religiosas, según diríamos hoy día, y pertenece a los sabios el sentido profundo de la vida (aunque llegando de forma distinta a dicho conocimiento). Por ello, estas dos obras abogan por una transferencia de poder a dichos sabios, si bien Daniel aboga muy particularmente en favor de los sabios hasídicos. Finalmente, creo que ambas se diferencian más radicalmente en aquello que más íntimamente comparten, esto es: su profundo sentido de la trascendencia. En efecto, Daniel y Eclesiastés son el resultado de una época de gran conciencia de la trascendencia, provocada por el ensanchamiento de los límites cosmológicos secularmente aceptados, pero a la vez, se posicionan en los extremos opuestos: si el primero ve la historia transida de una trascendencia, aunque su conocimiento es accesible sólo a unos pocos (visiones), el segundo la acepta como presencia absolutamente misteriosa. De hecho, parece existir una cierta frontalidad en las ideas: si Daniel recalca la necesidad del conocimiento de lo alto (y por ello del Altísimo) para ser verdadero hombre, Qohélet no concede ni el más pequeño resquicio o espacio a semejante posibilidad de conocimiento. La radicalidad de éste queda claramente expresada en 3,17-22, y me parece que puede incluso afirmarse que su escoramiento radical se basa en tener ante sí presupuestos como los de Daniel. Por ello, no puede extrañar que su editor vea en la Ley un sustituto de dicho conocimiento visionario, y un paralelo a la función de las visiones para Daniel B. A más de esto, es decir, si hubo o no un diálogo directo entre

Eclesiastés y Daniel, o por lo menos el conocimiento del otro en alguna de las dos obras, es imposible precisarlo en esta investigación. Pero sí creo que puede afirmarse de ambas obras que son sendas respuestas judías opuestas al proceso de helenización (que, obviamente, es parcialmente integrado), y que, si bien recogen impulsos vitales de antaño, ahora proyectan al judaísmo hacia un nuevo futuro, impulsado muy especialmente por un toraismo y un apocalipticismo/escatologismo de fundamentos teológicos más definidos o articulados y, sobre todo, más universalizados.

§25. Sumario y conclusiones

25.1. En este extenso capítulo hemos recorrido los conceptos más importantes encerrados en la terrminología clave de 3,9-22. Hemos destacado la mención de dos temas que son fundamentales en toda la sección: la *Obra de Dios* y la *dignidad humana*. Del primero hemos afirmado que no es tanto una referencia a la creación cuanto un concepto utilizado como *theologoumenon*, a partir del cual se entra en una temática muy consolidada ya en la época de Sira y Qumrán, mientras que del segundo hemos visto su íntima vinculación con el primero y su conexión con una literatura bíblica y qumránica muy preocupada por el tema, y que también funciona como *theologoumenon*.

25.2. Sobre estos dos pilares hemos alcanzado las siguientes conclusiones puntuales:

(1) La argumentación de Ecl 1-3 sigue patrones que pueden ser contrastados principalmente con Sira, y también secundariamente con Qumrán, poniendo de relieve unos intereses ideológicos determinados comunes en la época abarcada por estas obras. Más concretamente, tales patrones conforman la temática *ocio - tiempo - obra de Dios - teodicea* que resulta fundamental en la reflexión teológica de Eclesiastés.

(2) El tratamiento dado a esta temática roza lo dogmático, es decir, alcanza un grado de conceptualización que no se advierte en el resto de la BH, como se pone de manifiesto sobre todo a partir de 3,9. Tan sólo Sira y Qumrán podrían compararse con el tratamiento de Eclesiastés. Tal conceptualización se expresa mediante la afirmación de la absoluta autonomía que la *Obra de Dios* adquiere, un grado sumo de autonomía que le aparta de Sira y Qumrán, y que se convierte en el fundamento de la inaccesibilidad humana a su conocimiento último. Asimismo, se vincula a este planteamiento una perspectiva de la Torá como fundamento exclusivamente ético en el que no tiene cabida como fuente de conocimiento. Este punto nos lleva a otro relacionado, a saber, Eclesiastés, Sira y Qumrán comparten una misma preocupación por la cuestión epistemológica, o sea, por el acceso real del hombre al misterio de la vida.

(3) Por otro lado, esta elaboración más dogmática fundamenta la respuesta teórica a las "observaciones" expuestas en los dos capítulos anteriores, y muy particularmente en 2,24-26. Por ello, el propósito de crítica político-económica se mantiene intacto. De hecho se radicaliza, al sujetar la realidad a unos principios universales inamovibles, esto es, preestablecidos e insalvables para cualquier poder que pretenda escapar a ellos, especialmente los ricos/poderosos, que son quienes tienden a intentarlo.

(4) Destacan, entre las influencias que inciden sobre el tratamiento dado al tema del tiempo en Eclesiastés, los posicionamientos visionarios. Estos deben ser tenidos en cuenta a la hora de interpretar Eclesiastés, si bien esta obra se sitúa radicalmente en contra de sus postulados y pretensiones fundamentales, a pesar de compartir un fundamento determinista claro. Se diría que entre Qohélet y sus editores se ha percibido muy claramente que la cultura helenista y buena parte de estos movimientos comparten principios fundamentales que son extraños a la tradición hebrea.

(5) Un tema popular en esta literatura, el de la bestialización del hombre o el de su esencia arcillosa, derivado en buena medida de Gen 1-3 y de Daniel, es tomado en 3,17-22 como base de la argumentación teodiceica con el propósito de demostrar la incapacidad humana para establecer entre los hombres fundamentos o parámetros de juicio último. Es decir, se afirma la absoluta falta de discrecionalidad humana como parte de su absoluta inaccesibilidad al conocimiento último. La muerte se convierte para Eclesiastés en el único juicio justo accesible al hombre.

(6) Derivado de lo anterior, niega Qohélet el optimismo político-cultural helenista y sus editores niegan las pretensiones elitistas de los visionarios, rechazando en su conjunto que el "espíritu" (*rû^{a}ħ*) humano tenga una capacidad propia de acceso a un conocimiento superior o que pueda recibir un don semejante de lo alto. Cualquiera que sea la interpretación que se dé a 3,21, el tratamiento de Eclesiastés refleja una época en la que la *rû^{a}ħ* había adquirido una función antropológica propia. Epistemológicamente, la *rû^{a}ħ* tiene que ver con el conocimiento, y teológicamente con la "redención por elevación" (trascendentalización de la redención).

VII
EL EPÍLOGO EDITORIAL: SUMARIO DE LA OBRA QOHELETIANA, Y CONCLUSIÓN SOBRE SU RELEVANCIA TEOLÓGICA (12,8-14)

§26. El epílogo: ¿*postscriptum* o corolario?

26.1. Los capítulos 1-3 de Eclesiastés nos han introducido a las cuestiones fundamentales de la obra, y por ello renunciamos aquí al estudio de los capítulos 4-11 convencidos de que las directrices exegéticas establecidas sirven para guiar el estudio del resto. Sin embargo, no podemos cerrar esta investigación sin abordar la postrera sección de Eclesiastés, el denominado epílogo, cuya elaboración es notoriamente editorial y, dada su extensión, es donde los editores más se han prodigado. De hecho, su presencia es una invitación a comparar las conclusiones editoriales con las cuestiones fundamentales de Qohélet expuestas en Ecl 1-3. Esta sección nos ha ofrecido un muestrario suficiente tanto de lo más fundamental de la obra en su ideología-teología, como de la presencia editorial explícita, y por tanto nos proporciona la mejor base para la comparación del epílogo con la obra. Es en esos capítulos donde encontramos la constelación ideológica fundamental de la obra, y es por medio de ellos que hemos penetrado en el contexto en el que hay que entenderla. Así pues, considero apropiado concluir con el estudio del epílogo y su diálogo con la obra, y más apropiado todavía que este estudio sirva de conclusión final a esta investigación.

Quisiera reseñar aquí que esta investigación ha pretendido establecer la comparación sobre unas bases más firmes que las simplemente literarias. Muchas de las percepciones de ruptura o unidad entre la obra y el epílogo aludidas por los autores, no son sino el resultado de un buen análisis literario acompañado de un somero estudio de las ideas, entendiendo por somero que no se ha buscado su inserción en un ámbito histórico-ideológico concreto[495]. Esta superficialidad ha hecho que en no pocas ocasiones se juzque (y se entienda) al libro sólo por el epílogo, y viceversa, ha provocado también que por el libro se deseche el epílogo. Quizás sea por ello que el epílogo ha sido y sigue siendo una de las cuestiones y secciones del libro más controvertidas[496]. Sin embargo, por las razones que acabo de dar mi tratamiento nos apartará necesariamente de buena parte de los estudios más filológicos y crítico-literarios realizados hasta la fecha, a los que me remito para las cuestiones que no sean abordadas aquí[497].

26.2. El mejor modo de arrancar es contrastando dos opiniones opuestas sobre el epílogo, lo que nos permitirá abordar la verdadera

---

[495]Una muestra de ello, la ofrece el artículo del *concordista* Andrews G. Shead, "Reading Ecclesiastes 'Epilogically'". Este trabajo estudia, casi estadísticamente, la presencia del vocabulario epilogal en el resto de la obra, pretendiendo así demostrar que se da una perfecta continuidad en su pensamiento desde el principio hasta el final. De hecho, cree descubrir tanto una continuidad lexicológica (pp. 70-6) como estructural (pp. 76-86).

[496]Tan sólo transcribo aquí los artículos y ensayos fundamentales más recientes sobre el epílogo: J.M. Auwers, "Problèmes d'interprétation de l'épilogue de Qohèlet"; Franz Josef Backhaus, "Der Weisheit letzter Schluss! Qoh 12,9-14 im Kontext von Traditionsgeschichte und beginnender Kanonisierung"; M. Fox, "Frame Narrative and Composition in the Book of Qohelet"; Dieter Georgi, "Die Aristoteles und Theophrasttausgabe des Andronikus von Rhodus. Ein Beitrag zur Kanonsproblematik"; Klaus Koenen, "Zu den Epilogen des Buches Qohelet"; C.L. Seow, "'Beyond Them, My Son, Be Warned': the Epilogue of Qohelet Revisited"; G.T. Sheppard, "The Epilogue to Qoheleth as Theological Commentary"; Gerald H. Wilson, "'The Words of the Wise': the Intent and Significance of Qohelet 12,9-14". De esta lista, la mayoría lidian con cuestiones de fondo o de contenido, salvo el ensayo de Auwers que se centra más en los aspectos lingüísticos y las distintas propuestas de traducción presentadas a lo largo del período crítico. Otros títulos relevantes irán apareciendo a lo largo del presente estudio.

[497]J. Vílchez, *Eclesiastés o Qohélet,* pp. 413-21, facilita una buena síntesis de los alineamientos crítico-literarios, que giran siempre en torno a una o dos manos redaccionales, distinguiendo los últimos entre vv. 9-11 y 12-14. A ello cabe añadirse el planteamiento distinto de C.L. Seow en el artículo que se acaba de mencionar en la nota anterior, pues propone una misma mano, en plena concordancia con el mensaje de Qohélet, para los vv. 9-13a, y una mano distinta, si bien no disonante, para 13b-14 (p. 141).

cuestión de fondo que plantea su presencia en Eclesiastés. La primera es parte del sumario de un artículo de M.A. Shields:

> ... aunque es parcialmente favorable a Qohélet, el epiloguista es inequívocamente crítico con los sabios como grupo. Se diría que el epiloguista ha empleado las palabras de Qohélet al objeto de poner de relieve el fracaso de los sabios y advertir de este modo a los estudiantes potenciales para que se ciñan a los mandamientos de Dios. Por tanto, el libro de Eclesiastés sirve de opúsculo destinado a desacreditar el movimiento sapiencial, y ello por medio de las palabras del mismísimo Qohélet[498].

Es decir, según este autor el contenido de Qohélet es para el epiloguista categóricamente negativo, y por lo tanto resulta inaceptable para cualquier creyente cuyo fundamento es la Torá recibida como Escritura Sagrada. Desde esta óptica, el epílogo se constituye en la única fuente de enseñanza verdadera de todo el Eclesiastés, por lo que bien se pudiera decir que su función no es epilogal sino primordial[499].

En el extremo opuesto encontramos a Michael Fox, quien, a modo de conclusión, asevera lo siguiente:

> La distancia que el epiloguista establece entre él y Qohélet es más defensiva que polémica ... Qohélet no es descrito como una persona poco fiable, que por ello se va difuminando. Qohélet es una persona que tiene consistencia: es la voz del autor que oímos a través de una máscara. Cierto, Qohélet es consciente de la base incierta de su conocimiento, pero ésta es parte de *su* mensaje y en nada socava su veracidad. No cabe la menor duda de que el autor quiere que nos tomemos en serio las palabras de Qohélet, tanto sus pesimistas y quejumbrosas reflexiones como sus asertos sobre los valores ético-religiosos. En cualquier caso, no se trata de un conflicto ideológico entre las enseñanzas de Qohélet y el epílogo; ambas expresan las

---

[498]M.A. Shields, "Ecclesiastes and the End of Wisdom", p. 117.

[499]Esta postura extrema tiene otras variantes más diluidas, como la del artículo de G.A. Shead mencionado en la n. 495, donde, a pesar de defender la continuidad entre Qohélet y el epílogo, considera que éste es clave de interpretación del resto de la obra (cf. pp. 90-91). O sea que, según este autor, sin el epílogo no se puede entender verdaderamente el resto de la obra, al menos canónicamente.

opiniones del autor, pero con distintos matices y acentos[500].

En otras palabras, Fox argumenta que el recurso a una persona literaria (en realidad a dos, Qohélet y epiloguista) como máscara tras la que se esconde el autor no sería más que el instrumento adecuado para expresar un mensaje sofisticado y matizado, que plasma la no menos sofisticada realidad. En definitiva, el epílogo es el corolario de esta constatación, y no una negación del mensaje expuesto a lo largo de la obra.

Estos dos ejemplos ponen de manifiesto cuáles son las cuestiones de fondo involucradas en el epílogo, que no son otras que su propósito y función en el conjunto de la obra. Podríamos reformularlo como cuestión: ¿es Ecl 12,8-14, sea quien fuere su autor y cualesquiera que sean las manos redaccionales, un verdadero epílogo o corolario, o se trata de una especie de simple *postscriptum* o apéndice que poco o nada tiene que ver con el resto de la obra? Estas cuestiones tienen trascendencia teológica, ya que en realidad el tema de fondo es si se puede afirmar que el epílogo se sitúa en línea con el mensaje expresado en el cuerpo principal de la obra –lo que no impide que pueda forzarlo más o menos–, o si, por el contrario, busca un giro radical o incluso contradictorio respecto a aquél. Esta cuestión será el hilo conductor de nuestra respuesta[501].

§27. El epílogo: redimensión de Qohélet en el marco del quehacer canónico (*ergo* teológico)

27.1. El hecho de que el propósito del epílogo resulte tan

[500]M .Fox, *Qohelet and his Contradictions*, pp. 315-16.

[501]Es evidente que se requeriría entrar en un estudio pormenorizado del texto, pero dado que es éste un terreno muy trillado, que además da signos de hallarse en una suerte de *impasse*, me remito al detallado estudio filológico del ensayo de Auwers, "Problèmes d'interprétation de l'épilogue de Qohèlet", que recoge, a modo de historia de la interpretación del epílogo, las distintas posturas más destacadas.

controvertido, se debe a que entre un gran número de comentaristas se insiste en que muestra un carácter muy toraico que contrasta con.las posturas expresadas en el cuerpo principal[502]. Sin embargo, esta apreciación requiere de mucha matización, pues no hay en el epílogo ninguna afirmación explícita de inspiración o iluminación divina particular, lo cual es particularmente notorio en el "primer epílogo" (12,9-11), y además el supuesto *toraicismo* del "segundo epílogo" (12,12-14) es mucho más circunspecto de lo que se suele afirmar. En este sentido, hay que recordar cómo los temas acerca del "temor de Dios"[503] y del "juicio"[504] fueron muy hábilmente engarzados en el cuerpo principal con la condición física de limitación natural del hombre. El único elemento realmente novedoso es la referencia a "sus mandamientos" (מִצְוֹתָיו), y bien mirado tampoco lo es tanto, ya que aparece vinculado al temor y al juicio en 8,4-6 [505], texto éste que es un anuncio metafórico de la conclusión epilogal. Es decir, muy pocas veces se percibe cuán secular y en línea con los presupuestos fundamentales del cuerpo principal del libro sigue siendo la afirmación toraica de este epílogo. También cabe recordar lo dicho en §9.13, que podría resumirse de este modo: la separación entre el proemio más científico y el epílogo más toraico supone el reconocimiento de dos realidades autónomas perfectamente delimitadas, por lo cual puede afirmarse que son complementarias, siempre y cuando no haya mutua invasión de sus respectivos campos. Hablamos, por supuesto, de la Creación (Ciencia) y la Torá (Revelación). Es en este sentido que puede

---

[502]Esto es particularmente cierto entre quienes mantienen la doble redacción del epílogo, y consideran que los vv. 12-14 forman la redacción que muestra un carácter más toraico (cf., por ejemplo, J. Crenshaw, *Ecclesiastes*, pp. 189-90; K. Galling, "Der Prediger", pp. 124-25; A. Lauha, *Kohelet*, pp, 220-22; W. Zimmerli, *Das Buch des Predigers Salomo*, pp. 249-50).

[503]Cf. *supra* §23.7.

[504]Cf. *supra* §24.4-5.

[505]Aunque este texto se refiera al rey, no cabe la menor duda de su sentido metafórico: Dios es como el rey, y el hombre es ante Él como el súbdito ante un rey que tiene arbitrio soberano (cf. L. Alonso-Schökel, *Eclesiastés*, p. 53, que señala cómo el lenguaje utilizado aquí se hace deliberado eco de una terminología bíblica aplicada a Dios).

hablarse de engarce perfecto entre ambas realidades, ya que son los respectivos límites los que justifican la necesidad de cada realidad. Pues bien, esto mismo es lo que parece reflejar el epílogo: hay un claro elogio de la ciencia, aunque a poco que se hurgue se hace manifiesto que se trata de la ciencia escribano-sapiencial (12,9-11), a la par que se establece su límite (12,12) y se afirma la necesidad de la Torá (v. 13), si bien tampoco ésta es fuente de conocimiento último, pues éste sólo se dará en un juicio sobre el que poco más se puede precisar (12,14). Es importantísimo advertir que no hay una actitud despectiva para con la ciencia, sino que es tomada en serio, y sólo limitada según sus propias bases epistemológicas. Y otro tanto ocurre con la Torá. Así pues, el hilo conductor de la argumentación que sigue será este carácter secular y el tono circunspecto del toraicismo epilogal. Pero antes de proceder, facilito el texto masorético junto a mi traducción:

(8) הֲבֵל הֲבָלִים אָמַר הַקּוֹהֶלֶת הַכֹּל הָבֶל׃ (9) וְיֹתֵר שֶׁהָיָה קֹהֶלֶת חָכָם עוֹד לִמַּד־דַּעַת
אֶת־הָעָם וְאִזֵּן וְחִקֵּר תִּקֵּן מְשָׁלִים הַרְבֵּה׃ (10) בִּקֵּשׁ קֹהֶלֶת לִמְצֹא דִּבְרֵי־חֵפֶץ וְכָתוּב
יֹשֶׁר דִּבְרֵי אֱמֶת׃ (11) דִּבְרֵי חֲכָמִים כַּדָּרְבֹנוֹת וּכְמַשְׂמְרוֹת נְטוּעִים בַּעֲלֵי אֲסֻפּוֹת נִתְּנוּ
מֵרֹעֶה אֶחָד׃ (12) וְיֹתֵר מֵהֵמָּה בְּנִי הִזָּהֵר עֲשׂוֹת סְפָרִים הַרְבֵּה אֵין קֵץ וְלַהַג הַרְבֵּה
יְגִעַת בָּשָׂר׃ (13) סוֹף דָּבָר הַכֹּל נִשְׁמָע אֶת־הָאֱלֹהִים יְרָא וְאֶת־מִצְוֹתָיו שְׁמוֹר כִּי־זֶה
כָּל־הָאָדָם׃ (14) כִּי אֶת־כָּל־מַעֲשֶׂה הָאֱלֹהִים יָבִא בְמִשְׁפָּט עַל כָּל־נֶעְלָם אִם־טוֹב וְאִם־רָע׃

(8) "*hăbēl hăbālym*, decía *qohélet*, todo es *hābel*. (9) Pero había un beneficio en que *qohélet* fuera sabio: constantemente enseñaba conocimiento al pueblo, ponderando, investigando y fijando muchos proverbios. (10) Trabajó *qohélet* hasta encontrar/alcanzar palabras / respuestas autorizadas y lo que está escrito rectamente, esto es, palabras de verdad. (11) Las palabras de los sabios son como aguijadas/guardianes y como clavos/turnos de vigilantes bien firmes sus obras maestras, entregadas por cualquiera de los maestros.

(12) Además de éstas, hijo mío, advierte que hacer muchos libros sin fin y el mucho estudiar es fatiga de la carne. (13) El fin del discurso escuchado es el siguiente: teme a Dios y obedece sus mandamientos, pues es esto el todo del hombre, (14) porque, en lo concerniente a toda obra, traerá Dios a juicio todo cuanto está oculto, ya sea bueno o malo"[506].

---

[506]Bastantes locuciones de esta traducción merecen una explicación inmediata, pero dado que se basan en los juegos intertextuales del epiloguista, me remito a su tratatamiento en las secciones que siguen.

27.2. El punto clave de este texto es la interpretación de *wĕyōtēr* en 12,9. Existe casi unanimidad respecto a su carácter adverbial ("además" o "cuanto más"), pero prácticamente todos los planteamientos han descuidado un elemento fundamental: la importancia de la raíz *ytr* en Eclesiastés, en la que todas sus formas significan "beneficio", "ventaja" o "provecho"[507]. Téngase en cuenta, además, que una de las preguntas explícitas y fundamentales de la obra es, precisamente, acerca del beneficio, y ello tanto en relación al ser humano en general (1,3 y 6,11: "¿Cuál es el beneficio del hombre?" –מַה־יִּתְרוֹן לָאָדָם), como al *homo faber/œconomicus* (3,9: "¿Cuál es el beneficio del ejecutivo?" –מַה־יִּתְרוֹן הָעוֹשֶׂה – y 5,15: "¿Cuál es el beneficio de quien se afana por el viento/espíritu?" –מַה־יִּתְרוֹן לוֹ שֶׁיַּעֲמֹל לָרוּחַ), como también al *homo sapiens* (6,8 -cf, 2,13 y 7,12[508]: "¿Cuál es el beneficio del sabio?" –מַה־יּוֹתֵר לֶחָכָם). Así pues, el empleo de la raíz *ytr* en Eclesiastés ha servido para desgranar a lo largo de la obra el verdadero significado del lema de 1,2, que no era otro que la aguda crítica político-económica y filosófico-religiosa de toda

---

[507]Cf. *supra* §7.1-2. Además, A. Schoors, *The Preacher Sought to Find Pleasing Words: a Study of the Language of Qoheleth*, pp. 114-16.38, y J.-M. Auwers, "Problèmes d'interprétation de l'épilogue de Qohèlet", pp. 267-70, ofrecen una buena síntesis de los diversos matices aportados por las posturas mayoritarias. Sin embargo, ninguna recoge este contexto propiamente qoheletiano, y mucho menos el uso nominal de todos los derivados de *ytr* a lo largo de la obra, y demasiadas veces la locución *yōtēr šehāyāh* es simplemente equiparada a la fórmula comparativa *yōtēr min* (más que) mucho más común. Digamos ya de pasada, que en la BH *šehāyāh* es casi exclusivo de Eclesiastés, y siempre requiere de un antecedente (cf. Sal 124,1.2; Ecl 1,9; 2,9; 3,15; 6,10; 7,24), que en este caso no puede ser otro que *yōtēr*.

[508]Estos dos versos afirman un mínimo beneficio en poseer sabiduría, al menos en términos relativos: "el beneficio de la sabiduría excede al de la necedad" (יֵשׁ יִתְרוֹן לַחָכְמָה מִן־הַסִּכְלוּת) en 2,13, y "el beneficio/provecho del conocimiento de la ciencia vivifica a su poseedor" (יִתְרוֹן דַּעַת הַחָכְמָה תְּחַיֶּה בְעָלֶיהָ) en 7,12. Por otro lado, vale la pena señalar que existe una deliberada sinonimia entre *yōtēr* y *yitrôn* en 7,11.12, de modo que no cabe duda de que la primera forma puede tener exactamente el mismo significado que la segunda. Más aún, encontramos en 7,11 un uso de *yōtēr* que, por su idéntica forma y su posición, muy bien pudiera explicar su uso en 12,9. Así, "buena es la ciencia con herencia, y provecho/beneficio para quienes ven el sol" (טוֹבָה חָכְמָה עִם־נַחֲלָה וְיֹתֵר לְרֹאֵי הַשָּׁמֶשׁ), en el que *ṭôbāh* y *yōtēr* aparecen como sinónimos, constituye una prueba en favor de un uso no adverbial en el propio Eclesiastés.

pretensión que surge del hombre mismo, de modo que a la hora de llevar dicha crítica a su corolario resulta imposible escindir el lema *hăbēl hăbālîm* de la cuestión sobre el "beneficio" (*yitrôn/yōtēr*)[509]. De ahí que haya optado también aquí por traducir *yōtēr* por "provecho" o "beneficio"; de ahí también la inclusión de 12,8 en el epílogo, tomando la cópula introductoria de 12,9 en función adversativa[510].

Si esto es correcto, adquiere cierta trascendencia para la interpretación global del epílogo y su propósito en la obra. Por un lado, esta interpretación acentúa el tono laudatorio del editor más allá de lo que se suele afirmar, pero por el otro introduce un quiebro que, sin duda, hubiera sorprendido al mismo Qohélet, ya que su pregunta sobre el "beneficio/provecho" (*yōtēr/yitrôn*) es aquí respondida de modo absolutamente positivo: contra su propio parecer, o al menos contra sus vacilaciones sobre el beneficio que reportan las "palabras" (*dĕbārîm*) –estudios, análisis, discursos, la "sabiduría/ciencia" (*ḥokmāh*) y la "tecnología" (*da`at*), o cualquier cosa que represente "esfuerzo/trabajo/negocio" (*`āmāl*)–, sí hay beneficio palpable en el esfuerzo sapiencial del *qohélet*. Éste consiste, se especifica, en su enseñanza del pueblo, lo que a su vez suscita la cuestión sobre el significado de esta enseñanza. Pero antes de abundar en ello, realcemos cuán significativo llega a ser este dato: *qohélet*, enfrascado en una labor crítica personal, apenas podía percibir beneficio alguno salvo la necesidad de disfrutar el don de Dios; ahora, sin embargo, el editor descubre una función vicaria de su árido, y aparentemente estéril trabajo sapiencial: el pueblo ha sido el gran beneficiado. Ciertamente, resulta interesante que este beneficio de la sabiduría del *qohélet* fuera no para su depositario, sino para el

---

[509]Recuérdese que ya en el estudio de 1,2.3 (*supra* §6.5-6, particularmente la n. 37), comentábamos la necesidad de distinguir entre el lema –posiblemente editorial– de 1,2, cuyo horizonte es tan abierto que pide una ulterior precisión, y el epílogo en el que se plasman las implicaciones que los editores extraen del mensaje último desarrollado por Qohélet.

[510]La *TOB* es una de las pocas versiones que considera el v. 8 como parte del epílogo. Por otro lado, su traducción plasma el contraste que se pretende entre los vv. 8.9: "Ce qui ajoute à la sagesse de Qohéleth, c'est qu'il a encore enseigné la science au peuple ...". Es decir, acepta que si bien "todo es *hebel*", se puede hablar de una contribución real del *qohélet*.

“pueblo” (*`am*) receptor de sus enseñanzas. Es interesante, sí, aunque no sorprendente si pensamos en la acerada crítica que el *qohélet* ha esgrimido contra toda forma y pretensión de poder y conocimiento, y si tenemos en cuenta que su propio nombre, *qohélet*, apunta en esta misma dirección[511]. Los comentaristas suelen señalar este aspecto democrático de la sabiduría qoheletiana, a la par que especulan sobre su significado más social, preguntándose por temas como la posible exis-tencia de escuelas, las formas de enseñanza (en círculos privados o públicos), las posibles influencias peripatéticas sobre este maestro, etc[512]. De hecho, resulta llamativo que se emplee el vocablo “pueblo” (*`am*) y no otros, como“asamblea/congregación” (*qāhāl, `ēdāh)* o “comunidad/comuna” (*yaḥad, ḥăbûrāh)*, que tienen una significación más restringida, y están más connotados religiosamente (asamblea de fieles, comunidad de discípulos o seguidores, etc.), de donde se deduce que *qohélet* enseñaba a todos, posiblemente con un énfasis especial en el “pueblo llano”, y no sólo a sus discípulos o a una comunidad de seguidores o de simpatizantes[513].

27.3. Esta descripción de un personaje *popular* tiene bastante que ver con la desaparición en el horizonte epilogal del *qohélet* rey poderoso y propietario de grandes posesiones, culminando así un proceso gradual

---

[511]Cf. *supra* §5.1.

[512]Uno de estos autores, que hace una presentación muy atractiva del *qohélet* como maestro divulgador de la sabiduría, insinuando su posible influencia peripatética, es A. Bonora, *El libro de Qohélet*, pp. 201-4, que además percibe pistas de su actividad académica en el método escolástico empleado a lo largo del cuerpo principal de la obra: “el maestro invita a debatir, analizar y verificar una sentencia o un dicho, una opinión difundida, un lugar común” (p. 203), método que es sintetizado mediante los tres verbos del v. 9b.

[513]Este énfasis en el “pueblo”, en contraposición a “comunidades” o “congregaciones”, apunta al período de multiplicación de las mismas, hasta el punto de que el proceso de diferenciación y cierre del canon será asociado a unos sabios que sirvieron al conjunto de Judá, y no sólo a alguno de sus partidos. Fuera ello idealización o no, cuando menos creo que se apunta a esta creencia en un período de “sabiduría” no sectaria.

de transformación manifiesto en los caps. 4-12[514]. Es decir, esta función *popular* del *qohélet*, o al menos la cercanía con el pueblo que el epílogo le atribuye, no aparece repentinamente, sino como corolario de dicho proceso de transformación en verdadero maestro-escriba, cuya labor profesional es ahora descrita en detalle y, curiosamente, desde su lado más secular y estrictamente profesional (12,9.10b: "Ponderando, investigando y fijando muchos proverbios ..." –.... אִזֵּן וְחִקֵּר תִּקֵּן מְשָׁלִים הַרְבֵּה), aún cuando pudiera tener una trascendencia religiosa innegable. Como ya fue señalado con anterioridad, nótese que no se nos habla para nada, al menos explícitamente, de una actividad inspirada o iluminada, sino de una actividad basada estrictamente en la propia ciencia escribano-sapiencial, poniéndose así de relieve, una vez más, que el editor muestra un gran interés por los aspectos más seculares, e incluso técnicos, de dicha actividad. Además, la descripción desplegada en detalle indica claramente una actividad literaria, como si fuera por ésta que se incidiera en la formación del *`am*. En efecto, si bien las actividades del 12,9b, a simple vista, pudieran circunscribirse a una actividad oral, 12,10b ("y lo escrito" - וְכָתוּב)[515] no deja ninguna duda de que una parte sustancial de tal actividad tiene que ver con textos escritos. Aunque es evidente que la labor propiamente amanuense queda incluida, el conjunto del epílogo refleja una realidad más complicada que la mera conservación y

[514]Cf. §5.1, n. 16.

[515]De hecho, M. Fishbane, *Biblical Interpretation in Ancient Israel*, pp. 27-29, contiene uno de los mejores estudios sobre las actividades profesionales reflejadas en el epílogo, donde describe lo que considera un *thesaurus* de la técnica escribanil, y por tanto manifiestamente literaria, como son los verbos en Piel del v. 9 (*´āzan* [ordenó], *ħākar* [examinó], *tāqan* ["fijó", es decir, "editó"] o las referencias del v. 12 a la composición del libros (עֲשׂוֹת סְפָרִים [composición o compilación de libros]). Es particularmente significativa su vinculación del verbo *tāqan* con la tradición escribanil alejandrina, donde el verbo διορθόω (corregir, enderezar), equivalente de *tāqan,* también era empleado para "editar". Finalmente, establece ciertos paralelismos entre este epílogo y otros del Antiguo Oriente. Asimismo, N. Lohfink, *Les épilogues du livre de Qohélet*, pp. 86-89, proporciona datos complementarios a Fishbane, así como una interesante interpretación: la actividad educativa pública de Qohélet estaba ligada a la ensañanza de la Torá (p. 87).

reproducción de textos[516]. De hecho, se tiene la impresión de que el epiloguista apunta a que Qohélet fue un gran compilador de textos, y que pudo contribuir en la elaboración de un *corpus* concreto que por ello mismo redundaba en el servicio del pueblo, lo que a su vez le proporcionaría un no menor reconocimiento de su obra más creativa. Que en el trasfondo del epílogo esté presente esta cuestión de la fijación de un *corpus* autorizado lo sugiere el 12,11 con su metáfora de las "palabras de los sabios como aguijadas / guardianes y como clavos/turnos de vigilantes" (דִּבְרֵי חֲכָמִים כַּדָּרְבֹנוֹת וּכְמַשְׂמְרוֹת), que no sólo transmite la idea de agudeza penetrante, sino de *fijación* o *enclavación* del material referido[517]. En efecto, en este v. 11 –también en el 10, aunque más elípticamente– el editor eleva su elogio a un peldaño más alto que la mera actividad secular o profesional bien hecha descrita en 12,9, e intertextualmente enmarca la obra qoheletiana con una aureola especial, es decir única, pues utiliza un lenguaje que sugiere que dicho resultado pasa a

---

[516]A este respecto, nos advierte E. Tov, *Textual Criticism of the Hebrew Bible*, p. 3, que el escriba del segundo templo no debe ser identificado con el medieval occidental, ya que, a diferencia de éste, aquél combinaba de modo natural una actividad propia de conservación con otra creadora. Sólo tras una fijación del canon y una relativa estabilización universal del texto surgirá el escriba meramente copista o amanuense a partir de la Edad Media.

[517]N. Lohfink, "Les épilogues du livre de Qohélet et les débuts du Canon", p. 88, hace notar que los *dārĕbōnôt* incitan a los animales al movimiento, mientras que los *maśmĕrôt* los sujetan para darles dirección. Es decir, por un lado hay creación estimulante, pero por el otro se pretende fijar la interpretación (de la Torá, se supone); a mi entender, es esta pretensión la que estimulará al proceso de fijación de la propia Torá. Así pues, creo que es el interés exegético el que impulsará finalmente la estabilización del texto, y de ahí que *traditum* y *traditio* no sean tan fácilmente diferenciables.

Por otro lado, creo que los vocablos *dārĕbōnôt* y *maśmĕrôt* juegan con una ambivalencia semántica que justifica la doble traducción que empleo. Así, el primero, que en la BH significa "aguijada", también significaba "guardián" o "portero" en el hebreo rabínico, mientras que el segundo podría leerse *mišmār* ("turno de guardia") en lugar del masorético *maśmēr*. Por cierto, *mišmār* puede tener claras connotaciones sacerdotales de vigilancia en el templo (cf. 1Cron 26,12; Neh 7,3; 13,30; CD 4,2; 1QM 2,2; Jastrow, p. 856). Esta lectura es importante no sólo porque confirmaría las connotaciones de "fijación" de la traducción anterior, sino que además apunta a una autoridad legítima (¿sobre la interpretación de la Torá?).

engrosar un *corpus* literario especial, ya que primero la coloca en la órbita de una colección conocida y autorizada ("Palabras de los sabios" —דִּבְרֵי חֲכָמִים), y seguidamente insinúa que existe ya una demarcación para este *corpus* (cuyas composiciones son "como aguijadas y como clavos" –כַּדָּרְבֹנוֹת וּכְמַשְׂמְרוֹת) que lo diferencia del resto de producción exegético-literaria que pueda seguir surgiendo, adelantando así la delimitación de 12,12[518]. Es lo que puede deducirse también del uso de "Palabras de los Sabios" (דִּבְרֵי חֲכָמִים) en Proverbios, donde ocurren siempre en contexto editorial (1,6; 22,17) y parecen refe-rirse a un *corpus* más o menos definido[519]. Asimismo, "palabras autorizadas y lo escrito rectamente, palabras verdaderas" (דִּבְרֵי אֱמֶת דִּבְרֵי־חֵפֶץ וְכָתוּב יֹשֶׁר) apuntan a la elaboración o fijación de textos autorizados. En efecto, estas locuciones parecen ir más allá de la mera fijación de *měšālîm* referida en el v. 9 –¿acaso sea un guiño al libro de Proverbios[520]–, y apuntan a un resultado creativo que

---

[518]Si en efecto se anticipa así el contenido del v. 12, quizás deba considerarse factible, reconsiderando tan sólo la vocalización masorética de la forma consonántica *bny hzhr*, la siguiente traducción del mismo: "Aparte de estos hijos del resplandor, el hacer más libros no tiene fin, y el mucho estudio es fatiga del cuerpo", siendo "hijos del resplandor" (*běnê hazzōhar*) una referencia a los sabios reconocidos y sus obras. Sintácticamente *hēmmāh* puede tener valor demostrativo (cf. *GK* §34g; 136 y M Pérez Fernández, *La lengua de los sabios,* p. 48), y además el uso de la raíz *zhr* en el epílogo de Daniel (cf. *infra* §28.6, n. 552) proporciona un elemento intertextual que considero digno de ulterior investigación, ya que aquí no puede ser abordado.

[519]Además de las dos citas de Proverbios, no aparece más en toda la BH una mención paralela de los *dibrê ḥokmîm* excepto en Ecl 9,17, cuya exhortación "las palabras de los sabios escucha en calma" (דִּבְרֵי חֲכָמִים בְּנַחַת נִשְׁמָעִים) –me acojo a la pura literalidad del texto, contra buena parte de los comentaristas que traducen "escucha las palabras de los sabios pronunciadas en calma"– parece remitir al lector a Prov 22,17 ("Inclina tu oído y escucha/obedece las palabras de los sabios" –הַט אָזְנְךָ וּשְׁמַע דִּבְרֵי חֲכָמִים– o bien "Inclina tu oído y escucha –Palabras de los Sabios– y aplica tu corazón a mi sabiduría ..."). Es decir, esta cita parece reflejar la necesidad de un tiempo de substracción de las tareas habituales para dedicarse a la meditación y reflexión sobre los textos de los sabios que parecen constituir ya una colección.

[520]Así lo interpreta, entre otros, G.H. Wilson, "'The Words of the Wise'", pp. 178ss, aunque creo que dada la naturaleza de este epílogo hay que aclarar que no se trataría de una insinuación más sobre Salomón, sino sobre el escriba que pudo fijar más o menos definitivamente el texto canónico compilado

forma parte del *yōtēr* que la actividad qoheletiana ha dejado. Esta afirmación, en buena parte, se fundamenta sobre la comprensión de *dibrê-ḥēpeṣ* no tanto como lo entienden las versiones (la *BJ, CI* y *RV*, entre otras), esto es "frases felices/palabras agradables", sino como se deduce del estudio del uso de *ḥēpeṣ* en Eclesiastés y Qumrán: "palabras valiosas/válidas (¿autorizadas?)"[521]. Es muy posible, por tanto, que el epílogo sea realmente un reflejo del proceso de fijación de las enseñanzas de los maestros de Judá, que, a su vez, incide en la estabilización o fijación del texto escriturístico.

27.4. Creo que Eclesiastés refleja los albores de la *conciencia canónica*[522], y en ellos es muy arriesgado tratar de precisar si hay en este texto una referencia explícita a la formación de la Escritura, o sólo a un *corpus* exegético separado. La impresión es que hay un claro amalgamiento, y que en este estadio no pueden diferenciarse totalmente, además de que se trata de dos impulsos que se influyen mutuamente. De hecho, lo que se presenta como una contradicción entre 12,9-11 y 12,12-14 es un fiel reflejo del proceso siguiente: por un lado, la labor de los sabios-escribas que compilan y ordenan los materiales está en la base de su

---

o compuesto, como indican las distintas superinscripciones de sus diversas colecciones, por autores distintos.

[521]Me remito aquí a §26.2 y 26.2.3 para la acepción aquí defendida. Por otro lado, quisiera añadir a los datos allí facilitados los siguientes: 1) *DHE* incluye para nuestro vocablo las acepciones "interés", "provecho" y "valor"; 2) En Mal 3,12 e Is 54,12 aparece *ḥēpeṣ* en posición adjetival similar a la nuestra, y su significado obvio es "valioso"; 3) Finalmente, habría que considerar la posibilidad de que el autor hubiera pensado en un juego de palabras entre *'abnê ḥēpeṣ* y *dibrê ḥēpeṣ*, es decir, que en realidad estuviera pensando en "palabras preciosas" (palabras de gran valor), lo cual queda confirmado, precisamente, por el uso de los verbos *māṣā'* y *bāqaš*. Así pues, se demuestra que "valiosas" o "válidas" son acepciones correctas aquí.

[522]G.T. Sheppard, *Wisdom as a Hermeneutical Construct*, p. 110, siguiendo a Seeligmann, "Voraussetzungen der Midraschexegese", pp. 150-81, habla de un proceso impulsado por lo que él denomina "canon conciousness" (*Kanonbewusstsein*), que significa, entre otras muchas cosas, que los escribas responsables del material proto-bíblico operaban con la lógica del conjunto de dicho material, y no sólo conforme a cada una de las partes.

creación propia, que será recibida como interpretación actualizadora de la Torá; por otro lado, esta actividad creadora de mayor orientación hermenéutica reforzará el proceso de estabilización textual de la Torá; de ahí que ambas direcciones puedan reflejarse ya en 12,9-11. Subyace en este desarrollo bidireccional otro proceso de diferenciación creciente entre Torá e interpretación, entre *traditum* y *traditio*, y es precisamente esto lo que encontramos en 12,12-14. Hay en estos versos, acorde a 1,8, una crítica a la composición permanente de "libros" (*sĕp̄ārîm*), entre los que no me cabe la menor duda de que se incluyen aquellos que ofrecen una reinterpretación permanente de la Torá desde los más diversos y dispersos campos del conocimiento. Es difícil decidir hasta qué punto se pretende poner punto final a todo tipo de interpretaciones, esto es, escrita u oral, pero no cabe duda respecto a la dirección apuntada por esta parte del epílogo: negar la posibilidad de un verdadero aumento de la ciencia, por mucho que se escriba, y por ende definir en modo más restrictivo el proceso de escriturización en pleno auge. Evidentemente, en este proceso diferenciador, ciertos escritos más propios de la *traditio* que del *traditum* quedarán englobados en este último, como es el caso de Proverbios y Eclesiastés. Curiosamente, este proceso diferenciador es racional en su fundamento, ya que presupone una diferencia esencial entre la revelación y su interpretación humana. Conviene tener presente que este cuerpo reconocido de sabios dominaba el conocimiento secular, y que tal era su credibilidad popular y oficial que muchas de sus actividades y decisiones carecían incluso de base bíblica explícita[523]. Si

[523]Así lo señala A. Guttmann, *Rabbinic Judaism in the Making*, p. 9, para el denominado período soférico. Maestros posteriores, como Jesús ben Sira, recurrirán mucho más explícitamente a la Escritura. Por otro lado, este autor describe el origen popular de los rabinos, y la importancia que los maestros tuvieron en el período soférico, sobre todo porque respondían a las cuestiones cotidianas y seculares del pueblo, actualizando la interpretación de la ley a las necesidades contemporáneas (pp. XII-XIV y 3-13). Según él, la denominación de estos sabios fluctuaba entre *sōp̄ĕrîm, zĕqēnîm* o *ḥokmîm*, pudiendo estar organizados bajo una estructura unificada como la "Gran Asamblea" (*kĕneset haggĕdōlâ*) (pp. 7-9), aunque esto último es ciertamente especulativo y exclusivamente dependiente de la información proporcionada por el Talmud. De ahí que pueda deducirse que es precisamente el reconocimiento popular a esta institución de los maestros de Judá el que da crédito al proceso

esto es así, significa que **la formación de las Escrituras cuenta, entre sus impulsos vitales, con uno de carácter científico y secular que le dio mayor credibilidad gracias al gran reconocimiento de que gozaban los sabios que participaron en él. ¿Resulta entonces tan extraño que estos sabios fueran capaces de crear o integrar una obra como la de Qohélet? ¿Resulta tan sorprendente que Qohélet hubiera sido concebido como una andanada de marcado carácter secular contra ciertas pretensiones de poder, ya sea político o religioso, y que por ello mismo pudiera adquirir una gran trascendencia religiosa? ¿No es por este motivo que el epílogo no hace más que situarse en la línea principal de la obra, extrayendo algo más explícitamente esta importante trascendencia religiosa?**

27.5. Por otro lado, todo lo anterior debe ser visto, de nuevo, a la luz de la gran eclosión literaria que se está produciendo en la provincia de Judea, impulsada sobre todo por la multiplicación de maestros y la diversidad de obras literarias que amenazan con afectar profundamente a la cohesión del pueblo, y por tanto del judaísmo. Es éste el trasfondo que urge a la clarificación, y creo que en los capítulos anteriores de esta investigación he podido mostrar la plausibilidad de que esta preocupación formara parte no ya del estrato redaccional del texto, sino del propio Qohélet, aunque éste no se centrara sobre un asunto tan particular como la composición de libros, sino sobre el afán científico y tecnológico como tal, pero que es el que subyace a dicha eclosión[524]. Hemos visto que la

---

de escriturización, que sin duda incluía un *corpus* sapiencial relativamente nuevo.

[524]Es por este motivo que 12,12-14 es un mejor reflejo del espíritu qoheletiano que 12,9-11, aunque *actualizan* la crítica qoheletiana en el tema de la producción de libros. Es decir, si tuviera que aventurarme en una conclusión crítico-literaria, me inclinaría por atribuir sólo los vv. 9-11 a una mano redaccional distinta a la de Qohélet. Sin embargo, lo importante es advertir que en un punto de disyuntiva del proceso de escriturización, es absolutamente necesario basar cualquier postura que se tome sobre la propia *traditio*, de modo que incluso el cierre del canon y su separación del proceso hermenéutico-exegético debe estar basado en las *dibrê ḥokmîm*. Y esto es, precisamente, lo que hace el epílogo.

crítica qoheletiana minaba todo fundamento a cualquier pretendido desarrollismo, incluido el hermenéutico. Debido a esto, se puede afirmar que no sólo el epílogo de Eclesiastés apunta al "cierre" del Canon, como indica G.T. Sheppard[525], sino que es la obra misma la que proporciona la munición teológica a los partidarios de su cierre y separación definitiva del proceso hermenéutico y exegético, al menos en lo que respecta a su formato escrito. Eso sí, dicho cierre y separación se hará sobre la autoridad de uno de los maestros reconocidos y, según lo hemos presentado, sobre su autoridad en materias seculares e incluso científicas. Conviene recordar, además, que en todo este contexto el "pueblo" es importantísimo como referente, ya que todo el proceso de escriturización o canonización refleja la pretensión de ascendiente sobre éste, toda vez que el poder estrictamente político ya no es el único que tiene ascendiente sobre el pueblo, y por ello mismo tampoco es el único que sirve de fundamento estable para las instituciones religiosas. Así pues, los *maestros de antaño*, aquellos que eran considerados servidores del pueblo, ofrecieron un fundamento religioso estable por ser relativamente inmune a los vaivenes políticos, y su influencia sobre el pueblo se acrecentó enormemente, y junto a ellos la idea de la Escritura Sagrada[526]. No es extraño, pues, que también por este motivo se muestre interés en presentar a Qohélet como uno de esos sabios que tanta credibilidad adquirieron entre el pueblo, y que contribuyeron no ya a su alfabetización sino a su *escriturización*. Más concretamente, si antes hablábamos de que el editor elevaba a un peldaño más elevado la actividad profesional de Qohélet, podría decirse más adecuadamente que el editor del epílogo (ya sea como autor de todo el epílogo, o como editor de dos epílogos recibidos) eleva Qohélet a un pedestal perteneciente al panteón de los sabios, especificando que este panteón es único y queda segregado del resto de sabios y maestros, en bastantes casos líderes de partidos religiosos que siguen ejerciendo la misma labor, y que siguen reclaman-

---

[525]G.T. Sheppard, "The Epilogue to Qoheleth as Theological Commentary", especialmente las pp. 185-89.

[526]Me remito de nuevo a las páginas mencionadas de la obra de A. Guttmann que acabamos de citar en la n. 523.

do, bastantes de ellos, sus mismas atribuciones y capacidades. De hecho, cabe incluso preguntarse si *qohélet* no será un nombre propio colectivo representativo de este cuerpo de sabios, del que se puede afirmar, a modo de conclusión de esta sección, que era capaz de transformar el espíritu recibido de la Torá en un impulso profundamente secular, y viceversa, que el impulso secular recibido del paganismo lo canalizó hacia la Torá, por todo lo cual, el epílogo no hace más que manifestar el marcado carácter ambivalente de su esencia.

§28. Intertextualidad entre epílogos

28.1. Estas conclusiones sobre Eclesiastés encuentran un eco en los epílogos de otras obras que toca estudiar seguidamente. Daniel tiene un epílogo cuyas líneas fundamentales trazan el mejor paralelismo con el de Eclesiastés, por lo que nos interesa muy particularmente. Asimismo, se hace imprescindible considerar el epílogo del Deuteronomio, en concreto 34,9-12, debido no ya a su similitud con el de Eclesiastés sino a su repercusión en el ordenamiento general del canon hebreo según ha sido percibido por algunos autores[527]; éste complementará mucho de lo dicho respecto a Eclesiastés y Daniel. Finalmente, se hallan algo más distanciados en interés los epílogos de Sira y Qumrán, pero los trataremos igualmente ya que ambos *corpora* han sido referentes permanentes a lo largo de esta investigación y siguen teniendo algo que decir, si bien las posibilidades de Qumrán han quedado cercenadas por el estado de los manuscritos, cuya peor conservación se halla, precisamente, en el *incipit* y *explicit*. A pesar de esto, será posible estudiar lo que parece ser el epílogo de 4QMMT (ll. 112-18).

---

[527]Destaca a este respecto el estudio de J. Blenkinsopp, *Prophecy and Canon*, en el que descubre un hilo conductor en las *suturas* que, si bien formalmente ponen al descubierto las fisuras entre los textos, en cuanto a su cohesión canónica pretenden la coherencia del mensaje. Un ejemplo podría ser la comparación entre Deut 34,9-12 y Mal 3,22.23-24.

El libro de Daniel

28.2. En nuestro *excursus* sobre Daniel[528] dejamos al margen algunos aspectos del conjunto de la obra para tratarlos en este apartado. En Daniel el "sabio" o "docto" (especialista), tanto en versión hebrea (*maśkîl*) como aramea (*ḥakkîm*)[529], juega un papel primordial que encuentra claras concomitancias en el epílogo de Eclesiastés, y que vamos a tratar de desentrañar. Comencemos por Dan 1,4 y 12,3, que establecen el marco en el que se mueve el sabio Daniel, en tanto que prototipo determinado de sabio propuesto por la edición unificada del libro:

1,4 יְלָדִים אֲשֶׁר אֵין־בָּהֶם כָּל־Àמְאוּם¿ Ðמוּםî וְטוֹבֵי מַרְאֶה וּמַשְׂכִּילִים בְּכָל־
חָכְמָה וְיֹדְעֵי דַעַת וּמְבִינֵי מַדָּע וַאֲשֶׁר כֹּחַ בָּהֶם לַעֲמֹד בְּהֵיכַל הַמֶּלֶךְ וּֽלֲלַמְּדָם סֵפֶר
וּלְשׁוֹן כַּשְׂדִּים׃

Jóvenes sin ningún defecto, de buena presencia, instruidos en toda suerte de sabiduría, dotados de saber y versados en conocimiento y capaces de estar en la corte del rey, con el fin de enseñarles la escritura (o "la literatura") y la lengua de los caldeos.

12,3 וְהַמַּשְׂכִּלִים יַזְהִרוּ כְּזֹהַר הָרָקִיעַ וּמַצְדִּיקֵי הָרַבִּים כַּכּוֹכָבִים לְעוֹלָם וָעֶד

Y los sabios brillarán como el resplandor del firmamento, y quienes enseñaron la justicia a la multitud, como las estrellas, por siempre, eternamente.

Estas dos citas representan dos modelos de sabios bien distintos, si bien el editor final de la obra canónica está interesado en que no se excluyan mutuamente. De ahí que deba entenderse que el sabio Daniel de A, que recibe la revelación de los sueños de Nabucodonosor, y el sabio Daniel de B, que recibe directamente las visiones y la asistencia para su interpretación, y que además se interesa por la *exégesis* de la profecía de Jeremías (Dan 9,1-3), son una misma persona, aunque, obviamente, no una persona histórica sino una misma *persona dramatis*. Por consiguiente, podría decirse que esta obra no pretende tanto desacreditar la ciencia

528 Cf. *supra* §24.14-17.

529 *maśkîl*: 1,4; 11,33.35; 12,3.10; *ḥakkîm*: 2,12.13.14.18.21.24.27.48; 4,3.15; 5,7.8.15.

secular, como presentar una fe judía capaz de una revelación de conocimiento mayor que aquélla y capaz, asimismo, de subsumirla[530]. Es decir, a pesar de que se rechaza una fe humanista que es fundamento de sí misma y del poder de los imperios paganos de turno, ante la cual se opone el origen divino de la ciencia de Daniel y sus amigos[531], la apariencia científica del discurso sigue siendo fuente de credibilidad, y de ahí el interés del editor en fundir en un único *modelo total*, llamado Daniel, todas las áreas del conocimiento, que a su vez será el modelo de los maestros de los últimos tiempos (cf. 11,33.35; 12,3.10)[532]. Precisamente, el servicio que presta este *sabio total* ya no es tan sólo el político-administrativo representado por el servicio que se rendía a Nabucodonosor (Daniel A), sino uno mucho más social o popular (aunque no menos político), que incidía de lleno en el "pueblo" (*`am*) o los/las "muchos/multitudes" (*rabbîm*). A pesar de reflejar esto un cambio histórico de situación político-social entre A y B, lo cierto es que ahora se pretende como realidad unificada por la edición única.

28.3. Interesa, por tanto, definir algo más tanto esta incidencia social expuesta por Daniel como el perfil de la actividad propia de estos sabios. Respecto a lo último, nótese que en el Daniel hebreo la sabiduría adquiere un nuevo rasgo que no estaba presente en el arameo: la pericia

---

[530] A. Lacocque, *Daniel et son temps*, p. 148, asevera a este respecto: "On notera ce gauchissement apocalyptique de la prophétie a la sagesse: la révelation toute entière est devenue sapientiale dans la lutte contre la propagande hellénistique, car celle-ci se caractérise au niveau de la réflexion comme une philosophie", y acto seguido comenta que la filosofía pagana es tomada en serio, pues no hay sarcasmos ni devaluación de la religión pagana.

[531] J. Goldingay, *Daniel*, pp. 9s, señala que en el capítulo 1 destaca el uso del verbo *nātan* con Dios como sujeto (vv. 2.9.12.16.17). Asimismo, en la p. 27 afirma que esa reiteración de *Dios dio* "relativizes military power, political power, and the power of human wisdom".

[532] Así lo percibe J. Goldingay, *op. cit.*, p. 13. Por otro lado, se me ocurre pensar que además de las razones crítico-literarias y teológicas proporcionadas por J. Burnier-Genton, Le rêve subversif d'un sage, pp. 36-8, para justificar la existencia del texto arameo, una razón importante es demostrar que, efectivamente, Daniel (y los editores) tienen dominio de tal lengua y cultura, con lo que el discurso visionario adquiriría mayor credibilidad.

en la exégesis de la profecía recibida (escrita). La sabiduría cortesana (símbolo de la cultura y poder humanista y secular) aparece ya vinculada con la "literatura" en 1,4; pero este texto se desarrolla más adelante en 1,17 asociando dicha cultura con otra cultura mántica de conocimiento más profundo, y atribuyendo ambas a un don divino:

> וְהַיְלָדִים הָאֵלֶּה אַרְבַּעְתָּם נָתַן לָהֶם הָאֱלֹהִים מַדָּע וְהַשְׂכֵּל בְּכָל־סֵפֶר וְחָכְמָה וְדָנִיֵּאל הֵבִין בְּכָל־חָזוֹן וַחֲלֹמוֹת
>
> Dios concedió a estos cuatro muchachos conocimiento e inteligencia en toda escritura/literatura y ciencia, y Daniel entendía sobre toda suerte de visiones y sueños.

Es decir, el apelativo *maśkîl* (docto) no excluye el más genérico de *ḥakam* (sabio), que en Daniel aparece muy vinculado al "conocimiento e inteligencia en toda escritura/literatura y ciencia" (מַדָּע וְהַשְׂכֵּל בְּכָל־סֵפֶר וְחָ-כְמָה-), esto es, a la tradición literaria y por ende a la actividad interpretativa que es parte fundamental de la actividad intelectual basada en aquélla[533].[534] No es de extrañar que en todo el Daniel hebreo la raíz *śkl* (ser prudente, comprender) connote siempre *exégesis* o, más genéricamente, *comprensión exegética*, ya que (¿casualmente?) todas sus ocurrencias se dan en el contexto de su interés por la interpretación del oráculo de Jeremías (9,13.22.25). Más concretamente, todas ellas se enmarcan en la respuesta que Daniel recibe acerca de su interés

---

[533]Para este desarrollo me apoyo considerablemente en M.A. Knibb, "You Are Indeed Wiser than Daniel. Reflections on the Character of the Book of Daniel", cuyo estudio sobre los sabios en Daniel me proporciona una base inapreciable para su comparación con Eclesiastés. También M. Fishbane ha tratado Dan 9 de manera muy interesante en *Biblical Interpretation*, pp. 479-90, y "From Scribalism to Rabbinism", pp. 443-444.

[534]Conviene hacer aquí un inciso para mencionar que todo el proceso de escriturización, tan ligado a los sabios de Judá, deriva de la credibilidad (religiosa, pero también científica) obtenida por éstos desde su exilio en Babilonia (cf. *supra* §20.4). Esta ciencia adquirida es la que subyace en el proceso de escriturización, ya que consiste en someter las colecciones de textos antiguos a unos parámetros científicos desconocidos para los primeros compiladores, dando así pie a una *sacralización* del texto que tanta trascendencia tiene para su hermenéutica. En resumen, pues, sin este trasfondo científico de los sabios, no habría tal cosa como Sagradas Escrituras.

exegético, por lo que "comprender" significa aquí *interpretar correctamente*, esto es, interpretar bajo inspiración (visión)[535]. De este modo, el Daniel hebreo absorbe al arameo, y exégesis y conocimiento mántico se unen. De hecho, como señala M.A. Knibb, a partir del cap. 9 se acentúa la actividad exegética implícita, o sea, se recurre más a la intertextualidad aunque de modo sobreentendido, nunca explícitamente[536]; así, ni siquiera el texto aludido de Jeremías en Dan 9,1-3 es citado o transcrito literalmente, aunque sí se juega con una selección de sus palabras[537]. Por todo ello, y dentro de este modelo de *sabio total* que la edición final pretende presentar al lector, se puede decir que predomina una autoconciencia de los "sabios/doctos" (*maśkilîm)* como escribas inspirados en su actividad escriturística., esto es, como intérpretes de las Escrituras[538].

---

[535]Ya no contamos con mucho espacio para una exégesis detallada de este capítulo, por lo que tan sólo señalaré que se intenta deliberadamente el solapamiento entre la raíz *śkl* (vv. 22.25) y una serie de términos mánticos como "visión" (*mar'eh* -v. 23- *ḥāzôn* -v. 24) y "profeta" (*nābî'* -v. 24), si bien estos últimos apuntan al oráculo de Jeremías y a su interpretación (visión), según se desprende del "sellado" de ambas, significando de este modo el cumplimiento de la profecía según la interpretación revelada a Daniel (cf. J. Goldingay, *Daniel*. pp. 259.60), porque ya ha sido pronunciado el decreto (*dābār* -v. 23). Por esta razón, entiendo que la locución "reconociendo tu verdad" (לְהַשְׂכִּיל בַּאֲמִתֶּךָ) de 9,13bβ no es simplemente un reconocimiento o comprensión de la verdad de Dios (v.g. *CI* y *RV-60*), sino que conlleva la verdadera interpretación de lo que "está escrito en la ley de Moisés" (מֹשֶׁה כָּתוּב בְּתוֹרַת -v. 13aα).

[536]A. Knibb, "You Are Indeed Wiser than Daniel. Reflections on the Character of the Book of Daniel", p. 404. Asimismo, ya señalamos en su momento (cf. *supra* §24.17) que en el Daniel hebreo se daba un aumento de la presencia berítica, si bien de manera tácita.

[537]M.A. Knibb, *op. cit.*, p. 405, lo expresa como sigue: "Although Dan 9 is explicitly dependent on the seventy-year prophecy, there is virtually no reuse of the language of Jeremiah". En la página siguiente muestra cómo se mezclan en este capítulo otras referencias, algunas bastante explícitas aunque parciales, procedentes de Isaías 10,23;28,22, en una actividad que yo diría es conscientemente intertextual o midrásica. De hecho, J.J. Collins, *Daniel, with an Introduction to Apocalyptic Literature,* p. 91, asevera que el discurso del ángel es un midrás o un péser.

[538]Esta misma conclusión alcanza J. Goldingay, *Daniel,* p. 303, aunque basado en apoyos distintos.

28.4. Por otro lado, esta autoconciencia se entrelaza con su apropiación de la figura del siervo sufriente de Is 52,13-53,13, como ya puso de manifiesto H.L. Ginsberg, al que siguen, entre otros, M. Fishbane y M.A. Knibb[539]. Este último resume muy bien el planteamiento de estos autores:

> Hace ya tiempo que en Dan 12,3, que se refiere a 'los sabios'(הַמַּשְׂכִּלִים) como 'los que justifican a muchos' (מַצְדִּיקֵי הָרַבִּים), han sido reconocidas resonancias del cuarto Himno del Siervo (Is 52,13-53,12), y en particular de Is 53,11: 'Mi siervo justo justificará a muchos' (יַצְדִּיק צַדִּיק עַבְדִּי לָרַבִּים). También resulta significativo, como ya señaló Ginsberg, que al principio del Himno del Siervo se emplee el verbo *śākal* aplicado al siervo (הִנֵּה יַשְׂכִּיל עַבְדִּי). La implicación de estas resonancias es que 'los sabios' se aplicaron a sí mismos este pasaje del siervo, convencidos de que a su sufrimiento (Dan 11,33) le sucedería también su reivindicación. (pp. 402-3)

Es decir, la autoconciencia de los escribas visionarios que están tras el texto de Daniel les asocia con el pueblo en tanto que es éste la vindicación de su labor escribanil e intelectual. De hecho, son calificados como "sabios del pueblo" (מַשְׂכִּילֵי עָם -cf. 11:33), lo que, ya sea un genitivo subjetivo u objetivo, establece la profunda identificación que se da entre estos sabios y "el pueblo". Esta identificación tiene bastante que ver con un alto desarrollo del interés por la educación dentro del Judaísmo[540], y éste se ve robustecido por la propia influencia helénica, así como por una cierta enajenación del yavismo más estricto respecto al poder político, según se pone de manifiesto en el contexto del cap. 11 y lo defiende Ph.R. Davies[541]. Precisamente por ello, encuentra una alternativa de poder en la educación religiosa del pueblo, que ahora se ve ampliamente posibilitada con el desarrollo de la cultura del libro (*sēper*). Esto queda reflejado muy plásticamente en Daniel, como lo señala el ensayo de Ph.R.

---

[539]H.L. Ginsberg, "The Oldest Interpretation of the Suffering Servant", pp. 402-3; M. Fishbane, *Biblical Interpretation,* p. 493; M.A. Knibb, "You Are Indeed Wiser than Daniel. Reflections on the Character of the Book of Daniel", pp. 406-7.

[540]Cf. J.A. Montgomery, *Th Book of Daniel*, p. 458.

[541]Cf. Ph.R. Davies, "Reading Daniel Sociologically", pp. 354.55.

Davies que acabo de mencionar, en el que estudia tres símbolos fundamentales de Daniel: el libro, la corte y el secreto. En efecto, este autor muestra cómo en la lucha por el poder en la que se están batiendo las distintas tendencias judías encuadradas en el período helenista, el peso del texto escrito es cada vez mayor. Dicho en forma muy breve, parece claro en Daniel que el poder científico-mántico de los escribas cortesanos derivado de su conocimiento de la literatura secular, pero muy particularmente de los decretos y textos políticos, sirve de modelo al poder de los escribas de la corte celestial[542], quienes derivan su poder de un conocimiento (interpretación) superior de las Escrituras, de modo que sus propias obras están "tocadas" de autoridad divina. Aunque Davies no llega a esta conclusión, yo diría que parece obvio que los "doctos" (*maśkilîm*) reflejados en Daniel promueven el libro no sólo como medio de difusión[543], sino como intento de continuidad deliberada del proceso de escriturización[544], y como fuente de autoridad para este grupo, ya que en su enajenación del poder institucional entraba también un distanciamiento del Templo. De hecho, en Daniel parece reflejarse la pretensión de estos *maśkilîm* por presentarse como una alternativa válida al templo,

---

[542]Cf. Ph.R. Davies, *op. cit.*, pp. 352-56. Quizás sea bueno recordar, a modo de ilustración, que en Dan 10,21 se habla del כְּתָב אֱמֶת ("libro verdadero"), que se refiere al libro celestial (cf. Enoc 81,1) donde Dios tiene registrado todo el acontecer histórico y personal que es revelado al sabio para su registro humano (cf. D.S. Russel, *The Method and Message of Jewish Apocalyptic*, pp. 107-8).

[543]Esto contra el propio Davies quien argumenta que en la época del Segundo Templo los libros no eran producidos para consumo público (p. 356), y con el apoyo de G. Cavallo (dir.), *Libros, editores y público en el mundo antiguo*, pp. 9-14, que demuestra la existencia del cambio de paradigma de la cultura oral a la del libro en la Grecia del s. V, así como la influencia de los sofistas quienes descubrieron las posibilidades de expansión de ideas ofrecidas por el soporte en forma de libro (es decir, de rollo). Sin duda, no se trata de una cultura libresca similar a la nuestra de práctica alfabetización total, pero la gran actividad literaria de Qumrán demuestra que la tesis de Cavallo es cierta y que no se circunscribe a Grecia sino a toda su zona de influencia.

[544]No pretendo entrar a fondo en esta cuestión, que es bien ardua, sino tan sólo presentar una observación general, a saber, que se busca un cierto solapamiento entre las Escrituras y sus interpretaciones mánticas, de modo que éstas reciban autoridad de aquella.

ya que su actividad cotidiana y su martirio es tan expiatorio y purificador como el del sacrificio diario (*tāmîd*) en favor del pueblo[545]. En otras palabras, se perciben a sí mismos en función vicaria para el pueblo. Por todo ello, sí puede decirse, con Davies, que en Daniel "existe un *ethos* de la escritura, incluso una *ideología* de la escritura"[546]. Se trata sin duda, y como ya ha sido señalado en diversas ocasiones, de un *ethos* e *ideología* más democráticos, o cuando menos más popular o anticlasista, que hace a los sabios mucho más independientes de las instituciones de poder de la época, y que por ello mismo existe un riesgo de ruptura radical, precisamente, con las instituciones que dieron su impulso al proceso de escriturización, como el Templo[547]. Así pues, podríamos concluir afirmando que **los "sabios/doctos" (*maśkîlîm*) descritos por Daniel están aumentando su influencia sobre el pueblo gracias a su conci-encia vicaria, a su convicción de estar inspirados, y a su descubrimiento de un arma muy eficaz, el *sēper*, por el que, debido a su solapamiento deliberado con los textos escriturísticos, están exten-diendo su propia interpretación de las Escrituras de la época. Consiguen de este modo compensar su extrañamiento de los ámbitos oficiales de poder, convirtiéndose además en un poder fáctico a tener en cuenta[548]. Por ello, no resulta extraño el surgimiento de un**

---

[545]Ph.R. Davies, "Reading Daniel Sociologically", pp. 359-62. Yo añadiría a sus datos la cita de 12,1 en la que se asevera que sólo se salvarán כָּל־הַנִּמְצָא כָּתוּב בַּסֵּפֶר ("todos los que fueren hallados inscritos en el libro"), es decir, se establece un paralelismo entre el registro del Templo y el celestial que es fuente de verdadera salvación, ofreciendo de este modo una seguridad de salvación independiente de l sacrificio diario. A este respecto, recuérdese que en 8,13 se "predecía" la supresión del *tāmîd.*

[546]Ph.R. Davies, *op. cit.*, p. 354.

[547]A este respecto, recuérdese la teoría de D. Georgi (cf. *supra* §22) y piénsese en la apropiación sacerdotal de este proceso presentado por el Cronista (cf. 2Rey 17,7-9).

[548]Creo que resulta muy interesante, a este respecto, la propuesta de R. Beckwith, *The Old Testament Canon of the New Testament Church*, pp. 149-50, concerniente a la interpretación de "en/entre los libros" (בַּסְּפָרִים) de 9,2. Así, basado en el prólogo de Sira (ll. 24.25, "la Ley, los Profetas y los restantes libros" – ὁ νόμος καὶ αἱ προφητεῖαικαὶ τὰ λοιπὰ τῶν βιβλίων) y literatura

movimiento, dentro del mismo proceso de escriturización, contrario a estas pretensiones, que buscará delimitarlo en el marco de las insti-tuciones heredadas. Es decir, surgirá un movimiento opuesto a la continuidad del proceso de escriturización, y con él un proceso de diferenciación entre inspiración, canon, interpretación, y cuestiones similares que conducirán a una delimitación del canon. ¿Será el caso de Qohélet y sus editores?

Algo de ello se podrá ver seguidamente en el propio epílogo de Daniel. En lo que concierne a Eclesiastés, parece que tanto el libro como su epílogo tienen este mismo telón de fondo que les obligará a su propio posicionamiento: si bien comparte elementos como la función vicaria de los sabios, rechaza de plano las pretensiones más absolutistas de tendencias como las representadas por Daniel. En concreto, parece que Qohélet y sus editores bien pudieran ser una reacción a los movimientos representados por Daniel.

El epílogo de Daniel (12,1-10)

28.5. La delimitación exacta del epílogo de Daniel es muy debatida, pero para nuestro interés lo circunscribimos a 12,1-13. Comencemos diciendo que estos versos no se presentan como elaboración editorial, sino como la última parte o conclusión de una revelación, aunque por ello mismo también parece irrefutable que constituyen la conclusión de la obra; como tal guardan ciertas concomitancias respecto al epílogo de Eclesiastés. Así, 12,1-4 es la conclusión de la revelación final que comenzaba en 10,1, mientras que 12,5-13 parece a todas luces,

---

rabínica, sostiene que *sĕpārîm* puede ser el término genérico del canon, si bien la literatura rabínica también lo usa para referirse más específicamente a la sección de "Los Escritos" (*hakkĕtûbîm*). De hecho, el propio texto de 9,2 podría estar en contraste con las referencias a "lo que está escrito en la Ley de Moisés" (אֲשֶׁר כְּתוּבָה בְּתוֹרַת מֹשֶׁה) en 9,11 o a "como está escrito en la Ley de Moisés" (כַּאֲשֶׁר כָּתוּב בְּתוֹרַת מֹשֶׁה) en 9,13, confirmando la posibilidad de que *sĕpārîm* fuera una referencia a una parte canónica no tan cerrada como la Torá, o bien que algunos grupos no la querrían tan cerrada prefiriendo su desarrollo en base a la exégesis. Si esto es así, prácticamente se hace innecesario llamar la atención sobre la relación de 9,2 con Ecl 12,12.

y según los comentaristas[549], un apéndice redaccional en forma de epílogo; al repetir deliberadamente los elementos epilogales de 12,1-4 en el v. 9 –en particular los verbos "cerrar" (*ḥātam*) y "sellar" (*sātam*)–, engloba a la sección anterior como parte de un solo epílogo, a pesar de que, redaccionalmente, pueda hablarse también aquí de dos epílogos. Hecha esta precisión, pasamos al planteamiento de fondo del texto, que para nosotros tiene que ver con una selección de temas e marcado carácter epilogal que permiten, y de hecho piden, la comparación con Eclesiastés. Tres son, pues, los aspectos que están presentes en ambos epílogos: 1) la vindicación de esa clase profesional que, según hemos visto, en Daniel son denominados los "sabios/doctos/maestros" (*maśkîlîm*); 2) el establecimiento de unos límites epistemológicos considerados inherentes al mensaje de la obra; 3) conclusión final sobre la actividad de dichos sabios: la seguridad de un juicio definitivo[550]. Estudiemos siquiera someramente estos tres aspectos en el epílogo de Daniel.

28.6. Que hay un deliberado propósito panegírico y vindicativo de los *maśkîlîm* es innegable, no sólo por las razones expuestas en los párrafos anteriores, sino porque en 12,3 se les otorga un destino particular que, sorprendentemente, coincide con los deseos de los emperadores, pero que les fue denegado por la soberanía divina[551]. Esto

---

[549]V.g. L.F. Hartman-A.A. Di Lella, *The Book of Daniel,* pp. 310s. Sin embargo, J.A. Montgomery, *The Book of Daniel,* p. 474, cree que se trata de un apéndice de la misma mano que el anterior, aunque también reconoce el carácter de apéndice al epílogo anterior.

[550]J.J. Collins, *Daniel, with an Introduction to Apocalyptic Literature*, pp.100s, argumenta contra la propuesta de considerar 12,1-3 como "description of a judgment scene", pues cree que faltan elementos importantes de este género. Por ello, prefiere denominarla "eschatological prophecy". Sin embargo, incluso si esta postura fuera la correcta debe tenerse en cuenta que hay elementos de juicio irrefutables, como el v. 2, que a su vez se proyectarán sobre el v. 13 que habla de la "recompensa" (*gôrāl*) de Daniel.

[551]Se discute, con mucha razón, si la terminología de este verso no apunta a una metáfora de los seres celestes, es decir, ángeles. Sin embargo, me parece muy ecuánime la postura de J. Goldingay, *Daniel,* p. 308, al hacer una interpretación inclusiva de ambos símbolos: los *maśkîlîm* reciben los honores,

se expresa mediante el uso nominal y verbal de la raíz *zhr* (brillar), de cuyas connotaciones toraicas en la BH es difícil abstraerse[552]. En efecto, tras los datos recogidos en la nota anterior, sobre todo en relación a la elaboración midrásica danielítica del uso de *zhr* en Ezequiel, se hace evidente que Daniel adscribe a los sabios maestros de la Ley, y sobre todo en razón de su función vicaria en favor del pueblo, un destino en la corte celestial. Es muy importante esta perspectiva presentada por esta parte del epílogo, porque condensa la autoconciencia de los *maśkîlîm* aquí representados, que se podría resumir diciendo que se sienten no sólo los continuadores de la obra mosaica y profética, sino los medios o instrumentos de su culminación. Así es como debe interpretarse, en mi opinión, tanto el conjunto de datos tratados sobre el libro de Daniel como sobre su epílogo, y **es ahí donde reside la importancia de su vindicación por el pueblo, ya que este grupo social y profesional se arroga ahora una función vicaria que nunca antes formó parte tan explícita de su conciencia, si exceptuamos, claro está, al editor de Qohélet y la tradición representada por los himnos del Siervo de Yavé.**

28.7. Tal conciencia, llevada a su extremo, genera unas pretensio-

---

el poder y estatus celestiales que el rey del norte pretendía.

[552]Considero que los significados "brillar" y "advertir" o "instruir" no corresponden a distintas raíces de *zhr* como proponen buena parte de los léxicos (v.g. *BDB* y *DBHE*), sino que derivan de un mismo significado, como propone *TDOT* IV: "majesty=theophany=dream" en material ugarítico (p. 41), y "'make shine, enlighten' > 'teach'" en el hebreo bíblico (p. 42). Así, en toda la BH, ya sea en Nifal o Hifil, la mayor parte de las ocurrencias verbales de *zhr* tienen algún nexo con la instrucción toraica (Hifil: Ex 18,20; 2Cron 19,10; Lev 15,31 [según propuesta de *TDOT* p. 43]; Nifal: Sal 19,2) o con la palabra profética de advertencia o denuncia (Hifil: Ez 3,17.18(2x).19.20.21 [cuasi-paralelos en 33,3.7.8.9; Nifal: 33,4.5.6]). En 2Rey 6,10 (Hifil), Ecl 4,13 (Nifal según el TM, aunque yo no excluiría una lectura Hifil, ni un significado "brillar [en majestuosidad]") y Es 4,22 (cognato arameo en pe`il) aparece en contexto político significando "advertir", "decretar" o "estar en guardia". Finalmente, el significado "resplandor" ocurre de modo unívoco en Ez 8,2 (sustantivo), aunque se juega con el *zōhar* divino como fuente del oráculo profético. Sobre su empleo en Ezequiel, Daniel 12,3 elaborará "a paronomasic construction" (*TDOT* p. 46), que es lo mismo que decir que este último texto es un midrás del anterior.

nes epistemológicas que son plasmadas a lo largo de Daniel en diversas formas. Sin embargo, el epílogo combina una afirmación en línea con el cuerpo principal de la obra, esto es, bastante optimista respecto a la accesibilidad de los "sabios/doctos" (*maśkîlîm*) al misterio[553], con otra de mayor cautela que los encuadra dentro de ciertos límites. Me refiero, por supuesto, a la incomprensión de Daniel expresada en 12,8, y a la respuesta del ángel que simplemente hace más abstrusa la posible "solución", al menos en el horizonte histórico[554]. Es más, E.J. Young señala con buen tino que la oración de 12,9 que lee "Ve, Daniel, porque cerradas y selladas están/han de estar estas palabras hasta el tiempo del fin" (לֵךְ דָּנִיֵּאל כִּי־סְתֻמִים וַחֲתֻמִים הַדְּבָרִים עַד־עֵת קֵץ), es un requerimiento a abandonar una investigación especulativa del libro, pues una vez que la copia original ha sido puesta a buen recaudo a fin de preservarla, sólo el momento oportuno de su estudio conducirá a su comprensión[555]. De

---

[553]Los vv. 1-4 son parte de la revelación, y como tal proporcionan conocimiento. Incluso el v. 4 debe entenderse en sentido positivo, ya que su lenguaje apunta a la autentificación de documentos que conllevaba el depósito y sellado de una copia, como requisito previo a su "publicación", esto es, a la multiplicación de copias (cf. E.J. Young, *Daniel*. p. 257). Por este motivo, la debatida locución del v. 4b, יְשֹׁטְטוּ רַבִּים וְתִרְבֶּה הַדָּעַת, debiera traducirse "que muchos investiguen y aumente/se extienda el conocimiento" ("diligently investigate" traduce F.A. Tatford, *The Climax of the Ages*, p. 220, siguiendo a S.R. Driver), pues es parte de la actividad "proselitista" y formativa de los *maśkîlîm* que tratan de atraer a "muchos" (*rabbîm*) del pueblo, precisamente por medio de la cultura libraria, y más concretamente por medio de este libro, entrando así en competencia con la expansión cultural helénica. Ya de paso, adviértase que este conocimiento proporcionado por la investigación de Daniel coincide con el tono laudatorio de Ecl 12,11 a las "palabras/discursos/obras de los sabios" (דִּבְרֵי חֲכָמִים) que incluyen necesariamente a la obra del *qohélet*.

[554]H.L. Ginsberg, *Studies in Daniel*. p. 31, afirma, con razón: "the words 'hidden and sealed', borrowed from v. 4, where they mean just that, have acquired the figurative sense of 'obscure and mysterious.'"

[555]E.J. Young, *Daniel*, pp. 260s. Por su parte, J.E. Goldingay, *Daniel*, p. 309, comenta, en otro orden distinto, que se trata de una aceptación del destino histórico-político, sobre el que, contrariamente a lo sugerido en los caps. 1-6, los sabios nada pueden hacer. Por otro lado, y aunque pueda ser algo especulativo, tengo la impresión de que en esta revisión del contenido del v. 4 efectuada en el v. 9, se insinúa que han pululado multitud de supuestas copias de este libro, conteniendo todo tipo de sueños y visiones, insinuándose su

hecho, 12,10 parece insinuar que tiempo oportuno y comprensión, finalmente, vienen de la mano del martirio, ya que contrapone a los impíos –que en su maldad no entienden–, con sus víctimas (los "muchos" y/o "sabios/maestros" –*rabbîm* y/o *maśkîlîm*). Éstos sí comprenderán en la persecución, o al menos sus dirigentes serán capaces de entender[556]. Sin duda, no hay mayor disuasión contra la especulación que el martirio. Y evidentemente, dicho martirio tiene todo que ver con la fidelidad a la Torá.

28.8. Finalmente, nos interesa el tema del juicio o, cuando menos, de la separación entre justos e injustos, que indudablemente aparece en 12,2-3.9, mientras que en 12,13 se introduce el tema del *gôrāl*. En este contexto, el significado de este vocablo no es tanto el de "recompensa" como el de "destino"[557], y diría yo que, aunque compartido con el grupo de los *maśkîlîm* y los *rabbîm*, se refiere sobre todo al destino individual y diferenciado de la persona. Es decir, se añade en este epílogo un elemento individual que no aparecía tan explícitamente en el conjunto de la obra. En definitiva, la obra de Daniel es una acuciante pregunta por la distinción entre justicia e injusticia, y por ende, entre justos e injustos, y finalmente entre el justo y el injusto, cuestión ésta de la que hay ecos evidentes en Eclesiastés, según vimos en el estudio de 3,16ss. Debido al relativo distanciamiento que los "sabios/doctos" (*maśkîlîm*) tomaron respecto al templo, acompañado de su profunda conciencia vicaria, se fundirán los conceptos sacrificiales con el martirio, proporcionando una respuesta paradójica a aquella acuciante pregunta: allí donde el impío domina y somete al piadoso, éste resurge más puro que nunca (11,35;

---

ilegitimidad. Es decir, es muy posible que la intención de este epílogo fuera la desacreditación de buena parte de los *apocalipsis* existentes en la época, oficializando esta copia de Daniel como el único texto apocalíptico autorizado.

[556]Otra alteración que 12,10 introduce respecto a 11,33.35 es que en éstos la persecución se efectuaba contra los doctos, mientras que en aquél se extiende a los *rabbîm.*

[557]Así lo cree J.E. Goldingay, *op. cit.*, p. 310, basándose en la evidencia de Qumrán, a la que L.F. Hartman-A.A. Di Lella, *The Book of Daniel,* p. 315, añaden el testimonio bíblico de Jer 13,25 (cf. Miq 2,5; Sal 125,3 y Col 1,12).

12,10)[558]. Sin embargo, el epílogo ha conseguido envolver en la sombra la realización histórica de esta realidad del juicio último, ya que queda referida al “final de los días” (קֵץ הַיָּמִין -12,13), cuya definición histórica más precisa le ha sido denegada a Daniel (12,7-9), por no mencionar el deliberado propósito desconcertante del contraste entre los vv. 11 y 12, que hacen prácticamente imposible su interpretación.

28.9. Así pues, estos tres puntos ponen de manifiesto importantes concomitancias entre los editores de ambos libros, lo cual, por otro lado, no niega sus diferencias. Parece irrefutable el carácter vicario ofrecido por los dos epílogos, si bien el de Daniel agudiza el sentido martirológico de tal carácter, lo cual no aparece en Eclesiastés, aunque es cierto que se podría argüir que el drama personal de *qohélet* tiene cierta convergencia[559]. Esto último, sin embargo, podría resultar excesivamente forzado, y es mucho menos especulativo comparar el posicionamiento epistemológico de ambos epílogos. En efecto, ambas obras mantienen posturas frontales respecto a la epistemología, pero es curioso que sus respectivos epílogos las maticen, hasta el punto de que ahora podemos hallar un cierto punto de encuentro entre sí: el optimismo mostrado por Daniel es constreñido notablemente en su epílogo, mientras que el negativismo qoheletiano es *positivizado* por su editor. De hecho, parece que ciertas partes de sendos epílogos tienen un objetivo idéntico, esto es: cerrar el paso a un *corpus* literario en crecimiento, con lo cual ambos editores –suponiendo que fueran distintos– muestran una misma actitud epistemológica: hay conocimiento posible, tanto a nivel natural como revelado, pero es limitado en ambos campos. En lo que concierne al último punto de comparación entre epílogos, creo que puede hablarse de

---

[558]Es reseñable que los términos elegidos en 11,35 y 12,10, esto es, *bārar, ṣārap* y *lāban*, provengan de campos técnicos (principalmente el metalúrgico, incluso para el verbo *lāban* -cf. 1QM 5,11) y no religiosos o, más concretamente, sacrificiales. Para expresar la paradoja pretendida, no se podría haber elegido términos más adecuados que el proceso de acrisolamiento.

[559]Aunque no lo trataré aquí, sí creo interesante señalar otra posible convergencia entre el drama personal del Maestro de Justicia expresado en sus Hodayot, transidas como están por sentimientos de soledad e incomprensión, con los sentimientos de Qohélet.

un trasfondo de juicio individual común a ambos epílogos, aunque quizás tenga mayor significado su común postergación de un juicio final a una especie de *eón* más o menos indefinido para que resulte, en cualquier caso, inaccesible al hombre. Además, hay que señalar, si bien con todas las reservas necesarias ante la diferencia de lenguaje, que la Torá ocupa en el juicio un lugar primordial, aunque más implícito que explícito también en ambos casos. Esto se percibe en la comparación del lenguaje aparentemente genérico de Eclesiastés ("teme a Dios y obedece sus mandamientos") con el simbólico de Daniel ("los inscritos en el libro", "los sabios brillarán como el resplandor del firmamento y quienes justificaron a muchos ...", etc). Finalmente, y ya para resumir lo dicho sobre el conjunto de la obra danielítica, recordemos que ésta pertenece de modo manifiesto a una *cultura del libro* que, en su marco judío, se halla plenamente inmersa en un proceso de escriturización, el cual está vinculado a la labor exegética y, además, conlleva un ethos secularista irrefutable, todo lo cual, sin duda, sirve de contraluz al epílogo de Eclesiastés y a buena parte de Qohélet. A modo de conclusión última a este respecto, permítaseme utilizar la figura de una ley física: **"El epílogo de Eclesiastés 'salva' a Qohélet a fin de preservar la autonomía mútua de la Ciencia y la Torá, y lo hace en proporción idéntica al límite establecido por el epílogo de Daniel al alcance de su visión, evitando así la absolutización de la revelación que acabaría por absorber la Ciencia".** ***Ergo*** **¿no estamos hablando de una teología muy parecida entre los editores de ambas obras?**

La intertextualidad con Sira y Qumrán

28.10. Para este estudio, además del epílogo de Sira, hubiera sido ideal contar con los epílogos de los materiales qumránicos más importantes (v.g. 1QS, 1QH, CD, 11QTemple, *inter allia*), pero tan sólo contamos con lo que parece ser el epílogo de 4QMMT (líneas 112-18). Comenzamos, pues, por Sira, que de hecho nos proporciona no uno, sino dos epílogos, aunque con diferencias entre el texto griego y el hebreo[560].

---

[560]Se puede afirmar que hay acuerdo respecto al carácter absolutamente secundario del cap. 51, sobre todo desde que se conoce que sus vv. 13-19 corresponden a un salmo encontrado en Qumrán (11Q5 [Ps(a)] -cf. *supra* §11.3,

En efecto, el griego considera que 50,27-29 es un epílogo editorial, y toma el cap. 51 como apéndice en forma de acción de gracias concluida con una exhortación a seguir la instrucción, y más concretamente a la instrucción proporcionada por el propio Sira en su escuela (vv. 23-30); por su parte, el texto hebreo nos ha transmitido dos textos con nítidos perfiles epilogales: uno en 50,27-29, que coincide en lo fundamental con el griego, aunque sin un carácter tan marcadamente editorial, y otro en 51,23-30, cuyo último verso contiene un verdadero epílogo editorial. Pero dado nuestro interés por la comparación entre epílogos, lo más adecuado será analizar las dos tradiciones tal y como están, centrándonos estrictamente en la forma y teología de los epílogos, y asumiendo que el segundo es un apéndice posterior. Comencemos el estudio por el primer epílogo en hebreo y griego:

(27) מוסר שׂכל ומושל אופנים לשמעון בן ישוע בן אלעזר בן סירא אשר ניבע בפתור לבו ואשר הביע בתבונות (28) אשרי איש באלה יהגה ונותן על לבו יחכם (29) כי יראת ייי חיים

(27) Instrucción sensata y recopilación de sentencias apropiadas / oportunas[561] de Simeón, hijo de Jesús, hijo de Eleazar, hijo de Sira, que brotaban según la interpretación de su corazón y pronunciaba con gran inteligencia. (28) Feliz el que en ellos medita, pues metiéndolos en su corazón se hará sabio, (29) porque el temor de Yavé es la vida.

(27) παιδείαν συνέσεως καὶ ἐπιστήμης ἐχάραξεν ἐν τῷ βιβλίῳ τούτῳ Ἰησοῦς υἱὸς Σιραχ Ελεαζαρ ὁ Ιεροσολυμίτης ὃς ἀνώμβρησεν σοφίαν ἀπὸ καρδίας αὐτοῦ (28) μακάριος ὃς ἐν τούτοις ἀναστραφήσεται καὶ

n. 123). Con todo, aquí lo trataremos porque sus diferencias respecto al primer epílogo confirman la tendencia a explicitar el carácter toraico de la sabiduría.

[561] Esta traducción de מושל אופנים se basa en Prov 25,11, que DHE traduce “palabra dicha a propósito” (דָּבָר דָּבֻר עַל־אָפְנָיו). Sin embargo, es muy dudoso el uso de מושל en este contexto, si bien sus concomitancias con בַּעֲלֵי אֲסֻפּוֹת de Ecl 12,11, sobre las que traduzco “recopilación”, me hacen mantener esta forma participial contra una posible corrección por el sustantivo משל, y ello a pesar de ser perfectamente confundibles, como lo demuestra el desacuerdo entre B y Masada en 44,4 (el primero lee מושל, mientras que el segundo lee מושל). Por otro lado, se podría alcanzar una traducción similar sobre distinta base, como la defendida en *LSE* V, p. 210, por el especialista en filología comparada J. Vella, para quien אופנים es comparable al árabe *fanna* II (“distribuir en varias clases”) y de ahí *'afnûnu* (“el género de una cosa, modo, manera”).

θεὶς αὐτὰ ἐπὶ καρδίαν αὐτοῦ σοφισθήσεται (29) ἐὰν γὰρ αὐτὰ ποιήσῃ πρὸς πάντα ἰσχύσει ὅτι φῶς κυρίου τὸ ἴχνος αὐτοῦ [καὶ τοῖς ευσεβέσιν ἔδωκε σοφίαν. εὐλογητὸς κύριος εἰς τὸν αἰῶνα. γένοιτο, γένοιτο.][562]

(27) Instrucción inteligente y sabia grabó en este libro Jesús hijo de Sira, hijo de Eleazar el Jerosolomitano, que hizo llover la sabiduría de su corazón. (28) Feliz el que medita sobre esto, y el que lo meta en su corazón se hará sabio, (29) pues si lo practica será fuerte en todas las cosas, porque el temor del Señor será su senda, [y a los hombres piadosos da la sabiduría. Bendito sea el Señor por siempre, Amén, Amén.]

Por encima de quién sea realmente el personaje elogiado, adviértase cómo sobresale en ambas tradiciones de este epílogo el elemento editorial de carácter laudatorio para con la obra escrita, de la que, como veíamos también para Eclesiastés, el texto hebreo destaca no sólo su carácter sapiencial útil para cualquier lector, sino también su valor como composición literaria ("recopilación de sentencias oportunas" –מושל אופנים). Por otro lado, aparecen dos elementos más explícitamente toraicos, tales como la mención del temor a Dios y la exhortación a la puesta en práctica, aunque ésta sólo en el texto griego. Si bien no se puede decir que se trate de una mención explícita al cumplimiento de los mandamientos, no cabe duda, intertextualmente, de que sí es una alusión a los mismos. Otro tema que cabe señalar, también por su paralelismo con Eclesiastés, es la ausencia del elemento retributivo. Es cierto que se habla de un resultado positivo, pero éste es entendido como el efecto positivo sobre la propia formación personal del individuo, y no tanto como la recepción de una recompensa, tal y como sí será entendido en 51,30 en el texto hebreo y en el griego. Además, comparando ambas tradiciones textuales puede decirse que el texto griego revela algunos acentos que tienden a desarrollar aspectos que apenas despuntaban en el hebreo. Así, ya fue señalada que la mención de la puesta en práctica estaba ausente en el hebreo, lo cual indica el tenor general del texto

[562]El texto entre corchetes se halla en algunos manuscritos que suelen ser considerados muy posteriores, por lo que no suelen ser tenidos en cuenta por las versiones. Aquí tan sólo me interesa reseñarlos para que se advierta la tendencia a explicitar la lectura toraica de la sabiduría.

griego más marcado por la respuesta del lector a la obra literaria que por la descripción positiva de ésta; por ejemplo, ni "recopilación de sentencias" (מושל) ni el infinitvo "interpretar" (פתור) encuentran paralelo en el griego. En efecto, no resulta difícil advertir que el texto griego es más extenso en su descripción de dicha respuesta, mientras que el hebreo es más extenso en el elogio de la obra y su autor. Esta tendencia del griego fue acrecentándose y *toraizándose* más, según lo demuestra el añadido de algunos manuscritos posteriores al v. 29, que acabamos de ver. Por otro lado, es también reseñable el carácter secular de este epílogo hebreo y griego, salvo que en este último caso, y como acabamos de mencionar en la n. 560, conocemos la existencia de un proceso de explicitación toraica en manuscritos posteriores.

28.11. Sin embargo, también sobresalen unas diferencias muy significativas respecto a Eclesiastés y Daniel, a saber: falta aquí una mención, ya sea implícita o explícita, de juicio alguno, lo cual, sin embargo, es coherente con el escaso interés de Sira por la escatología. Pero es mucho más significativo el que también se halle ausente ese doble impulso que detectábamos en el epílogo de Daniel. Efectivamente, tan sólo hallamos el impulso positivo laudatorio del autor y su obra. ¿Cómo hay que interpretar esto, respecto al proceso de escriturización? Me atrevería a decir que la edición de Sira sin el apéndice del cap. 51 refleja una despreocupación por el tema del canon, o mejor dicho, refleja un contexto en el que una composición literaria toraico-sapiencial como la de Sira no necesitaba definirse a sí misma en relación al proceso de escriturización, pues en realidad era parte del mismo al considerarse su *traditio*. Seguramente, Sira entendió su propia obra como ese *constructo hermenéutico*[563] de la Torá que en su tiempo formaba parte de un todo indiviso, y cuya actividad no requería de mayor justificación o legitimación en función de un canon; no será éste el caso en el tiempo de su traducción al griego, según lo refleja el prólogo y el apéndice del cap. 51, en el que parece necesaria una mayor explicitación de su toraicidad. En

---

[563]Cf. la obra de G.T. Sheppard, *Wisdom as a Hermeneutical Construct*.

efecto, este primer epílogo condensa lo que es el mensaje del libro: "los sabios, más que ningún otro, perciben con la meditación, la oración y la agudeza del entendimiento"[564] la armonía existente entre la ley natural y la ley revelada (Torá), que es la base que permite precisamente hablar de la sabiduría como un constructo heremenéutico de la Torá. Lo que sí es cierto es que esto tiene otra implicación, a saber: la Torá está ya bien cerrada y diferenciada, y en ningún momento se pretende su sustitución, o se reclama un valor similar para la obra sirácida. Todo lo contrario, hay un lugar propio para ésta dentro de ese *continuum* escriturístico, que no es otro que el de la *traditio*. Por qué razón la *traditio* qoheletiana, que postula la total autonomía de la ciencia y la revelación, entró en el canon hebreo, mientras que la defensa sirácida de una íntima correlación entre ciencia y revelación fue dejada fuera de dicho canon, es una cuestión que supera los objetivos propuestos para esta investigación, a pesar de que sería muy interesante abordarla.

28.12. Pasamos seguidamente al segundo epílogo del texto hebreo, que si bien podría estar constituido por todo el cap. 51, por razones prácticas lo acotamos en 51,23-30, y también porque es a partir de ese verso que el tenor biográfico de la acción de gracias queda mudado en una interpelación final a la instrucción, cerrando de modo manifiesto el libro. Así lee el texto en cuestión:

(23) פנו אלי סצלים ולינו בבית מדרשי (24) עד מתי תחסרון מן אילו ואילו ונפשכם צמאה מאד תהיה (25) פי פתחתי ודברתי בה קנו לכם חכמה בלא כסף (26) וצואריכם בעלה הביאו ומשאה תשא נפשכם קרובה היא למבקשיה ונותן נפשו מוצא אתה (27) ראו בעיניכם כי קטן הייתי ועמדתי בה ומצאתיה (28) רבים שמעו למודי בנערותי וכסף וזהב תקנו בי (29) תשמח נפשי בישיבתי ולא תבושו בשירתי (30) מעשיכם עשו בצדקה והוא נותן לכם שכרכם בעתו ברוך ייי לעולם ומשובח שמו לדר ודר עד הנה דרבי שמעון בן ישוע שנקרא בן סירא חכמת שמעון בן ישוע בן אלעזר בן סירא יהי שם ייי נבורך מעתה ועד עולם

(23) Volveos/Venid a mí, insensatos, y habitad en casa de instrucción. (24) ¿Hasta cuándo estaréis faltos de estas cosas (lit. "de tales y cuáles [cosas]") y vuestra garganta/alma estará tan sedienta? (25) Mi boca abrí y hablé: 'adquirid para vosotros sabiduría sin dinero.' (26)

---

[564] J. Vella en *LSE* V, p. 210.

> Someted (lit. "Traed") vuestros cuellos a su yugo, y acarree/cargue su peso vuestra alma. Cerca está ella para quienes la buscan, y el que aplica/consagra su alma, la halla. (27) Ved con vuestros ojos que he sido joven, pero me he adherido a ella y la he alcanzado. (28) Muchos han escuchado lo que aprendí en mi juventud, y plata y oro han adquirido por mi. (29) Se alegrará mi alma por mi audiencia/en mi escuela, y no será avergonzada por mi poema/composición. (30) Cumplid vuestras obras puntualmente/fielmente, y él os concederá vuestra recompensa a su debido tiempo.
> Bendito sea *yyy* para siempre y alabado sea su nombre de generación en generación.
> Hasta aquí las palabras de Simón, hijo de Josué, que es llamado hijo de Sira.
> La sabiduría de Simón, hijo de Josué, hijo de Eleazar, hijo de Sira.
> Sea el nombre de *yyy* alabado desde ahora y para siempre.

Ya hemos señalado el carácter secundario de este cap. 51, pero es precisamente dicho carácter el que nos interesa aquí. En efecto, éste se descubre por ser una especie de "centón de motivos tomados del Salterio"[565], lo que pone de manifiesto la intención del redactor que lo insertó: proporcionar un aire más personal, e incluso íntimo, a la obra. Es decir, se pretende darle un carácter más dramático y por tanto también más explícitamente creyente y toraico, ya que es la devoción reflejada en el salterio, que seguramente ya existiría en una edición bastante similar a la masorética, la que mejor presenta el nuevo modelo del judío creyente. Esto, por no mencionar algo evidente a todas luces: el lenguaje exclusiva y deliberadamente bíblico empleado, al menos en los vv. 1-12 más el apéndice de los vv. *a-o* intercalado entre los vv. 12 y 13[566]. En su momento ya adelantamos que se quiso cerrar esta obra de un maestro/sabio con un compendio sálmico-sapiencial más intimista, con la finalidad de presentar a un autor más bíblico[567]. De este modo, la edición final de la obra es puesta bajo la tendencia hacia la explicitación toraica,

---

[565]J. Vella en *LSE* V, p. 211.

[566]Utilizo aquí la nomenclatura de F. Vattioni, *Ecclesiastico. Testo ebraico con apparato critico e versioni greca, latina e siriaca*, p. 279.

[567]Cf. *Supra* §11.3, n. 123

esto es, hacia la absorción de la sabiduría por la Torá[568]. Por este motivo, el v. 30 menciona la recompensa que el cumplimiento de la ley recibe, ya que el imperativo "cumplid vuestras obras puntualmente/lealmente" (מעשׂיכם עשׂו בצדקה) es una referencia a las obras de la ley[569]. De este modo, antes del verdadero corolario de los vv. 23-30, han sido solapados piedad y sabiduría, de forma que la primera domina o controla la segunda. Por decirlo de otro modo, ya no se da aquí la simbiosis entre Torá y Sabiduría que encontrábamos a lo largo de la obra, sino que se ha producido un escoramiento hacia la primera como fundamento legitimador de la segunda. Por ello, este segundo epílogo podría situarse en la corriente del segundo impulso que veíamos en Daniel, con miras a la inserción de esta obra en un canon hebreo cuyo proceso de diferenciación y cierre está ya mucho más a la vista. Sin embargo, de nuevo hay que decir que la razón por la que no consiguió su objetivo sobrepasa nuestros objetivos. Ahora bien, sí podría esbozarse una posible respuesta a modo de pregunta: ¿será que los editores del canon hebreo se mostraban suspicaces ante la íntima simbiosis entre Torá y sabiduría establecida por Sira? Si nos atenemos a lo dicho sobre Eclesiastés y Daniel, esta podría ser una posibilidad, aunque dejo su estudio para mejor ocasión.

28.13. Pasamos seguidamente al breve estudio de 4QMMT 112-

[568]Esto es particularmente cierto en el texto hebreo de B y sobre todo del griego, ya que 11Q5 [Ps(a)] se caracteriza por un tono erótico que ha sido deliberadamente corregido por aquellos. No podemos abundar aquí en ello, pero sí quizás plasmar, a modo de ilustración, las diferencias existentes en el v. 19a:

11Q5 21,15.16: (15) ... חריתי (16) נפשי בה ופני לוא הש[י]בותי ("Ardía mi alma por ella y no podía apartar mi rostro [de ella]")

51,19 (B): חשקה נפשי בה ופני לא אהפך ממנה ("Mi alma la deseaba y no volví/volveré mi rostro de ella")

51,19 (LXX): διαμεμάχισται ἡ ψυχή μου ἐν αὐτῇ καὶ ἐν ποιήσει νόμου διηκριβασάμην ("Mi alma ha trabajado en ella con ahínco y he sido minucioso en practicar la Ley").

[569]Estudiamos a continuación el texto de 4QMMT, en cuya línea 113, que da precisamente la nomenclatura MMT a este documento, se habla de "algunos de las obras de la Ley" (מקצת מעשׂי התורה), pero cuyo significado real es "algunos preceptos de la Ley".

118[570], que nos proporciona lo que parece ser una exhortación final que debe tomarse como epílogo de esta carta halákica:

(112) ... ואף אנחנו כתבנו אליך (113) מקצת מעשי התורה שחשבנו לטוב לך ולעמך
שרא[י]נו (114) עמך ערמה ומדע תורה הבן בכל אלה ובקש מלפנו שיתקן (115) את
עצתך והרחיק נמך מחשבות רעה ועצת בליעל (116) בשל שתשמח באחרית העת
במצאך מקצת דברינוכן (117) ונחשבה לך לצדקה בעשותך הישר והטוב לפנו לטוב
לך (118) ולישראל (*vacat*)

(112) ... Asimismo te hemos escrito (113) algunos de los preceptos (lit. "de las obras") de la Torá que pensamos buenos para tí y para tu pueblo, pues hemos vi[s]to (114) en ti inteligencia y conocimiento de la Torá. Considera todas estas cosas y busca ante Él que confirme (115) tu consejo y aleje de ti la maquinación malvada (lit. "los pensamientos o los planes de maldad") y el consejo de Belial, (116) para que te goces en el tiempo final al descubrir la verdad de algunas de nuestras palabras, (117) y te sea reputada por justicia tu acción recta y buena ante Él (lit. tu hacer lo recto y lo bueno ante Él), para tu bien (118) y el de Israel.

No cabe duda de que esta sección pertenece a la conclusión o epílogo de la parte parenética (ll. 91-118) de esta halakah[571], y que por ello mismo despliega un carácter sapiencial muy manifiesto, si bien no desprovisto de las típicas marcas qumránicas, como es, por ejemplo, el

---

[570]Esta es la versificación del texto propuesta por Florentino García para la recomposición del texto propuesta por Strugnell y Qimron (*TdQ,* p. 125 y M. Pérez Fernández, "4QMMT: La Carta Halákica", pp. 213-16), y las líneas 112-118 corresponden a 4Q398 frags. 14-17, 2,2b-8 y 4Q399 1,2-3 y 2,1-5 (cf. *TdQ,* pp. 135s y *DSSSE,* pp. 802-805).

Respecto a un análisis general, además del mencionado ensayo de M. Pérez Fernández, una buena introducción a esta "carta" la encontramos en F. García Martínez, "Literatura jurídico-religiosa de Qumrán" pp. 156-63. En la p. 157 se señala que la fecha de composición se sitúa en los albores de la constitución de la secta (aprox. 150 a.C.), y que de hecho pudo incluso tratarse de la primera apología de la división qumránica. Esto es importante para nosotros en la medida que lo acerca más al epílogo de Eclesiastés. Por otro lado, debe advertirse algo que ya señala M. Pérez Fernández: no contamos con certeza absoluta respecto a esta recomposición, si bien su estructura sí es bastante segura (p. 213). De ahí se deduce que el carácter epilogal de las líneas 112-18 es prácticamente irrefutable.

[571]Cf. F. García Martínez, "Literatura jurídico-religiosa de Qumrán", pp. 157s y M. Pérez Fernández, "4QMMT: La carta halákica", pp. 224-26.

"consejo de Belial" (עצת בליעל). A pesar de que un texto polémico como éste necesariamente debe mantener profundas diferencias con tratados como Sira o Eclesiastés, es notoria la similitud existente respecto al interés por el beneficio del pueblo y sobre todo por la idea de que un juicio final, sobre el que tampoco se dice gran cosa, revelará la verdadera interpretación de la Torá. Se diría que en el umbral de la ruptura, donde todavía cabía la reconciliación, falta en este texto la convicción excluyente que sí encontramos ya en la literatura qumránica posterior. Por ello, diríase también que los editores de Qohélet y Daniel se quedaron precisamente en ese umbral: una vez expuestas las cuestiones fundamentales, y constatadas las dificultades que entrañan, no es posible radicalizarse en ninguna línea particularista que acabe siendo excluyente, y de ahí que, seguramente conscientes o incluso conocedores ya de ciertas rupturas importantes, mantuvieran una postura opuesta a cualquier radicalización en uno u otro sentido.

El epílogo del Deuteronomio (34,9-12)[572]

28.14. El epílogo contenido en 34,9-12 es muy significativo porque establece dos afirmaciones que manifiestan dos impulsos distintos, aparentemente incluso contradictorios, pero que finalmente se necesitan mutuamente. Por supuesto, me refiero a un impulso que distingue a Moisés del resto de los protagonistas bíblicos (12,10-12), que es tanto como separar la Torá *strictu sensu* del resto de tradiciones bíblicas[573], y a otro impulso por el que queda afirmada la continuidad toraica con Josué (12,9), aunque sea a un nivel distinto. En efecto, 12,10 es rotundo: "Y nunca más se levantó profeta en Israel como Moisés, a quien Yavé conociera cara a cara". (ולא־קָם נָבִיא עוֹד בְּיִשְׂרָאֵל כְּמֹשֶׁה אֲשֶׁר יְדָעוֹ יְהוָה פָּנִים אֶל־פָּנִים). Es sobre todo el "cara a cara" (פָּנִים אֶל־פָּנִים) lo que marca la separación respecto al resto. Pero también 12,9 es claro al afirmar que siguiendo a Josué, quien estaba "lleno del espíritu de sabiduría porque

---

[572]Creo que el estudio de J. Blenkinsopp intitulado "No Prophet like Moses" (en *Prophecy and Canon*, pp. 80-95), constituye uno de los mejores estudios de este epílogo deuteronómico, y por ello sigo de cerca el planteamiento de este autor.

[573]Cf. J. Blenkinsopp, *A History of Prophecy in Israel*, pp. 15s.50

Moisés le había impuesto sus manos" (מָלֵא רוּחַ חָכְמָה כִּי־סָמַךְ מֹשֶׁה אֶת־יָדָיו עָלָיו), en realidad se obedece a Moisés, esto es a la Torá: "Le escucharon/obedecieron los israelitas y cumplieron según Yavé había mandado a Moisés" (וַיִּשְׁמְעוּ אֵלָיו בְּנֵי־יִשְׂרָאֵל וַיַּעֲשׂוּ כַּאֲשֶׁר צִוָּה יְהוָה אֶת־מֹשֶׁה). Cabe señalar aquí que la diferencia entre Moisés y Josué es que el primero es el profeta (*nābî'*) por excelencia, mientras que el segundo está más caracterizado por el "espíritu de sabiduría" (*rûªḥ ḥokmāh*)[574], que sin duda es prácticamente sinónimo del espíritu de interpretación de la Torá (*traditio*), si bien conviene advertir que ni siquiera en este epílogo del Deuteronomio es presentada esta labor hermenéutica de modo explícito. Adviértase pues, que los editores que cierran la Torá están tan interesados en subir al pedestal el texto de la Ley[575], como en establecer una mediación hermenéutica en la sabiduría, que es lo mismo que manifestar la existencia de un proceso de escriturización que abarca un *corpus* literario que va más allá de la Torá y que hay que articular en relación a ésta[576], lo cual confirma la existencia de ese proceso de escriturización del que venimos hablando, caracterizado por un primer momento de diferenciación interna, y sólo posteriormente por la necesidad de su cierre canónico.

28.15. En este contexto creo pertinente e interesante la propuesta de R. Beckwith sobre el carácter escrito de la obra mosaica, que sería expresamente señalado en diversos lugares[577], al objeto de apuntar a una dispersión del material escrito, que por esto mismo requeriría no sólo de su interpretación sino de su edición (recopilación, ordenamiento, cohesión, etc.), labor ésta que también tendría que ser asumida por los sucesores apuntados en el epílogo del Deuteronomio; mejor dicho, es una labor puesta ya de manifiesto en la elaboración del propio epílogo a la

---

[574] Cf. G. von Rad, *Teología del AT* I, pp. 535s.

[575] Cf. J. Blenkinsopp, *op. cit.*, p. 162.

[576] Cf. R. Beckwith, *The Old Testament Canon of the New Testament Church*, p. 149.

[577] Cf. Ex 17,14; 24,4.7; 34,27; Num 33,2; Deut 28,58.61; 29,20-21.27; 30,10; 31,9-13.19.22.24-26.

obra (oral y escrita) de Moisés[578]. De hecho, yo añadiría que el propio formato discursivo del Deuteronomio, que pone en boca de Moisés –en tanto que humano– una recapitulación de todo el material anterior, y muy especialmente la Ley revelada puesta en boca de Dios o escrita por sus propios dedos en contextos manifiestamente teofánicos, describe al propio Moisés inmerso en tales tareas editoriales, presentándole de este modo como modelo no sólo de intérprete y escritor, sino también de editor.

Pero la importancia de estas observaciones reside en que el epílogo deuteronómico es la respuesta a la existencia de una tensión. J. Blenkinsopp la advierte entre la teocracia y la escatología, si bien parece claro que engloba también a la tensión posterior entre Templo y grupos visionarios[579]. Por ello, sus conclusiones me parecen pertinentes a mi propia investigación:

> Desde el principio he asumido que la canonicidad tiene que ver con las pretensiones de autoridad y legitimación religiosas, y que la más directa y fundamental de esas pretensiones fue la formulada por los profetas; ésta significaba, esencialmente, la mediación y la interpretación a la luz de la realidad contemporánea de la tradición religiosa compartida por todos. La influencia profética sobre la versión oficial de los eventos fundacionales y las leyes (esto es, el Pentateuco) es inconfundible y profunda, permeándolo todo; sin embargo, el desarrollo de un canon escrito de la Torá contribuyó, paradógicamente, al eclipse de la profecía. Por ponerlo más gráficamente, el canon de la Torá, sobre el que ya no se contemplaba ningún añadido, representó una solución definitiva al problema de las pretensiones de autoridad enfrentadas entre sí, que fueron creadas por la profecía libre ...
>
> Hay un dato significativo para la comprensión del judaísmo, y *mutatis mutandis* del cristianismo también, a saber: quienes llevaron a cabo la edición del material bíblico no procedieron, por lo general, a eliminar las tradiciones enfrentadas a sus propias opiniones; por el contrario, las pusieron en paralelo unas con otras creando de este modo una tensión irresoluble o un equilibrio inestable[580].

---

[578]R. Beckwith, *op. cit.,* pp. 134s.

[579]J. Blenkinsopp, *op. cit.* p. 87.

[580]J. Blenkinsopp, *op. cit.*, pp. 93s.

Lo que Blenkinsopp afirma aquí es también particularmente atribuible a la actividad escribano-sapiencial, y no sólo a la profecía. Por lo demás, suscribo sus afirmaciones al cien por cien, ya que el epílogo deuteronómico pone de manifiesto que existió tal proceso de escriturización en el que Torá, profecía y sabiduría tenían que definirse como parte del *traditum* y de la *traditio*, y que dicho proceso está particularmente ligado al proceso de reconstrucción político-religiosa de Judá. Anteriormente, con la existencia de instituciones socio-políticas y económicas bien establecidas y parejas a las estructuras internacionales, no había lugar a dicho proceso de escriturización que culminaría en la canonización. Quizás este estudio de Eclesiastés nos haya ayudado a entender no sólo su contenido desde este contexto, sino a descubrir que fue éste uno de los libros fundamentales que contribuyó a impulsar este proceso de escriturización hacia su culminación.

§29. Conclusión final

29.1. Nuestro análisis del epílogo qoheletiano, y su comparación con los de Daniel, 4QMMT, Sira y Deuteronomio, ha puesto de relieve que aquél no pretende ofrecer la clave por excelencia de lectura del conjunto de la obra; todo lo contrario, el epílogo, que incluye 12,8 como se demuestra por la reaparición de los editores mediante la mención del אָמַר קֹהֶלֶת ("decía [el] *qohélet*"), establece conclusiones completamente acordes con ella. En efecto, su carácter marcadamente secular y su valoración positiva de la labor científica del *qohélet*, su confrontación con las pretensiones del cientificismo y apocalipticismo desarrollado sobre todo a través de la cultura libresca, su religiosidad más implícita que explícita (o más personal que institucional), sus miras puestas en el pueblo que corren parejas a su defensa del valor de la obra de la sabiduría no cortesana sino escribano-sapiencial –lo que además presupone un rechazo de la dirección monárquica junto con cualquier otra forma de poder político absolutista–, y sobre todo su epistemología opuesta a toda pretensión de absoluto que no sea Dios mismo, nos lleva a concluir que su función en el conjunto de la obra es sencillamente la de ser su resumen, su verdadero epílogo.

Por otro lado, el epílogo no es una mera conclusión circunscrita al contenido del libro, sino que ciertamente muestra una deliberada intención de incidir plenamente en el proceso de escriturización que, en el momento de la edición del libro, podría estar alcanzando un punto álgido de desarrollo. Sin duda, este proceso de escriturización no parece estar en el punto de mira de Qohélet, y sin embargo tampoco es ajeno a las cuestiones abordadas por él, ya que podría perfectamente afirmarse que el susodicho proceso es uno de los desarrollos o de los epígonos naturales de las cuestiones y tendencias tratadas por Qohélet. Por ello, ha sido intención de esta investigación afirmar tanto los elementos de continuidad entre éste y sus editores, como los de discontinuidad, entendiendo que ambos configuran las dos caras de una misma moneda. La moneda parece haber sido toda pretensión absolutista, siendo una de sus dos caras el desarrollismo político y económico de origen helenista que será atacado principalmente por Qohélet, mientras que la segunda cara serían las pretensiones absolutistas de tipo religioso que serían explicitadas primordialmente por los editores. En otras palabras, Qohélet y sus editores se han prestado un servicio recíproco, que no sólo no ha sesgado el conjunto de la obra primigenia, o al menos sus postulados fundamentales, sino que la ha enriquecido en gran manera. A mi entender, se pone así de manifiesto que las múltiples razones manejadas por la crítica moderna para diseccionar los estratos redaccionales de los autógrafos son mucho más complejas que el simple desacuerdo de teología o de enfoque, y que una correcta exégesis de Eclesiastés requiere dar cuenta tanto de las pistas que señalan las diferencias, como de las razones que subyacen al trabajo redaccional.

29.2. Hecho este sumario respecto al estudio del epílogo, pasamos ya a condensar cuáles han sido las principales conclusiones que hemos alcanzado para el grueso de la obra de Eclesiastés. Para comenzar, es importante destacar que aquí hemos trasladado el punto de contraste sobre el que suele ser interpretado: en lugar de centrar la comparación sobre Proverbios, en tanto que supuesto representante de una antigua tradición sapiencial orienta, la hemos centrado sobre una literatura perteneciente a una época más próxima a Eclesiastés, cuya datación habitual por los comentaristas oscila entre los ss. IV-II a. C., si bien el s. III gana el acuerdo mayoritario. Añádase a esto que su redacción editorial puede situarse en el s. II a. C. De hecho, creo que resultaba bastante incongruente que, a pesar de esta aquiescencia generalizada sobre la datación, no se hubiera procedido a estudios comparados con otros *corpora* literarios de dicho período. Por ello, esta investigación ha tomado como uno de sus objetivos dicha comparación, lo que nos ha llevado a concluir que Eclesiastés no necesariamente es una rebelión contra la sabiduría tradicional, sino que, cualquiera que sea su relación con ésta, es sobre todo una reacción y respuesta a una serie de nuevos movimientos sociales, políticos y religiosos cuyos postulados principales son abordados por la obra. En concreto, hay que precisar que Eclesiastés no parece muy interesado en refutar principios o doctrinas puntuales, sino que confronta fundamentalmente las pretensiones excesivas subyacentes a muchos de dichos movimientos, los cuales surgen como una auténtica novedad en el entorno judío de la restauración. En efecto, son éstos los que realmente introducen novedades importantes respecto a la fe y sabiduría tradicionalmente hebreas, pero dado que encuentran en Eclesiastés una de las reacciones más serias y contundentes, podría alegarse que éste representa en realidad una defensa –eso sí, profundamente actualizada–, de la tradición hebrea. De todos modos, para nosotros más importante que determinar si esta obra es más o menos tradicional, ha sido poner de manifiesto que este libro se constituye en el ataque teórico más profundo y coherente que se pueda encontrar en la BH contra el domino cultural, social y religioso de los imperios de turno, y que por la misma razón se convierte también en el tratado teórico o dogmático más radical contra las ilusiones restauracionistas más ilusas e ilusorias de Judá. En efecto, desde cualquier punto de vista, ya sea social, político, económico o religioso, esta obra es la primera de la BH en tener un verdadero carácter de tratado; es decir, es la primera obra de la BH que ha sido concebida para abordar diversas materias desde una óptica más teórica o conceptual, y que fusiona a tal objeto una gran cantidad de elementos literarios de lo más diverso, constituyendo lo que podría ser, quizás junto con Daniel, la primera obra completamente hagádica, si bien, y en tanto que obra primeriza, conserva evidentemente muchos elementos intermedios. Ahora bien, acabamos de afirmar que se trata de una defensa actualizada de la tradición hebrea, y por tanto también plenamente impregnada del trasfondo teológico-filosófico, científico y social de su tiempo, lo cual se demuestra en su argumentación de alto tono político y económico con muy pocas referencias explícitas a la tradición literaria hebrea, si bien las pocas que hay, más el intenso empleo de resonancias bíblicas implícitas, alcanza esa simbiosis extraordinaria que culmina en esta especie de hagadah de Salomón. Precisamente, la ficción salomónica fundamenta este carácter político y económico, y por tanto secular, de la obra y es la que también ha servido de punto de encuentro para el autor y los editores. De este modo, entre ambos han conseguido que la obra sea un magnífico ejemplo de composición absolutamente ambivalente en su forma y mensaje: es tanto un tratado de política como de teología, y su audiencia puede ser prácticamente creyente o no creyente. En consecuencia, espero que esta investigación haya puesto de relieve que la exégesis crítica necesita tomar más en serio este carácter hagádico, que es lo mismo que decir tomar en serio una sutil pero deliberada intertextualidad que abre no sólo nuevas vías interpretativas que matizan los resultados críticos, sino que además recupera una lectura tradicionalmente judeo-cristiana que, sin duda alguna, encontraba serios fundamentos en el propio texto qoheletiano.

29.3. Todo lo anterior, sin embargo, no es más que el marco socio-político y religioso que encuadra la gran aportación teológica de Eclesiastés. Ésta, en primer lugar, establece la total y absoluta autonomía de Dios respecto a su creación, y ello no para distanciarle de ella sino para afirmar su libertad y, por ende, la incapacidad humana para acceder definitivamente a su ser y su acción, imposibilidad ésta que vale para toda iniciativa humana, ya sea política, económica o religiosa. Pero esta afirmación de la libertad divina acarrea otra que es también deliberada a lo largo de la obra, a saber, que la propia creación es reflejo de la perfección divina, y que por esto mismo se presenta como indomeñable a toda empresa humana, haciendo fútil todo esfuerzo por controlarla. Ni qué decir tiene que esta doble afirmación trasciende a la esfera religiosa y político-económica de tal modo que se convierte en una profunda censura de todo el empeño humano por la obtención de beneficios y recompensas, ya sean puramente político-económicas o también religiosas. En este sentido, nuestra investigación no puede avalar las tesis sobre el pesimismo existencialista que se suele atribuir a Eclesiastés, ya que su punto de mira no es la vida en sí misma como abstracción, sino los estilos de vida promovidos por las culturas avanzadas, que inducen a las masas, incluidas las judías, al espejismo del desarrollismo económico y de la relativa asequibilidad del misterio de la creación y, en último término, de Dios. Por ello, la obra no sólo presenta una denuncia de todos estos presupuestos, sino que ofrece una alternativa rotunda: la gratuidad de la existencia (de la creación) que es ya un don en sí mismo, el cual se hace asequible a cambio de una renuncia a las pretensiones denunciadas. Por ello, no cabe duda de que la obra se presta a una lectura desde el *contemptus mundi*, si bien éste puede ser también censurado cuando se le pervierte convirtiéndolo en un medio para obtener una recompensa que, por muy religiosa que parezca, es igualmente denostable para Eclesiastés. En otras palabras, la obra defiende el don de la vida y la creación en toda su pureza.

29.4. Pero estos planteamientos no sólo asaltan *in abstracto* las pretensiones político-económicas y religiosas consideradas espúreas desde esta perspectiva del don puro, sino que compite de lleno con las distintas alternativas de restauración existentes en la Judea posexílica. En efecto, esta provincia se ha convertido en un semillero de movimientos socio-religiosos que abogan por las formas más variopintas de restauración. Si en un extremo encontramos reconstruccionistas puros, esto es, los que pretenden la recuperación de las instituciones perdidas, particularmente la monarquía, en el extremo opuesto vemos a quienes, si no en la teoría sí en la práctica, rechazan *in toto* ese pasado, que no era sino la antesala de la novedad última que Dios tenía preparada. Entremedias, el espectro es de una increíble tonalidad cromática, destacando las posturas pactistas de buena parte del sacerdocio, y el movimiento de escribas-sabios que priman la Ley como texto sagrado. Para enredar más esta madeja social y cultural, los hilos sociales e institucionales que vinculan a los distintos representantes de estas tendencias constituyen una verdadera maraña. En medio de este contexto, Eclesiastés surge como una obra de una radical serenidad, esto es, de un insobornable rechazo a la tendenciosidad propiciada por la lucha por imponer la propia alternativa. De ahí que en su argumentación legitime tanto la reflexión político-económica y filosófico-religiosa, como el valor sagrado de la propia Torá y su interpretación más profunda (no literalista), que necesariamente resulta en una censura tanto del racionalismo (o de su vertiente judía de rendición incondicional a la cultura y política predominante), del toraicismo radical (lectura excluyente de la Torá), del reconstruccionismo visceral (lucha política), y finalmente del apocalipticismo pretencioso (nueva creación). Un equilibrio difícil y bien radical, pero que por ello mismo resultó en una obra mucho más atemporal y por tanto universal que otras muchas de las que se hallan en la propia BH; por esta misma razón contribuyó a proyectar la fe hebrea más allá de toda coyuntura más o menos pasajera, y sobre todo fue fundamental, no sólo por su contenido sino por la capacidad mostrada por los sabios-escribas que hay tras la obra, para superar la crisis de identidad más grave de dicha fe provocada por la amenaza helenista. En efecto, entre sus muchas aportaciones, destaca su contribución definitiva en el proceso de escriturización y cierre del canon, que se convertirá en fundamental para el futuro desarrollo del judaísmo; pero además contribuye a asentar, contra las alternativas hermenéuticas más institucionalistas (v.g. cumplimiento ritual de la Torá) o ultrasacralizantes (ontologización absolutista de la Torá), una hermenéutica caracterizada por la aceptación de la sacralidad del texto y de la necesidad de su interpretación metodológica, esto es, mínimamente racional. En este último sentido, creo que, mucho más que el propio Qohélet, fue especialmente clave el papel de los editores, y así he querido reconocerlo en esta investigación. Si éstos dicen de aquél que "hubo un beneficio en que fuera un sabio: constantemente enseñaba al pueblo" (12,9), tengo la impresión de que *qohélet* les incluye a ellos, ya que es con él con quien se identifican a sí mismos.

29.5. Junto a estas *grandes cuestiones* teológicas vale la pena señalar otras de calado más bien metodológico que apenas han sido esbozadas por esta investigación y que van a quedar en el tintero. Me refiero sobre todo a que es ya hora de abordar estudios comparativos y sistemáticos entre Eclesiastés y otras obras, especialmente todo el *corpus* qumránico, el libro hebreo y el griego de Sira, el libro de Daniel, y la obra del Cronista, muy especialmente 1-2Crónicas, y también el libro de Ester. En esta investigación hemos "picoteado" bastante en Sira, Qumrán y Daniel, pero evidentemente es deseable un estudio más concentrado de cada obra en particular. Pero la finalidad de este tratamiento era demostrar las posibilidades que encierra esta comparación, y que por tanto es necesario un paso siguiente mucho más especializado de caso por caso. Incluso en el caso de Sira, que es el que más análisis comparativos con Eclesiastés ha recibido, ha sido tratado aquí no tanto desde una perspectiva habitual, esto es, más ceñida a lo estrictamente filológico, sino mucho más ideológica, con el objeto de estimular nuevas investigaciones desde ese enfoque. Asimismo, ha quedado fuera de nuestro estudio un análisis comparativo de la ideología y teología del Cronista que, por lo poco que hemos podido ver en esta investigación, es susceptible de una comparación sistemática. Al menos, la lectura de la ya mencionada obra de Sara Japhet establece una serie de presupuestos dogmáticos y cosmovisionales en los libros de las Crónicas que requieren de una seria comparación con Eclesiastés[581].

Por otro lado, la perspectiva comparativa aplicada a lo largo de este trabajo, y muy especialmente el estudio intertextual, deja pendiente la revisión de un gran número de textos qoheletianos que piden a gritos un estudio comparado particular. Así, quedan muchos textos que todavía pueden dar mucho de sí, como por ejemplo 8,1 y su mención del *pēšer dābār* que bien pudiera referirse tanto a la interpretación de asuntos, eventos, enigmas o sueños[582], como de pasajes concretos[583]. A partir de ahí, se puede abrir un nuevo camino al estudio de este pasaje que tendría una gran incidencia en los planteamientos aquí expuestos sobre la respuesta qoheletiana a los nuevos movimientos socio-políticos y religiosos de Judea.

Por todo ello, si esta investigación tan sólo sirviera para estimular estudios que recuperaran para la exégesis crítica mucho de lo que se afirmaba ya en la tradición judeo-cristiana, ampliando incluso el alcance de ambas merced a un enriquecimiento mutuo, un servidor se daría por satisfecho.

---

[581]S. Japhet, *The Ideology of the Book of Chronicles and its Place in Biblical Thought*.

[582]Cf. Dan 2,23-26; 4,3; 5,8.15.16.26; 7,16, etc.

[583]Cf. la fórmula introductoria a la exégesis particular de un texto, פשר הדבר על, en 1QpHab 2,5 y 12,2, o la versión פשרו אשר/על en 3,4 y 5,7.

APÉNDICE
TRADUCCIÓN DE ECLESIASTÉS 1-3 y 12,8-14

La traducción ofrecida en este apéndice no es literal, ni tampoco es reflejo exacto de la exégesis realizada a lo largo de la investigación aquí presentada, a la que remito a todo lector interesado por conocer los detalles exegéticos. Sin embargo, sí es su propósito transmitir las conclusiones alcanzadas sobre el mensaje fundamental de Eclesiastés.

Se dan en paréntesis aquellas palabras que completan un sentido no del todo obvio en el texto hebreo, o bien que precisan el matiz de la traducción propuesta. Aparecen separadas por una barra los vocablos que traducen un término ambivalente.

Capítulo 1

(1) **Reflexiones de Qohélet, hijo de David, rey en Jerusalén.**

(2) '¡Apenas un soplo ...!', decía *qohélet,* '¡todo es un soplo, apenas un soplo! (3) ¿Qué beneficio obtiene el hombre de todos sus negocios en los que se empeña bajo el sol?

(4) Generación va y generación viene,
mas la tierra permanece siempre igual.
(5) Se alza el sol, recorre (su órbita)
para volver a su lugar y alzarse allí de nuevo.
(6) Corriendo hacia el mediodía, y girando hacia el norte,
el viento gira, gira y corre, mas sobre sus giros vuelve el viento.
(7) Todos los ríos van al mar, mas el mar nunca rebosa;
al lugar del que partieron, vuelven para recorrer su camino.
(8) Todos los discursos/estudios están agotados;
el hombre no conoce,
el ojo no se satisfará por más que vea,
y el oído no se colmará por más que oiga.
(9) ¿Qué es lo que fue? Lo mismo que será,
y aquello que aconteció, lo que acontecerá,

pues no hay nada nuevo bajo el sol.
(10) Hay discurso (oráculo) que dice: '¡Mira esto! ¡Es nuevo!'
(Pero) ya existió antaño lo que existe ante nosotros.
(11) No hay memoria/registro de las cosas primeras,
ni tampoco de las siguientes que existirán;
no habrá memoria/registro de ellas entre los que vendrán después.'

(12) Yo, *qohélet*, fui rey sobre Israel en Jerusalén (13) y me entregué a buscar y aplicar la ciencia en todo cuanto se ejecuta bajo los cielos (este trasiego[584] impuso Dios a la humanidad[585] para humillarla/mantenerla ocupada). (14) Estudié, pues, todos los (grandes) proyectos que se ejecutan bajo el sol, y todo resultó ser un soplo (*hebel*) y empeño volátil (*rĕ`ût rûªḥ*). (15) "*El producto defectuoso no puede ser corregido, y las pérdidas no pueden figurar como ingresos*"[586].

(16) Dije para mis adentros:
'mira, me he engrandecido y he acumulado ciencia por encima de todos mis predecesores en Jerusalén, y disfruto de mucha ciencia y tecnología'.

(17) Me entregué, pues, a ellas pero descubrí que la ciencia y la tecnología son enredos y sandez. Descubrí que también esto es una preocupación/ocupación volátil (*ra`yôn rûªḥ*). (18) Cierto, "*a mayor ciencia mayor enojo, y quien acumula tecnología aumenta el dolor*".

Capítulo 2

(1) Me dije a mí mismo:
'¡Venga! Te exaltarás por medio de la celebración y disfrutarás

---

[584]"Esta nociva ocupación/preocupación" sería una traducción más literal.

[585]Una traducción literal sería "hijos del hombre", entiéndase aquí una doble acepción: 1) humanidad; 2) mundo gentil, y particularmente la cultura dominante de turno (¿mundo helenista?), pues sería ésta la que mejor encarnaría los intereses científicos, políticos y comerciales descritos por *qohélet*.

[586]Este verso derivaría de un proverbio cuyo significado podría ser el siguiente: no hay remedio para la estructura antropológica y por tanto para sus carencias.

de la ventura'.

Pero he aquí que también esto es un soplo. (2) Afirmo que la risa es locura, y que la celebración no sirve para nada. (3) Me dejé llevar arrastrando mi cuerpo en vino (aunque actuando con prudencia y controlando de este modo la necedad), hasta conocer qué cosa es la ventura según los gentiles[587], los cuales pasan los cuatro días de su vida laborando/construyendo bajo los cielos. (4) Me engrandecí en mis realizaciones: me hice construcciones varias, me planté viñedos,(5) me hice con explotaciones hortícolas y frutales, y planté en ellas una gran variedad de árboles frutales, (6) y me hice aljibes para regar explotaciones forestales[588] de todo tipo. (7) Adquirí esclavos y esclavas, y tenía servidumbre doméstica. Además, adquirí para mí mucho ganado bovino y ovino, mucho más que todos mis predecesores de Jerusalén. (8) Más aún, acumulé para mí plata, oro y un tesoro/capital propio de reyes y estados. Me procuré cantores y cantoras y los placeres propios de los gentiles[589]: un harén de concubinas. (9) Así pues, me engrandecí y acumulé más que todos los que me precedieron en Jerusalén. Si bien conservé mi ciencia, (10) ningún deseo me negué a mí mismo ni me privé de placer alguno, pues podía permitírmelo gracias a mis beneficios.

Y esto fue lo poco que saqué de mi empeño, (11) ya que me desvié a causa de las realizaciones que emprendí con mis propias manos, y por culpa de la riqueza que adquirí laboriosamente, pues he aquí todo era un soplo (*hebel*) y un empeño volátil (*rĕ`ût rûᵃḥ*), porque no hay beneficio bajo el sol.

(12) Me volví entonces para encontrar (algún) sentido/sabiduría, pero encontré enredos (intrigas) y sandez, porque ¿qué puede hacer aquél que sucede al rey? Aquello que ya le han preparado de antemano. (13) He visto que obtiene más ganancia el sabio que el necio, igual que la luz aventaja a la oscuridad. (14) "*El sabio tiene los ojos en su cabeza,*

---

[587]Véase la n. 586.

[588]Parece muy acertada la traducción de la *NBE* que lee "soto fértil".

[589]Véase la n. 586.

mientras que el necio camina en oscuridad". Pero también llegué a entender que a ambos les espera un mismo destino.
(15) Me pregunté entonces a mí mismo:

> 'mi destino es el mismo que el del necio, ¿para qué pues me he hecho tan sabio?'

Me dije, entonces, que también esto era un soplo (*hebel*). (16) Cierto, no se guarda memoria/registro perpetua/o ni del sabio ni del necio, dado que en los días venideros todo caerá en el olvido, y el sabio y el necio morirán igualmente. (17) Me aparté, pues, de la vida porque la obra que se ejecuta bajo el sol me trajo mucho mal. En efecto, todo es no más que un soplo (*hebel*) y un empeño volátil (*rĕʿût rûaḥ*).

(18) Así pues, me aparté de los proyectos en los que tanto me había afanado bajo el sol, y que tendría que dejar a quien me sucediera

> –(19) ¿quién sabe si será sabio o necio quien gobierne sobre todos mis proyectos en los que me he empeñado tanto y para los que he desplegado toda mi ciencia bajo el sol? ¡También esto es puro soplo (*hebel*)!–

(20) Así pues, decidí cambiar y relajarme respecto a todo el afán en el que me había empeñado bajo el sol, (21) ya que hay quien empeña toda su ciencia, técnica y sagacidad en sus proyectos, pero tiene que dejar su disfrute a quien ningún trabajo ha puesto en todo ello. ¡También esto es puro soplo (*hebel*) y un gran agravio! (22) Cierto, ¿qué obtiene uno de todos los proyectos y ocupaciones en los que pone toda su alma bajo el sol, (23) si todos sus días están llenos de quebraderos de cabeza y de ocupaciones gravosas? De nuevo, ¡puro soplo (*hebel*)!

(24) No hay nada mejor para el hombre que comer, beber y disfrutar de sus ganancias, aunque me doy cuenta de que esto está tan sólo en manos de Dios, (25) pues está fuera de mi alcance saber/decidir quién comerá y quién se preocupará/disfrutará. (26) Así es, (Dios) entrega ciencia, tecnología y fruición a quién le agrada[590], mientras que al desgraciado/pecador le da la tarea de captar recursos y capitalizarlos

---

[590]Entiendo que esta expresión es, y debe ser, ambigua: indica tanto la posible arbitrariedad de la decisión divina, como el posible "condicionamiento" de ésta por quien obedece sus mandamientos.

para dejarlo todo a quien sea del agrado divino. Una vez más, ¡soplo (*hebel*) y empeño volátil (*rĕ`ût rûᵃḥ*).

Capítulo 3

(1) Para todo hay un tiempo determinado, y una ocasión para cada proyecto/negocio[591]:

(2) tiempo de nacer y tiempo de morir;
tiempo de plantar y tiempo de arrancar lo plantado;
(3) tiempo de ajusticiar y tiempo de curar;
tiempo de derruir y tiempo de edificar;
(4) tiempo de llorar y tiempo de reír;
tiempo de endechar y tiempo de bailar;
(5) tiempo de arrojar piedras y tiempo de recogerlas;
tiempo de abrazar y tiempo de abstenerse;
(6) tiempo de buscar y tiempo de perder;
tiempo de guardar y tiempo de desechar;
(7) tiempo de rasgar y tiempo de coser;
tiempo de callar y tiempo de hablar;
(8) tiempo de amar y tiempo de aborrecer;
tiempo de guerra y tiempo de paz.

(9) ¿Qué beneficio obtiene el hombre emprendedor de todo aquello en lo que se afana? (10) Yo he experimentado la ocupación que Dios impuso a la humanidad[592] para humillarla/mantenerla ocupada. (11) Todo lo ha hecho ajustado a su tiempo; es más, puso en medio de ello eterna repetición[593], de modo que no pueda abarcar el hombre la obra que

---

[591]Otra posibilidad sería: "Para todo hay un tiempo determinado, y a cada astro le corresponde una ocasión". El posible juego de palabras que permite aquí la lengua hebrea insinuaría que la existencia humana viene predeterminada por los tiempos, y estos, a su vez, por los astros.

[592]Véase la n. 586.

[593]La palabra aquí traducida por "eterna repetición" es el defectivo *`ōlām*, cuya raíz *`lm* se presta a una rica lectura polisémica que recorre significados como "mundo", "ajetreo", "*sæculum*" (= "siglo y mundo"),

Dios ha hecho de principio a fin. (12) Yo sé que no hay nada mejor para él que celebrar y disfrutar/hacer el bien a lo largo de su vida; (13) aunque también sé que todo hombre que come, bebe y disfruta de sus ganancias .... ¡don de Dios es todo ello! (14) Yo sé que todo cuanto Dios ejecuta es permanente/eterno: nada se le puede añadir ni restar, y Dios ha suscitado temor por causa de ello. (15) Lo que fue ya había sido, y lo que será ya fue, pues Dios establece este circulo.

(16) Una vez más miré bajo el sol: respecto a la sede del derecho ... ¡precisamente ahí estaba la iniquidad!, y en cuanto a la sede de la justicia ... ¡ahí mismo estaba la iniquidad!

(17) Me dije a mí mismo:

> 'al justo y al impío separará/juzgará Dios, pues hay un tiempo para cada asunto/voluntad, y sobre cada obra allí.'

(18) Asimismo:

> 'por culpa del género humano[594], para distinguirlo/purificarlo Dios y para que vea que es igual al género animal, (19) es así que el destino de los hijos de los hombres y el destino de los animales es el mismo para ambos: como muere uno muere el otro, y su aliento es el mismo, sin que exista superioridad del hombre sobre el animal, pues todo es un soplo. (20) Todo va a parar al mismo sitio: todo salió del polvo, y al polvo volverá. (21) ¿Quién está tan seguro de que el espíritu humano sea capaz de alzarse a las alturas, mientras que el espíritu animal tan sólo puede inclinarse hacia suelo?'

(22) Yo he experimentado que no hay nada mejor para el hombre que disfrutar de sus negocios, pues eso es todo cuanto podrá obtener.

....

....

"ignorancia", "perpetuidad" y "eternidad". Quizás podría haberse traducido por "secularidad" –en tanto que repetición de algo a lo largo de los siglos– pero nuestra elección trata de evitar confusiones con la moderna acepción de antónimo de lo religioso.

[594] Véase la n. 586.

Capítulo 12

(8) '¡Apenas un soplo ...!', decía el maestro, '¡todo es un soplo, apenas un soplo!'

(9) Pero había un beneficio en que *qohélet* fuera sabio: constantemente enseñaba conocimiento al pueblo, ponderando, investigando y fijando muchos proverbios. (10) Trabajó *qohélet* hasta encontrar/alcanzar palabras/respuestas autorizadas y lo que está escrito rectamente, esto es, palabras de verdad. (11) Las palabras de los sabios son como aguijadas / guardianes y como clavos/turnos de vigilantes bien firmes sus obras maestras, entregadas por cualquiera de los maestros, (12) y además de estas hijas de la luz[595], el mucho estudiar es fatiga de la carne. (13) El fin del discurso escuchado es el siguiente:

> teme a Dios y obedece sus mandamientos, pues es esto el todo del hombre, (14) porque, en lo concerniente a toda obra, traerá Dios a juicio todo cuanto está oculto, ya sea bueno o malo.

---

[595]Una traducción ceñida a la vocalización masorética da "además de las cuales, hijo mío, advierte que hacer muchos libros sin fin ...". Mi propuesta, sin embargo, se ajusta también a las consonantes del TM.

BIBLIOGRAFÍA

G. Aichele - Ph. Gary, "Intertextuality and the Bible", *Semeia* 1995(69-70), 1-305

R. Albertz *et al.*, *Werden und Wirken des AT*, Neukirchen: Gotinga, 1980

L. Alonso-Schökel, *Profetas. Comentario*, vols. I-II, Cristiandad: Madrid, 1987(2)

_____, *Eclesiastés y Sabiduría.* (Los Libros Sagrados 17), Cristiandad:Madrid, 1974

_____, "Motivos sapienciales y de alianza en Gen 2-3", *Biblica* 1969(43), 295-315

L. Alonso-Schökel - J.L. Sicre Díaz, *Job. Comentario teológico y literario.* Cristiandad: Madrid, 1983

H. Arvon, *La philosophie du travail.* Presses Universitaires de France: Paris, 1969.

A.G. Auld (ed.), *Understanding Poets and Prophets; essays in honour of George Wishart Anderson*, JSOT Suppl. Series 152, JSOT Press: Sheffield, 1993

_____, "Qohelet, the Rabbis and the Wisdom Text from the Cairo Geniza", en *Understanding Poets and Prophets; Essays in Honour of George Wishart Anderson*, (cf. *supra* A.G. Auld, ed.)

S. de Ausejo, "El Género literario del Eclesiastés", *Estudios Bíblicos* 7(1948), 369-406

J.M. Auwers, "Problèmes d'interprétation de l'épilogue de Qohélet", en *Qohelet in the Context of Wisdom*, pp. 267-82, (cf. *infra* Antoon Schoors).

F.J. Backhaus, *Denn Zeit und Zufall trifft sie alle: Studien zur Komposition und zum Gottesbild im Buch Qohelet.* A. Hain: Frankfurt am Main, 1993

_____, "Der Weisheit letzter Schluss! Qoh 12,9-14 im Kontext von Traditionsgeschichte und beginnender Kanonisierung" [bibliog], *Biblische Notizen* 72(1994) pp.28-59

U. Bail - R. Jost (eds.), *Gott an den Rändern: Sozialgeschichtliche Perspektiven auf die Bibel*, Gütersloh: Kaiser, 1996

J. Barr, *Holy Scripture: Canon, Authority, Criticism.* Westminster Press: Philadelphia, 1983

_____, *Biblical Words for Time*, SCM: London, 1969(2)

M.L. Barré, *Wisdom, You are My Sister. Studies in Honor of Roland E.*

Murphy, O.Carm., on the Occasion of his Eightieth Birthday. (The Catholic Biblical Quarterly Monograph Series 29) Washington, 1997

C.G. Bartholomew, "Qoheleth in the Canon?! Current Trends in the Interpretation of Ecclesiastes", *Themelios* 24.3(1999), 4-20.

_____, *Reading Ecclesiastes: Old Testament Exegesis and Hermeneutical Theory.* (Analecta Biblica 139), Editrice Pontificio: Roma, 1998

_____, "Reading the Old Testament in Postmodern Times", *Tyndale Bulletin*, 49.1(1998), 91-114.

G.A. Barton, *The Book of Ecclesiastes* (ICC; T & T.Clark: Edimburgo, 1959[1908])

J. Barton, "What is a Book", en *Intertextuality in Ugarit and Israel*, pp. 1-14, (cf. *infra* Johannes C. de Moor, ed.).

_____, *The Spirit and the Letter. Studies in the Biblical Canon,* SPCK: London, 1997

_____, *Holy Writings, Sacred Texts. The Canon in Early Christianity,* Westminster John Knox Press: Louisville, 1997

_____, *Reading the Old Testament. Method in Biblical Study.* DLT: London, 1996

_____, *Oracles of God: Perceptions of Ancient Prophecy in Israel after the Exile,* DLT: London, 1986)

_____, *What is the Bible?* Triangle: Portsmouth, 1991

A. Barucq, *Ecclésiaste - Qohéleth. Traduction et commentaire.* (Verbum Salutis AT 3), París: 1968

R. Bartelmus *et al., Konsequente Traditionsgeschichte. Festschrift für Klaus Baltzer zum 65. Geburstag,* (OBO 126), Friburgo-Gotinga, 1993

M.F. Baslez, *Bible et histoire. Judaïsme, hellénisme, christianisme.* Fayard: Paris, 1998

P. Beantjes,"'Who is Like the Wise': Some Notes on Qohelet 8:1-5", en *Qohelet in the Context of Wisdom* pp. 303-25, (cf. *infra* A. Schoors)

A. Beck *et al., Fortunate the Eyes that See. Essays in Honor of D.N. Freedman in Celebration of his Seventieth Birthday,* Eerdmans: Grand Rapids, 1995

R. Beckwith, *The Old Testament Canon of the New Testament Church and its Background in Early Judaism.* SPCK: London, 1985

P.C. Beentjes, *The Book of Ben Sira in Hebrew,* (Vetus Testamentum Supp. 68), E.J.Brill: Leiden, Nueva York, Colonia, 1997

J.L. Berquist, *Judaism in Persia's Shadow. A social and Historical Approach.* Fortress Press: Minneapolis, 1995

F. Bianchi,"The Language of Qohelet: A Bibliographical Survey", Zeitschrift fur die Alttestamentliche Wissenschaft 105 2,210-223, 1993

E. Bickerman, *Four Strange Books of the Bible*. Shocken Books: Nueva York, 1967

J. Blenkinsopp, "Ecclesiastes 3:1-15, another interpretation", *JSOT* 66(1995), 55-64

_____, "The Sage, the Scribe, and Scribilism in the Chronicler's work", en *The Sage in Israel and the Ancient Near East*, pp. 307-15, (cf. *infra* en J.G. Gammie - L.G. Perdue, eds.).

_____, *Prophecy and Canon. A Contribution to the Study of Jewish Origins*, University of Notre Dame press: Notre Dame, 1977

R. Bloch, "Wisdom, Apocalypticism, and Generic Compatibility", en *In Search of Wisdom; Essays in Memory of John Gammie*, (cf. *infra* L.G. Perdue, ed.)

_____, "The Place of Apocalypticism in the Religion of Israel", en *Ancient Israelite Religion; Essays in Honor of F.M.Cross*, (cf. *infra* P.D. Miller Jr., ed.)

A. Bonora, *El libro de Qohélet* (Guía Espiritual del AT), Herder-Ciudad Nueva: Barcelona-Madrid, 1994

J. Bosch (ed.), *Panorama de la teología española*. Verbo Divino: Estella, 1999

L. Boström, *The God of the Sages. The Portrayal of God in the Book of Proverbs*, (Coniectanea Biblica. Old Testament Series 29), Almqvist & Wiksell International: Estocolmo, 1990

W. Bousset - H. Gressmann, *Die Religion des Judentums im späthellenistischen Zeitalter,* (Handbuch zum Neuen Testament), Tubinga, 1926, (reimpresión de 1966)

P. Bovati - R. Meynet(eds.), *Ouvrir les écritures: mélanges offerts à Paul Beachamp à l'ocasion de ses soixante-dis ans,* (LD 162), Cerf: Paris, 1995

D. Boyarin, *Intertextuality and the Reading of Midrash*. Indiana University Press: Bloomington, 1990

Ch.A. Briggs, *The Book of the Psalms*, vols. I-II, TTC: Edinburgo, 1906

G.W. Buchanan, *Introduction to Intertextuality*. Mellen Biblical Press: Levinston, 1994

R. Braun, *Kohelet und die frühhellenistische Popularphilosophie*. (*BZAW* 130), Walter de Gruyter: Berlin, 1973

M. Brett, *Biblical Criticism in Crisis? The Impact of the Canonical Approach on Old Testament Studies*, Cambridge University Press: Cambridge, 1991

G. Brooke, "The 'Canon Within the Canon' at Qumran and in the New Testament", en *The Scrolls and the Scriptures. Qumran Fifty Years After,* pp. 242-66. (Cf. *infra* Stanly E. Porter - Craig A. Evans).

S.G. Brown, "The Structure of Ecclesiastes," *Evangelical Review of Theology* 14 (1990) 195-208.

M.J. Broyde, "Defilement of the Hands, Canonization of the Bible, and the Special Status of Esther, Ecclesiastes, and Song of Songs", *Judaism* 44(1995) 65-77

R.L. Brown, "Solomon, the Chosen Temple builder: the Significance of 1Chronicles 22:28 and 29 for the Theology of Chronicles", *JBL* 95(1976), 581-90

_____, "Solomonic Apologetic in Chronicles", *JBL* 92(1973), 503-16

W. Brueggemann, "The Social Significance of Solomon as Patron of Wisdom", en *The Sage in Israel and the Ancient Near East*, pp. 117-32, (cf. *infra* J.G.Gammie, ed.)

______, *La imaginación profética.* (The Prophetic Imagination; Trad: Jesús García-Abril), Sal Terrae: Santander, 1978)

F.C. Burkitt, "Is Ecclesiastes a Translation?", *JThS* 23(1921), 22-26.

______, *The Creative Word. Canon as a Model for Biblical Education*, Fortress Press: Philadelphia, 1982

J. Burnier-Genton, *Le rêve subversif d'un sage. Daniel 7.* (Le Monde de la Bible 27). Labor et Fides: Ginebra, 1993

J.R. Busto Sáiz, *La justicia es inmortal. Una lectura del libro de la Sabiduría de Salomón.* Sal Terrae: Santander, 1992

R.W. Byargeon, "The Significance of Ambiguity in Ecclesiastes 2:24-26", en *Qohelet in the context of Wisdom*, pp. 365-72, (cf. *infra* Antoon Schoors).

J. Carmignac, *La règle de la guerre.* Letouzey et Ané: Paris, 1958.

D.A. Carson - H.G.M. Williamson, *It is Written: Scripture Citing Scripture. Essays in Honour of Barnabas Lindars, SSF.* Cambridge University Press: Cambridge, Nueva York, et al., 1988

G.A. Castellino, "Qohelet and his Wisdom", *CBQ* 30(1968) 15-28

G. Cavallo (dir.), *Libros, editores y público en el mundo antiguo. Guía histórica y crítica.* [Trad. del italiano por Juan Signes Codoñer], Alianza Editorial: Madrid, 1995

A. Ceresko, "Commerce and Calculation. The Strategy of the Book of Qohelet". *Indian Theological Studies* 30(1993), 205-19.

B.R. Childs, *Old Testament Theology in a Canonical Context.* Fortress Press: Philadelphia, 1986

_____, "The Canonical Shape of the Prophetic Literature", *Interpretation* 32,

1978, 46-55.
_____, *Introduction to the Old Testament as Scripture.* Fortress Press: Philadelphia, 1979.
_____, "Psalm Titles and Midrashic Exegesis", *JSS* 16(1971), 137-50.
J. Chopineau, "L'image de Qohelet dans l'exégèse contemporaine", *RHPR* 59(1979) 595-603
E.S. Christianson, *A Time to Tell. Narrative Strategies in Ecclesiastes.*, (JSOT Supplement Series 280); JSOT Press: Sheffield, 1998
R.E. Clements, *Prophecy and Tradition*, John Knox: Atlanta, 1975
_____, *Wisdom in Theology.* (The Didsbury Lectures 1989), The Paternoster Press-Eerdmans: Carlisle-Grand Rapids, 1992
G.W. Coats - B. Long (eds.), *Canon and Authority. Essays in OT Religion and Theology.* Fortress Press: Philadelphia, 1977
M. Cohen, "The Idea of the Sanctity of the Biblical Text and the Science of Textual Criticism", en http://cs.anu.edu.au/~bdm/dilugim/CohenArt/ (Abril de 2000).
J.J. Collins (ed.), *The Encyclopedia of Apocalipticism.* Vol I: *The Origins of Apocalipticism in Judaism and Christianity.* The Continuum Publishing Company: Nueva York, 1999
_____, *Apocalypticism in the Dead Sea Scrolls*, London-Nueva York: Routledge, 1997
_____, *Jewish Wisdom in the Hellenistic Age*, Westminster-John Knox: Louisville, 1997
______, *Seers, Sybils & Sages in Hellenistic-Roman Judaism*, (JSJSup. 54), Leiden: Brill, 1997
______, *The Apocalyptic Imagination*, Crossroads: Nueva York, 1995
______, *The Scepter and the Star: The Messiahs of the Dead Sea Scrolls and other Anciet Literature.* Doubleday: Nueva York, 1995
______, *Mysteries and Revelations: Apocalyptic Studies since the Uppsala Colloquium*, JSOT: Sheffield, 1991
______, "The Sage in the Apocalyptic and Pseudepigraphic Literature", en *The Sage in Israel and the Ancient Near East*, pp. 343-54, (cf. *infra* John G. Gammie - Leo G. Perdue).
______, "The Place of Apocalypticism in the Religion of Israel", en *Ancient Israelite Religion; Essays in Honor of F.M.Cross*, (cf. *infra* Patrick D. Miller Jr, ed.)
______, *Daniel, with an Introduction to Apocalyptic Literature.* (The Forms of the OT Literature 20), Eerdmans: Grand Rapids, 1984

_____, "Wisdom, Apocalypticism, and Generic Compatibility", en *In Search of Wisdom; Essays in Memory of John Gammie*, (cf. *infra* Leo G. Perdue, ed.)

______, *Between Athens and Jerusalem. Jewish Identity in the Hellenistic Diaspora*, Crossroads: Nueva York, 1983

E.W. Conrad, "Heard but not Seen: The Representation of 'Books' in the OT", *JSOT* 54 (1992), 45-59

S.L. Cook, *Prophecy & Apocalypticism. The Postexilic Social Setting*, Fortress Press: Minneapolis, 1995

J. Coppens, "La structure de l'Ecclésiastes", en *La sagesse de l'ancien Testament*, pp. 288-292, (cf. *infra* M. Gilbert, ed.)

_____, *La relève apocalyptique du messianisme royal*, vols. I-II. Leuven University Press: Lovaina, 1979, 1983

P.W. Coxon, "Another Look at Nebuchadnezzar's Madness", en *The book of Daniel in the Light of New Findings*, pp. 211-222, (cf. *infra* A.S. van der Woude)

P.C. Craigie, *Psalms 1-50,* (Word Biblical Commentary 19), Word Books: Waco, 1983

J. Crenshaw, *Urgent Advice and Probing Questions: Collected Writings on OT Wisdom*, Macon, 1995

_____, "Ecclesiastes (Qoheleth)", en *Urgent Advice and Probing Questions: Collected Writings on OT Wisdom*, (cf. *supra* J. Crenshaw)

_____, "Qoheleth in Current Research", *ibídem.*

_____, "Youth and Old Age in Qoheleth", *ibídem.*

_____, *Ecclesiastes*, Westminster: Philadelphia, 1987

_____, *Old Testament Wisdom. An Introduction*, SCM Press Ltd-John Knox Press: London-Atlanta, 1981

F. Crüsemann, "The Unchangeable World: the 'Crisis Wisdom' in Koheleth", en *God of the Lowly: Socio-historical Interpretations of the Bible,* pp. 160-97, (cf. *infra* W. Schottroff-W. Stegemann, eds.)

_____, "Hiob und Koheleth: ein Beitrag zum Verständis des Hiobbuches", en *Werden und Wirken des AT,* pp. 373-93, (cf. *supra* R. Albertz *et al.*)

V. D'Allario, *Il libro del Qohelet. Struttura letteraria e retorica.* Associazione Biblica Italiana/Supplementi alla Rivista Biblica 27, Edizioni Dehoniane: Bologna, 1992

M. Dahood, "The Language of Qoheleth", *CBQ* 14(1952) 227-232

_____, "Canaanite-Phoenician Influence in Qoheleth", *Biblica* 33(1952) 191-221

_____, “Qoheleth and Recent Discoveries”, *Biblica* 39(1958) 302-318

Ph.R. Davies, *Scribes and Schools. The Canonization of the Hebrew Scriptures* (Library of Ancient Israel). Westminster-John Knox: Louisville, 1998

_____, “Reading Daniel Sociologically”, en *The Book of Daniel in the Light of New Findings*, pp. 350-361, (cf. *infra* A.S. van der Woude, ed.)

B.C. Davis, “Ecclesiastes 12:1-8 -Death, an Impetus for Life”, *Bibliotheca Sacra* 148(1991) 298-318

S. de Jong, “Qohelet and the Ambitious Spirit of the Ptolemaic Period”, *JSOT* 61(1994), 85-96

_____, “A Book on Labour: The Structuring Principles and the Main Theme of the Book of Qohelet”, *JSOT* 54 (1992) 107-16.

_____, “ '¡Quítate de mi sol!' Eclesiastés y la tecnocracia helenística”, *RIBLA* 11(1992), 75-85.

J.C. de Moor, *Intertextuality in Ugarit and Israel.* Brill: Leiden, Boston, Colonia,. 1998

S. Dempster, “An ‘Extraordinary Fact’: *Torah* and *Temple* and the Contours of the Hebrew Canon” (I), *Tyndale Bulletin* 48.1(1997), 23-56.

_____, “An ‘Extraordinary Fact’: *Torah* and *Temple* and the Contours of the Hebrew Canon” (II), *Tyndale Bulletin* 48.1(1997), 191-218.

A. de Pury, “Qohelet dans le contexte sapiential”. Ponencia leída en el Colloquium Biblicum Lovanienes XLVI (20 de Julio a 1 de Agosto de 1997).

M. Delcor, *Les Hymnes de Qumran (Hodayot)*. Letouzey et Ané: Paris, 1962.

H. Delkurt, *Ethische Einsichten in der alttestamentlichen Spruchweisheit*, (Biblisch-Theologische Studien 21), Neukirchen-Vluyn: Neukirchener V., 1992.

K.J. Dell, “Ecclesiastes as Wisdom: Consulting Early Interpreters,” *VT* 44 (1994) 301-329.

E. Dhorme, *A Commentary on the Book of Job*, (Trad: Harold Knight), Nelson: Nashville, 1984

A.A. di Lella, “The Problem of Retribituion in the Wisdom Literature”, en su libro *Rediscovery of Scripture: Biblical Theology Today*. Franciscan Educational Conference: Burlington, 1967, pp. 109-27.

A.A. Diesel *et al.* (eds) *“Jedes Ding hat seine Zeit ...”: Studien zur israelitishen und altorientalischen Weisheit*, (Beifefte zur Zeitschrift fur die alttestamentliche Wissenschaft 241), Walter de Gruyter: Berlin, 1996

C. Dohmen, “Der Weisheit letzter Schluss? Anmerkungen zur Ubersetzung und

Bedeutung von Koh 12,9-14", *Biblische Notizen* 63(1992) pp.12-18
C. Dohmen - M. Oeming, *Biblischer Kanon, warum und wozu? Eine Kanontheologie*, Herder: Friburgo *et al.*, 1992
J. Dore *et al.* eds., *De la Tôrah au Messie: Mélanges Henri Cazelles*, Desclée: Paris, 1981
B. W. Dombrowski, *Ideological and Socio-structural Developments of the Qumran Association as Suggested by Internal Evidence.* (Qumranica Mogilanensia 11) The Enigma Press: Kracovia, 1994
J.B. Donkhan, "Allusions à la Création dans le livre de Daniel", en *The Book of Daniel in the Light of New Findings*, pp. 285-94, (cf. *infra* A.S. van der Woude)
G. Dorival - O. Munnick (eds.),*Selon les Septante. Hommage a Marguerite Harl.* Ed. du Cerf: Paris, 1995
J.B. Doukhan, "Allusions à la création dans le livre de Daniel", en *The book of Daniel in the light of new findings*, pp. 285-292, (cf. *infra* A.S. van der Woude, ed.)
S. Draisma (ed.), *Intertextuality in Biblical Writings: Essays in Honour of Bas van Iersel.* J. H. Kok: Kampen, 1989
H. Duesberg - I. Fransen, *Les scribes inspirés*, Namur: Maredsous, 1966
M. Edery, *Deuteronomio y haftarot en versión castellana.* Editorial Sinaí: Tel-Aviv, 5754-1994(2)
W. Eichrodt, "Heilserfahrung und Zeitverständnis im AT", *Theologische Zeitschrift* 12(1956), 113-125.
F. Ellermeier, *Qohelet I/1, Untersuchungen zum Buche Qohelet.* Verlag Erwin Jungfer: Herzberg, 1967
C.A. Evans, "David in the Dead Sea Scrolls", en *The Scrolls and the Scriptures. Qumran Fifty Years After,* pp. 183-97. (Cf. *infra* S.E. Porter - C.A. Evans).
C.A. Evans - Sh. Talmon (eds.), *The Quest for Context and Meaning. Studies in Biblical Intertextuality in Honor of James A. Sanders.* (Biblical Interpretation Series 28). Brill: Leiden-N.Y-Köln, 1997
Ibn Ezra, *El comentario de Abraham Ibn Ezra al libro del Eclesiastés.* Edición de M. Gómez Aranda, (Textos y estudios Cardenal Cisneros de la Biblia Políglota Matritense 56), Madrid: Instituto de Filología del CSIC, 1994
D.N. Fewell (ed.), *Reading Between Texts. Intertextuality and the Hebrew Bible.* Westminster-John Knox Press: Louisville, 1992
M. Fishbane, "'Orally Write therefore Aurally Right'. An Essay on Midrash", en *The Quest for Context and Meaning. Studies in Biblical Intertextuality*

(cf. Craig Evans & Shemaryahu Talmon, 1997), pp. 531-46.
_____, "From Scribalism to Rabbinism: Perspectives on the Emergence of Classical Judaism", en *The Sage in Israel and the Ancient Near East*, pp. 439-56 (cf. *infra* John G. Gammie - Leo G. Perdue).
_____, "Use, Authority and Interpretation of Mikra at Qumran", en *Mikra,* pp. 339-378, (cf. *infra* Jan Martin Mulder, ed.)
_____, *Biblical Interpretation in Ancient Israel,* Clarendon Press: Oxford, 1985
A.A. Fisher, "Kohelet und die frühe Apokalyptik: Eine Auslegung von Kohelet 3,16-21", en *Qohelet in the context of Wisdom*, pp. 339-56, (cf. *infra* A. Schoors)
_____, *Skepsis oder Furcht Gottes?: Studien zur Komposition und Theologie des Buches Kohelet,* Beihefte zur Zeitschrift fur die alttestamentliche Wissenschaft 247, Walter de Gruyter: Berlin; Nueva York, 1997
_____, "Beobachtungen zur Komposition von Kohelet 1,3-3,15", *ZAW* 103(1991), 72-86.
M.V. Fox, "Wisdom in Qohelet", en *In Search of Wisdom; Essays in Memory of John G.Gammie*, (cf. *infra* L.G. Perdue, ed.)
_____, *Qohelet and His Contradictions* (*JSOT* Supp. 71), Almond Press: Sheffield, 1989
_____, "The Meaning of Hebel for Qohelet", *JBL* 105 (1986), 409-27
_____, "Frame Narrative and Composition in the Book of Qohelet", *HUCA* 48 (1977), 83-106
D.C. Fredericks, *Coping with Transcience: Ecclesiastes on Brevity in Life*, JSOT Press: Sheffield, 1993
_____, *Qoheleth's Language: Re-evaluating its Nature and Date*. (Ancient Near Eastern Texts and Studies 3). The Edwin Mellen Press: Lewiston, 1988
K. Galling, "Der Prediger", en su libro *Die fünf Megilloh. (*HAT 18). Mohr/Siebeck: Tubinga, 1969(2), pp. 73-125.
_____, "Das Rätsel der Zeit im Urteil Kohelets", *ZThK* 58(1961) 1-15.
_____, "Kohelet-Studien", *ZAW* 50(1932), 276-299
J.G. Gammie, "From Prudentialism to Apocalypticism: the Houses of the Sages amid the Varying Forms of Wisdom", en *The Sage in Israel and the Ancient Near East.* (cf. J.G. Gammie & Leo G. Perdue, eds.).
J.C. Gammie - L.G. Perdue (eds.), *The Sage in Israel and the Ancient Near East.* Eisenbrauns: Winona Lake, 1990
Fl. García Martínez, "Literatura jurídico-religiosa de Qumrán", en *Paganos,*

judíos y cristianos en los textos de Qumrán, pp. 155-79, (cf. *infra* J. Trebolle Barrera, coord.).

_____, *Qumran and Apocalyptic. Studies in the Aramaic Texts from Qumran.* (Studies in the texts of the Desert of Judah 9). E.J. Brill: Leiden, 1992

Fl. García Martínez - J. Trebolle Barrera , *Los hombres de Qumrán. Literatura, estructura social y concepciones religiosas.* Trotta: Madrid, 1993

D. Garrett, "Qoheleth on the Use and Abuse of Political Power", *Trinity Journal* 8(1987), 159-77

T.H. Gaster, *Thespis. Ritual, Myth and Drama in the ANE,* Harper Torchbooks: NuevaYork, 1966(2)

D. Georgi, "Die Aristoteles -und Theophrasttausgabe des Andronikus von Rhodus. Ein Beitrag zur Kanonsproblematik", en *Konsequente Traditionsgeschichte. Festschrift für Klaus Baltzer zum 65. Geburstag,* pp. 45-78, (cf. *supra* R.Bartelmus *et al.*)

A. Gerson, *Der Chacham Kohelet als Philosoph und Politiker,* Frankfurt am Main, 1905

M. Gilbert (ed.), *La sagesse de l'ancien Testament,* (BETL 51), Leuven University Press: Lovaina, 1979

H.L. Ginsberg, "The Oldest Interpretation of the Suffering Servant", *Vetus Testamentum* 3(1953), 400-404.

_____, *Studies in Koheleth.* Texts and Studies of the Jewish Theological Seminary of America 17, Jewish Theological Seminary of America: Nueva York, 1950

_____, *Studies in Daniel,* (Texts and Studies of the Jewish Theological Seminary of America 14), The Jewish Theological Seminary of America: Nueva York, 1948

Y. Gitay, "The Failure of Argumentation in the Book of Job: Humanistic Language versus Religious Language," *JNSL* 25 (1999) 239-50

J. Goldingay, *Daniel* (Word Biblical Commentary 30). Word Books: Dallas, 1989.

M. Gómez Aranda, *El comentario de Abraham Ibn Ezra al libro del Eclesiastés.* (Textos y estudios Cardenal Cisneros de la Biblia Políglota Matritense 56), Madrid: Instituto de Filología del CSIC, 1994

L. Goppelt, *Typos. The Typological Interpretation of the Old testament in the New.* (Typos. Die typologische Deutung des Alten Testaments im Neuen; Trad: Donald H. Madwig). William B. Eerdmans: Grand Rapids, 1982.

R. Gordis, *Koheleth -The man and His World.* Schocken Books: Nueva York,

1968

_____, "Qoheleth and Qumran - A Study of Style", *Biblica* 41(1960), 395-410

B. Gosse, "Subversion de la législation du Pentateuque et symboliques respectives des lignées de David et Saül dans les livres de Samuel et de Ruth", *Zeitschaft für die Altestamentliche Wissenschaft* 110(1998), 34-49

_____, *Structuration des grandes ensembles bibliques et intertextualité à l'époque perse*. (Beihefte zur Zeitschrift für die alttestamentliche Wissenschaft 246). Walter de Gruyter: Berlin, Nueva York, 1997

_____, "Le grand prête et la sagesse face au livre d'Isaïe au retour de l'exil", *Biblische Notizen* 78(1995), 11-15

_____, "La Sagesse et l'intelligence de Salomon en 1Rois 5,9", *Biblische Notizen* 65(1992), 12-14

_____, "La Sagesse de Salomon en 1Rois 5,21", *Biblische Notizen* 65(1992), 15-18

F.E. Grenspahn, "Why Prophecy Ceased", *JBL* 108(1989), 37-48

A. Grootaert, "L'Ecclésiastique est-il antérieur a l'Ecclésiaste?", *Révue Biblique* (1905), 67-73

A. Guttmann, *Rabbinic Judaism in the Making. A Chapter in the History of the Halakhah from ·Ezra to Judah.* Wayne State University Press: Detroit, 1970.

N.H. Habel, *The Book of Job*. (The Old Testament Library); Westminster Press: Philadelphia, 1985

D.J. Halperin, "The *Book of Remedies*, The Canonization of the Solomonic Writings, and the Riddle of Pseudo-Eusebius", *JQR* 72(1982), 269-292

V.P. Hamilton, *The Book of Genesis. Chapters 1-17.* (NICOT). Eerdmans: Grand Rapids, 1990.

L.K. Handy (ed.), *The Age of Solomon. Scholarship at the Turn of the Millenium.* (Studies in the History and Culture of the Ancient Near East 11), Brill: Leiden, 1997

P.D. Hanson, *The Dawn of Apocalyptic*. Fortress Press: Philadelphia, 1979

D.J. Harrington, *Wisdom Texts from Qumran*. Routledge: London-N.Y., 1996

G.R. Harrison, "Qohelet among the Sociologists", *Biblical Interpretation* 5,2(1997), 160-180

_____, *Qoheleth in Social-Historical Perspective*. (Tesis no publicada y presentada en Duke University, 1991). UMI Dissertation Services: Ann Arbor, 1991

L.F. Hartman - A. di Lella, *The Book of Daniel*. The Anchor Bible 23, Doubleday: Nueva York et al., 1977

A.P. Hayman, "Qohelet, the Rabbis and the Wisdom Text from the Cairo Geniza", en *Understanding Poets and Prophets; essays in honour of George Wishart Anderson*, (cf. *supra* A.G. Auld, ed.)

C.T.R. Hayward, *The Jewish Temple. A Non-biblical Source Book.* Rentledge: Londres-Nueva York, 1996

D. Hellholm (ed), *Apocalypticism in the Mediterranean world and the Near East.* Preceedings of the International Colloquium on Apocalypticism, Uppsala, August 12-17, 1979, Tubingen: J.C.B. Mohr, 1983

M. Hengel, *Judaism and Hellenism. Studies in their Encounter in Palestine during the Early Hellenistic Period.* vols.I-II [Judentum und Hellenismus, Studien zu ihrer Begegnung unter besonderer Berücksichtigung Palästinas bis zur Mitte des 2 Jh.s.v.Chr.; Trad: John Bowden], SCM: Londres, 1974.

W.L. Holladay, *The Psalms through Three Thousand Years. Prayerbook of a Cloud of Witnesses.* Fortress Press: Minneapolis, 1993

S. Holm-Nielsen, "On the Interpretation of Qoheleth in Early Christianity", *VT* 24(1974) 168-177

D.A. Hubbard, "Principles of Financial Investment. Ecclesiastes 11:1-8", en *Reflecting with Solomon. Selected Studies on the Book of Ecclesiastes,* pp. 341-45, (cf. *infra* Roy B. Zuck)

H.B. Huffomn *et al.* (eds.), *The Quest for the Kingdom of God: Studies in Honor of George Mendenhall*, Eisenbrauns: Winona Lake, IN, 1983

W.L. Humphreys, "A life-style for diaspora", *Journal of Biblical Literature* 92(1973), 211-23

Bo Isaksson, *Studies in the Language of Qoheleth with Special Emphasis on the Verbal System.* (Acta Universitatis Upsaliensis. Studia Semitica Upsaliensis 10), Uppsala, 1987

S. Japhet, *The Ideology of the Book of Chronicles and its Place in Biblical Thought.* (Beiträge zur Erforshung des Alten Testaments und des Antiken Judentums 9). Verlag Perter Lang: Frankfurt am Main *et al.,* 1989

K. Jeppesen (ed.), *In the Last Days: on Jewish and Christian Apocayptic and its Period*, Aarhus Univ Press: Aarhus, 1994

R.K. Johnston, "'Confessions of a Workaholic': A Reappraisal of Qoheleth", *CBQ* 38(1976) 14-28

W. Johnstone, *1-2 Chornicles.* Vol 1-2, [JSOT 253, 254], Sheffield, 1998

P. Joüon, "Sur le nom de *Qoheleth*", *Biblica* 2(1921), 53-55.

O. Kaiser, *Der Mensch unter dem Schicksal*, (BZAW 161), Berlin: Walter de Gruyter, 1985

A.S. Kamenetzky, "Der ürsprunglich beabsichtigte Aussprache des Pseudonyms

QHLT", *Orientalische Literaturzeitschrift* 24(1921), 11-15.
_____, "Der Rätselname Koheleth", *ZAW* 34(1914), 225-28
B.E. Kelly, *Retribution and Eschatology in Chronicles.* (JSOT Suppl. Series 211). Sheffield Academic Press: Sheffield, 1996
C. Kein, *Kohelet und die Weisheit Israels: eine formgeschichtlice Studie.* Beitrage zur Wissenschaft vom Alten und Neuen Testament 7, Kohlnhammer: Stuttgart-Berlin, 1994
M.A. Knibb, "You are Wiser than Daniel ...", en *The Book of Daniel in the Light of New Findings*, pp. 399-411, (cf. *infra* A.S. van der Woude, ed.)
K. Koch, "Gibt es ein Vergeltungsdogma im Alten Testament", *Zeitschrift für Theologie und Kirche* 52(1955), 1-42.
K. Koenen, "Zu den Epilogen des Buches Qohelet", *Biblische Notizen* 72(1994), 24-27
H.J. Koorevaar, "Des Vergeltungsdogma im Buch der Sprüche", *Fundamentum* 3 (1987), 43-50.
D. Kraemer, "The Formation of the Rabbinic Canon. Authorities and Boundaries", *JBL* 110(1991), 613-30
H.J. Kraus, *Los Salmos.* vols. I-II, [Psalmen I-II; Trad: Constantino Ruiz-Garrido], Sígueme: Salamanca, 1993
R. Kroeber, *Der Prediger*, (Schriften und Quellen der alten Welt 13), Akademie-Verlag: Berlín, 1969
T. Krüger, "Qoh 2,24-26 und die Frage nach dem 'Guten' im Qohelet-Buch", *Biblische Notizen* 72(1994), 70-84
E.Y. Kutscher, *A History of the Hebrew Language*, The Magness Press-E.J.Brill: Jerusalem, Leiden, 1982
J.L. Kugel, "Qohelet and Money", *CBQ* 51(1989) 32-49
A. Lacocque, "The Socio-spiritual Formation Milieu of the Daniel Apocalypse", en *The Book of Daniel in the Light of New Findings*, pp. 315-343, (cf. *infra* A.S. van der Woude)
_____, *Daniel et son temps. Recherches sur le mouvement apocalyptique juif au deuxième siècle avant Jésus-Christ.* Labor et Fides: Genève, 1983
G.W.H. Lampe - K.J. Wollcombe, *Essays in Typology.* (Studies in Biblical Theology 22). SCM Press: London, 1957
A. Lange, "In Diskussion mit dem Tempel. Zur Auseinandersetzung zwischen Kohelet und weisheitlichen Kreisen am Jerusalemer Tempel", en *Qohelet in the Context of Wisdom*, pp. 113-160, (cf. *infra* Anton Schoors, ed.)
_____, *Weisheit und Torheit bei Kohelet und in seiner Umwelt.* Europaische Hochschulschriften, Reihe XXIII, Theologie 433, Frankfurt am Main-

Nueva York, 1991
R. Lapointe, "Foi et vérifiabilité dans le langage sapiential de rétribution", *Biblica* 51(1970), 349-368.
A. Lauha, *Kohelet*, (Biblischer Kommentar Altes Testament 19), Neukirchener Verlag: Neukirchen-Vluyn, 1978
_____, "Die Krise des religiösen Glaubens bei Kohelet", *VT* Suppl. 3 (1955), 117-33
J.J. Lavoie, *La pensée du Qohélet. Étude exégétique et intertextuelle*, Héritage et projet 49, Fides: Québec, 1992
A.C. Lee, "The 'Critique of Foundations' in the Hebrew Wisdom Tradition (Job and Koheleth on divine retribution)", *Asia Journal of Theology* 4(1990), 126-135.
S.Z. Leiman, *The Canonization of Hebrew Scripture. The Talmudic and Midrashic Evidence* (Transactions of the Connecticut Academy of Arts and Scienes 47), Hamden,1976
N. Lemche, "From Prophetism to Apocalyptic", en *In the Last Days: on Jewish and Christian Apocayptic and its Period*, (cf. *supra* K. Jeppesen, ed.)
L.I. Levine (ed.), *Jerusalem. Its Identity and Centrality to Judaism, Chrisitanity and Islam*, Continuum: Nueva York, 1999
L. Levy, *Das Buch Koheleth. Ein Beitrag zur Geschichte des Sadduzäismus*, Hinrich's: Leipzig, 1912
J. Lienhard, *The Bible, the Church, and Authority: The Canon of the Christian Bible in History and Theology*, Collegeville, 1995
J.N. Lightstone, *Society, The Sacred, and Scripture in Ancient Judaism. A Sociology of Knowledge.* Studies in Christianity and Judaism 3, Wilfrid Laurier University Press: Waterloo, 1988
M. Liverani, *El antiguo oriente. Historia, sociedad y economía* (Antico Oriente. Storia, società, economia; trad: Juan Vivanco), Crítica-Grijalbo Mondadori: Madrid-Barcelona, 1995
J.A. Loader, *Polar Structures in the Book of Qohelet.* (BZAW 152), Walter de Gruyter: Berlin-Nueva York, 1979
_____, "Different Reactions of Job and Qoheleth to the Doctrine of Retribution (Eccl 7:15-20; Prov 10-22)", en *Studies in Wisdom Literature. Papers read at Otwsa Meetings*, (cf. *infra* J.A. Loader, ed.)
_____ (ed.), *Studies in Wisdom Literature. Papers read at Otwsa Meetings, Univerity of Pretoria 1972 and University of South Africa 1973.* (Ou-Testamentiese Werkgemeenskap In Suider-Afrika 15 & 16). N H W Press: Hercules, 1981

N. Lohfink, "Les épilogues du livre de Qohélet et les débuts du Canon", en *Ouvrir les écritures: mélanges offerts à Paul Beachamp à l'ocasion de ses soixante-dis ans,* (cf. *supra* Pietro Bovati-Roland Meynet, eds.)

_____, "Kohelet und die Banken: zur Übersetzung von Kohelet V 12-16", *VT* 39(1989), 488-495

_____, "Gegenwart und Ewigkeit: Die Zeit im Buch Kohelet", *Geist und Leben* 60(1987), 2-12.

_____, "*Melek, sallît* und *mosel* bei Kohelet un die Abfassungszeit des Buchs", *Biblica* 62(1981) 535-543)

_____, *Kohelet.* (Die Neue Echter Bibel), Würzburg: Echter, 1980

T. Longman III, *The Book of Ecclesiastes*. The New International Commentary on the OT. Wm. B. Eerdmans: Grand Rapids-Cambridge, 1998

O. Loretz, "Poetry and Prose in the Book of Qohelet (1:1-3:22; 7:23-8:1; 9:6-10; 12:8-14)", en *Verse in Ancient Near Eastern Prose.* J de Moor y W. Watson (eds.). (*Alter Orient und Altes Testament* 43). Neukirchener Verlag: Neukirchen-Vluyn, 1993; Verlag Butzon & Bercker: Kevelaer, 1993

_____, "Anfänge jüdischer Philosophie nach Qohelet 1,1-11 und 3,1-15", en *Ugarit-Forschungen: internationales Jahrbuch für die Altertumskunde Syrien-Palästinas*. (Ugarit-Forschungen 23). Dietrich, Manfried y Loretz, Oswald (eds.). Neukirchen-Vluyn: Neukirchener Verlag, 1992

_____, *Qohelet und der Alte Orient: Untersuchungen zu Stil und theologischer Thematik des Buches Qohelet*, Herder: Friburgo, 1964

M. Lutero, "Notes on Ecclesiastes", en *Luther's Works* [Trad: J. Pelikan], Jaroslav Pelikan (ed.), Concordia Publishing: Saint Louis, 1972, pp. 1-187

D. Lyss, *La sagesse de l'AT*, 29th Colloquim Biblique, Lovaina,1978

_____, *L'Ecclesiaste ou que vaut la vie?* Létouzey et Ané Éditeurs: Paris, 1977

P. Machinist, "Fate, Miqreh, and Reason: Some Reflections on Qohelet and Biblical Thought", en *Solving Riddles and Untying Knots*: *Biblical, Epigraphic, and Semitic Studies in Honor of James C. Greenfield,* Eisenbrauns: Winona Lake, 1995 (Zevit, Z et al., eds.)

L.M. Mackonald, *The Formation of the Christian Biblical Canon*, Peabody, 1995

J. Maier, *Entre los dos testamentos. Historia y religión en la época del segundo templo.* (Zwischen den Testamenten; Trad: Manuel Olasagasti Gaztelumendi). Sígueme: Salamanca, 1996

_____, *The Temple Scroll. An Untroduction, Ttranslation & Commentary.*

(JSOT Suppl. 34), JSOT Press: Sheffield, 1985

D. Marguerat A. Curtis (eds.), *Intertextualités. La Bible en échos.* Labor et Fides: Ginebra, 2000

J. Martin (ed.),*A Word in Season. Essays in Honor of William McKane*, JSOT Suppl. Series 42, JSOT Press: Sheffield, 1986

D.G. Meade, *Pseudonymity and Canon: An Investigation into the Relationship of Authorship and Authority in Jewish and Earliest Christian Tradition.* Gran Rapids: Eerdmans, 1986

H. Merklein *et al.* (eds.), *Bibel in jüdischer und christlicher Tradition. Festschrift für Johann Maier zum 60. Geburtstag.* Anton Hain: Bonn, 1992

E.H. Merrill, *Qumran and Predestination. A Theological Study of the Thanksgiving Hymns.* E.J. Brill: Leiden, 1975

R. Michaud, *Ben Sira et le judaïsme. La littérature de sagesse. Histoire et théologie* III. Éditions du Cerf: Paris, 1998

_____, *Qohélet y el helenismo.* (Qohelet et l'hellenisme; Trad: A.Ortiz García), Verbo Divino: Estella, 1988

_____, *La Historia de José*, (L'histoire de Joseph, le makarite; Trad: Alfonso Ortiz), Verbo Divino: Estella, 1981

D. Michel, ">>Unter der Sonne<<: Zur Immanenz bei Qohelet *Qohelet in the context of Wisdom* (cf. *infra* Antoon Schoors), pp. 93-112.

_____, *Untersuchungen zur Eigenart des Buches Qohelet.* (BZAW 183), Berlin: Walter de Gruyter, 1989

_____, *Qohelet.* (Ertrage der Forschung 258), Wissenchaftliche Buchgesellschaft: Darmstadt, 1988

T. Middendorp, *Die Stellung Jesu Ben Siras zwischen Judentum und Hellenismus* , Brill: Leiden, 1973

J. Miles, *Dios. Una biografía.* (God. A Biography; trad: Dolors Udina), Planeta: Barcelona, 1996

P. Miller *et al.*, *Ancient Israelite Religion. Essays in Honor of Frank Moore Cross*, Fortress Press: Philadelphia, 1987

J.A. Montgomery, *The Book of Daniel. A Critical and Exegetical Commentary.* (ICC). T & T. Clark: Edinburgo, 1927

C. Mopsik, *L'Écclesiaste et son double araméen. Qohélet et son targum.* Les Dix Paroles: Verdier, 1990

D.F. Morgan, *Between Text & Community; the "Writings" in Canonical Interpretation.* Fortress Press: Minneapolis, 1990

S. Mowinckel, *Zur Komposition des Buches Jeremia*, J. Dybwad: Kristiana: Oslo, 1914

M.J. Mulder (ed.), *Mikra. Text, Translation, Reading and Interpretation of the Hebrew Bible in Ancient Judaism and Early Christianity.* (Compendia Rerum Iudaicarum ad Novum Testamentum). Van Gorcum-Fortress Press: Assen/Maastricht-Philadelphia, 1988.

R.E. Murphy, *Ecclesiastes.* Word Biblical Commentary 23a. Word Books: Dallas, 1992

_____, "The Sage in the Ecclesiastes and Qoheleth the Sage", en *The Sage in Israel and the Ancient Near East*, pp. 263-271, (cf. *supra* J.G.Gammie - L.G.Perdue, eds.)

_____, *Wisdom Literature: Job, Proverbs, Ruth, Canticles, Ecclesiastes, Esther*. The Forms of OT Literature 13, Eerdfmans: Grand Rapids, 1981

J. Neusner, "Intertextuality in Judaism: The System and the Canon, the Word and Words", *Conservative Judaism* 45(1992), 53-66

C.A. Newsom, "The Sage in the Literature of Qumran. The Functions of the Maśkil", en *The Sage in Israel and the Ancient Near East*, pp. 373-82, (cf. *supra* John G. Gammie - Leo G. Perdue, eds.).

M. Noth, *Überlieferungsgeschichte Studien: Die Sammelnden und bearbeitenden Geschichtswerke im Alten Testament*, Max Niemeyer Verlag: Tubinga, 1943 (reimpresión de 1967)

G.S. Ogden, *Qoheleth*, Sheffield: JSOT Press, 1987

_____, "'Vanity' it certainly is not", *The Bible Translator* 38(1987), 301-307

_____, "Qoheleth IX 1-16", *VT* 32(1982), 158-169

_____, "Historical Allusion in Qoheleth IV 13-16", *VT* 30(1980), 309-315

_____, "Qoheleth's use of the 'Nothing is Better' form", *JBL* 98(1979), 339-50

G. del Olmo Lete, *Interpretación de la mitología cananea. Estudios de semántica ugarítica.* (Fuentes de la ciencia Bíblica 2), Institución San Jerónimo: Valencia, 1984

_____, *Mitos y leyendas de Canaán según la tradición de Ugarit*. Institución San Jerónimo: Ediciones Cristiandad, Valencia-Madrid, 1981

Th.W. Overholdt, "The End of Prophecy: No players without a Programme", *JSOT* 42(1988), 79-102

B.A. Pearson (ed), *Religious Syncretism in Antiquity: Essays in conversation with Geo Widengren*, Scholars Press: Missoula, 1975

L. Perdue (ed.),"Wisdom Theology and Social History in Proverbs 1-9", en *Wisdom, you are my Sister. Studies in Honor of Roland E. Murphy, O.Carm., on the Occasion of his Eightieth Birthday*, pp. 78-101, (cf. *supra* Michael L. Barré)

_____, *Wisdom & Creation. The Theology of Wisdom Literature*. Abingdon

Press: Nashville, 1994

_____, *In Search of Wisdom; Essays in Memory of John G.Gammie*, Westminster/John Knox Press: Louisville, 1993

_____, "Cosmology and the Social Order in the Wisdom Tradition", en *The Sage in Israel and the Ancient Near East*, pp. 457-78, (cf. John G. Gammie - L.G. Perdue).

M. Pérez-Fernández, "4QMMT: La Carta Halákica", en *Paganos, judíos y cristianos en los textos de Qumrán*, pp. 213-27, (cf. J. Trebolle Barrera, coord.).

_____, *La lengua de los sabios I. Morfosintaxis*. (Biblioteca Midrásica 13), Verbo Divino: Estella, 1992

T.A. Perry, *Dialogues with Kohelet: The Book of Ecclesiastes.* Pennsylvania State University Press: University Park, PA, 1993

V. Peterca, *L' imagine di Salomone nella Bibbia ebraica e greca: contributo allo studio del 'Midrash'*, Pontificia Universitas Gregoriana-Facultas Theologiae: Roma, 1981

N. Peters, "Ecclesiastes und Ecclesiasticus", *Bibel Zeitschrift* 1(1903), 47-54, 129-50

D. Peterson, *Late Israelite Prophecy: Studies in Deutero-Prophetic Literature and in Chronicles* (SBLDS 23; Missoula: Scholar Press, 1977)

A. Piñero, "Sobre las concepciones de la inspiración en los *Hodayot* de Qumrán y en el Pseudo-FIlón (LAB)", en *Judentum und Umwelt.* (cf. *infra* Angelo Vivian, ed.)

E. Podechard, *L'Ecclésiaste.* J.Gabalda: Paris, 1912

T. Polk, *The Prophetic Persona: Jeremiah and the Language of the Self.* JSOT 32; Sheffield: JSOT Press, 1984

B. Porten, "The Structure and Theme of the Solomon Narrative", *HUCA* 38(1967), 93-128.

S.E. Porter - C.A. Evans (eds.), *The Scrolls and the Scriptures. Qumran Fifty Years After.* (Journal for the Study of the Pseuepigrapha. Supplement Series 26) Sheffield Academic Press: Sheffield, 1997

G.L. Prato, *Il problema della teodicea in Ben Sira.* (Analecta Biblica 65). Biblical Institute Press: Roma, 1975

É. Puech, *La croyance des esséniens en la vie future: immortalité, résurrection, vie éternelle? Histoire d'une croyance dans le judaïsme ancien* I-II. (Études Bibliques 21-22). Librairie Lecofre-J. Gabalda: Paris, 1993

H. Ranston, *Ecclesiastes and the Early Greek Wisdom Literature*, Epworth:

Londres, 1925

E. Renan, *L'Ecclésiaste*. Calmann-Lévy: Paris, 1890

R. Rendtorff, *Das Alte Testament. Eine Einführung*. Neukirchener: Neukirchen-Vluyn, 1985

H. Ringgren, *The Faith of Qumran. Theology of the Dead Sea Scrolls. Expanded Edition with a New Introduction by James H. Charlesworth*. (tro och liv enligt Döda haugrullarna. 1961). Crossroads: Nueva York, 1995

A. Rofé, "The Historical Significance of Secondary Readings", en *The Quest for Context and Meaning. Studies in Biblical Intertextuality*, pp. 393-402., (cf. *supra* Craig A. Evans & Shemaryahu Talmon, eds.)

H. Rondet, "Élements pour une théologie du travail", *Nouvelle Revue Théologique* 77(1955), 27-48

B. Rosendal, "Popular Wisdom in Qohelet", en *In the Last Days: on Jewish and Christian Apocayptic and its Period*, (cf. *supra* Knud Jeppesen, ed.)

D.S. Russell, *The Method and Message of Jewish Apocalyptic*, SCM Press: London, 1964.

M. Saebo, "OT Apocalyptic in its relation to prophecy and wisdom", en *In the Last Days: on Jewish and Christian Apocayptic and its Period*, (cf. *supra* Knud Jeppesen, ed.)

A. Sáenz-Badillos, *Historia de la lengua hebrea*, (Colección Estudios Orientales 2), Editorial AUSA: Sabadell, 1988

J.H. Sailhamer, *Introduction to Old Testament Theology. A Canonical approach*, Zondervan: Grand Rapids, 1995

R.B. Salters, "A Note on the Exegesis of Ecclesiastes 3:15b", *Zeitschrift für die Altestamentlich Wissenschaft* 88(1976) 419-422

J.A. Sanders - C.A. Evans (eds.), *The Function of Scripture in Early Jewish and Christian Tradition*. Sheffield Academic Press: Sheffield, 1998

J.A. Sanders, *From Sacred Story to Sacred Text: Canon as Paradigm*, Fortress Press: Philadelphia, 1987

_____, *Canon and Community: A Guide to Canonical Criticism*, Fortress Press: Philadelphia, 1984

_____, *Identité de la Bible: Torah et Canon*. (Lection Divina 87). Éditions du Cerf: Paris, 1975

R.B. Sanders, "Qoheleth and the Canon", *Expository Times* 86(1974-5), 339-42

N.M. Sarna, "The Psalm Superscriptions and the Guilds", en *Studies in Jewish Religious and Intellectual History: Presented to Alexander Altman*, pp. 281-300, (cf. *infra* Siegfried Stein-Raphael Loewe, eds.)

J.F.A. Sawyer, "The Ruined House in Ecclesiastes 12: A Reconstruction of the Original Parable", *JBL* 94(1975) 519-535

C. Schams, *The Status and Functions of Jewish Scribes in the Second-Temple Period* (JSOT Supplement Series 291), JSOT Press: Sheffield, 1998

L.H. Schiffman, *The Halakhah at Qumran*, Brill: Leiden, 1975

A. Schoors (ed.), *Qohelet in the Context of Wisdom*, (BETL 136), Univ. Press: Lovaina, 1998

_____, *The Preacher Sought to Find Pleasing Words: a Study of the Language of Qoheleth*, (Orientalia Lovaniensia Analecta 41), Department Orientalistiek, Peeters: Lovaina, 1992

W. Schottroff - W. Stegemann (eds.), *God of the Lowly: Socio-historical Interpretations of the Bible.* Orbis: Maryknoll, 1984

M. Schubert, *Schöpfungstheologie bei Kohelet.* Lang: Frankfurt am Main, Nueva York, 1989

L. Schwienhorst-Schönberger, *"Nicht im Menschen Gründer das Glück" (Koh 2,24). Kohelet im Spannungsfeld jüdischer Weisheit und hellenistlischer Philosophie.* 2 Auf. (Herder Biblische Studien Bd. 2). Herder: Friburgo, 1994

I.L. Seeligman, "Voraussetzungen der Midraschexegese", *SVT* 1 (1953), 150-81

A.E. Sekki, *The Meaning of Ruaħ at Qumran*, (SBL Dissertation Series 110), Scholars Press: Atlanta, 1989

C.L. Seow, *Ecclesiastes: A New Translation with Introduction and Commentary* (Anchor Bible 18c), Doubleday: Nueva York, 1997

_____, "'Beyond them, my Son, Be Warned': the Epilogue of Qohelet Revisited", en *Wisdom, you Are my Sister,* pp. 125-41, (cf. *supra* Michael L. Barré)

_____, "Linguistic Evidence and the Dating of Qohelet", *JBL* 115(1996) 643-666

_____, "Qohelet's Autobiography", en *Fortunate the Eyes that See. Essays in Honor of D.N. Freedman in Celebration of his Seventieth Birthday*, Astrid B. Beck *et al.* (eds.), Eerdmans: Grand Rapids, 1995

J. van Seters, *In Search of History*, Yale University Press: New Haven, 1983.

A.G. Sead, "Reading Ecclesiastes 'Epilologically'", *Tyndale Bulletin* 48(1997), 67-91.

G.T. Sheppard, "The Relation of Solomon's Wisdom to Biblical Prayer", en *Scriptures and Cultural Conversations: Essays for Heinz Guenther*, John S. Kloppenborg y Leif Vaage (eds.), Número especial de *Toronto Journal of Theology* 8/1; University of Toronto Press: Toronto, 1992, pp. 7-27

_____, "The Role of 'Wisdom' in the Interpretation of Scripture", en *Literary Theory and Biblical Hermeneutics* (ed. Tibor Fabiny), Szeged: 1992, pp. 187-202.

_____, "The Role of the Canonical Context in the Interpretation of the Solomonic Books", en *Solomon's Divine Arts. Joseph Hall's Representation of Proverbs, Ecclesiastes, and Song of Songs (1609)*. (G.T. Sheppard, ed.), The Pilgrim Press: Cleveland, 1991

_____, "Wisdom", en *The International Standard Bible Encyclopedia*, G. W. Bromiley (ed.), Grand Rapids: Eerdmans, 1988, cols. 1074-82

_____, "The Anti-assyrian Redaction and the Canonical Context of Isaiah 1-39", *JBL* 104/2(1985), 193-216

_____, "Canonization: Hearing the Voice of the Same God through Historically Dissimilar Traditions", *Interpretation* 36 (1982), 21-33

_____, *Wisdom as a Hermeneutical Construct. A Study in the Sapientializing of the Old Testament.* (BZAW 151). Walter de Gruyter: Berlin, Nueva York, 1980

_____, "The Epilogue to Qoheleth as Theological Commentary", *CBQ* 39(1977) 182-189

M.A. Shields, "Ecclesiastes and the End of Wisdom", *Tyndale Bulletin* 50.1(1999), 117-39

S.R. Shimoff, "The Hellenization of Solomon in Rabbinic Texts", en *The Age of Solomon. Scholarship at the turn of the Millenium.*, pp. 457-69, (cf. *supra* Lowell K. Handy, ed.)

_____, "Hellenization among the Rabbis: Some Evidence from Early Aggadot concerning David and Solomon", *JSJ* 18(1987), 168-87.

R.L. Shultz, "Unity or Diversity in Wisdom Theology? A Canonical and Covenantal Perspective", *Tyndale Bulletin* 48.2(1997), 271-306.

D.C. Siegried, *Prediger und Hoheslied*, (Handkommentar zum Alten Testament 2,3,2), Vanderhoeck & Ruprecht: Gotinga, 1898

M. Silver, *Prophets and Markets. The Political Economy of Ancient Israel.* Kluwer-Nijhoff Publishing: Boston-La Haya-Londres, 1983

P.W. Skehan - A. di Lella, *The Wisdom of Ben Sira*, (Anchor Bible 39), Doubleday: Nueva York, 1987

J.Z. Smith, "Wisdom and Apocalyptic", en *Religious Syncretism in Antiquity; Essays in Conversation with Geo Widengren*, (cf. *supra* B.A. Pearson, ed.)

John Snaith, *Ecclesiasticus* (The Cambridge Bible Commentary on the New English Bible). Cambridge University Press: Cambridge, 1974

M.R. Sneed, *The Social Location of Qoheleth's Thought: Anomie and*

Alienation in Ptolemaic Jerusalem. Dissertation from Drew University, Madison, 1990

M.C. Solé i Auguets, *Déu, una paraula sempre oberta. El concepte de Déu en el Qohèlet*. (Col.lectània Sant Pacià 65). Edicions Facultat de Teologia de Catalunya: Barcelona, 1999

B.D. Sommer, "The Scroll of Isaiah as Jewish Scripture, or, Why Jews don't read Books", *1996 SBL Seminar Papers*, pp. 225-42, Scholars Press: Atlanta, 1996

_____, "Exegesis, Allusion and Intertextuality in the Hebrew Bible: A Response to Lyle Eslinger [42,47-58 Ja 1992]", *Vetus Testamentum* 46(1996), 479-489

I.J.J. Spangenberg, "Irony in the Book of Qohelet", *JSOT* 72(1996) 57-69

A. Sperber (ed.), *The Bible in Aramaic* IV A; E.J.Brill: Leiden, 1968

F. Spina, "Qoheleth and the Reformation of Wisdom", en *The Quest for the Kingdom of God: Studies in Honor of George Mendenhall*, pp. 267-79, (cf. *supra* H.B.Huffmon *et al*., eds.)

W.E. Staples, "The Meaning of *ḥpṣ* in Ecclesiastes", *JNES* 24(1965) 110-112

O.H. Steck, *Der Abschluss der Prophetie im Alten Testament. Ein Versuch zur Vorgeschichte des Kanons* (Biblisch-Theologische Studien 17), Neukirchen-Vluyn: 1991

S. Stein - R. Loewe (eds.), *Studies in Jewish Religious and Intellectual History: Presented to Alexander Altman*, University of Alabama Press: Alabama, 1979

M.E. Stone, "Ideal Figures and Social Context: Priest and Sage in the Early Second Temple Age", en *Ancient Israelite Religion; Essays in Honor of F.M.Cross*, (cf. *supra* Patrick D. Miller Jr, ed.)

_____, *Jewish Writings of the Second Temple Period* (Compendia Rerum Iudaicarum ad Novum Testamentum. Section Two); Van Gorcum-Fortress Press: Assen-Philadelphia, 1984

H.L. Strack - G. Stemberger, *Introducción a la literatura talmúdica y midrásica* [Einleitung in Talmud und Midrasch; Trad: M.Pérez Fernández - M.Isabel Rodríguez], Verbo Divino: Estella, 1996

Sh. Talmon, "The Emergence of Jewish Sectarianism in the Early Second Temple Period", en *Ancient Israelite Religion; Essays in Honour of F.M.Cross*, (cf. *supra* Patrick D. Miller, ed.)

E. Támez, "La razón utópica de Qohélet", *Pasos* 52(1994), 9-23

C. Taylor, "The Dirge of Coheleth in Ecclesiastes 12", en *Reflecting with Solomon. Selected Studies on the Book of Ecclesiastes*, pp. 401-3, (cf.

infra Roy B. Zuck)

J.P. Taylor, "A Time to Dance: Reflections on the Book of Ecclesiastes", *Irish Biblical Studies* 18(1996), 114-135.

M.A. Throntveit, *When Kings Speak. Royal Speech and Royal Prayer in Chronicles*. (SBL Dissertation Series 93). Scholars Press: Atlanta, 1987

A. Torres Queiruga, "El amor de Dios y la dignidad humana", en *Panorama de la Teología Española*, (cf. *supra* Juan Bosch, ed.)

R.J. Tournay, *Voir et entendre Dieu avec les Psaumes, ou la liturgie prophétique du second temple à Jérusalem*. Gabalda: Paris, 1988

E. Tov, *Textual Criticism of the Hebrew Bible*. Fortress Press-Van Gorcum: Minneapolis-Assen/Maastricht, 1992

W.S. Towner, "The Renewed Authority of Old Testament Wisdom for Contemporary Faith", en *Canon and Authority. Essays in Old Testament Religion and Theology*, (cf. *supra* G.W. Coats-Burke O. Long)

J. Trebolle Barrera (Coord.), *Paganos, judíos y cristianos en los textos de Qumrán*. (Biblioteca de Ciencias Bíblicas y Orientales 5). Editorial Trotta: Madrid, 1999

_____, *La Biblia judía y la Biblia cristiana. Introducción a la historia de la Biblia*. Ed. Trotta: Madrid, 1993(2)

G.M. Tucker, "Prophetic Superscriptions and the Growth of a Canon", en *Canon and Authority: Essays in Old Testament Religion and Theology*; pp. 56-70, (cf. *supra* George W. Coats-Burke O. Long, eds)

E. Ullendorff, "The meaning of *qhlt*", *VT* 12(1962), p. 215.

R.C. van Leewen, "Wealth and Poverty: System and Contradiction in Proverbs", *Hebrew Studies* 33(1992), 25-36.

J. van Seters, *In Search of History*, Yale University Press: New Haven, 1983

J.C. Vanderkam, "The Prophetic-Sapiential Origins of Apocalyptic Thought", en *A Word in Season; Essays in Honor of William McKane*, (cf. *supra* James D.Martin, ed.)

F. Vattioni, *Ecclesiastico. Testo ebraico con apparato critico e versioni greca, latina e siriaca*. Istituto Orientale di Napoli: Napoles, 1968

J. Vílchez, *Eclesiastés o Qohélet*. Verbo Divino: Estella, 1994

F. Vinel, "Salomon, l'Ecclésiaste: exégèses d'un nom", en *Selon les Septante. Hommage a Marguerite Harl*, pp. 499-512, (cf. *supra* Gilles Dorival y Olivier Munnick)

_____, "Le texte grec de l'Ecclésiaste et ses caractéristiques. Une relecture critique de l'histoire de la royauté", en *Qohelet in the Context of Wisdom*, pp. 283-302, (cf. *supra* Antoon Schoors).

A. Vivia, *Judentum und Umwelt. Festshrift für Paolo Sacchi.* (Biblische und judaistische Studen 29). Peter Lang: Frankfurt am Main *et al*, 1990

G. von Rad, *Sabiduría en Israel*, (Weisheit in Israel; trad: D.Mínguez), Cristiandad: Madrid, 1985

_____, *Teología del Antiguo Testamento* I-II, (Theologie des Alten Testaments; trad: F.C.Vevia), Sígueme: Salamanca, 1978-80

_____, *Deuteronomy. A Commentary*, (Das fünfte Buch Mose: Deuteronomiu; Trad: Dorothea Barton), (Old Testament Library), SCM: Londres, 1966

_____, "Josephgeschichte und ältere Chokma", *VTSuppl.* 1(1953), 120- 27

A. Vonach, "Gottes Soubveränität anerkennen: Zum Verständnis der >>Kanonforme<< in Kohelet 3,14", en *Qohelet in the context of Wisdom*, pp. 391-97, (cf. *supra* Antoon Schoors)

B.K. Waltke, "Superscripts, Postscripts, or Both [in Psalter]", *JBL* 110(1991), 583-96

B.K. Waltke - M. O'Connor, *An Introduction to Biblical Hebrew Syntax.* Eisenbrauns: Winona Lake, 1990

M. Weinfeld, *The Organizational Pattern and the Penal Code of the Qumran Sect* (Novum Testamentum et Orbis Antiquus 2). Éditions Universitaires Fribourg - Vandenhoeck & Ruprecht: Friburgo-Gotinga, 1986

C. Westermann, *Prophetic Oracles of Salvation in the Old Testament.* (Prophetisch Heilsworte im Alten Testament; Trad: Keith Crim), Westminster-John Knox Press: Louisville, 1994

_____, *Los Salmos de la Biblia.* (Der Psalter; Trad: Víctor Morla). Colección Frontera. Ediciones Ega: Bilbao, 1994.

_____, *Basic Forms of Prophetic Speech.* (Grundformen prophetischer Rede; Trad: Jugh C. White), Westminster Press: Philadelphia, 1967

C. Whitley, *Koheleth: His Language and Thought.* (BZAW 148), Walter de Gruyter: Berlin, 1979

R.N. Whybray, *Reading the Psalms as a Book*, (JSOT Suppl. 222), Sheffield Academic Press: Sheffield, 1996.

_____, *The Book of Proverbs. A Survey of Modern Study.* E.J.Brill: Leiden-Nueva York-Colonia, 1995

_____, *Ecclesiastes*, (New Century Bible Commentary). Eerdmans: Grand Rapids, 1989

_____, *Ecclesiastes*, (Old Testament Guides). JSOT Press: Sheffield, 1989

_____, "The Identification and Use of Quotations in Ecclesiastes", *VTSup* 32(1980), 435-451

J.R. Wilch, *Time and Event*, Brill: Leiden, 1969

H.V.A. William, *Qoheleth and its Pessimistic Theology. Hermeneutical Struggles in Wisdom Literature*. Mellen biblical Press: Lewinston, 1997

L.M. Wills, *The Jew in the court of the foreign king: ancient jewish court legends*, Harvard disertations in religion 26, Fortress Press: Minneapolis, 1990

R.L. Wilken, *Aspects of Wisdom in Judaism and Early Christianity*. Univeritiy of Notre Dame, 1975

G.H. Wilson, "'The Words of the Wise': the Intent and Significance of Qohelet 12:9-14", *JBL* 103(1984) 175-192

_____, "The Use of 'Untitled' Psalms in the Hebrew Psalter", *ZAW* 97(1985), 404-13.

_____, *The Editing of the Hebrew Psalter*. (SBL Dissertations Series 76); Scholar Press: Chico, 1981

L. Wilson, "Artful Ambiguity in Ecclesiastes 1:1-11. A Wisdom Technique?", en *Qohelet in the context of Wisdom* , pp. 356-65, (cf. *supra* A. Schoors)

B. Whiterington III, *Jesus de Sage. The Pilgrimage of Wisdom*. Fortress Press: Minneapolis, 2000

H.W. Wolff, *Antropología del Antiguo Testamento*, [Anthropologie des AT; Trad: Severiano Talavero Tovar], Sígueme: Salamanca, 1975.

A.S. van der Woude (ed), *The Book of Daniel in the Light of New Findings*, (Bibliotheca Ephemeridum Theologicarum Lovaniensium 106), Leuven Univ. Press: Lovaina, 1993

A.G. Wright, "Additional Numerical Patterns in Qoheleth", *CBQ* 45(1983) 32-43

_____, "'For Everything There is a Season': The Structure and Meaning of the Fourteen Opposites (Ecl 3:2-8)", en *De la Tôrah au Messie: Mélanges Henri Cazelles*, pp. 321-28, (cf. *supra* J. Dore *et al.*, eds.)

_____, "The Riddle of the Sphinx Revisited: Numerical Patterns in the Book of Qoheleth", *CBQ* 42(1980) 38-51

_____, "The Riddel of the Sphinx: The Structure of the Book of Qoheleth", *CBQ* 30(1968) 313-334

Ph. Yancey, "Ecclesiastes: The High Counterpoint of Boredom", *Reformed Journal* 40(1990) 14-19

E.J. Young, *Daniel*. (The Geneva Series of Commentaries). The Banner of Truth: Edinburgo, 1972

S. Zalevsky, "La revelación de Dios a Salomón en Gibeón" (Hebreo), *Tarbiz* 42(1973), 215-58

Z. Zevit - S. Gitin - M. Sokoloff (eds), *Solving Riddles and untying knots:*

biblical, epigraphic, and semitic studies in honor of James C. Greenfield. Eisenbrauns: Winona Lake, 1995

W. Zimmerli, *Das Buch des Predigers Salomo.* ATD 16/1, Vandenhoeck & Ruprecht: Gotinga, 1962.

F. Zimmermann, *The Inner World of Qohelet.* Ktav Publ. House: Nueva York, 1973

_____, "The Question of Hebrew in Qohelet", *JQR* 40(1949), 79-102

_____, "The Aramaic Provenance of Qohelet", *Jewish Quarterly Review* 36(1945/46) 79-102

M. Zlotowithz - N. Schermann, *Kohélet, l'Écclesiaste.* Colbo, 1987

R.B. Zuck (ed.), *Reflecting wiht Solomon. Selected Studies on the Book of Ecclesiastes*, Baker Books: Grand Rapids, 1994